金融学译丛
F I N A N C E

金融数学——金融工程引论（第二版）

Mathematics for Finance: An Introduction to Financial Engineering (Second Edition)

马雷克·凯宾斯基（Marek Capiński）
托马斯·札斯特温尼克（Tomasz Zastawniak） ／著

佟孟华 ／译
郭多祚／ 校

中国人民大学出版社
·北 京·

出版说明

作为世界经济的重要组成部分，金融在经济发展中扮演着越来越重要的角色。为了加速中国金融市场与国际金融市场的顺利接轨，帮助中国金融界相关人士更好、更快地了解西方金融学的最新动态，寻求建立并完善中国金融体系的新思路，促进具有中国特色的现代金融体系的建立，中国人民大学出版社精心策划了这套“金融学译丛”，该套译丛旨在把西方，尤其是美国等金融体系相对完善的国家最权威、最具代表性的金融学著作，被实践证明最有效的金融理论和实用操作方法介绍给中国的广大读者。

该套丛书主要包括以下三个方面：

（1）理论方法。重在介绍金融学的基础知识和基本理论，帮助读者更好地认识和了解金融业，奠定从事深层次学习、研究等的基础。

（2）实务案例。突出金融理论在实践中的应用，重在通过实务案例以及案例讲解等，帮助广大读者将金融学理论的学习与金融学方法的应用结合起来，更加全面地掌握现代金融知识，学会在实际决策中应用具体理论，培养宏观分析和进行实务操作的能力。

（3）学术前沿。重在反映金融学科的最新发展方向，便于广大金融领域的研究人员在系统掌握金融学基础理论的同时，了解金融学科的学术前沿问题和发展现状，帮助中国金融学界更好地认清世界金融的发展趋势和发展前景。

我们衷心地希望这套译丛的推出能够如我们所愿，为中国的金融体系建设和改革贡献一份力量。

中国人民大学出版社

2004 年 8 月

第二版前言

本版对内容进行了彻底的修订，调整了结构。本版的新特点有：

● 增加了新的一章，用于讨论连续时间模型，根据直觉勾勒出了数学论证和结构。

● 在离散情况下，完全证明了数理金融的两个基本定理。

● 每章都以事例分析开始，从而说明实际需要促进了理论工具的发展。

● 在每章的最后，对事例进行了详细研究。

在各章进行事例分析时，首要任务就是提出合适的问题，能够在该章的框架内进行研究。同时，可能也需要其他假设，才能使得该事例成为一个很好的数学问题。由于涉及到灵活性，所以每个事例都不存在唯一解。

我们对第一版读者提出的难以估价的反馈意见表示感谢。

马雷克·凯宾斯基　托马斯·札斯特温尼克

2010 年 3 月

第一版前言

恰如书名，这本书本身是极好的金融投资。因为本书以一卷的篇幅讲述了两个获得诺贝尔奖的理论，涉及广泛的领域，包含很多好的方法，有多少大学本科课本敢于这样声称？

在债券和股票价格数学模型的基础上，这两个理论始于两个不同的方向：一个是布莱克-斯科尔斯（Black-Scholes）关于期权和其他衍生证券的套利定价，一个是马科维茨投资组合优化和资本资产定价模型。基于无套利理论的模型还能进一步地研究利率的期限结构。这些是数理金融的三个重要领域，它们对现代金融市场的运作方法有重大影响。本书适用于大学本科二年级和三年级学生，不限于数学专业，其他专业，例如企业管理、金融学、经济学专业也同样适用。

本书内容为一年的课程，大约 100 课时讲完。对于选择书中一些课题的课时较少的课程，可选择合适的章节。书中穿插了大量的例子和练习，练习全部有解答，并提供大量的材料作为辅助教程，使得本书也非常适于教学。

学习本书的必备基础包括初等微积分、概率论和线性代数。对微积分我们要求熟练掌握导数和偏导数，求单变量和多变量函数的最大值和最小值，拉格朗日（Lagrange）乘子，泰勒（Taylor）公式和积分。在概率课程要掌握的内容包括：随机变量及其概率分布，尤其是二项分布和正态分布，还有期望、方差、条件概率、独立性。熟悉中心极限定理对学习本书很有用。对于线性代数，要求读者会解线性方程组，掌握矩阵的加法、乘法、数量运算，会求逆矩阵和计算行列式。特别地，作为概率论的参考书，我们推荐自己的书：M. Capiński and T. Zastawniak，*Probability Through Problems*，Springer-Verlag，New York，2001.

在大量的数值例子和练习中，使用装有电子表格软件的计算机会有很大帮助，但这并不是完全必要的，在我们下面给出的网页中，提供了一些 Excel 文件，其中包括一些例子与练习的解答。

我们非常感谢尼格尔·卡特兰德（Nigel Cutland）的提醒，使我们避免了一些在其他教科书经常出现的错误，我们在注 4.1（第一版）中进一步了说明。我们也非常感谢我们的学生和同事对第一版各章提出的反馈意见。我们还要感谢本书的读者，尤其是安德杰·保尔茨维斯基（Andrzej Palczewski），他提出了许多改进意见，指出了一些错误，这些错误已得到纠正。

热情地邀请本书读者访问下面的网页和点击相关的网站，查看最新的下载和更正，或者与作者交流，我们将会对您提出的意见表示深深的感谢。

马雷克·凯宾斯基　托马斯·札斯特温尼克

www. springer. com

目 录

第 1 章

简单市场模型

事例 1

英国的一家公司打算在 1 年内在美国花 100 000 美元购买一台设备，在此时间，生产商保证设备的价格不变。考虑到当前汇率为 1.62 美元兑换 1 英镑，为了购买设备时更有利，公司的管理者按预算储蓄 64 000 英镑。分析这个决策。

1.1 基本概念和假设

假设有两种可交易资产：一种是无风险资产，另一种是风险证券。前者是指银行存款或者是由政府、金融机构、公司发行的债券；后者通常指的是股票，它还可能是外币、黄金、商品，或者是未来的价格在今天是未知的任何虚拟资产。

在本章，我们限定时间仅有两个时间：今天，$t=0$ 和未来的某个时间，$t=T$，比如说 1 年后。更精确和更符合实际的情况将在后面的各章研究。

风险证券的头寸（position）是指投资者持有的股票的股份数。在时间 $t=0$，T，1 股股票的价格用 $S(t)$表示。对所有投资者来说，当前的股票价格 $S(0)$是已知的，但未来的价格 $S(T)$是未知的：它可能上涨，也可能下跌。差额 $S(T)-S(0)$与初始价格的比为股票的收益率，可表示为

$$K_S=\frac{S(T)-S(0)}{S(0)}$$

它也是不确定性的。

我们将在第 6 章、第 7 章和第 8 章讨论股票的动态价格。

无风险头寸是指在银行账户中的金额。投资者既可以选择继续把钱存在银行，

也可以选择投资债券。在时间 $t=0, T$，债券的价格用 $A(t)$ 表示。与当前的股票价格一样，对所有投资者来说，债券的当前价格 $A(0)$ 是已知的。但是与股票不同的是，债券在时间 T 的价格 $A(T)$ 也是已知的，具有确定性。例如，$A(T)$ 是由发行债券的机构确保的支付，在这种情况下，我们说债券在时刻 T 到期时的面值为 $A(T)$。用与定义股票收益率同样的方法定义债券的收益率为

$$K_A=\frac{A(T)-A(0)}{A(0)}$$

称为无风险收益率。

第 2 章和第 9 章将详细地研究无风险资产。

我们的任务是构建金融证券市场的数学模型。关键的第一步是考虑所研究的数学对象的特性。下面给出一些假设，其目的是寻求现实世界的复杂性与数学模型的简化和局限性之间的一种折中，使模型更容易处理。

我们已经知道无风险证券的未来价格 $A(T)$ 是确定性的，即它是预先知道的已知数。在时间 0，未来的股票价格 $S(T)$ 是未知的，是至少可以取两个不同值的随机变量。实际上，$S(T)$ 取不同值的数目是有限的，因为通常认为它们是特定的十进位小数且因为全世界的货币总量提供了所有股票价格的上界，因此，自然认为每股股票的未来价格 $S(T)$ 是仅取有限个数值的随机变量。然而，在第 8 章就不是这种情况了。

所有的股票和债券的价格是严格正的，即

$$A(t)>0, S(t)>0 \text{，当 } t=0, T \text{ 时}$$

在时间 $t=0, T$，持有 x 股股票和 y 份债券的投资者的总财富为

$$V(t)=xS(t)+yA(t) \tag{1.1}$$

数对（x，y）被称为**资产组合**（portfolio），$V(t)$ 是这个资产组合的**价值**（value），换言之，$V(t)$ 是投资者在时间 t 的**财富**（wealth）。

在时间 0 和时间 T 之间，资产价格的增长决定资产组合的价值变化为

$$V(T)-V(0)=x(S(T)-S(0))+y(A(T)-A(0))$$

这个差额与资产组合的初始价值的比称为资产组合的收益率，即

$$K_V=\frac{V(T)-V(0)}{V(0)}$$

股票或债券的收益率是资产组合收益率的特殊情况（分别为 $x=0$ 或 $y=0$）。注意，因为 $S(T)$ 是随机变量，所以 $V(T)$ 以及相应的 K_S 和 K_V 也都是随机变量。但无风险投资的收益率 K_A 是确定性的。

例 1.1

设 $A(0)=100$ 美元，$A(T)=110$ 美元，则债券投资的收益率为

$$K_A=0.10=10\%$$

另外，设 $S(0)=50$ 美元，且假设随机变量 $S(T)$ 取两个值，

$$S(T)=\begin{cases}52 & \text{概率为 } p\\ 48 & \text{概率为 } 1-p\end{cases}$$

对某一个 $0<p<1$，则股票的收益率为

$$K_S=\begin{cases}4\% & \text{如果股票上涨}\\ -4\% & \text{如果股票下跌}\end{cases}$$

例 1.2

假设债券和股票价格与例 1.1 相同，在时间 0，由 $x=20$ 股股票，$y=10$ 份债券构成的资产组合的价值为

$$V(0)=2\ 000$$

在时间 T，该资产组合的价值为

$$V(T)=\begin{cases}2\ 140 & \text{如果股票上涨}\\ 2\ 060 & \text{如果股票下跌}\end{cases}$$

于是，该资产组合的收益率为

$$K_V=\begin{cases}7\% & \text{如果股票上涨}\\ 3\% & \text{如果股票下跌}\end{cases}$$

练习 1.1

设 $A(0)=90$ 美元，$A(T)=100$ 美元，$S(0)=25$ 美元，并且设

$$S(T)=\begin{cases}30 & \text{概率为 } p\\ 20 & \text{概率为 } 1-p\end{cases}$$

其中 $0<p<1$。资产组合由 $x=10$ 股股票，$y=15$ 份债券构成，计算 $V(0)$，$V(T)$ 和 K_V。

练习 1.2

假设股票和债券价格与练习 1.1 相同，求在时间 T 的价值为

$$V(T)=\begin{cases}1\ 160 & \text{如果股票上涨}\\ 1\ 040 & \text{如果股票下跌}\end{cases}$$

的资产组合在时间 0 的价值是多少？

尽管与实际情况相差甚远，为了数学上的方便，允许资产组合中的风险资产的数量 x 和无风险资产的数量 y 为任意实数，包括负数和分数，于是，一般地，对交易头寸没有附加任何限制，即

$$x,\ y\in\mathbb{R}$$

可分性（divisibility）是指投资者持有的股票数量和债券数量可以是分数。与单位价格相比，无论交易量有多大，我们都可以认为实际的交易几乎达到了完美的可分性。

流动性（liquidity）是指对头寸 x 或与另一个市场有关的头寸 y 不加任何的限制。这意味着，根据需求，任何资产都可以按照市场价格进行任意数量的买入或者卖出。显然这是数学的理想化，实际上，因为交易量是有限制的，大交易量会影响价格。建立具有如此效果的模型需要高深的数学知识，超出了本书的范围。

如果在资产组合中持有的某种证券的数量是正的，我们称投资者持有**多头头寸**（long position）。否则，我们称持有**空头头寸**（short position），或者称投资者**卖空资产**。无风险证券的空头头寸包括正在发行和销售的债券，但实际上可通过借入现金更容易地达到同样的金融效果，利率是由债券价格决定的。偿还贷款及利息可认为是**终止**（closing）空头。

股票的空头头寸可以通过**卖空**（short selling）来实现。这意味着投资者可以先借股票，然后再卖出股票，利用得到的收益作其他的投资。股票的持有者仍对股票拥有所有的权利，特别地，股票持有者具有得到红利和在任何时刻卖出股票的权利。因此，投资者必须总有足够的财力来履行合约，特别是能够通过回购股票并归还给股票持有人来结清风险资产的空头头寸。类似地，投资者总可以利用归还贷款和利息来结清无风险证券的空头头寸。有时，考虑到这些特殊的限制，我们假设投资者的财富在任何时间都是非负的，即 $V(t)\geqslant 0$。

1.2 无套利原则

在本节，我们继续讲述市场的最基本的假设。简单地说，我们假设市场不允许具有无初始投资的无风险利润。当市场的参与者出现错误时，这样的收益或许会发生。

例 1.3

假设纽约的交易商 A 出价 $d_A=1.62$ 美元兑换 1 英镑的汇率购买英镑，而交易商 B 在伦敦以 $d_B=1.60$ 美元兑换 1 英镑的汇率卖出英镑。如果是这种情况，实际上，交易商就在分发免费货币。一个没有任何初始投资的投资者可获得每英镑 $d_A-d_B=0.02$ 美元的利润，其方法是同时取得交易商 B 的空头头寸和交易商 A 的多头头寸。对他们的慷慨服务的需求，将会迫使交易商调整汇率使得这个可以获得财富的机会消失。

练习 1.3

2002 年 7 月 19 日纽约的交易商 A 和伦敦的交易商 B 利用如下汇率交易欧元（€）、英镑（£）和美元（$）：

交易商 A	买入	卖出
€1.000 0	$1.020 2	$1.028 4
£1.000 0	$1.571 8	$1.584 4

交易商 B	买入	卖出
€1.000 0	£0.632 4	£0.640 1
$1.000 0	£0.629 9	£0.637 5

指出在没有初始投资的情况下获取无风险利润的机会。

下面的例子表明在单期模型下没有初始投资时获取无风险利润的情况。

例 1.4

假设纽约的交易商 A 1 年以后按汇率 $d_A=1.58$ 美元兑换 1 英镑购买英镑，同时，在伦敦的交易商 B 以汇率 $d_B=1.60$ 美元兑换 1 英镑卖出英镑。进一步假设美元可以按年利率 4%借入，英镑可在银行账户以 6%的利率投资。虽然没有如前所述的那么显而易见，但这样也能创造在没有初始投资的情况下获得无风险利润的机会。

例如，一个投资者借入 10 000 美元并且能兑换成 6 250 英镑，然后存入银行账户中。1 年以后，375 英镑的利息加在储蓄中，总量变为 10 467.50 美元（根据年初与交易商 A 签订的协议）。归还 10 000 美元贷款及贷款利息 400 美元之后，投资者将得到 67.50 美元的利润。

显然，一个或两个交易商的汇率报价发生错误，就可能被投资者利用。对交易商服务的需求再一次要求交易商重新调整汇率，减少 d_A 或者增加 d_B 以使得利润消失。

在前面的例子中，尽管不需要初始投资，但利润是确定的。我们也应该考虑获利更微小的可能性，这样的利润不再是确定的，但是没有遭受损失的风险和不需要初始投资。假设有一种彩票在一百万张之中恰有一张中奖，奖品是一台汽车。实际上，虽然中奖的可能性确实非常小，但是人们也不希望免费提供这些彩票。当某种商品的卖方提供该种商品的附加的免费赠品（免费的刮刮卡）时，就发生了类似的情况。事实上，这样的免费赠品并非免费，费用已经包含在购买商品的价格中。

我们做一个假设，以排除类似于上面例子的情况出现。

假设 1.5（无套利原则）

不存在满足如下条件的资产组合 (x, y)，其初始价值 $V(0)=0$，$V(T)\geqslant 0$ 的概率为 1 且 $V(T)>0$ 的概率非零，其中 $V(0)$，$V(T)$ 由式（1.1）给出。

换言之，如果资产组合的初始价值为零，即 $V(0)=0$（没有初始投资），并且 $V(T)\geqslant 0$（没有遭受损失的风险），那么 $V(T)=0$（无收益）的概率为 1。这意味着，投资者无风险且没有初始财富就不能锁定利润。如果违背了这个原则的资产组合存在，我们称存在**套利**（arbitrage）机会。

在现实中，套利机会很少存在。如果套利机会存在，通常地，与交易量相比收益不大，小投资者很难利用套利机会。另外，套利机会与上面例子相比，更难把握。一般来说，违背无套利原则的情况是短暂的，难以把握。追求套利利润的投资者（称为投机者）的行为有效地消除了套利机会。

在数学模型中排除套利十分贴近现实，这是最重要和最合适的假设。基于无套利原则的论证是金融数学的主要工具。

1.3 单期二叉树模型

在本节，我们只考虑非常简单的例子，在这个例子中，股票价格 $S(T)$ 只取两个不同的值。尽管非常简单，但这种情形对传达后来发展的理论的特色是十分有意义的。

例 1.6

设 $S(0)=100$ 美元，$S(T)$ 可取两个值，

$$S(T)=\begin{cases}125 & \text{概率为 } p \\ 105 & \text{概率为 } 1-p\end{cases}$$

其中 $0<p<1$，债券的价格 $A(0)=100$ 美元，$A(T)=110$ 美元。因此，如果股票上涨，股票收益率 K_S 为 25%；如果股票下跌，股票收益率为 5%。无风险收益率 $K_A=10\%$，股票价格如树形图 1.1 所示。

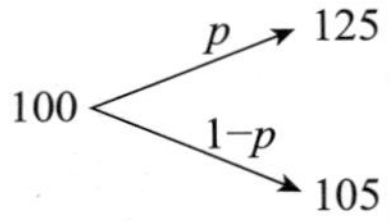

图 1.1 股票价格的单期二叉树

注意在时间 T 股票的两个价格，碰巧都高于时间 0 的股票价格。价格“上涨”或“下跌”是指相对于时间 T 的其他状态的价格，而不是指相对于时间 0 的价格而言的。事实上，我们也可以允许“上涨”状态时的值低于“下跌”状态时的值。例如，如果资产是货币，一些投资者可能认为汇率下跌更为有利。实际上，汇率上涨意味着转换率下跌。把“上涨”和“下跌”的价格运动看做是两个不同结果的抽象表示是最好的处理方法。

一般地，在二叉树模型中，选择股票和债券价格是按照无套利原则，在时刻 T，假设可能上涨也可能下跌的股票价格为

$$S(T)=\begin{cases}S^{u}(T) & \text{概率为 } p \\ S^{d}(T) & \text{概率为 } 1-p\end{cases}$$

其中 $S^d(T) < S^u(T)$ 且 $0 < p < 1$。

命题 1.7

在二叉树模型中，必须满足约束

$$\frac{S^d(T)}{S(0)} < \frac{A(T)}{A(0)} < \frac{S^u(T)}{S(0)}$$

否则将会出现套利机会。

证明

假设 $\frac{A(T)}{A(0)} \leqslant \frac{S^d(T)}{S(0)}$，在这种情况下，在时间 0

- 借入数额为 $S(0)$ 的无风险资产；
- 用 $S(0)$ 买入 1 股股票。

利用这种方法，你将持有资产组合 (x, y)，其股票股数 $x=1$，债券数 $y=-\frac{S(0)}{A(0)}$，于是，在时间 0，这个资产组合的价值为

$$V(0)=0$$

在时间 T 该资产组合的价值变为

$$V(T) = \begin{cases} S^u(T) - \frac{S(0)}{A(0)}A(T) & \text{如果股票上涨} \\ S^d(T) - \frac{S(0)}{A(0)}A(T) & \text{如果股票下跌} \end{cases}$$

这两个可能价值中的第一个值是严格正的，而另一个值是非负的，即 $V(T)$ 是非负的随机变量，并且满足 $V(T) > 0$ 的概率为 $p > 0$。这个资产组合提供了一个套利机会，违背无套利原则（假设 1.5）。

现在假设 $\frac{A(T)}{A(0)} \geqslant \frac{S^u(T)}{S(0)}$，如果是这种情况，则在时间 0：

- 卖空 1 股得到 $S(0)$；
- 投资 $S(0)$ 于无风险资产。

其结果是，你将持有一个资产组合 (x,y)，其中 $x=-1, y=\frac{S(0)}{A(0)}$，其初始价值仍为零，

$$V(0) = 0$$

这个投资组合的最终价值为

$$V(T) = \begin{cases} -S^u(T) + \frac{S(0)}{A(0)}A(T) & \text{如果股票上涨} \\ -S^d(T) + \frac{S(0)}{A(0)}A(T) & \text{如果股票下跌} \end{cases}$$

$V(T)$ 是非负的，其口第二个值是严格正的。因此，$V(T)$ 是非负的随机变量，满足 $V(T) > 0$ 的概率为 $1-p > 0$。再一次出现套利机会，违背无套利原则（假设 1.5）。 □

隐含在以上论证中的常识性推理是简单的：买入价格低的资产，卖出（或者卖空）价格高的资产来赚取价差。

1.4 风险和收益

如前所述，设 $A(0)=100$ 美元，$A(T)=110$ 美元，但 $S(0)=80$ 美元，并且

$$S(T)=\begin{cases}100 & \text{概率为 } 0.8\\ 60 & \text{概率为 } 0.2\end{cases}$$

假设你有 10 000 美元用于资产组合投资，决定买入 $x=50$ 股股票，在无风险资产上的投资为 $y=60$，则

$$V(T)=\begin{cases}11\,600 & \text{如果股票上涨}\\ 9\,600 & \text{如果股票下跌}\end{cases}$$

$$K_V=\begin{cases}16\% & \text{如果股票上涨}\\ -4\% & \text{如果股票下跌}\end{cases}$$

期望收益（expected return），即资产组合收益率的数学期望：

$$E(K_V)=16\%\times 0.8-4\%\times 0.2=12\%$$

投资的**风险**（risk）定义为随机变量 K_V 的标准差：

$$\sigma_V=\sqrt{(16\%-12\%)^2\times 0.8+(-4\%-12\%)^2\times 0.2}=8\%$$

让我们把上面这种投资与只做一种类型证券的投资进行比较。如果 $x=0$，那么 $y=100$，即完全投资于无风险资产，在这种情况下，收益率是确定的已知数 $K_A=10\%$，由标准差测量的风险为零，即 $\sigma_A=0$。

另一方面，如果 $x=125$，$y=0$，完全投资于股票，那么

$$V(T)=\begin{cases}12\,500 & \text{如果股票上涨}\\ 7\,500 & \text{如果股票下跌}\end{cases}$$

并且 $E(K_S)=15\%$，$\sigma_S=20\%$。

如果对两个有相同期望收益的资产组合进行选择，显然，任何投资者都会选择风险更低的资产组合。类似地，如果风险水平相同，任何投资者都会选择收益更高的资产组合。然而，实际上，较高的期望收益与较高的风险相联系。在这种情况下，选择取决于个人的偏好。这些问题将在第 3 章讨论，在第 3 章，我们还将讨论由多个风险证券组成的资产组合，阐述保持期望收益的同时降低风险的资产组合的选择和分散化的作用。

练习 1.4

股票和债券的价格如上，将初始财富 10 000 美元按债券和股票平分构建资产组合，计算期望收益及利用标准差测量的风险。

1.5 远期合约

远期合约（forward contract）是在未来指定的时间以现在确定的固定价格 F

买入或者卖出风险资产的协议，指定的时间称为**交割日**（delivery date），在当期固定的价格 F 称为**远期价格**（forward price）。同意买入资产的投资者称为**远期合约多头**（enter into a long forward contract）或者称取得**远期多头头寸**（long forward position）。如果投资者同意卖出资产，我们称其为远期合约空头（short forward contract）或者取得**空头远期头寸**（short forward position）。在远期合约交易时，没有现金支付。

例 1.8

设远期价格为 80 美元，如果在交割日资产的市场价为 84 美元，那么远期合约多头的持有者以 80 美元的价格买入资产，立刻以 84 美元卖出，得到 4 美元差价。而持有远期合约空头头寸的投资者，将以 80 美元卖出资产，损失 4 美元。然而，如果资产的现货价格为 75 美元，那么，持有远期合约多头头寸的投资者以 80 美元购买该资产，损失 5 美元，同时，持有空头头寸的投资者以高出市场价格卖出资产，获利 5 美元。在这两种情况下，一方的损失将是另一方的获益。

一般来说，如果资产的未来价格 $S(T)$ 上涨而且高于远期价格 F，那么以时间 T 为交割日的持有远期合约多头的投资者将受益。如果资产价格 $S(T)$ 下跌到远期价格 F 以下，那么远期合约多头的持有者将遭受损失。对远期多头头寸的回报为 $S(T)-F$（它可能是正的、负的或者为零）。对远期空头头寸，其回报为 $F-S(T)$。

除了股票和债券之外，投资者持有的资产组合可以包含远期合约，此时我们用三元组 (x,y,z) 表示资产组合。如前所述，其中 x 为股票的股数，y 为债券的数量，z 为远期合约的数量（多头为正，空头为负）。因为远期合约交易时没有现金支付，因此，这样的资产组合的初始值简化为

$$V(0)=xS(0)+yA(0) \tag{1.2}$$

在交割日投资组合的价值为

$$V(T)=xS(T)+yA(T)+z(S(T)-F) \tag{1.3}$$

因为在资产组合中已经包含远期合约，因此，我们需要相应地扩展无套利原则。

假设 1.9（无套利原则）

不存在包含远期合约头寸为 z、初始价值 $V(0)=0$ 的资产组合 (x,y,z)，使得 $V(T)\geqslant 0$ 的概率为 1，$V(T)>0$ 的概率非零，其中 $V(0)$，$V(T)$ 由式（1.2）和式（1.3）给出。

无套利原则决定远期价格 F。为简单起见，我们考虑风险证券没有持有成本的最简单的情况。这种资产的典型例子是不支付红利的股票。相反，商品通常包括存储成本，而外币将获得利息，这可以认为具有负的持有成本。

远期多头头寸保证在交割日以远期价格买入资产。或者，资产也可以现在买入，持有到交割日。但是，如果初始现金支出为零，必须贷款融资购买，在交割

日需要归还的贷款及利息应是远期价格。如下的命题说明，情况确实如此。

命题 1.10

如果风险资产没有持有成本，则远期价格必定为

$$F = S(0)\frac{A(T)}{A(0)} = S(0)(1+K_A) \tag{1.4}$$

否则存在套利机会。

证明

假设 $F > S(0)(1+K_A)$，则在时间 0：

- 借入金额 $S(0)$；
- 以 $S(0)$ 的价格买入资产；
- 购买一份远期价格为 F、交割日为 T 的远期合约空头。

其结果是资产组合 $(1, -\frac{S(0)}{A(0)}, -1)$ 由股票、无风险头寸和远期合约空头构成，初始价格为 $V(0)=0$。则在时间 T：

- 以 F 美元的价格卖出资产，终止远期合约空头；
- 支付金额 $\frac{S(0)}{A(0)}A(T) = S(0)(1+K_A)$，终止无风险资产头寸。

资产组合的终值

$$V(T) = F - S(0)(1+K_A) > 0$$

将是你的违背无套利原则（假设 1.9）的套利利润。

另一方面，如果 $F < S(0)(1+K_A)$，则在时间 0：

- 以 $S(0)$ 的价格卖空资产；
- 将这个金额 $S(0)$ 投资于无风险资产；
- 取得远期价格为 F 美元、交割日为 T 的股票的远期多头头寸。

这个资产组合 $(-1, \frac{S(0)}{A(0)}, 1)$ 的初始价值 $V(0)=0$，随后，在时间 T：

- 获得无风险投资的金额为 $\frac{S(0)}{A(0)}A(T) = S(0)(1+K_A)$；
- 以价格 F 美元购买资产，结清远期多头头寸，将资产返还给所有者。

套利利润为

$$V(T) = S(0)(1+K_A) - F > 0$$

这再一次违背了无套利原则（假设 1.9）。得出远期价格一定是 $F = S(0)(1+K_A)$ 美元。 □

> **练习 1.5**
>
> 设 $A(0)=100$ 美元，$A(1)=112$ 美元，$S(0)=34$ 美元。如果股票的远期价格 $F=38.60$ 美元，交割日为时间 1，能找到套利机会吗？

评注 1.11

在无套利原则的框架下，远期合约使得有可能对例 1.3 进行严格的研究。交易

商 A 和 B 之中的任何一个提供的远期价格，其目的是为防止汇率 d_A 和 d_B 的变化，这些报价是交割时的远期汇率。套利资产组合的形式为 $(x, y, z_1, z_2) = (0, 0, -1, 1)$，其中最后两个分量分别表示交易商 A 取得的头寸 z_1 和交易商 B 取得的头寸 z_2。

1.6 看涨期权和看跌期权

设 $A(0)=100$ 美元，$A(1)=110$ 美元，$S(0)=100$ 美元，并且

$$S(T)=\begin{cases}120 & \text{概率为 } p\\ 80 & \text{概率为 } 1-p\end{cases}$$

其中 $0<p<1$。

其**执行价格**（strike price）为 100 美元，**施权时间**（exercise time）为 T 的**看涨期权**（call option）是一个合约，这个合约给持有者在时间 T 以 100 美元价格购买 1 股股票的权利（但不是义务）。

如果股票价格下跌到执行价格以下，期权没有价值。如果股票的市场价为 80 美元，那么以 100 美元的价格买入 1 股股票是没有意义的，也没有人会行使这个权利。相反，如果股票的市场价格上涨到 120 美元，高于执行价格，期权将会给其持有者带来 20 美元的利润，他可以在时间 T 以 100 美元价格买入 1 股股票，立刻以 120 美元的价格卖出。这就是**行使**（exercising）期权。可通过求出股票市场价格（**现货**（spot）价格）和执行价格之间的差价 20 美元，简单地行使期权。实际上，这是以后经常采用的方法，因为不需要换手股票。

因此，看涨期权的回报，即它在时间 T 的价值是随机变量

$$C(T)=\begin{cases}20 & \text{如果股票上涨}\\ 0 & \text{如果股票下跌}\end{cases}$$

一般地

$$C(T)=\max(S(T)-X, 0)$$

其中 X 是执行价格，$C(0)$ 表示期权在时间 0 的价值，即今天买入或者卖出期权的价格。

评注 1.12

乍看起来，看涨期权类似于远期合约多头。两者都表示在未来某个时间，预先按某个固定的价格购买一种资产。一个本质的区别是，远期多头合约的持有者承担以固定的价格购买资产的义务，而看涨期权的持有者有权利但没有义务购买资产。另一个差别是投资者需要花钱购买看涨期权，而在远期合约交易时不需要任何支付。

在可以利用期权的市场，可以投资由 x 股股票，y 份债券，z 份期权构成的资产组合 (x, y, z)。在时间 0，该资产组合的价值为

$$V(0)=xS(0)+yA(0)+zC(0) \tag{1.5}$$

在时间 T，该资产组合的价值为

$$V(T)=xS(T)+yA(T)+zC(T) \tag{1.6}$$

再一次需要把无套利原则扩展到包含股票、债券和期权的资产组合。

假设 1.13（无套利原则）

不存在包含看涨期权头寸 z 的资产组合 (x,y,z)，其初始价值 $V(0)=0$，使得 $V(T)\geqslant 0$ 的概率为 1 且 $V(T)>0$ 有非零的概率，其中 $V(0),V(T)$ 的值由式（1.5）和式（1.6）给出。

在没有套利机会的条件下，我们需要弄清楚如何计算在时间 0 看涨期权的价格 $C(0)$。因为看涨期权的持有者有权利但没有义务执行期权，$C(0)$ 理所当然是正的：因为需要支付期权费以获得权利。我们将看到可以通过两个步骤求出期权价格 $C(0)$：

步骤 1

构造 x 股股票，y 份债券的投资，使得在时间 T 不论股票价格上涨到 120 美元还是下跌到 80 美元，资产组合与期权有同样的价值

$$xS(T)+yA(T)=C(T)$$

称其为**复制**（replicating）期权。

步骤 2

计算在时间 0 在股票和债券上投资的价值，在命题 1.14 中将证明该价值一定等于期权的价格

$$xS(0)+yA(0)=C(0)$$

否则将存在套利机会。这个步骤被称为**期权定价**（pricing）或者**估值**（valuing）。

步骤 1（复制期权）

在时间 T，在股票和债券上的投资的价值为

$$xS(T)+yA(T)=\begin{cases}x120+y110 & \text{如果股价上涨}\\ x80+y110 & \text{如果股价下跌}\end{cases}$$

方程 $xS(T)+yA(T)=C(T)$ 中的两个随机变量可以写为

$$\begin{cases}x120+y110=20\\ x80+y110=0\end{cases}$$

第一个方程对应于股票价格上涨到 120 美元。第二个方程对应于股票价格下跌到 80 美元。**无论股票价格上涨或下跌**（no matter whether the stock price goes up or down），因为我们希望股票和债券在时间 T 投资的价值恰好等于期权的价值，所以这两个方程同时满足，解出 x 和 y，我们得到

$$x=\frac{1}{2},y=-\frac{4}{11}$$

为了复制期权，我们需要买入 $\frac{1}{2}$ 股股票和取得 $-\frac{4}{11}$ 份债券的空头头寸（或者借入 $\frac{4}{11}\times 100=\frac{400}{11}$ 美元现金）。

步骤 2（期权定价）

我们可以计算时间 0 在股票和债券上的投资的价值：

$$xS(0)+yA(0)=\frac{1}{2}\times 110-\frac{4}{11}\times 100\approx 13.636\ 4\text{ 美元}$$

下面的命题表明该价值一定等于期权的价格。

命题 1.14

如果期权可以利用投资于股票和债券的资产组合 (x,y) 复制，那么，$C(0)=xS(0)+yA(0)$，否则，存在套利机会。

证明

设 $C(0)>xS(0)+yA(0)$。如果该不等式成立，那么，在时间 0：

- 发行并以 $C(0)$ 美元价格卖出一份期权；
- 取得资产组合 (x,y) 的多头头寸，其成本为 $xS(0)+yA(0)$（对于看涨期权来说，这个资产组合包括买入股票和借现金）。

这些交易的现金余额是正的，即 $C(0)-xS(0)-yA(0)>0$。将此金额进行无风险投资。由此产生的资产组合的初始价值 $V(0)>0$ *。在时间 T：

- 如果股票价格上涨，那么支付现货价格和执行价格的差价 $S^u(T)-X$，结算期权；如果股票价格下跌，没有任何支付。两种情况的成本都是 $C(T)$。
- 结清股票和债券头寸，收到现金 $xS(T)+yA(T)$。

无论股票价格上涨还是下跌，交易的现金余额都为零（资产组合复制期权），即 $-C(T)+xS(T)-yA(T)=0$。但是你将得到初始的无风险投资 $C(0)-xS(0)-yA(0)$ 和利息，因此存在套利机会，与无套利原则（假设 1.13）矛盾。

另一方面，如果 $C(0)<xS(0)+yA(0)$，那么，在时间 0：

- 支付 $C(0)$ 美元买入 1 份期权；
- 在资产组合 (x,y) 中，取得空头头寸（其中包括买入债券和卖空股票）。

交易的现金余额是正的，即 $-C(0)+xS(0)+yA(0)>0$。可以将现金投资于无风险资产。利用这种方法你已经构造了一个资产组合，其初始价值 $V(0)>0$。

在时间 T：

- 如果股票价格上涨，则行使期权，得到现货价格和执行价格的差价 $S^u(T)-X$；如果股票价格下跌，没有任何收益；在这两种情况下，收入都为 $C(T)$。
- 结清股票和债券头寸，支付 $xS(T)+yA(T)$。

无论股票价格上涨还是下跌，交易的现金余额都为零，即 $C(T)-xS(T)-yA(T)=0$。但是你将得到来自无风险资产投资 $-C(0)+xS(0)+yA(0)$ 加上利息带来的套利利润，与无套利原则（假设 1.13）矛盾。 □

我们再一次看到，套利策略的一般模式为：卖出（或者卖空，如果有必要）价格高的证券，买入价格低的证券，不管将来会发生什么，只要在这个过程中产生的所有的金融债务能够被抵消即可。

命题 1.14 暗含期权今天的价格一定为

$$C(0)=\frac{1}{2}S(0)-\frac{4}{11}A(0)\approx 13.636\ 4\text{ 美元}$$

---

* 原文有误，原文为 $V(0)=0$，应改为 $V(0)>0$。——译者注

任何人以低于这个价格买入期权或高于这个价格卖出期权，将会产生套利机会，相当于分发意外之财。

评注 1.15

注意股票价格上涨或下跌的概率 p 和 $1-p$ 与定价期权或复制期权无关。这是该理论的显著特色，并非巧合。

评注 1.16

在期权可以被债券和股票复制的市场，期权似乎是多余的。在简化的单期模型中，这个结论是成立的。但是，在包含多个时期（或者连续时间）的情形中，复制是非常繁重的任务。因为在每一个瞬间价格都会发生变化，需要随时调整股票和债券的头寸，所以必须考虑管理和交易的成本。在某些情况下，甚至不可能准确地复制期权。这就是为什么大多数投资者宁愿买入或卖出期权，而复制通常是特定的交易商和机构所为。

练习 1.6

设债券和股票的价格 $A(0),A(T),S(0),S(T)$ 如上，计算施权时间为 T，a）执行价格为 90 美元，b）执行价格为 110 美元的看涨期权价格 $C(0)$。

练习 1.7

设价格 $A(0),S(0),S(T)$ 如上，如果 a) $A(T)=105$ 美元，b) $A(T)=115$ 美元，计算执行价格为 100 美元，施权时间为 T 的看涨期权的价格 $C(0)$。

执行价格为 100 美元，施权时间为 T 的**看跌**（put）期权给出在时间 T 以 100 美元卖出 1 股股票的权利（但不是义务）。如果股票价格上涨，这种期权没有任何价值，否则，将带来利润，其回报为

$$P(T)=\begin{cases}0 & \text{如果股票上涨}\\ 20 & \text{如果股票下跌}\end{cases}$$

给定 $S(T)$ 的可能取值与上面相同。一般地，

$$P(T)=\max(X-S(T),0)$$

其中 X 是执行价格。如前所述，资产组合的概念可以扩展到允许包含用 z 表示的看跌期权头寸。

看跌期权的复制和定价遵循与看涨期权相同的模式。特别地，看跌期权的价格 $P(0)$ 等于利用股票和债券进行复制的投资在时间 0 的价值。

评注 1.17

看跌期权和空头远期合约头寸有某些相似之处：两者都包含在未来的某个确定时间，以固定价格卖出资产。本质的区别是，远期空头合约的持有者有义务以固定的价格卖出资产，而看跌期权的持有者，有权利但没有义务卖出资产。而

且，希望购买看跌期权的投资者必须对卖出者进行支付，而远期合约交易没有支付。

练习 1.8

设债券和股票的价格 $A(0), A(T), S(0), S(T)$ 与上面相同，列出包含看跌期权的资产组合的无套利原则的公式，并计算执行价格为 100 美元的看跌期权的价格 $P(0)$ 。

期权和远期合约的一般性质将在第 4 章和第 5 章讨论。在第 6 章和第 7 章把定价和复制方法扩展到更复杂的离散市场模型及其他的金融工具。

1.7 外　汇

外币是风险证券的一个重要例子。与股票相比较，外币的基本的与众不同之处在于在资产组合中持有的每一个单元的外币能够产生额外的无风险收入。这里，我们假设货币存在银行账户或者投资于无风险债券。如果对股东支付红利，证券市场也可出现额外的收入，必须考虑该资产的衍生证券。

首先，我们从修改远期价格公式（1.4）开始。注意在时间 T 有一个单位的外币能够买入分数份，即 $\frac{A_{\mathrm{f}}(0)}{A_{\mathrm{f}}(T)} = \frac{1}{1+K_{\mathrm{f}}}$ 份债券，其中下标 f 标明外币债券的价格和外币债券的收益率。因此，修改后的远期价格（更精确地说，远期汇率）为

$$F = S(0)\,\frac{1+K_{\mathrm{h}}}{1+K_{\mathrm{f}}}$$

其中，$1+K_{\mathrm{h}} = \frac{A_{\mathrm{h}}(T)}{A_{\mathrm{h}}(0)}$ ，下标 h 表明本国货币。

练习 1.9

给出公式（1.7）的套利证明。

练习 1.10

假设美元债券的收益率为 $K_{\$} = 5\%$ ，现在的汇率为 $S(0) = 1.6$ 美元兑换 1 英镑，交割时间为 $T = 1$ 的远期汇率为 $F = 1.50$ 美元兑换 1 英镑。如果英镑债券承诺在时间 1 支付 100 英镑，今天英镑的成本是多少？

接下来的任务是求外币卖权的价格，最好用一个例子来加以说明。

例 1.18

把英镑看做是美国美元市场上的证券。假设美国美元债券的收益率为 $K_\$ = 5\%$，英国的英镑债券的收益率为 $K_£ = 3\%$ 。在 $S(0) = 1.62$，$S^u(T) = 1.84$ 美元兑换 1 英镑及 $S^d(T) = 1.46$ 美元兑换 1 英镑的二叉树模型内，考虑一个英镑的看涨期权，其执行价格为 $X = 1.64$ 美元兑换 1 英镑。在复制阶段需要求出 x, y，使得

$$x(1+K_£)S^u(T) + y(1+K_\$) = S^u(T) - X$$

$$x(1+K_£)S^d(T) + y(1+K_\$) = 0$$

注意，与股票期权复制不同的是，表示由标的证券（这里是英镑）产生的收入因子 $1+K_£$ 是不存在的。这个方程组的解为 $x=0.511\,0$ 英镑，$y=-0.731\,8$ 美元，于是

$$C(0) = xS(0) + y = 0.096\,0 \text{ 美元}$$

练习 1.11

利用例 1.18 的数据，求出执行价格为 $X = 1.71$ 美元兑换 1 英镑的英镑看跌期权的价格。

1.8 利用期权管理风险

期权和其他衍生证券的应用可扩展到其他投资领域。假设你的初始财富为 1 000美元，比较在 1.6 节构建的如下两个投资：

- 买入 10 股股票，其在时间 T 的价值为

$$10 \times S(T) = \begin{cases} 1\,200 & \text{如果股票上涨} \\ 800 & \text{如果股票下跌} \end{cases}$$

或者

- 买入 1 000/ 13.636 4 ≈ 73.333 3 份期权，在这种情况下，你的最终财富为

$$73.333\,3 \times C(T) \approx \begin{cases} 1\,466.67 & \text{如果股票上涨} \\ 0.00 & \text{如果股票下跌} \end{cases}$$

如果股票价格上涨，期权投资将产生比股票投资更高的收益，即大约高 46.67%。否则，将是灾难性的：你将损失所有财富。另一方面，当你在股票上投资时，你会得到 20%或者损失 20%。如果没有给定概率，我们就不能计算期望收益和标准差。但我们会认同在期权上投资比在股票上投资具有更高的风险。这可能会被愿意冒险的投资者利用。

练习 1.12

在上述情况下，求初始财富为 1 000 美元，期权和股票投资各占一半的投资者的最终财富。

期权还可以用于降低风险。考虑一个计划在未来购买股票的投资者，股票今天的价格为 $S(0)=100$ 美元，但是投资者仅在时间 T 有可用的资金，股票在时间 T 的价格变成

$$S(T)=\begin{cases}160 & \text{概率为 } p\\ 40 & \text{概率为 } 1-p\end{cases}$$

对某一个 $0<p<1$ 。如前所述，假设 $A(0)=100$ 美元，$A(T)=110$ 美元，比较如下两个策略：

- 等到时间 T ，当资金可利用时，以 $S(T)$ 的价格购买股票；

或者

- 在时间 0 ，借钱买入执行价格为 100 美元的看涨期权，在时间 T 归还贷款及利息，如果股票价格上涨，则行使期权购买股票。

如果投资者选择第一种策略，他将面临相当大的风险。另一方面，施行第二个策略，他将借 $C(0)\approx 31.8182$ 美元购买期权。在时间 T ，他将归还 35 美元结清贷款，利用期权购买股票，购买一股的成本为

$$S(T)-C(T)+35=\begin{cases}135 & \text{如果股票上涨}\\ 75 & \text{如果股票下跌}\end{cases}$$

比较这两个策略，显然，后者的风险比前面的风险减少了。

练习 1.13

在使用期权和不使用期权两种情况下，计算由标准差度量的购买 1 股股票的成本的风险。如果 a) $p=0.25$ ，b) $p=0.5$ ，c) $p=0.75$ 。

练习 1.14

证明无论概率 p（$0<p<1$）取什么值，上面的含有期权的策略的风险（利用购买 1 股股票的成本的标准差度量）是没有购买期权的策略的风险的一半。

如果购买两个期权，那么风险降低为零：

$$S(T)-2\times C(T)+70=110\text{，概率为 } 1$$

这个策略等价于多头远期合约，因为股票远期价格恰好为 110 美元（见 1.5 节）。该策略还等价于今天借 100 美元购买 1 股股票，在时刻 T 归还 110 美元结清贷款。

事例 1：讨论

第一个任务是认清问题的本质。因为英国公司有 64 000 英镑由它做主在年内购买价格为 100 000 美元的设备，生产商确保美元价格，使之担心的是在购买设备

时的汇率是未知的，如果汇率降到 1.562 5 美元兑换 1 英镑之下，预算金额则不足以购买设备。

为了保证这个金融计划成功，需要设计对利率风险套期保值。在本章的结尾，为了达到这个目标，我们使用某些熟悉的金融工具。为此，有必要收集一些额外的市场数据以便应用这些工具。

第一种方法是使用远期合约在年末把英镑换成美元。英镑远期价格 F 可用 1.7 节中的方法求出。为此，我们需要关注英镑价格和美国的美元债券价格，或者等价地，关注相应的无风险收益率。假设得出的结论是 $K_\$=5\%$，$K_£=3\%$，这样得出 $F=1.6515$ 美元兑换 1 英镑，按这个汇率把 64 000 英镑转换为 105 693.20 美元，这家公司能购买这台设备，还有 5 693.20 美元结余，并且不受汇率变化的影响。

由于这家公司需要把它的英镑转换成美元，实际上是卖出英镑，代替远期合约，我们利用英镑的看跌期权。

这需要建立未来的随机汇率模型。为此，我们利用单期二叉树模型完全可以做到。已知现货汇率为 $S(0)=1.62$ 美元兑换 1 英镑，无风险收益率 $K_\$=5\%$，$K_£=3\%$。利用市场数据来确定两个未来汇率 $S^u(1),S^d(1)$。为此目的，可以利用某些英镑期权的交易价格。假设执行价格为 1.6 美元兑换 1 英镑和 1.7 美元兑换 1 英镑的看涨期权，以 1.117 8 美元兑换 1 英镑和 0.062 4 美元兑换 1 英镑的价格卖出是最流行的期权交易。恰好与例 1.18 相同，因为这些看涨期权的价格可用术语 $S^u(1),S^d(1)$ 表示，我们得到两个方程的方程组，能够解得 $S^u(1)\approx 1.8126$ 美元兑换 1 英镑，$S^d(1)\approx 1.4273$ 美元兑换 1 英镑。

为建立标准化的模型，我们需要确定用于利率风险套期保值的看跌期权的执行汇率 X。执行汇率 X 对期权价格 P 有影响，为更精确，用 $P(X)$ 表示价格。为把可使用的总额 64 000 英镑转换成美元，我们需要购买 64 000 份看跌期权，成本将为 $P(X)\times 64\,000$ 美元，我们需要借入这笔钱。假设公司的银行对美国的美元贷款利率报价为 10%。在年末，除去设备价格以外，我们还应该支付 $P(X)\times 64\,000\times 1.1$ 美元。这样就得到了执行价格应满足的方程：

$$100\,000+P(X)\times 64\,000\times 1.1=X\times 64\,000$$

解得 $X\approx 1.6680$ 英镑兑换 1 美元，一份看跌期权的价格 $P(X)\approx 0.0959$ 美元。为购买期权，我们需要借入 $P(X)\times 64\,000\approx 6\,135.32$ 美元，在年末，包括利息我们需要归还 6 748.85 美元。如果汇率上涨，我们将按市场价卖出英镑以得到额外的利润 $64\,000\times 1.8126-106\,748.85\approx 9\,259.81$ 美元。如果汇率下跌，我们行使期权保本。

这个包含期权的策略不像远期合约那样具有吸引力。使用期权套期保值也能使公司购买设备而且不受汇率变化的影响，但是最后的财务上的结果是不可预知的，取决于汇率的波动。实际问题会是具有理想的执行汇率 $X\approx 1.6680$ 美元兑换 1 英镑的看跌期权可能无法通过交易所交易，必须进行场外交易（OTC）。另外，利用期权进行套期保值的明显缺点是涉及的是最简单的汇率模型。当我们得到更好的模型时，这个事例还是值得回顾的。另一方面，在利用远期时，我们不需要采用任何利率模型，于是结论更稳健。

第 2 章

无风险资产

事例 2

考虑建立你自己的养老基金，基金产生于定期储蓄并投资于每年获得 5%利息的银行账户。40 年后，当你退休时，你想要得到你退休前工资的 50%的养老金并且连续支付 20 年。假设你的工资每年增长 2%，你想要的养老金支付也按 2%增长。

2.1 货币的时间价值

在现实生活中，1 年以后获得的 100 美元的价值要少于今天的 100 美元。其主要原因是将来得到的或者在固定期限账户中的货币不能现在花费，因此人们希望补偿延期消费。另外，在此期间，价格可能会上涨，与现在相比，货币没有相同的购买力。总之，风险无处不在，尽管风险很小，对货币影响甚微。无论何时，未来的支付在某种程度上具有不确定性，今天的价值将会缩减以补偿风险（而在本章我们考虑不受这种风险影响的情况）。作为无风险资产的典型例子，我们将考虑银行存款和债券。

在金融学中，货币在时间上价值变化的方式是具有基础性的重要的复杂问题。我们应主要关注两个问题：

什么是今天借入或投资的金额的终值？

什么是未来某个时间支付或收到的金额的现值？

答案取决于多种因素，我们将在本章讨论。这个论题通常被称为**货币的时间价值**（time value of money）。

2.1.1 单 利

假设一定数量的资金存入银行账户，将得到**利息**（interest）。这个投资的**终值**（future value）为初始的存款（称为**本金**（principal），用 P 表示）加上从货币存入银行开始计算的利息。

首先，我们考虑仅由本金产生利息的情况，在投资期内本金不变。例如，赚得的利息以现金的方式支付，利息存入另外的不产生利息的账户，或者某个更长的期限之后，存入原来的账户。

1 年以后，赚得的利息是 rP ，这里 $r>0$ 是**利率**（interest rate）。这个投资的价值变为 $V(1)=P+rP=(1+r)P$ 。2 年以后，这个投资增长为 $V(2)=(1+2r)P$ 。考虑一个分数年，一般是按天计算利息：1 天得到的利息是 $\frac{1}{365}rP$ 。n 天以后的利息是 $\frac{n}{365}rP$ ，投资的总价值变为 $V(\frac{n}{365})=(1+\frac{n}{365}r)P$ 。这导出如下的**单利**（simple interest）公式，在时间 t 投资价值用 $V(t)$ 表示，公式为

$$V(t)=(1+tr)P \tag{2.1}$$

其中，时间 t 以年为单位，可以是任意的非负实数（见图 2.1）。特别地，我们有明显的等式 $V(0)=P$ 。数 $1+rt$ 称为**增长因子**（growth factor）。这里我们假设利率 r 是常数。如果在时间 s ，而不是在时间 0，投资的本金为 P ，那么，在时间 $t\geqslant s$的价值为

$$V(t)=(1+(t-s)r)P \tag{2.2}$$

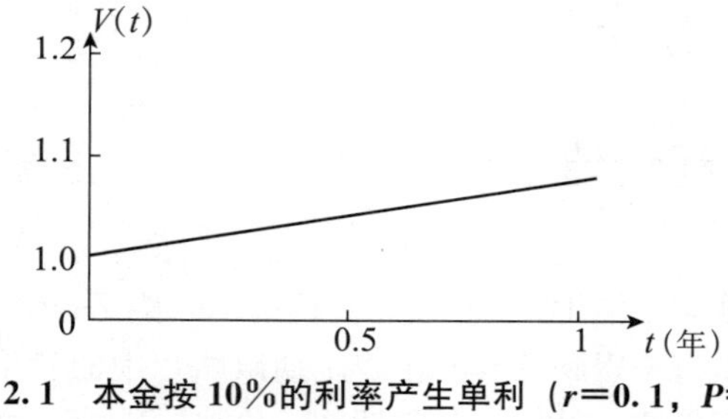

图 2.1　本金按 10%的利率产生单利（$r=0.1$，$P=1$）

在本书中，时间单位是年。我们将其他单位的期限（天、周、月）转换成分数年。

例 2.1

考虑一单 150 美元持有 20 天的存款，按利率 8%产生单利。于是 $t=\frac{20}{365}$，$r=0.08$。20 天以后，存款将增长为 $V(\frac{20}{365})=(1+\frac{20}{365}\times 0.08)\times 150\approx 150.66$。

评注 2.2

单利的重要例子是伦敦银行同业拆借利率（LIBOR），它是最大的伦敦银行之间的交易的有效利率。伦敦银行同业拆借利率是时间不到 1 年的各种短期报价利率，并且对各种各样的交易有参考价值。例如，可以把典型的商业贷款利率等同于特殊的伦敦银行同业拆借利率加上某些附加的保证金。

在时间 s 开始，在时间 t 到期的投资的**收益率**（return）用 $K(s,t)$ 表示。其公式为

$$K(s,t)=\frac{V(t)-V(s)}{V(s)} \tag{2.3}$$

在单利的情况下，有

$$K(s,t)=(t-s)r$$

这显然可由公式（2.2）得出。特别地，利率等于 1 年期的收益率，即

$$K(0,1)=r$$

作为一般的规则，利率总是以 1 年为期限。这样容易比较两个不同的投资，与实际的投资期限无关。而收益率既与利率又与投资时间的长度有关。

练习 2.1

将 9 000 美元存入银行账户 2 个月（61 天），按单利期末产生 9 020 美元。求利率 r 和这个投资的收益率。

练习 2.2

如果你要求的收益率为 2%，未来某个时刻收入 1 000 美元，今天你会支付多少？

练习 2.3

800 美元产生单利，变成 830 美元，如果利率是 9%，问持有多长时间？计算这个投资的收益率。

练习 2.4

将一笔资金存入银行账户，利率为 8%，按单利计算，3 个月（91 天）后为 1 000 美元，求本金。

最后的练习涉及一个重要的一般性问题，给定在时间 t 的价值，求初始金额。在单利的情况下，利用式（2.1）很容易求出本金，我们得到

$$V(0) = V(t)(1+rt)^{-1} \tag{2.4}$$

这个数值称为**现值**（present value）或者 $V(t)$ 的**折现值**（discounted value），$(1+rt)^{-1}$ 是**折现因子**（discount factor）。

例 2.3

永续债券（perpetuity）是在相同的时间间隔，金额固定的支付序列，并且连续地永久支付。例如，支付金额为 C，1 年支付一次，C 是第一次支付的应付款，这可以通过在银行账户按常数利率 r 赚取单利，存款

$$P = \frac{C}{r}$$

实现。这样的存款的确会产生每个支付金额为 $C = rP$ 的利息序列。

实际上，单利只用于短期投资和特定类型的贷款和存款。用它来描述长期的货币的价值是不适用的。在多数情况下，已经获得的利息可以再投资生产更多的利息，产生的收益比由式（2.1）得出的收益更多。下面我们将详细地分析。

2.1.2 按期复合

首先，假设在银行账户的储蓄金额为 P，利率 $r>0$ 是常数，而与单利的情况不同，我们假设获得的利息定期地加入本金，例如 1 年、半年、月、周甚至天。这样，不仅原来的本金产生利息，而且利息也产生利息，在这样的情况下，我们考虑**离散复合**（discrete compounding）或者**按期复合**（periodic compounding）。

例 2.4

在按月计算的情况下，第一次支付是在 1 个月以后，利息为 $\frac{r}{12}P$，本金增加到 $(1+\frac{r}{12})P$，将在以后产生利息。下一次（2 个月以后）支付利息的金额为 $\frac{r}{12}(1+\frac{r}{12})P$，资本将变成 $(1+\frac{r}{12})^2P$，1 年以后资本将变成 $(1+\frac{r}{12})^{12}P$，n 个月以后资本变成 $(1+\frac{r}{12})^nP$，t 年以后资本变成 $(1+\frac{r}{12})^{12t}P$，最后的公式要求 t 等于月的整数倍，即 $\frac{1}{12}$ 的倍数。

一般来说，如果每年支付 m 次利息，两次支付的时间间隔按年计算将是 $\frac{1}{m}$ 年，第一次支付是在时间 $\frac{1}{m}$ 支付的金额。每一次利息支付都利用因子 $(1+\frac{r}{m})$ 增

加到本金。假设利率保持不变，t 年以后，原来的本金 P 将变成

$$V(t)=\left(1+\frac{r}{m}\right)^{tm}P \tag{2.5}$$

因为在这期间有 tm 次利息支付。在这个公式中 t 必须为 $\frac{1}{m}$ 的整数倍，$\left(1+\frac{r}{m}\right)^{tm}$ 为**增长因子**（growth factor）。

注意，在每个时期，我们应用单利公式，从这个时期到下一个时期其初始金额不断改变。可用递归方法把公式（2.5）等价地写成

$$V\left(t+\frac{1}{m}\right)=V(t)\left(1+\frac{r}{m}\right)$$

其中 $V(0)=P$ 。

有时在利息支付的瞬间需要知道投资的准确价值。特别地，要在非利息支付日结算账户时就会遇到这种情况。例如，假如以利率 12%按月结算，100 美元储蓄 10 天以后的价值是多少？一个可能的答案是 100 美元，因为第一次支付将会在一个整月之后，这启发我们将式（2.5）扩展到任意的 t 值，其方法是通过阶梯函数，其步长是期限的 $\frac{1}{m}$ ，如图 2.2 所示。随后，在评注 2.21 中我们将看到利用式（2.5）的右边对所有的 $t\geqslant 0$ 的与无套利原则一致的扩展。

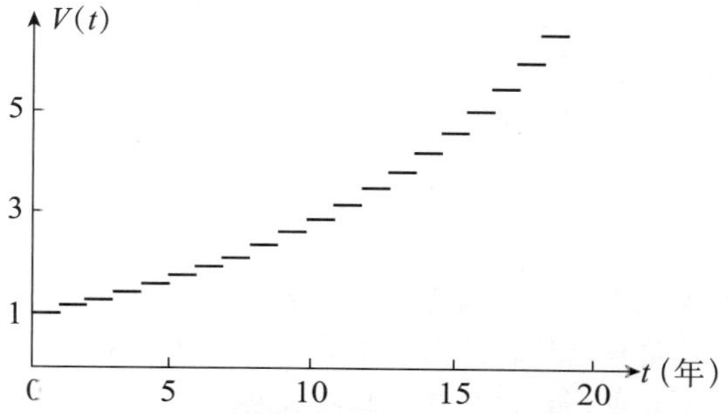

图 2.2　以 10%利率按年复合（$m=1$，$r=0.1$，$P=1$）

练习 2.5

以利率 6%按天产生复利，多长时间存款翻倍？

练习 2.6

如果存款按年复合，10 年以后翻倍，问利率是多少？

练习 2.7

对以下两种情况，求利率为 10%，100 美元的存款 2 年以后的终值并加以比较：a）按年复合；b）按半年复合。

命题 2.5

参数 m，t，r 和 P 中的任意一个参数增加，其余参数不变，则终值 $V(t)$ 增大。

证明

由式（2.5）可见，如果 t，r 或者 P 增大，则 $V(t)$ 增大。为证明 $V(t)$ 随 m 增大而增大，我们需要验证如果 $m<k$，则

$$\left(1+\frac{r}{m}\right)^{tm}<\left(1+\frac{r}{k}\right)^{tk}$$

显然可简化为

$$\left(1+\frac{r}{m}\right)^{m}<\left(1+\frac{r}{k}\right)^{k}$$

我们可直接利用二项式公式验证：

$$\begin{aligned}\left(1+\frac{r}{m}\right)^{m}&=1+r+\frac{1-\frac{1}{m}}{2!}r^2+\cdots+\frac{\left(1-\frac{1}{m}\right)\times\cdots\times\left(1-\frac{m-1}{m}\right)}{m!}r^m\\&\leqslant 1+r+\frac{1-\frac{1}{k}}{2!}r^2+\cdots+\frac{\left(1-\frac{1}{k}\right)\times\cdots\times\left(1-\frac{m-1}{k}\right)}{m!}r^m\\&<1+r+\frac{1-\frac{1}{k}}{2!}r^2+\cdots+\frac{\left(1-\frac{1}{k}\right)\times\cdots\times\left(1-\frac{k-1}{k}\right)}{k!}r^k\\&=\left(1+\frac{r}{k}\right)^{k}\end{aligned}$$

第一个不等式成立是因为不等式左边的每一项不大于不等式右边的每一项。第二个不等式是正确的，是因为不等式的右边的和式比左边多 $m-k$ 个非零（正）项。在两个等式中，我们利用了二项式公式

$$(a+b)^m=\sum_{i=0}^{m}\frac{m!}{i!(m-i)!}a^ib^{m-i}$$ □

> **练习 2.8**
>
> 1 000 美元的存款，利率为 15%，按天复合，或者利率为 15.5%，按半年复合。1 年后的终值，哪一个更多？

> **练习 2.9**
>
> 假设利息为 12%，按年复合，2 年以后终值为 1 000 美元，问初始投资是多少？

最后一个练习谈到在应用离散复合时，在将来某个时刻支付的金额的现值问

题。在这里，$V(t)$ 的现值或者折现值的公式为

$$V(0)=V(t)\left(1+\frac{r}{m}\right)^{-tm}$$

数值 $(1+\frac{r}{m})^{-tm}$ 是折现因子。

评注 2.6

固定投资的最终价值 $V(t)$，命题 2.5 的一个直接的推论是，如果因子 r，t，m 之中有一个减小，其余的因子不变，则现值增加。

练习 2.10

假设在期限内利率为 5%，求 100 年以后收到的 100 000 美元的现值：a) 按天复合；b) 按年复合。

给定将来某个固定时间 T 的价值 $V(T)$，我们常常需要求出在时间瞬间 $0<t<T$，投资的价值 $V(t)$。这可由计算 $V(T)$ 的现值得出，取 $V(T)$ 的现值作为本金，投资到时间 T，复合频率为 m，利率为 r，显然

$$V(t)=\left(1+\frac{r}{m}\right)^{-(T-t)m}V(T) \tag{2.6}$$

为了求出按期复合产生利息的存款的收益率，我们利用公式（2.3），得到

$$K(s,t)=\frac{V(t)-V(s)}{V(s)}=\left(1+\frac{r}{m}\right)^{(t-s)m}-1$$

特别地，

$$K\left(0,\frac{1}{m}\right)=\frac{r}{m}$$

这提供了一种给定收益率计算利率的简单的方法。

练习 2.11

求在 $r=10\%$ 按月复合之下的 1 年的收益率。

练习 2.12

如果复合频率 m 大于 1，利率 r 和收益率 K（0，1）哪一个更大？

评注 2.7

如果是按期复合，则存款的收益率是不可加的。为简单起见，设 $m=1$，那么

$$K(0,1)=K(1,2)=r$$
$$K(0,2)=(1+r)^2-1=2r+r^2$$

显然，$K(0,1)+K(1,2)\neq K(0,2)$ 。

2.1.3 支付流

年金（annuity）是金额固定、时间间隔相等的有限个支付序列。假设金额为 C 的支付每年支付一次，连续 n 年，第一次是在 1 年以后。如果应用按年复合，我们求这样支付流的现值。我们计算所有支付的现值，然后相加得到

$$\frac{C}{1+r}+\frac{C}{(1+r)^2}+\frac{C}{(1+r)^3}+\cdots+\frac{C}{(1+r)^n}$$

有时，为了方便，引入如下看似烦琐的符号

$$\mathrm{PA}(r,n)=\frac{1}{1+r}+\frac{1}{(1+r)^2}+\cdots+\frac{1}{(1+r)^n} \tag{2.7}$$

这个数值称为**年金的现值因子**（present value factor for an annuity）。可将年金的现值表示为简单的形式

$$\mathrm{PA}(r,n)\times C$$

表达式 PA（r，n）可用如下公式简化

$$a+qa+q^2a+\cdots+q^{n-1}a=a\frac{1-q^n}{1-q} \tag{2.8}$$

考虑情况 $a=\frac{1}{1+r}$，$q=\frac{1}{1+r}$，所以

$$\mathrm{PA}(r,n)=\frac{1-(1+r)^{-n}}{r} \tag{2.9}$$

评注 2.8

注意，初始银行存款

$$P=\mathrm{PA}(r,n)\times C=\frac{C}{1+r}+\frac{C}{(1+r)^2}+\cdots+\frac{C}{(1+r)^n}$$

以利率 r 按年复合产生每次支付为 C 的 n 年支付序列。存款 $C(1+r)^{-1}$ 1 年以后将增加为 C，这恰是第一次年金支付。2 年以后，存款 $C(1+r)^{-2}$ 变为 C 是第二次年金支付，如此继续下去。最后，存款 $C(1+r)^{-n}$ 将是 n 年以后最后一次年金支付 C 。

例 2.9

考虑一个 1 000 美元的在每年期间按 5 次相等的分期支付进行偿付的贷款。分期偿付包括两部分，未偿还的金额按利率 15%计算的利息和贷款部分。这种类型的贷款称为**分期偿还贷款**（amortised loan）。每年偿还的金额为

$$\frac{1\,000}{\mathrm{PA}(15\%,5)}\approx 298.32$$

这是因为从贷款人的角度，这种贷款等价于年金。

练习 2.13

每次分期偿还的利息金额是多少？每次分期偿还的贷款是多少？每次分期支付以后贷款的余额是多少？

练习 2.14

如果利率为 18%，每年年末你能承受的支付是 1 000 美元，你想在 10 年还清贷款，你能借多少？

练习 2.15

假设你想要在每年年末储蓄 1 200 美元，持续 40 年，按常数利率 5%按年复合，求 40 年以后的余额。

练习 2.16

假设你借 100 000 美元住房抵押贷款，每年等额分期偿还，10 年还清，每次还款额由支付的余额部分的利息额加上归还借款余额部分构成。如果你决定 8 年以后还清，除了第 8 年的分期付款之外，你还需要支付多少？假设在贷款期限内应用利率 6%的按年复合。

回想**永续年金**（perpetuity）是在每年末发生的固定金额的无限支付序列。当 $n\to\infty$ 时，永续年金的现值公式可由式（2.7）将 n 取极限得到

$$\lim_{n\to\infty}\mathrm{PA}(r,n)\times C=\frac{C}{1+r}+\frac{C}{(1+r)^2}+\frac{C}{(1+r)^3}+\cdots=\frac{C}{r} \qquad (2.10)$$

这个金额是几何级数之和。

评注 2.10

永续年金的现值可利用例 2.3 中的相同的公式给出，尽管按期复合用单利代替。这两种情况年金支付 C 恰好等于全年利息收入，下一年利息收入的余额总是 $\frac{C}{r}$。然而，按期复合让我们看到用不同的方法得到的同样的支付序列：永续年金的现值被分解成如式（2.10）中的无限多个部分，每一部分产生的支付都是 C。

评注 2.11

年金因子公式（2.9）用如下方法容易记忆，利用永续年金公式：n 个支付为 $C=1$ 的序列可表示成两个不同的永续年金的差，一个从现在开始，另一个从 n 年以后开始。（切掉永续年金的尾部，我们得到年金。）这样做，我们需要计算后面的永续年金的现值。这可由折现因子 $(1+r)^{-n}$ 得到，所以

$$\mathrm{PA}(r,n)=\frac{1}{r}-\frac{1}{r}\times\frac{1}{(1+r)^n}=\frac{1-(1+r)^{-n}}{r}$$

练习 2.17

求以常数利率 g 增长的形如 $C, C(1+g), C(1+g)^2, \cdots$，的无穷支付序列的现值。利用**切尾方法**（tail-cutting procedure）求 n 次支付的现值公式。

2.1.4 连续复合

本金为 P，利率 $r>0$，1 年复合 m 次的终值公式（2.5）可以写为

$$V(t)=\left[(1+\frac{r}{m})^{\frac{m}{r}}\right]^{tr}P$$

令 $m\to\infty$，取极限，我们得到

$$V(t)=\mathrm{e}^{tr}P \tag{2.11}$$

这里

$$\mathrm{e}=\lim_{x\to\infty}\left(1+\frac{1}{x}\right)^x$$

是自然对数的底数。这是著名的**连续复合**（continuous compounding）。相应的**增长因子**（growth factor）为 e^{tr}。$V(t)$ 的特有的曲线图用图 2.3 表示。

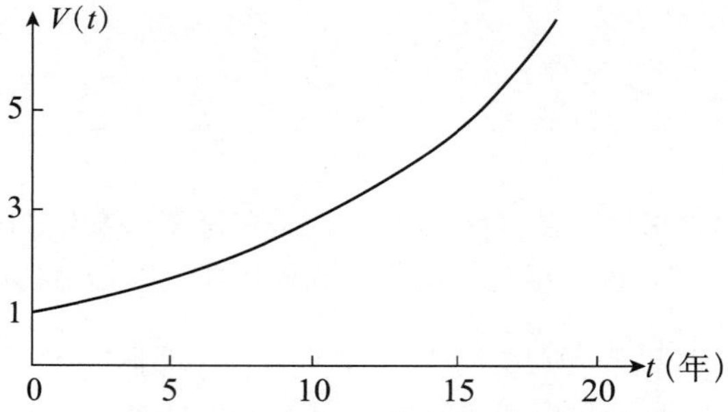

图 2.3　以 10%的利率连续复合（$r=0.1$，$P=1$）

$V(t)=\mathrm{e}^{tr}P$ 的导数为

$$V'(t)=r\mathrm{e}^{tr}P=rV(t)$$

在连续复合的情况下，增长率与当前财富成比例。

当频率 m 很大时，公式（2.11）是按期复合情形的很好的近似。它比按期复合的公式更简单并且更容易转换。

练习 2.18

1 000 000 美元存款按 10%的利率连续复合，多长时间得到 1 美元利息收入？

练习 2.19

1626 年，新尼德兰省总督彼得·米纽特（Peter Minuit）用价值为 24 美元的玻璃球、布料和小装饰品从印第安人手中买下了曼哈顿岛。求这笔钱在 2000 年的价值，a）按 5%的利率连续复合，b）按 5%的利率年复合。

命题 2.12

假定相同的本金 P 和利率 r，连续复合比频率为 m 的按期复合产生更高的未来价值。

证明

只须验证

$$e^{tr} > \left(1+\frac{r}{m}\right)^{tm} = \left[\left(1+\frac{r}{m}\right)^{\frac{m}{r}}\right]^{tr}$$

因为序列 $\left(1+\frac{r}{m}\right)^{\frac{m}{r}}$ 是递增的，并且当 $m \to \infty$ 收敛于 e，所以不等式成立。 □

练习 2.20

利率为 10%，100 美元储蓄 1 年以后按月复合和连续复合的差是多少？按期复合的频率是多少时，这个差小于 0.01 美元？

在连续复合之下，现值可由下式给出

$$V(0) = V(t)e^{-tr}$$

在这种情况下，**折现因子**（discount factor）是 e^{-tr}。给定终值 $V(T)$，显然有

$$V(t) = e^{-r(T-t)}V(T) \tag{2.12}$$

练习 2.21

假设以 6%的利率连续复合，求 20 年以后得到的 1 000 000 美元的现值。

练习 2.22

假设 950 美元连续复合半年后的终值为 1 000 美元，求利率。

与按期复合情况相同，对连续复合情况，由式（2.3）定义的投资收益 $K(s,t)$ 也是不可加的。为方便，引入**对数收益率**（logarithmic return）

$$k(s,t)=\ln\frac{V(t)}{V(s)} \tag{2.13}$$

命题 2.13

对数收益率是可加的，即

$$k(s,t)+k(t,u)=k(s,u)$$

证明

由式（2.13）容易得出，

$$\begin{aligned}k(s,t)+k(t,u)&=\ln\frac{V(t)}{V(s)}+\ln\frac{V(u)}{V(t)}\\&=\ln\frac{V(t)}{V(s)}\frac{V(u)}{V(t)}=\ln\frac{V(u)}{V(s)}=k(s,u)\end{aligned}$$ □

如果 $V(t)$ 由式（2.11）给出，则 $k(s,t)=r(t-s)$，这使我们能够重新得出利率

$$r=\frac{k(s,t)}{t-s}$$

练习 2.23

设以 3% 的利率连续复合，投资 2 个月的对数收益为 3%，求利率。

2.1.5 如何比较复合方法

我们已经注意到，如果利率和初始本金相同，频繁复合将比不频繁复合产生更高的终值。假设初始本金相同，我们将考虑在一般情况下，一种复合方法将会比另一种方法产生相同或者更高的终值。

例 2.14

假设承诺 1 年以后支付 120 美元的凭证可以现在或在本年的任意时间以 100 美元买卖。在按年复合之下，这与常数利率 20% 一致。如果一个投资者决定购买这个凭证半年以后卖出，卖出的价格是多少？假设是 110 美元，通常的推测是依据把年利润 20 美元二等分。可是，这可被证明是一个太高的价格，产生如下的套利策略：

- 借 1 000 美元以每份 100 美元买入 10 份凭证；
- 6 个月以后以每份 110 美元卖出 10 份凭证，以每份 100 美元的价格买入 11 份新凭证，余额变成零；
- 再过 6 个月以后，以每份 110 美元的价格卖出 11 份凭证，总共获得现金 1 210 美元，支付 1 200 美元还清贷款的利息，10 美元余额是套利利润。

相似的论断表明 6 个月以后凭证的价格不能太低，例如 109 美元。

6 个月以后凭证的价格与半年复合利率有关：如果这个利率为 r，则价格将

是 100 $\left(1+\frac{r}{2}\right)$ 美元，反之亦然。如果相应的 1 年的增长因子 $\left(1+\frac{r}{2}\right)^2$ 等于按年复合的增长因子 1.2，即

$$\left(1+\frac{r}{2}\right)^2=1.2$$

则套利不会发生。由此得到 $r\approx 0.1909$ 或者 19.09%。如果是这样的话，6 个月以后凭证的价格应该是 $100\times\left(1+\frac{0.1909}{2}\right)\approx 109.54$ 美元。

固定期限（通常是 1 年）的增长因子的考虑，可以用于比较两种复合方法。

定义 2.15

如果 1 年期限的相应的增长因子是相同的，我们说两种复合方法是**等价的**（equivalent）。如果一个增长因子超过另一个，那么我们说相应的复合方法**更好**（preferable）。

例 2.16

以 10%利率的半年复合等价于以 10.25%利率的按年复合。实际上，前者的 1 年增长因子为

$$\left(1+\frac{0.1}{2}\right)^2=1.1025$$

与后者的增长因子是相同的。两个都好于 9%的按月复合，其 1 年增长因子仅为

$$\left(1+\frac{0.09}{12}\right)^{12}\approx 1.0938$$

通过重新计算利率，我们能够从一种复合方法自由地转换到另一种等价的复合方法。在以后的各章中，我们通常利用年复合或者连续复合。

练习 2.24

求等价于以 12%的利率按月复合的连续复合利率。

练习 2.25

求等价于利率为 21%按年复合的利率为 20%的按期复合频率。

不用比较增长因子，比较如下定义的所谓的有效利率通常是方便的。

定义 2.17

对于给定的以 r 为利率的复合方法，**有效利率**（effective rate）r_e 是在 1 年期

在按年复合之下给出相同增长因子的利率。

特别地，在频率为 m 和利率为 r 的按期复合情况下，有效利率 r_e 满足

$$\left(1+\frac{r}{m}\right)^m=1+r_e$$

在以 r 为利率的连续复合情况下

$$e^r=1+r_e$$

例 2.18

在利率为 10%的按半年复合的情况下，有效利率是 10.25%，见例 2.16。

命题 2.19

两种复合方法是等价的当且仅当相应的有效利率 r_e 和 r_e' 相等，即 $r_e=r_e'$。以 r_e 为有效利率的复合方法好于另一种方法，当且仅当 $r_e>r_e'$。

证明

这是因为 1 年的增长因子分别是 $1+r_e$ 和 $1+r_e'$。 □

例 2.20

在练习 2.8 中，我们已经看到利率为 15%的按天复合好于利率为 15.5%按半年复合。相应的有效利率 r_e 和 r_e' 可以由下面的公式求出

$$1+r_e=\left(1+\frac{0.15}{365}\right)^{365}\approx 1.161\,8$$

$$1+r_e'=\left(1+\frac{0.155}{2}\right)^{2}\approx 1.161\,0$$

这意味着 r_e 大约是 16.18%，r_e' 大约是 16.10%。

评注 2.21

回想按期复合公式 (2.5)，即

$$V(t)=\left(1+\frac{r}{m}\right)^{tm}P$$

时间间隔 t 只允许是复合期 $\frac{1}{m}$ 的整数倍。类似于例 2.14 的论证表明初始值为 P 在任意时间 $t\geqslant 0$ 的无套利价值应当是 $(1+\frac{r}{m})^{tm}P$。因此式 (2.5) 的一个合适的扩展是利用公式的右边而不管 t 是否是 $\frac{1}{m}$ 的整数倍。从现在开始我们将总是利用这个扩展。

利用有效利率 r_e，终值可以写为

$$V(t)=(1+r_e)^tP$$

对所有 $t \geqslant 0$，这可应用于连续复合和正如在评注 2.21 中的任意时间的按期复合。命题 2.19 暗含，给定相同的初始本金，等价的复合方法对所有的时间 $t \geqslant 0$ 将产生相同的终值。类似地，如果一种复合方法优于另一种复合方法，那么对于所有的时间 $t > 0$，前者将产生更高的终值。

评注 2.22

单利没有相应的比较复合方法的功能。在单利情况下终值 $V(t)$ 是时间 t 的线性函数。而无论应用按期复合还是连续复合，$V(t)$ 都是指数函数。

练习 2.26

连续 n 年月支付金额为 C 的年金的现值是多少？利用有效利率 r_e 回答。

练习 2.27

每 2 个月支付金额为 C 的永续年金的终值是多少？利用有效利率 r_e 回答。

2.2 货币市场

货币市场是由无风险（更精确的，无违约）证券构成的。例如债券，它是一种金融证券，该证券承诺对持有者支付有保障的未来的支付序列。无风险意味着这些支付具有确定性。（不过在这种情况下，风险还是不能完全避免的，因为这些证券的市场价格的波动不可预测，见第 9 章。）债券的种类很多，像短期国债和中期国债、国库券、抵押贷款和公司债券、商业票据和有各种各样特殊约定的其他债券，这些约定涉及发行机构、存续期、支付数量、嵌入的权利和担保。

2.2.1 零息债券

最简单的债券是**零息债券**（zero-coupon bond），它仅包含一次支付。发行机构（例如，政府、银行或者公司）承诺对交易的证券支付确定量的金额 F，称为**面值**（face value），支付的日期称为**到期日**（maturity date）。通常地，零息债券的寿命长达 1 年，面值是某一个整数，例如 100。实际上，个人或机构买入债券是贷款给债券的发行者。

给定利率，可以计算这种债券的现值。假设面值为 100 美元的债券 1 年到期，按年复合利率 r 为 12%，那么该债券的现值应该为

$$V(0) = F(1+r)^{-1} \approx 89.29 \text{ 美元}$$

实际上，相反的情况可能发生，债券是可自由交易的，价格由市场供求决定，利率可由债券价格推出，

$$r = \frac{F}{V(0)} - 1 \tag{2.14}$$

这个公式给出隐含的按年复合利率。例如，如果面值为 100 美元的 1 年期债券以 91 美元交易，那么隐含的利率为 9.89%。

为简单起见，我们考虑**单位债券**（unit bonds），其面值为一个本国货币单位，$F=1$。

一般地，债券可以在到期日之前的任何时间以市场价格卖出。在时间 t 的价格用 $B(t,T)$ 表示。特别地，$B(0,T)$ 是债券在时间 0 的价格，$B(T,T)=1$ 等于面值。可利用式（2.6）和式（2.12）中的价格确定利率，取 $V(t)=B(t,T)$，$V(T)=1$。例如，隐含的年复合利率满足方程

$$B(t,T) = (1+r)^{-(T-t)}$$

如果使用不同的复合方法，上一公式可作适当的修改。使用频率为 m 的按期复合，我们需要求解方程

$$B(t,T) = \left(1+\frac{r}{m}\right)^{-m(T-t)}$$

在连续复合的情况下，利率满足方程

$$B(t,T) = e^{-r(T-t)}$$

当然，这些不同的隐含利率是等价的，因为债券的价格不取决于使用的复合方法。

评注 2.23

一般说来，隐含利率依赖于交易时间 t 和到期时间 T。这是一个重要问题，将在第 9 章讨论。暂且，我们采用简单的假设，即直到到期日，利率保持不变。

练习 2.28

投资者支付 95 美元买入面值 100 美元 6 个月到期的债券。如果利率保持不变，何时债券的价值达到 99 美元？

练习 2.29

利用 $B(0.5,1)=0.9455$，求年、半年和连续复合的隐含利率。

注意，对每一种复合方法，$B(0,T)$ 是折现因子，$B(0,T)^{-1}$ 是增长因子。不借助于利率计算货币的时间价值，需要这些常用的因子。然而，利率是有用的，因为利率更直观。对于一般的银行客户，可能不清楚花 92.59 美元购买的 1 年期面值为 100 美元的债券等价于存期为 1 年、收益率为 8%的存款。

2.2.2 附息债券

承诺一系列支付的债券称为**附息债券**（coupon bonds）。这些支付包括到期日

支付面值和定期支付的息票，通常地，息票按年、半年或者季支付，最后的息票在到期日支付。利率是常数的假设允许我们用所有未来支付折现的方法计算附息债券价格。

例 2.24

考虑某债券，面值 $F=100$ 美元，5 年到期，$T=5$，每年支付息票 $C=10$ 美元，最后一次支付是在到期日。这意味着在每年末支付的序列为 10，10，10，10，110。给定连续复合利率 r，例如 $r=12\%$，我们可求出债券的价格

$$V(0)=10\mathrm{e}^{-r}+10\mathrm{e}^{-2r}+10\mathrm{e}^{-3r}+10\mathrm{e}^{-4r}+110\mathrm{e}^{-5r}\approx 90.27 \text{ 美元}$$

练习 2.30

设债券面值为 100 美元，4 年到期，年息票 5 美元. 给定连续复合利率为 a) 8%或 b) 5%，求债券的价格。

练习 2.31

画出练习 2.30 中的债券价格图，作为连续复合利率 r 的函数。当 $r=0$ 时，函数值是什么？当 $r\to\infty$ 时，函数的极限是什么？

例 2.25

我们继续研究例 2.24。1 年后，一旦第一次息票兑现，债券变为 4 年期债券，价值为

$$V(1)=10\mathrm{e}^{-r}+10\mathrm{e}^{-2r}+10\mathrm{e}^{-3r}+110\mathrm{e}^{-4r}\approx 91.78 \text{ 美元}$$

注意在时间 1 的总财富为

$$V(1)+C=V(0)\mathrm{e}^{r}$$

6 个月以后债券的价值为

$$V(1.5)=10\mathrm{e}^{-0.5r}+10\mathrm{e}^{-1.5r}+10\mathrm{e}^{-2.5r}+110\mathrm{e}^{-3.5r}\approx 97.45 \text{ 美元}$$

4 年以后，这个债券变成面值为 110 美元的零息债券，其价格为

$$V(4)=110\mathrm{e}^{-r}\approx 97.56 \text{ 美元}$$

投资者可以选择到期日之前的任何时间购买债券，在那时债券的价格仍然可用未来时间的支付折现求出。

练习 2.32

画出例 2.24 和例 2.25 中附息债券价格作为时间函数的图形。

练习 2.33

在例 2.24 和例 2.25 中附息债券价格第一次达到 95 美元需要多长时间?

评注 2.26

在息票支付间的债券价格的报价方法有些复杂。未来支付的现值称为**脏价**(dirty price),是在两个息票支付之间卖出债券时达到的债券价格。应用单利原则计算由最后息票支付累计的**应计利息**(accrued interest)。**洁净价**(clean price)则是从脏价中减去应计利息后报出的价格。

息票可表示成面值的分数倍。假设息票按年支付,记 $C=iF$,这里的 i 称为**付息率**(coupon rate)。

命题 2.27

按年支付息票的债券,当且仅当债券的价格等于它的面值时,付息率等于年复合利率。在这种情况下,我们说债券按照**面值**(at par)交易。

证明

为了避免符号的烦琐,我们举例证明。假设应用按年复合,$r=i$,考虑面值 $F=100$,3 年到期,$T=3$ 的债券,则债券的价格为

$$\begin{aligned}\frac{C}{1+r}+\frac{C}{(1+r)^2}+\frac{F+C}{(1+r)^3}&=\frac{rF}{1+r}+\frac{rF}{(1+r)^2}+\frac{F(1+r)}{(1+r)^3}\\&=\frac{rF}{1+r}+\frac{rF}{(1+r)^2}+\frac{F}{(1+r)^2}\\&=\frac{rF}{1+r}+\frac{F(1+r)}{(1+r)^2}=F\end{aligned}$$

反之,注意

$$\frac{C}{1+r}+\frac{C}{(1+r)^2}+\frac{F+C}{(1+r)^3}$$

是 r 的一一对应函数(实际上,是严格的减函数),于是一旦面值恰好等于 F,我们就得到 $r=i$。 □

评注 2.28

如果债券低于面值卖出,意味着隐含利率高于付息率(因为当利率上升时,债券的价格是下降的)。如果债券的价格高于面值,意味着利率低于付息率。既然这样,当债券的价格由市场决定,并且给出利率水平的变动迹象时,这是重要的信息。

练习 2.34

某债券面值为 $F=100$，年息票 $C=8$，期限为 3 年，按面值交易，求隐含连续复合利率。

2.2.3 货币市场账户

在货币市场投资可借助于金融中介实现，一般来说投资银行可代表客户买入或卖出债券（因此减少交易成本）。投资者的无风险资产头寸，由投资者的银行账户的资金数量（level）给出，为了方便把银行账户看做是可交易资产，因为债券本身是可以交易的，在货币市场中的多头是买入资产，即投资货币，空头是借货币。

首先，考虑一个在到期日之前终止的零息债券投资。投资在货币市场上的初始金额是 $A(0)$，可以买入 $A(0)/B(0,T)$ 份债券。在时间 t 每份债券的价值为

$$B(t,T)=e^{-(T-t)r}=e^{rt}e^{-rT}=e^{rt}B(0,T)$$

因此，在时间 $t\leqslant T$，这个投资将达到

$$A(t)=\frac{A(0)}{B(0,T)}B(t,T)=A(0)e^{rt}$$

练习 2.35

如果 $B(0,1)=0.89$，求投资零息债券 75 天的收益。

练习 2.36

6 个月债券投资收益率是 7%，求隐含的连续复合利率。

练习 2.37

以 $B(0,1)=0.92$ 的价格购买的债券，多少天以后产生 5%的收益？

在债券上的投资具有有限的时间界限，它将在债券的到期日 T，以 $A(T)=A(0)e^{rT}$ 终止。为扩展超过时间 T 的货币市场头寸，可以重新投资总额 $A(T)$ 于在时间 T 发行的债券，到期日 $T'>T$。取 $A(T)$ 作为初始投资，T 为开始时间，当 $T\leqslant t'\leqslant T'$ 时，我们有

$$A(t')=A(T)e^{r(t'-T)}=A(0)e^{rt'}$$

重复这个论证，我们实际已得到结论，在货币市场上的投资时间可延长到你所需要的长度，公式

$$A(t)=A(0)e^{rt} \tag{2.15}$$

对所有的 $t \geqslant 0$ 成立。

练习 2.38

假设 1 美元投资于 1 年以后到期的零息债券。在每年年末重新投资于同样类型的新债券。第 9 年末将购买多少债券？利用隐含的连续复合利率回答。

我们还可以考虑附息债券作为在货币市场投资的工具。假设第一个息票 C 是在时间 t 得到的。在时间 0 我们买入 $A(0)/V(0)$ 份附息债券。在时间 t，我们兑换息票且以价格 $V(t)$ 卖出债券，得到的总金额为 $C+V(t)=V(0)e^{rt}$（见例 2.25）。因为利率是不变的，这笔钱是确定的。用这种方法，我们已经有效地构造了一个面值为 $V(0)e^{rt}$ 在时间 t 到期的零息债券。这意味着上面得出的关于零息债券的方法也可应用于附息债券，对于 $A(t)$ 有与公式（2.15）相同的结论。

练习 2.39

1 000 美元投资于 5 年到期，面值 100 美元，年支付 8 美元息票的债券，所有的息票重新投资于同种债券。假设债券以面值交易，直到到期日利率是常数，计算每年持有的债券数量。

正如我们已经看到的，在利率不变的假设之下，函数 $A(t)$ 不依赖于货币市场账户的构建方法，即它既不依赖于投资债券类型的选择，也不依赖于超过债券到期日的延长投资的方法。

在本书的大部分，我们假设 $A(t)$ 是确定的和已知的。实际上，我们假设 $A(t)=e^{rt}$，这里 r 是不变利率。可变利率和随机货币市场将在第 9 章研究。

事例 2：讨论

显然，我们应该定期储蓄一些钱。最简单的方法是每年储蓄的钱数相同。然而，因为某个增长性假设，这固定的钱数将会大于早期的工资收入。于是，我们推导公式遇到如下问题：你的工资应该以多大比例投入到养老基金？

为简单起见，我们假设把年平均工资作为工资（鼓励读者用每月工资进行分析）。我们还是假设利率为常数。当然，利率是可变的，但是在如此长时期内波动将有一个平均的效应，导致我们的计算结果有一定的可信度（尽管如此，只能认为这是粗略的估计）。

在练习 2.17 的解答中，养老金的现值公式（2.9）扩展到支付以不变的百分比增长的情形。为简单起见，假设在每年的年末支付养老金。设 S 为初始工资，x 表示投资在养老基金的百分比，则存款的现值为

$$V(0)=\sum_{n=1}^{40}\frac{xS\,(1+g)^n}{(1+r)^n}$$

这里 $g=2\%$ 为工资的增长率，$r=5\%$ 为利率。利用式（2.8），其中的 $q=\dfrac{1+g}{1+r}$，

于是得到

$$V(0) = xS(0)\mathrm{GAF}(r,g,N)$$

其中的**年度增长因子**（growing annuity factor）为

$$\mathrm{GAF}(r,g,N) = \frac{1+g}{r-g}\left(1-\frac{(1+g)^N}{(1+r)^N}\right)$$

这里的 N 为年数。在本事例中

$$\mathrm{GAF}(5\%,2\%,40) = 23.34$$

40 年以后，你积累的金额为 $V(40) = V(0)(1+r)^{40}$，它将变为退休期的初始资本。

40 年以后，最终的工资为 $S(1+g)^{40}$，我们希望初始养老金是最终工资的 50%，随后按百分比 g 增长。这个养老金仍然是一个增长的年金，其现值（这个"现值"是 40 年以后的现值）为 $\frac{1}{2}S(1+g)^{40}\mathrm{GAF}(r,g,20)$，它必须等于累积的资本 $V(40)$。这样就得出了一个以 x 为未知数的方程：

$$xS(1+r)^{40}\mathrm{GAF}(r,g,40) = \frac{1}{2}S(1+g)^{40}\mathrm{GAF}(r,g,20)$$

方程的解为 $x = 10.05\%$。把工资的 10%以上支付到养老基金计划中就足以达到设定的目标。

然而，在 60 年的过程中，r 和 g 必然波动。因此，有必要讨论 r 和 g 的变动与解之间的关系。对于 r 和 g 的取值范围内的不同值，解 x 的值如表 2.1 所示。

表 2.1　投入到养老基金计划的工资的百分比 x

	r=4%	r=5%	r=6%
g=1%	9.96%	7.24%	5.24%
g=2%	13.70%	10.05%	7.34%
g=3%	18.62%	13.78%	10.14%

注意 x 非常强烈地依赖于超过增长率 g 的保险利率 $r-g$，但是当 $r-g$ 固定时，x 或多或少依赖于 g（或者 r）。（例如，检验对应于 $r-g$=3%的对角线上的 x 值。）而 r 和 g 将随波动率同时增加或减小，可以预期差额 $r-g$ 数年保持相对稳定。在常数利率的假设严重失真的情况下，应对数字结果进行调整。

第 3 章

资产组合管理

事例 3

在第 2 章讨论了投资于无风险银行账户的养老基金。可是，你可能愿意承受某些风险，以期能够产生更有利的养老金计划。除了银行账户外，考虑风险证券的投资。

3.1 风险和收益率

在风险证券上投资，总会伴随难以承受的损失或者业绩不佳。本章我们分析在控制不可避免风险的前提下，分散投资于几个风险证券的优点。

在第 1 章，我们考虑单时段、一种风险资产的情况。在本章，我们假设一个相类似的简单的单时期结算但考虑多个风险证券的情况。时期的长度可以是任意的，典型的例子是 1 年。我们将采用与第 1 章相同的表示法，即 0 是时期开始的时间，T 是时期结束的时间。

3.1.1 期望收益

假设我们在某个股票上进行单期投资，股票现在的价格 $S(0)$ 是已知的。未来的价格 $S(T)$ 是未知的，因此，假设 $S(T)$ 为概率空间 Ω 上的随机变量

$$S(T):\Omega\rightarrow[0,+\infty)$$

收益率

$$K=\frac{S(T)-S(0)}{S(0)}$$

是随机变量，其期望值 $E(K)=\mu_K=\mu$。为了方便，我们用希腊字母 μ 表示各种随机收益的期望值，如果有必要在行文中注明下标。由数学期望的线性性质，有

$$\mu=\frac{E(S(T))-S(0)}{S(0)}$$

收益率与价格之间的关系可以写为

$$S(T)=S(0)(1+K)$$
$$E(S(T))=S(0)(1+\mu)$$

这表明转换的可能性：给定收益率我们能够求出价格。

例 3.1

假设概率空间 Ω 是有限的。我们可将 Ω 中的元素看做是可能的经济状况，记 $\Omega=\{\omega_1,\cdots,\omega_N\}$。$S(T)$ 的所有可能取值构成 $\mathbb{R}^N$ 的向量（$S^{\omega_1}(T)$，…，$S^{\omega_N}(T)$）。很明显，Ω 的所有子集构成一个 σ 域 $\mathscr{F}=2^{\Omega}$。为定义概率测度 $P:\mathscr{F}\to[0,1]$ 只须指明由单个元素构成的集合的值，即 $P(\{\omega_i\})=p_i$，选取 $p_i\in[0,1]$ 使得 $\sum_{i=1}^{N}p_i=1$。用 $p=(p_1,\cdots,p_N)$ 表示概率向量，我们将期末的期望价格写为

$$E(S(T))=\sum_{i=1}^{N}S^{\omega_i}(T)p_i=\langle S(T),p\rangle$$

这里 $\langle\cdot,\cdot\rangle$ 表示 $\mathbb{R}^N$ 中向量的内积。收益率

$$K^{\omega_i}=\frac{S^{\omega_i}(T)-S(0)}{S(0)},K=(K^{\omega_1},\cdots,K^{\omega_N})$$

的期望值为

$$E(K)=\langle K,p\rangle=\sum_{i=1}^{N}K^{\omega_i}p_i$$

例 3.2

现在，我们考虑某些特殊类型的投资，这种投资可以放在一般的资产组合框架中。如下考虑是在某些金融市场会遇到的实用的规则：

1. 保证金购买（杠杆购买）。假设在股票的投资部分地得到贷款融资，贷款的利率 $r_l\geqslant r$，高于无风险投资利率 r。即，我们以价格 $S(0)$ 买入 1 股股票，我们自己的钱投资 $wS(0)$，借入 $(1-w)S(0),w\in[0,1]$。

2. 卖空。我们借入 1 股股票，支付股票价值的某个百分比价值（比如说 $cS(0)$，$c\in[0,1]$）作为抵押。抵押可获得较低利率 r_c 的利息，r_c 低于无风险投资利率 r，即 $0\leqslant r_c\leqslant r$。我们卖出股票将其所得以利率 r 投资。在期末买回股票，归还借入的股票，并且收回抵押。（为了数学上的方便，我们经常取 $c=0$，这个假设对一些大投资者有利。）

练习 3.1

写出 a）保证金购买；b）股票的卖空头寸的收益率和期望收益率的公式。

3.1.2 作为风险测量的标准差

首先，我们需要选定一个量来测量风险。持有到到期日的在零息债券上的投资的收益率为无风险收益率，比如说是 6%，这个投资的风险等于零。如果投资的收益率为 11%或者 13%，由市场状况决定，那么这个投资的风险显然要低于收益率分别为 2%或者 22%的投资的风险。

可是，前面谈到的收益率很难用于测量风险，因为它忽略了概率。如果投资的收益率为 22%的概率为 0.99，收益率为 2%的概率为 0.01，可能会认为这个投资的风险非常小，相反，收益率同前，每种情况发生的概率都是 0.5 的投资似乎风险更大。

把不确定性理解为围绕某个参考点的收益的分散。参考值的非常合适的测量指标是期望收益。利用标准差能够方便地测量出分散程度。这个概念关注风险的两个方面：

1）可能值和参考点的距离；

2）可能值发生的概率。

定义 3.3

风险（risk）（或风险测量）为收益率 K 的标准差

$$\sigma_K = \sqrt{\mathrm{Var}(K)}$$

而 $\mathrm{Var}(K) = E(K-\mu)^2 = E(K^2) - \mu^2$ 为收益率的方差。

练习 3.2

对如下三个投资项目的每一个项目，计算用标准差 $\sigma_{K_1}, \sigma_{K_2}, \sigma_{K_3}$ 测量的风险，这里收益率 K_1, K_2, K_3 取决于市场状况：

状况	概率	收益率 K_1	收益率 K_2	收益率 K_3
ω_1	0.25	12%	11%	2%
ω_2	0.75	12%	13%	22%

这三个项目之中哪一个项目风险最大？哪一个风险最小？

练习 3.3

考虑两个状况：状况 ω_1 的概率为 $\frac{1}{4}$，状况 ω_2 的概率为 $\frac{3}{4}$。设某证券在第一个状况的收益率为 $K_1^{\omega_1} = -2\%$，在第二个状况的收益率为 $K_1^{\omega_2} = 8\%$。如

果另一个证券在第一个状况的收益率为 $K_2^{\omega_1}=-4\%$，求另一个状况的收益率 $K_2^{\omega_2}$，使得两个证券有相同的风险。

例 3.4

设一种投资的收益为 $K=3\%$ 或者 -1%，其概率都为 0.5。那么风险为

$$\sigma_K = 0.02$$

现在假设另一个投资的收益率是第一个投资收益率的 2 倍，即是 $2K=6\%$ 或者 -2%，每一个概率仍然为 0.5。那么第二个投资的风险为

$$\sigma_{2K} = 0.04$$

由标准差测量的风险是第一种投资风险的 2 倍。

对任意的实数 a，这可用如下的一般法则表示

$$\sigma_{aK} = |a|\sigma_K$$

$$\mathrm{Var}(aK) = a^2\mathrm{Var}(K)$$

3.2 两证券

在资产组合中只有两个风险证券的简单情况下，我们开始详细地论述风险与期望收益之间的关系。

例 3.5

设两个股票价格行为如下：

状况	概率	收益率 K_1	收益率 K_2
ω_1	0.5	10%	−5%
ω_2	0.5	−5%	10%

如果我们将资金平分，投资于这两个股票，那么我们在每个状况将有 5% 的收益(在一个股票上损失 5% 而在另一个股票上收益 10%)。尽管分别投资于每一个股票包含风险，但是通过平分资金投资于两个股票消除了整体风险。这是分散投资的简单的例子，在这里是特别有效的，因为收益率是完全负相关的。

我们引入权重来描述证券之间的资金分配，以便替代用持有的每个证券的股数来表示指定的资产组合。**权重**（weights）定义为

$$w_1 = \frac{x_1 S_1(0)}{V(0)},\ w_2 = \frac{x_2 S_2(0)}{V(0)}$$

这里 x_k 表示资产组合中第 $k=1,2$ 种股票的数量。这意味着 w_k 是投资在证券 k 的资产组合的初始价值的百分比。注意权重相加总是 100%，

$$w_1+w_2=\frac{x_1S_1(0)+x_2S_2(0)}{V(0)}=\frac{V(0)}{V(0)}=1 \tag{3.1}$$

如果允许卖空，那么其中一个权重可能是负的，另一个权重大于 100%。

例 3.6

假设两种股票的价格分别为 $S_1(0)=30$ 美元和 $S_2(0)=40$ 美元。我们构造一个价值 $V(0)=1\ 000$ 美元的资产组合，买入第一种股票 $x_1=20$ 股，买入第二种股票 $x_2=10$ 股。两种股票之间的资金分配为

$$w_1=\frac{30\times20}{1\ 000}=60\%\ ,w_2=\frac{10\times40}{1\ 000}=40\%$$

数量 w_1 和 w_2 称为资产组合中的权重。如果股票的价格分别变为 $S_1(T)=35$ 美元和 $S_2(T)=39$ 美元，那么资产组合的价值 $V(T)=20\times35+10\times39=1\ 090$ 美元。注意两个证券的投资的比例不再是 60%和 40%，而是

$$\frac{20\times35}{1\ 090}\approx64.22\%\ ,\frac{10\times39}{1\ 090}\approx35.78\%$$

尽管在资产组合中的每个股票的股数保持不变。

评注 3.7

在现实中，股数必须是整数，这样就产生对可能权重的限制。为简单起见，就像第 1 章一样，我们假设资产具有可分性。这意味着权重可以是任意的实数，其和为 1。因为不是所有的现实中的市场都允许卖空，有时，我们需要区分权重是非负的特殊的情况。

例 3.8

设资产组合的价值 $V(0)=1\ 000$ 美元，由第一种股票的多头头寸和第二种股票的空头头寸构成，由例 3.6 可知，其权重分别为 $w_1=120\%$ 和 $w_2=-20\%$。可知，

$$x_1=w_1\frac{V(0)}{S_1(0)}=120\%\times\frac{1\ 000}{30}=40$$

$$x_2=w_2\frac{V(0)}{S_2(0)}=-20\%\times\frac{1\ 000}{40}=-5$$

即资产组合由 40 股第一种股票和−5 股（表示卖空）第二种股票构成。如果股票价格变化如同例 3.6，那么该资产组合的价值将为

$$V(T)=x_1S_1(T)+x_2S_2(T)=V(0)\left(w_1\frac{S_1(T)}{S_1(0)}+w_2\frac{S_2(T)}{S_2(0)}\right)$$

$$=1\ 000\times\left(120\%\times\frac{35}{30}-20\%\times\frac{39}{40}\right)=1\ 205 \text{ 美元}$$

收益来自第一种股票价格的上涨和第二种股票价格的下跌。然而，小投资者可能会受到卖空的限制，例如，他必须支付卖空股票 2 所得的 50% 的抵押金。那么，小投资者必须放弃抵押金产生的利息，利息需要从资产组合的最终价值 $V(T)$ 中减去。

练习 3.4

计算资产组合的价值 $V(T)$，它的初始价值 $V(0)=100$ 美元，资产组合由权重 $w_1=25\%, w_2=75\%$ 的两种证券构成。假设证券价格由初始的 $S_1(0)=45$ 美元，$S_2(0)=33$ 美元变为 $S_1(T)=48$ 美元，$S_2(T)=32$ 美元。

在例 3.8 和练习 3.4 中，我们能够看到 $V(T)/V(0)$ 对价格的依赖仅源于比率 $S_1(T)/S_1(0)=1+K_1$ 和 $S_2(T)/S_2(0)=1+K_2$，对证券头寸的依赖仅源于权重 w_1, w_2。这表明资产组合的收益率仅取决于权重 w_1 和 w_2 以及这两个证券的收益率 K_1，K_2。

命题 3.9

由两个证券组成的资产组合的收益率 K_V 是加权平均值

$$K_V = w_1K_1 + w_2K_2 \tag{3.2}$$

这里 w_1 和 w_2 是权重，K_1，K_2 是这两个证券的收益率。

证明

设资产组合由 x_1 股证券 1 和 x_2 股证券 2 组成，那么资产组合的初始价值和最终价值为

$$\begin{aligned} V(0) &= x_1S_1(0) + x_2S_2(0) \\ V(T) &= x_1S_1(0)(1+K_1) + x_2S_2(0)(1+K_2) \\ &= V(0)(w_1(1+K_1) + w_2(1+K_2)) \\ &= V(0)(1 + w_1K_1 + w_2K_2) \end{aligned}$$

因此，资产组合的收益率为

$$K_V = \frac{V(T)-V(0)}{V(0)} = w_1K_1 + w_2K_2$$

□

练习 3.5

求由两种股票构成的资产组合的收益率，其权重为 $w_1=30\%$，$w_2=70\%$，各股票的收益率如下：

状况	收益率 K_1	收益率 K_2
ω_1	12%	−4%
ω_2	−10%	7%

3.2.1 资产组合的期望收益和风险

由两个证券组成的资产组合的期望收益可以用权重和期望收益因子表示为

$$E(K_V)=w_1E(K_1)+w_2E(K_2) \tag{3.3}$$

这可由式（3.2）和数学期望的可加性得出。

例 3.10

考虑三种状况，其概率在下面给出（三叉树模型）。在三种状况下，设两种股票的收益率如下：

状况	概率	收益率 K_1	收益率 K_2
ω_1（衰退）	0.2	-10%	-30%
ω_2（萧条）	0.5	0%	20%
ω_3（繁荣）	0.3	10%	50%

股票的期望收益分别为

$$E(K_1)=-0.2\times10\%+0.5\times0\%+0.3\times10\%=1\%$$

$$E(K_2)=-0.2\times30\%+0.5\times20\%+0.3\times50\%=19\%$$

假设可利用资金的 $w_1=60\%$ 投资于股票 1，40% 投资于股票 2，该资产组合的收益率为

$$\begin{aligned}E(K_V)&=w_1E(K_1)+w_2E(K_2)\\&=0.6\times1\%+0.4\times19\%=8.2\%\end{aligned}$$

练习 3.6

如果由两种股票构成的资产组合的期望收益为 $E(K_V)=10\%$，给定股票 1 和股票 2 收益率的信息如下：

状况	概率	收益率 K_1	收益率 K_2
ω_1	0.1	-10%	10%
ω_2	0.3	0%	-5%
ω_3	0.6	15%	20%

计算权重。

为了计算 K_V 的方差，不仅需要知道投资组合中股票的收益率 K_1 和 K_2 的方差，还需要知道这两个收益率的协方差。

定理 3.11

资产组合收益率的方差为

$$\mathrm{Var}(K_V)=w_1^2\mathrm{Var}(K_1)+w_2^2\mathrm{Var}(K_2)+2w_1w_2\mathrm{Cov}(K_1,K_2) \tag{3.4}$$

证明

代入 $K_V = w_1 K_1 + w_2 K_2$，合并含 w_1^2，w_2^2 和 $w_1 w_2$ 的项，计算

$$\begin{aligned}\mathrm{Var}(K_V) &= E(K_V^2) - E(K_V)^2 \\ &= w_1^2[E(K_1^2) - E(K_1)^2] + w_2^2[E(K_2^2) - E(K_2)^2] \\ &\quad + 2w_1 w_2[E(K_1 K_2) - E(K_1)E(K_2)] \\ &= w_1^2 \mathrm{Var}(K_1) + w_2^2 \mathrm{Var}(K_2) + 2w_1 w_2 \mathrm{Cov}(K_1, K_2)\end{aligned}$$

□

为避免烦琐，我们引入如下记号：

$$\mu_V = E(K_V), \qquad \sigma_V = \sqrt{\mathrm{Var}(K_V)}$$

$$\mu_1 = E(K_1), \qquad \sigma_1 = \sqrt{\mathrm{Var}(K_1)}$$

$$\mu_2 = E(K_2), \qquad \sigma_2 = \sqrt{\mathrm{Var}(K_2)}$$

$$c_{12} = \mathrm{Cov}(K_1, K_2)$$

式（3.3）和式（3.4）可以写成

$$\mu_V = w_1 \mu_1 + w_2 \mu_2 \tag{3.5}$$

$$\sigma_V^2 = w_1^2 \sigma_1^2 + w_2^2 \sigma_2^2 + 2w_1 w_2 c_{12} \tag{3.6}$$

我们还将使用相关系数

$$\rho_{12} = \frac{c_{12}}{\sigma_1 \sigma_2} \tag{3.7}$$

注意，当 $\sigma_1 \sigma_2 = 0$ 时，相关系数是无定义的。这个条件意味着至少有一个资产是无风险资产。

评注 3.12

对于风险证券来说，它们的收益率 K_1 和 K_2 是非常数随机变量，因此 $\sigma_1 \sigma_2 > 0$，ρ_{12} 有定义。

例 3.13

利用如下数据：

状况	概率	收益率 K_1	收益率 K_2
ω_1	0.2	−10%	5%
ω_2	0.4	0%	30%
ω_3	0.4	20%	−5%

比较 $w_1 = 40\%$，$w_2 = 60\%$ 的资产组合的风险与资产组合的每一个证券的风险。

直接计算

$$\sigma_1^2 \approx 0.014\,4, \sigma_2^2 \approx 0.025\,4, \rho_{12} \approx -0.606\,5$$

由式（3.6）

$$\begin{aligned}\sigma_V^2 &\approx (0.4)^2 \times 0.014\,4 + (0.6)^2 \times 0.025\,4 \\ &\quad + 2 \times 0.4 \times 0.6 \times (-0.606\,5) \times \sqrt{0.014\,4} \times \sqrt{0.025\,4} \\ &\approx 0.005\,88\end{aligned}$$

注意方差 σ_V^2 小于 σ_1^2 和 σ_2^2。

例 3.14

考虑另一个资产组合，其权重 $w_1=10\%, w_2=90\%$，其他条件与例 3.13 相同，则

$$\sigma_V^2 \approx (0.1)^2 \times 0.014\,4 + (0.9)^2 \times 0.025\,4 + 2\times 0.1\times 0.9\times(-0.606\,5)\times\sqrt{0.014\,4}\times\sqrt{0.025\,4} \approx 0.018\,63$$

σ_V^2 介于 σ_1^2 和 σ_2^2 之间。

命题 3.15

如果不允许卖空，资产组合的方差 σ_V^2 不超过资产组合中每个证券方差 σ_1^2 和 σ_2^2 的最大者，即

$$\sigma_V^2 \leqslant \max\{\sigma_1^2, \sigma_2^2\}$$

证明

设 $\sigma_1^2 \leqslant \sigma_2^2$。如果不允许卖空，则 $w_1, w_2 \geqslant 0$，并且

$$w_1\sigma_1 + w_2\sigma_2 \leqslant (w_1+w_2)\sigma_2 = \sigma_2$$

因为相应的相关系数满足条件 $-1\leqslant \rho_{12} \leqslant 1$，由此得出

$$\begin{aligned}\sigma_V^2 &= w_1^2\sigma_1^2 + w_2^2\sigma_2^2 + 2w_1w_2\rho_{12}\sigma_1\sigma_2\\ &\leqslant w_1^2\sigma_1^2 + w_2^2\sigma_2^2 + 2w_1w_2\sigma_1\sigma_2\\ &= (w_1\sigma_1 + w_2\sigma_2)^2 \leqslant \sigma_2^2\end{aligned}$$

如果 $\sigma_1^2 \geqslant \sigma_2^2$，证明是类似的。 □

例 3.16

现在考虑权重 $w_1=-50\%, w_2=150\%$ 的资产组合（允许卖空证券 1），其余的数据与例 3.13 相同，该资产组合的方差为

$$\sigma_V^2 \approx (-0.5)^2\times 0.014\,4 + (1.5)^2\times 0.025\,4 + 2\times(-0.5)\times 1.5\times(-0.606\,5)\times\sqrt{0.014\,4}\times\sqrt{0.025\,4} \approx 0.279\,5$$

σ_V^2 比 σ_1^2 和 σ_2^2 都大。

练习 3.7

利用例 3.13 的数据，求期望收益率为 $\mu_V=50\%$的资产组合的权重，并计算这个资产组合的风险 σ_V。

3.2.2 可行集

能够利用投资于两个给定资产构造出来的资产组合构成的集合称为**可行集**（feasible set）或者**可达集**（attainable set）。每一个资产组合可用 σ,μ 平面上坐标为 σ_V 和 μ_V 的点来表示。

我们想要研究在这个平面上可行集的图形，该图形能提供有价值的见解。可行集由具有如下坐标的点构成：

$$\mu_V = w_1\mu_1 + w_2\mu_2$$

$$\sigma_V^2 = w_1^2\sigma_1^2 - w_2^2\sigma_2^2 + 2w_1w_2c_{12}$$

这里 $w_1, w_2 \in \mathbb{R}$ ，并且

$$1 = w_1 + w_2$$

可行集中的资产组合可用一个权重参数表示。这里，我们利用 $s = w_1$ 作为参数，则 $1 - s = w_2$ ，前面的 σ_V^2 和 μ_V 的表达式可以写成

$$\mu_V = s\mu_1 + (1-s)\mu_2 \tag{3.8}$$

$$\sigma_V^2 = s^2\sigma_1^2 - (1-s)\sigma_2^2 + 2s(1-s)c_{12} \tag{3.9}$$

这里 $s \in \mathbb{R}$ 。

我们从在所有的可行资产组合中求方差最小（即风险最小）的资产组合开始。

命题 3.17

如果 $\rho_{12} < 1$ 或者 $\sigma_1 \neq \sigma_2$ ，则 σ_V^2 作为 s 的函数在如下的 s_0 点达到最小值

$$s_0 = \frac{\sigma_2^2 - c_{12}}{\sigma_1^2 + \sigma_2^2 - 2c_{12}} \tag{3.10}$$

相应的期望收益 μ_V 和方差 σ_V^2 为

$$\mu_0 = \frac{\mu_1\sigma_2^2 + \mu_2\sigma_1^2 - (\mu_1 + \mu_2)c_{12}}{\sigma_1^2 + \sigma_2^2 - 2c_{12}} \tag{3.11}$$

$$\sigma_0^2 = \frac{\sigma_1^2 c_2^2 - c_{12}}{\sigma_1^2 + \sigma_2^2 - 2c_{12}} \tag{3.12}$$

如果 $\rho_{12} = 1$ 并且 $\sigma_1 = \sigma_2$ ，则可行集中的资产组合有相同的方差，$\sigma_1^2 = \sigma_2^2$。

证明

为了求使得式（3.9）中 σ_V^2 达到最小值的 s ，我们求 σ_V^2 对 s 的微分并令导数等于零，这样就得到以 s 为未知数的方程

$$\frac{\mathrm{d}(\sigma_V^2)}{\mathrm{d}s} = 2s(\sigma_1^2 + \sigma_2^2 - 2c_{12}) - 2(\sigma_2^2 - c_{12}) = 0$$

只要式（3.10）中的分母不为零，由式（3.10）给出的 s_0 就是该方程的一个解。条件 $\rho_{12} < 1$ 或者 $\sigma_1 \neq \sigma_2$ 保证了式（3.10）的分母不为零。实际上，如果 $\rho_{12} < 1$ ，则

$$\sigma_1^2 + \sigma_2^2 - 2c_{12} > \sigma_1^2 + \sigma_2^2 - 2\sigma_1\sigma_2 = (\sigma_1 - \sigma_2)^2 \geqslant 0$$

并且如果 $\sigma_1 \neq \sigma_2$ ，则

$$\sigma_1^2 + \sigma_2^2 - 2c_{12} \geqslant \sigma_1^2 + \sigma_2^2 - 2\sigma_1\sigma_2 = (\sigma_1 - \sigma_2)^2 > 0$$

求二阶导数得出

$$\frac{\mathrm{d}^2(\sigma_V^2)}{\mathrm{d}s^2}=2(\sigma_1^2+\sigma_2^2-2c_{12})>0$$

我们断言 σ_V^2 在 s_0 处达到最小值。用 s_0 代替式（3.8）和式（3.9）中的 s，就可以得出 μ_0 和 σ_0^2 的表达式。如果 $\rho_{12}=1$，$\sigma_1=\sigma_2$，则 $c_{12}=\sigma_1\sigma_2$ 且对任意的 $s\in\mathbb{R}$，有

$$\sigma_V^2=s^2\sigma_1^2+(1-s)^2\sigma_2^2+2s(1-s)c_{12}=(s\sigma_1+(1-s)\sigma_2)^2=\sigma_1^2=\sigma_2^2$$

□

表示 σ，μ 平面上的可行集的，由参数方程（3.8），（3.9）描述的曲线是双曲线的一个分支。这条双曲线及其渐近线如图 3.1 所示。双曲线上的加粗部分对应于没有卖空的资产组合。

命题 3.18

假设 $-1<\rho_{12}<1$ 且 $\mu_1\neq\mu_2$，则对于可行集中的每一个资产组合 V，$x=\sigma_V$ 和 $y=\mu_V$ 满足双曲线方程

$$x^2-A^2(y-\mu_0)^2=\sigma_0^2 \tag{3.13}$$

其中 μ_0 和 $\sigma_0^2>0$ 由命题 3.17 给出，且有

$$A^2=\frac{\sigma_1^2+\sigma_2^2-2c_{12}}{(\mu_1-\mu_2)^2}>0$$

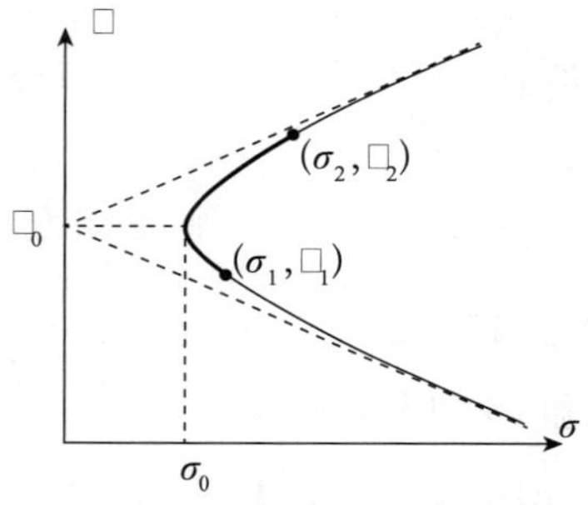

图 3.1　在 σ，μ 平面上表示可行资产组合的双曲线

这条双曲线的两条渐近线为

$$y=\mu_0\pm\frac{1}{A}x$$

证明

由式（3.8）我们有 $s=\frac{\mu_V-\mu_2}{\mu_1-\mu_2}$。将 s 的表达式代入式（3.9），利用简单（或也可认为是稍微烦琐）的变换，即有 $x=\sigma_V,y=\mu_V$ 满足式（3.13）。因为 $-1<\rho_{12}<1$ 且 $\mu_1\neq\mu_2$，得出 $A^2>0$，$\sigma_0^2>0$，于是式（3.13）确实描绘出一条双曲线。至于渐近线方程，可直接由式（3.13）得出。　□

相关系数总满足 $-1\leqslant\rho_{12}\leqslant1$。下一个命题考虑两种特殊情况，此时，假设 ρ_{12} 取值为 1 或者 -1，这意味着资产组合中的证券完全正相关或者完全负相关。在这两种情况下，可行集的图形最简单，见图 3.2。

命题 3.19

假设 $\rho_{12}=1$ 且 $\sigma_1\neq\sigma_2$，则当且仅当

$$w_1=-\frac{\sigma_2}{\sigma_1-\sigma_2},\quad w_2=\frac{\sigma_1}{\sigma_1-\sigma_2} \tag{3.14}$$

时，$\sigma_V=0$。这种情况必须卖空，因为 w_1 或者 w_2 是负的。

假设 $\rho_{12}=-1$，则当且仅当

$$w_1=\frac{\sigma_2}{\sigma_1+\sigma_2},\quad w_2=\frac{\sigma_1}{\sigma_1+\sigma_2} \tag{3.15}$$

时，$\sigma_V=0$。此时不必卖空，因为 w_1 和 w_2 都是正的。

证明

设 $\rho_{12}=1$ 且 $\sigma_1\neq\sigma_2$，那么式（3.6）变为

$$\sigma_V^2=w_1^2\sigma_1^2+w_2^2\sigma_2^2+2w_1w_2\sigma_1\sigma_2=(w_1\sigma_1+w_2\sigma_2)^2$$

可见当且仅当 $w_1\sigma_1+w_2\sigma_2=0$ 时，$\sigma_V^2=0$。这等价于式（3.14），因为 $w_1+w_2=1$。

现在假设 $\rho_{12}=-1$，那么式（3.6）变成

$$\sigma_V^2=w_1^2\sigma_1^2+w_2^2\sigma_2^2-2w_1w_2\sigma_1\sigma_2=(w_1\sigma_1-w_2\sigma_2)^2$$

可见当且仅当 $w_1\sigma_1-w_2\sigma_2=0$ 时，$\sigma_V^2=0$。最后的等式等价于式（3.15），因为 $w_1+w_2=1$。（由于两证券是风险证券，我们知道 $\sigma_1+\sigma_2>0$。） □

图 3.2 画出两条有代表性的线，分别表示 $\rho_{12}=-1$ 的资产组合（左）和 $\rho_{12}=1$ 的资产组合（右）。加粗的线段对应于没有卖空的资产组合。

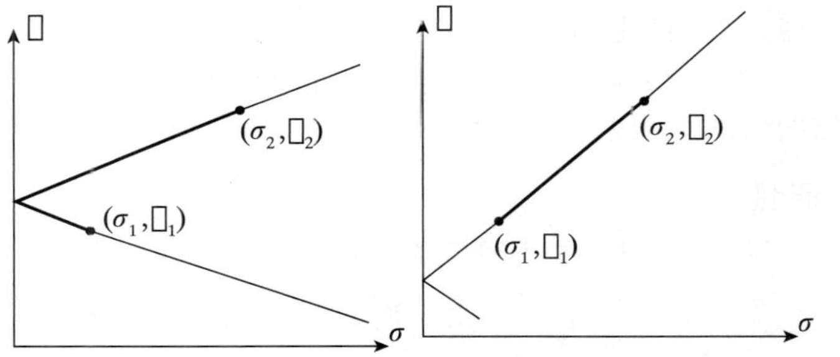

图 3.2　$\rho_{12}=-1$ 和 $\rho_{12}=1$ 的典型的资产组合线

假设 $\rho_{12}=-1$。由命题 3.19 的证明得出，$\sigma_V=|w_1\sigma_1-w_2\sigma_2|$。此外，我们有式（3.5）$\mu_V=w_1\mu_1+w_2\mu_2$ 和式（3.1）$w_1+w_2=1$。我们选择 $s=w_1$ 作为参数，则 $1-s=w_2$，并且

$$\sigma_V=|s\sigma_1-(1-s)\sigma_2|$$

$$\mu_V=s\mu_1+(1-s)\mu_2$$

这些参数方程描绘出图 3.2 中 (σ_1,μ_1) 和 (σ_2,μ_2) 之间的折线段。当参数 s 增加时，点 (σ_V,μ_V) 沿着描绘出的线从点 (σ_1,μ_1) 移动到点 (σ_2,μ_2)。

如果 $\rho_{12}=1$，则 $\sigma_V=|w_1\sigma_1+w_2\sigma_2|$。我们仍选择 $s=w_1$ 作为参数，并且得到参数方程

$$\sigma_V=|s\sigma_1+(1-s)\sigma_2|$$

$$\mu_V=s\mu_1+(1-s)\mu_2$$

其图形是图 3.2 中点（σ_1, μ_1）和点（σ_2, μ_2）之间的直线段。

> **练习 3.8**
>
> 假设只存在两种状况 ω_1 和 ω_2，考虑收益率分别为 K_1 和 K_2 的两个风险证券。对某一个 $a \neq 0$ 和 b，证明 $K_1 = aK_2 + b$，并且推导出 $\rho_{12} = 1$ 或者 -1。

图 3.3 说明如下推论，在这个推论中我们研究了取决于相关系数 ρ_{12} 的可行集的图形。

推论 3.20

假设 $\sigma_1 \leqslant \sigma_2$，那么有如下五种可能的情况：

1）如果 $\rho_{12} = 1$，则存在一个卖空的可行的资产组合 V，使得 $\sigma_V = 0$（图 3.3 线 1）。

2）如果 $\frac{\sigma_1}{\sigma_2} < \rho_{12} < 1$，则存在卖空的可行的资产组合 V，使得 $\sigma_V < \sigma_1$，但对每一个不卖空的资产组合 $\sigma_V \geqslant \sigma_1$（图 3.3 中的线 2）。

3）如果 $\rho_{12} = \frac{\sigma_1}{\sigma_2}$，则对每一个可行的资产组合 V，有 $\sigma_V \geqslant \sigma_1$ 成立（图 3.3 中的线 3）。

4）如果 $-1 < \rho_{12} < \frac{\sigma_1}{\sigma_2}$，那么存在不用卖空的可行资产组合 V，使得 $\sigma_V < \sigma_1$（图 3.3 中的线 4）。

5）如果 $\rho_{12} = -1$，则存在一个不用卖空的可行的资产组合 V，使得 $\sigma_V = 0$（图 3.3 中的线 5）。

证明

1）$\rho_{12} = 1$ 的情况的结论可直接由命题 3.19 得出。

2）如果 $\frac{\sigma_1}{\sigma_2} < \rho_{12} < 1$，则 $s_0 > 1$。在这种情况下，拥有对应于参数 s_0 的最小方差的资产组合 V，涉及卖空证券 2 并且满足 $\sigma_V < \sigma_1$。当 $s \geqslant s_0$ 时，方差 σ_V^2 * 是 s 的增函数，这意味着对每一个没有卖空的资产组合有 $\sigma_V \geqslant \sigma_1$。

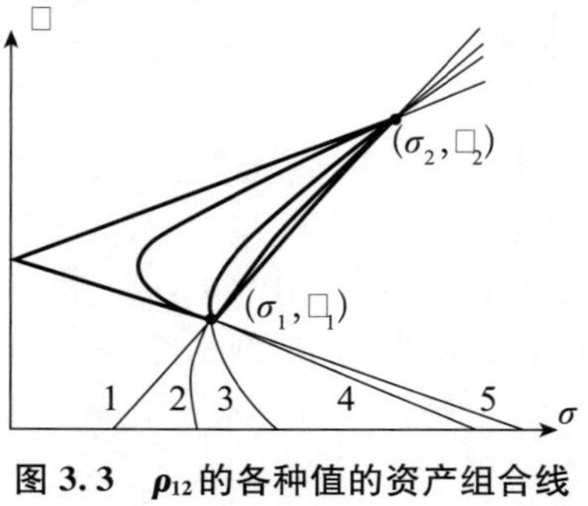

图 3.3　ρ_{12} 的各种值的资产组合线

* 原书此处为 σ_V，有误，应为 σ_V^2。——译者注

3）如果 $\rho_{12}=\frac{\sigma_1}{\sigma_2}$ ，则 $s_0=1$ 。因此，$\sigma_V \geqslant \sigma_1$ 对每一个资产组合都成立，其原因是 σ_1^2 是最小方差。

4）如果 $-1\leqslant\rho_{12}<\frac{\sigma_1}{\sigma_2}$ ，则 $0<s_0<1$ ，这意味着资产组合 V 有最小方差，相应于 s_0 ，无卖空且满足 $\sigma_V<\sigma_1$ 。

5）$\rho_{12}=-1$ 情况的结论可直接从命题 3.19 得出。 □

上面的推论是重要的，因为推论表明可以构造一个资产组合比任意其他资产组合风险更小。在情况 4）和情况 5）可以不用卖空。在情况 1）和情况 2）这也是可能的，仅当卖空是允许的。在情况 3)，不可能构造这样的资产组合。

例 3.21

设

$$\sigma_1^2=0.004\,1,\sigma_2^2=0.012\,1,\rho_{12}=0.979\,6$$

显然，$\sigma_1<\sigma_2$ ，并且 $\frac{\sigma_1}{\sigma_2}<\rho_{12}<1$ ，于是这是推论 3.20 中的情况 2)。我们的任务是求风险最小并且不用卖空的资产组合。利用命题 3.17 ，我们算出

$$s_0\approx 2.166\,3$$

由此得出，在方差最小的投资组合中，如果允许卖空，证券的权重应该是 $w_1\approx 2.166\,3,w_2\approx -1.166\,3$ 。如果不卖空，$w_1=1,w_2=0$ 。

练习 3.9

对例 3.13 中的数据，计算风险最小的资产组合的权重，它是否属于卖空的情况？

我们用包含一个无风险证券的资产组合的简短讨论结束本节。风险证券（股票）的方差是正的，而无风险证券（债券）的方差是零。

命题 3.22

由期望收益为 μ_1 、标准差为 $\sigma_1>0$ 的风险证券和收益为 R 、标准差为 0 的无风险证券构成的资产组合的标准差 σ_V 取决于风险证券的权重 w_1 ，表示如下：

$$\sigma_V=|w_1|\sigma_1$$

证明

设 $\sigma_1>0,\sigma_2=0$ ，则式（3.6）简化为 $\sigma_V^2=w_1^2\sigma_1^2$ ，并且 σ_V 的表达式由取平方根得出。 □

由一种风险证券和一种无风险证券构成的资产组合在 σ，μ 平面上的线如图

3.4 所示。如前所述，加粗线段表示不存在卖空的资产组合。

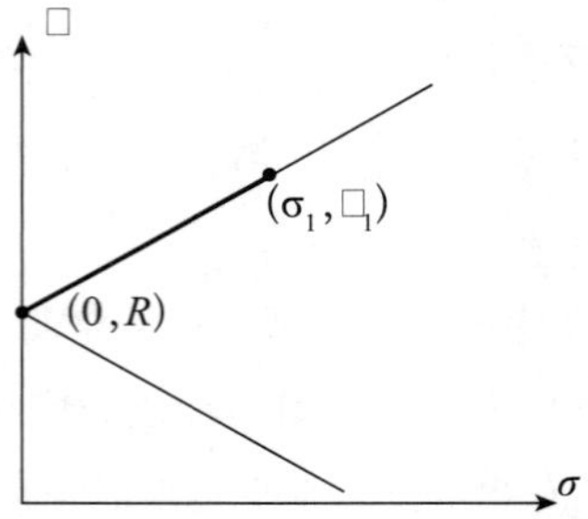

图 3.4　一个风险证券和一个无风险证券的资产组合线

3.3　多个证券

3.3.1　资产组合的风险和期望收益

由 n 个不同的证券构成的资产组合，它们的权重可表示为

$$w_i = \frac{x_i S_i(0)}{V(0)},\ i = 1, 2, \cdots, n$$

这里 x_i 为在资产组合中的第 i 种证券数量，$S_i(0)$ 为证券 i 的初始价格，$V(0)$ 为资产组合中初始投资的金额。为方便，把权重排成一行矩阵，

$$\mathbf{w} = [w_1 \quad w_2 \quad \cdots \quad w_n]$$

与两证券情况一样，权重之和等于 1，用矩阵的形式写成

$$1 = \mathbf{w}\mathbf{u}^T \tag{3.16}$$

这里

$$\mathbf{u} = [1 \quad 1 \quad \cdots \quad 1]$$

是所有 n 个元素都为 1 的行矩阵，$\mathbf{u}^T$ 为列矩阵，为 $\mathbf{u}$ 的转置，并且适用通常的矩阵乘法法则。由满足式（3.16）的权重 $\mathbf{w}$ 的所有资产组合构成的可行集（或可达集）称为**可行资产组合**（feasible portfolios）（或**可达资产组合**（attainable portfolios））。

设这些证券的收益率分别为 $K_1, \cdots, K_n$。期望收益率 $\mu_i = E(K_i)$，$i = 1, 2, \cdots, n$，也排成行矩阵

$$\mathbf{m} = [\mu_1 \quad \mu_2 \quad \cdots \quad \mu_n]$$

两个收益率的协方差用 $c_{ij} = \mathrm{Cov}(K_i, K_j)$ 表示。以它们为元素的 $n \times n$ **协方差矩阵**（covariance matrix）为

$$\mathbf{C} = \begin{bmatrix} c_{11} & c_{12} & \cdots & c_{1n} \\ c_{21} & c_{22} & \cdots & c_{2n} \\ \vdots & \vdots & \ddots & \vdots \\ c_{n1} & c_{n2} & \cdots & c_{nn} \end{bmatrix}$$

矩阵 **C** 的对角线元素是收益率的方差 $c_{ii} = \sigma_i^2 = \mathrm{Var}(K_i)$ *。

协方差矩阵是对称的、非负定的，见附录 10.4。在此后，我们假设 $\det\mathbf{C} \neq 0$，这暗含矩阵 **C** 有逆矩阵 $\mathbf{C}^{-1}$。

关于资产组合收益率的公式（3.2）可扩展到 n 个证券的情形：

$$K_V = w_1 K_1 + \cdots + w_n K_n$$

命题 3.23

以 $\mathbf{w} = [w_1 \quad w_2 \quad \cdots \quad w_n]$ 为权重的、收益率为 $K_V = w_1 K_1 + \cdots + w_n K_n$ 的资产组合 V 的期望收益 $\mu_V = E(K_V)$ 和方差 $\sigma_V^2 = \mathrm{Var}(K_V)$ 为

$$\mu_V = \mathbf{w}\mathbf{m}^{\mathrm{T}} \tag{3.17}$$

$$\sigma_V^2 = \mathbf{w}\mathbf{C}\mathbf{w}^{\mathrm{T}} \tag{3.18}$$

证明

μ_V 的公式可由期望的线性性得出

$$\mu_V = E(K_V) = E\left(\sum_{i=1}^{n} w_i K_i\right) = \sum_{i=1}^{n} w_i \mu_i = \mathbf{w}\mathbf{m}^{\mathrm{T}}$$

对于 σ_V^2，我们利用协方差对它的每一个变量的线性性，得出

$$\begin{aligned}\sigma_V^2 &= \mathrm{Var}(K_V) = \mathrm{Var}\left(\sum_{i=1}^{n} w_i K_i\right) \\ &= \mathrm{Cov}\left(\sum_{i=1}^{n} w_i K_i, \sum_{j=1}^{n} w_j K_j\right) = \sum_{i,j=1}^{n} w_i w_j c_{ij} \\ &= \mathbf{w}\mathbf{C}\mathbf{w}^{\mathrm{T}}\end{aligned}$$

□

练习 3.10

设资产组合由三个证券组成，权重分别为 $w_1 = 40\%$，$w_2 = -20\%$，$w_3 = 80\%$，给定证券的期望收益 $\mu_1 = 8\%$，$\mu_2 = 10\%$，$\mu_3 = 6\%$，标准差 $\sigma_1 = 0.15$，$\sigma_2 = 0.05$，$\sigma_3 = 0.12$ 和相关系数 $\rho_{12} = 0.3$，$\rho_{23} = 0.0$，$\rho_{31} = -0.2$，求这个资产组合的期望收益 μ_V 和标准差 σ_V。

3.3.2 最小方差资产组合

在命题 3.17 中，我们在所有的由两个风险资产构成的可行资产组合中，求出方差最小（风险最小）的资产组合。这里，我们将其扩展到 n 个风险证券的情况。

在所有可行资产组合中，方差最小的资产组合称为**最小方差资产组合**（minimum variance portfolio，MVP）。为求这个资产组合，我们需要在所有权重 **w** 上最小化方差 $\sigma_V^2 = \mathbf{w}\mathbf{C}\mathbf{w}^{\mathrm{T}}$。因为权重之和为 1，这引出一个有约束的极小值问题：

$$\min \mathbf{w}\mathbf{C}\mathbf{w}^{\mathrm{T}}$$

* 原书此处有误。原书 σ_i 应改为 σ_i^2。——译者注

这里是对所有满足条件

$$\mathbf{w}\mathbf{u}^{\mathrm{T}}=1$$

的向量 $\mathbf{w}\in\mathbb{R}$ 求极小值。

为了计算这个有约束条件的极小值，我们需要利用拉格朗日乘数法，见附录 10.1.2。

命题 3.24

假设 $\det\mathbf{C}\neq0$，则最小方差资产组合的权重为

$$\mathbf{w}_{\mathrm{MVP}}=\frac{\mathbf{u}\mathbf{C}^{-1}}{\mathbf{u}\mathbf{C}^{-1}\mathbf{u}^{\mathrm{T}}} \tag{3.19}$$

证明

我们需要求 $\mathbf{w}\mathbf{C}\mathbf{w}^{\mathrm{T}}$ 的极小值，受约束于 $\mathbf{w}\mathbf{u}^{\mathrm{T}}=1$。按照拉格朗日乘数法，令

$$F(\mathbf{w},\lambda)=\mathbf{w}\mathbf{C}\mathbf{w}^{\mathrm{T}}-\lambda(\mathbf{w}\mathbf{u}^{\mathrm{T}}-1)$$

极值的一阶必要条件为 $2\mathbf{w}\mathbf{C}-\lambda\mathbf{u}=0$，因此

$$\mathbf{w}=\frac{\lambda}{2}\mathbf{u}\mathbf{C}^{-1}$$

将它代入约束条件，我们得到 $\frac{\lambda}{2}\mathbf{u}\mathbf{C}^{-1}\mathbf{u}^{\mathrm{T}}=1$。协方差矩阵的性质保证 $\mathbf{u}\mathbf{C}^{-1}\mathbf{u}^{\mathrm{T}}\neq0$，见附录 10.4。因此，我们能够解出拉格朗日乘子 λ，把它代入 $\mathbf{w}$ 的表达式，得到 $\mathbf{w}_{\mathrm{MVP}}$ 的公式。

我们已经验证了极小值的必要条件。注意 $\mathbf{w}\mathbf{C}\mathbf{w}^{\mathrm{T}}$ 是 $\mathbf{w}$ 的二次函数，0 是下界。因此，必有极小值。 □

练习 3.11

假设三个证券的期望收益分别为 $\mu_1=0.20$，$\mu_2=0.13$，$\mu_3=0.17$，标准差分别为 $\sigma_1=0.25$，$\sigma_2=0.28$，$\sigma_3=0.20$，及收益率的相关系数分别为 $\rho_{12}=0.30$，$\rho_{23}=0.00$，$\rho_{31}=0.15$，在由这三个证券构成的可达资产组合之中，求最小方差资产组合。该资产组合的权重是什么？并计算该资产组合的期望收益和标准差。

3.3.3 有效边界

假设一个理性的投资者将在两个证券之间作出选择。如果可能，将选择具有较高的期望收益和较低的标准差的证券，即风险较低的证券。这引出如下定义。

定义 3.25

如果

$$\mu_1\geqslant\mu_2 \quad 且\ \sigma_1\leqslant\sigma_2$$

则我们称期望收益为 μ_1，标准差为 σ_1 的证券**优于**（dominates）另一个期望收益为 μ_2，标准差为 σ_2 的证券。

实际上，这个定义可以扩展到资产组合，因为资产组合可以被认为是证券。

这个排序仅是部分排序。例如，$\mu_1=10\%$，$\sigma_1=20\%$的证券与$\mu_2=15\%$，$\sigma_2=22\%$的证券，就不能说其中一个证券优于另一个。

定义 3.26

一个资产组合被称为是**有效的**（efficient），如果除了本身不存在优于它的其他资产组合。可达资产组合中的所有有效资产组合构成的子集称为**有效边界**（efficient frontier）。

我们假设每个理性的投资者将偏爱优于其他占优的资产组合而不偏爱被占优的资产组合。而不同的投资者可能在有效边界上选择不同的资产组合。假设两个资产组合满足 $\mu_1 \leqslant \mu_2$ 和 $\sigma_1 \leqslant \sigma_2$，一个谨慎的人可能宁愿选择具有较低的风险 σ_1 和较低的期望收益 μ_1 的资产，而另一个人可能选择具有较高的风险 σ_2 的资产，把较高的期望收益 μ_2 看做是对增加风险的补偿。

为了求有效边界，我们必须辨认并消去被占优的资产组合。为此，对任意的 $\mu \in \mathbb{R}$，考虑所有的期望收益为 μ 的可行资产组合构成的集合。这个集合称为**等期望线**（isoexpected line）。等期望线上的所有的资产组合被等期望线上的方差最小的资产组合占优。

定义 3.27

用 $\mu \in \mathbb{R}$ 作为参数，满足如下条件的资产组合 V 构成的集合称为**最小方差线**（minimum variance line，MVL）：$\mu_V=\mu$，并且对每一个满足 $\mu_{V'}=\mu$ 的资产组合 V'，都有 $\sigma_V^2 \leqslant \sigma_{V'}^2$。

为了计算最小方差线上资产组合的权重，对任意的 $\mu \in \mathbb{R}$，我们求解如下的约束极小化问题

$$\min \mathbf{wCw}^{\mathrm{T}}$$

这里的极小化问题是所有满足下面条件的向量 $\mathbf{w} \in \mathbb{R}^n$ 而取的：

$$\mathbf{wm}^{\mathrm{T}}=\mu, \mathbf{wu}^{\mathrm{T}}=1$$

我们引入拉格朗日乘子 λ_1, λ_2 并且极小化如下函数

$$G(\mathbf{w}, \lambda_1, \lambda_2)=\mathbf{wCw}^{\mathrm{T}}-\lambda_1(\mathbf{wm}^{\mathrm{T}}-\mu)-\lambda_2(\mathbf{wu}^{\mathrm{T}}-1)$$

G 对 $\mathbf{w}$ 及 λ_1 和 λ_2 的偏导数构成的 G 的梯度给出了极小化的必要条件，见附录 10.1.2：

$$2\mathbf{wC}-\lambda_1\mathbf{m}-\lambda_2\mathbf{u}=\mathbf{0}$$

$$\mathbf{wm}^{\mathrm{T}}-\mu=0$$

$$\mathbf{wu}^{\mathrm{T}}-1=0$$

这些等式中的第一个是由 n 个方程组成的方程组，$\mathbf{0}$ 是零向量。假设 $\mathbf{C}$ 是可逆的，对 $\mathbf{w}$ 求解这个方程组

$$2\mathbf{w}=\lambda_1\mathbf{mC}^{-1}+\lambda_2\mathbf{uC}^{-1} \tag{3.20}$$

方程（3.20）分别右乘 $\mathbf{m}^{\mathrm{T}}$ 和 $\mathbf{u}^{\mathrm{T}}$，我们得到拉格朗日乘子的线性方程组：

$$\lambda_1\mathbf{mC}^{-1}\mathbf{m}^{\mathrm{T}}+\lambda_2\mathbf{uC}^{-1}\mathbf{m}^{\mathrm{T}}=2\mu$$

$$\lambda_1\mathbf{mC}^{-1}\mathbf{u}^{\mathrm{T}}+\lambda_2\mathbf{uC}^{-1}\mathbf{u}^{\mathrm{T}}=2$$

这个方程组的系数矩阵记为

$$M=\begin{bmatrix}\mathbf{mC}^{-1}\mathbf{m}^{\mathrm{T}} & \mathbf{uC}^{-1}\mathbf{m}^{\mathrm{T}}\\ \mathbf{mC}^{-1}\mathbf{u}^{\mathrm{T}} & \mathbf{uC}^{-1}\mathbf{u}^{\mathrm{T}}\end{bmatrix}$$

如果向量 $\mathbf{u},\mathbf{m}$ 线性无关，则 M 是可逆矩阵，见附录 10.4。我们能够求解关于 λ_1，λ_2 的线性方程组，得到用 μ 来表示的线性表达式：

$$\begin{bmatrix}\lambda_1\\ \lambda_2\end{bmatrix}=2M^{-1}\begin{bmatrix}\mu\\ 1\end{bmatrix} \tag{3.21}$$

把式（3.21）代入式（3.20），得到

$$\mathbf{w}=\mu\mathbf{a}+\mathbf{b} \tag{3.22}$$

对某些向量 $\mathbf{a},\mathbf{b}\in\mathbb{R}$ 成立。重要的一点在于向量 $\mathbf{a},\mathbf{b}$ 对于最小方差线上的每一个资产组合都是相同的。$\mathbf{a},\mathbf{b}$ 能够用 $\mathbf{C},\mathbf{m},\mathbf{u}$ 表示。

我们可以把上面的这些结论概括为如下定理。

定理 3.28

假设 $\det\mathbf{C}\neq 0$，$\mathbf{m},\mathbf{u}$ 是线性无关向量。当且仅当 $\mathbf{w}$ 形如式（3.20），其中 λ_1，λ_2 由式（3.21）给出，$\mu=\mu_V$，则权重向量 $\mathbf{w}$ 表示的资产组合 V 在最小方差线上。

证明

上面的论证表明式（3.20）以及式（3.21）是在给定的期望收益水平 μ 之下风险极小化的必要条件。充分性可由对每一个 μ，极小化问题有唯一解得出，因为被极小化的函数是 $\mathbf{w}$ 的二次函数，且 0 为下界，可见解是唯一的。 □

例 3.29

考虑三个证券，其期望收益、收益的标准差和相关系数为

$$\mu_1=0.10,\quad \sigma_1=0.28,\quad \rho_{12}=\rho_{21}=-0.10$$
$$\mu_2=0.15,\quad \sigma_2=0.24,\quad \rho_{23}=\rho_{32}=0.20$$
$$\mu_3=0.20,\quad \sigma_3=0.25,\quad \rho_{31}=\rho_{13}=0.25$$

我们将 μ_i 排成一行的矩阵 $\mathbf{m}$，1 排成一行的矩阵 $\mathbf{u}$，即

$$\mathbf{m}=[0.10\quad 0.15\quad 0.20],\ \mathbf{u}=[1\quad 1\quad 1]$$

下面我们计算协方差矩阵 $\mathbf{C}$ 的元素 $c_{ij}=\rho_{ij}\sigma_i\sigma_j$，并求逆矩阵 $\mathbf{C}^{-1}$。

$$\mathbf{C}\approx\begin{bmatrix}0.0784 & -0.0067 & 0.0175\\ -0.0067 & 0.0576 & 0.0120\\ 0.0175 & 0.0120 & 0.0625\end{bmatrix}$$

$$\mathbf{C}^{-1}\approx\begin{bmatrix}13.954 & 2.544 & -4.396\\ 2.544 & 18.548 & -4.274\\ -4.396 & -4.274 & 18.051\end{bmatrix}$$

得到 $\mathbf{uC}^{-1}\approx[12.102\quad 16.818\quad 9.382]$

$$\mathbf{mC}^{-1}\approx[0.898\quad 2.182\quad 2.530]$$

和

$$M=\begin{bmatrix}\mathbf{mC}^{-1}\mathbf{m}^{\mathrm{T}} & \mathbf{uC}^{-1}\mathbf{m}^{\mathrm{T}}\\ \mathbf{mC}^{-1}\mathbf{u}^{\mathrm{T}} & \mathbf{uC}^{-1}\mathbf{u}^{\mathrm{T}}\end{bmatrix}\approx\begin{bmatrix}0.923 & 5.609\\ 5.609 & 38.302\end{bmatrix}$$

$$M^{-1} \approx \begin{bmatrix} 9.842 & -1.441 \\ -1.441 & 0.237 \end{bmatrix}$$

最小方差资产组合的权重可以利用式（3.19）求出：

$$\mathbf{w} = \frac{\mathbf{u}\mathbf{C}^{-1}}{\mathbf{u}\mathbf{C}^{-1}\mathbf{u}^{\mathrm{T}}} \approx [0.316 \quad 0.439 \quad 0.245]$$

这个资产组合的期望收益和标准差为

$$\mu_V = \mathbf{m}\mathbf{w}^{\mathrm{T}} \approx 0.146, \sigma_V = \sqrt{\mathbf{w}\mathbf{C}\mathbf{w}^{\mathrm{T}}} \approx 0.162$$

为了得到期望收益为 μ_V 的最小方差线上的资产组合的权重，我们应用公式（3.22）：

$$\mathbf{w} \approx \mu_V \mathbf{a} + \mathbf{b}$$

这里

$$\mathbf{a} = [-8.614 \quad -2.769 \quad 11.384], \mathbf{b} = [1.578 \quad 0.845 \quad -1.422]$$

该资产组合的标准差为

$$\sigma_V = \sqrt{\mathbf{w}\mathbf{C}\mathbf{w}^{\mathrm{T}}} \approx \sqrt{0.237 - 2.885\mu_V + 9.850\mu_V^2}$$

练习 3.12

对于利用练习 3.11 中的三个证券构成的期望收益为 $\mu_V = 20\%$ 的所有可行资产组合，求方差最小的资产组合。计算该资产组合的权重和标准差。

如下结果是最小方差线上的资产组合的权重与期望收益的线性关系式（3.22）的一个重要推论。

定理 3.30（两基金定理）

在定理 3.28 的假设下，设 w_1, w_2 是最小方差线上具有不同期望收益 $\mu_{V_1} \neq \mu_{V_2}$ 的任意两个资产组合 V_1 和 V_2 的权重，则最小方差线上的每一个资产组合 V 能够表示成 V_1 和 V_2 的线性组合，即

$$\mathbf{w} = \alpha\mathbf{w}_1 + (1-\alpha)\mathbf{w}_2$$

对 $\alpha \in \mathbb{R}$ 成立。

证明

我们求 α，使得

$$\mu_V = \alpha\mu_{V_1} + (1-\alpha)\mu_{V_2}$$

这是可能的，因为 $\mu_{V_1} \neq \mu_{V_2}$，令

$$\alpha = \frac{\mu_V - \mu_{V_2}}{\mu_{V_1} - \mu_{V_2}}$$

因为两个资产组合 V_1 和 V_2 都属于最小方差线上，应满足如下方程

$$\mathbf{w}_1 = \mu_{V_1}\mathbf{a} + \mathbf{b}, \mathbf{w}_2 = \mu_{V_2}\mathbf{a} + \mathbf{b}$$

因为 V 也属于最小方差线，因此

$$\alpha\mathbf{w}_1 + (1-\alpha)\mathbf{w}_2 = (\alpha\mu_{V_1} + (1-\alpha)\mu_{V_2})\mathbf{a} + \mathbf{b} = \mu_V\mathbf{a} + \mathbf{b} = \mathbf{w} \qquad \square$$

两基金定理的特殊意义在于最小方差线上的任意资产组合可以用把可利用的财富分配到两个不同的投资基金（两个不同的资产组合）实现，而不是投资在各个资产上。仅在两个投资基金单位上交易极大地降低成本，并且与同时在 n 个风险证券上交易相比程序更简化。

两基金定理的另一个推论是似乎可以认为最小方差线是由资产组合 V_1 和 V_2（为此目的认为似乎它们是单个的风险证券）构成的两资本线。因此，由 3.2 节的结论，我们可以断言最小方差线是命题 3.18 描绘的那种双曲线。因此，我们可以断言有效边界是由权重形如 $\mathbf{w}=\mu\mathbf{a}+\mathbf{b}$，当 μ 大于或等于最小方差资产组合的期望收益时的资产组合构成。

例 3.31

有两种方便的方法可视化例 3.29 中由三个证券构成的所有资产组合。一种方法如图 3.5 所示。其中三个权重中的两个，即 w_2 和 w_3 作为参数，剩下的权重为 $w_1=1-w_2-w_3$。（当然，其他两个权重也可作为参数。）w_2，w_3 平面上的每一个点表示一个资产组合。三角形的顶点表示仅由三个证券之中的一个证券组成的资产组合。例如坐标为（1，0）的顶点相应于权重 $w_1=0$，$w_2=1$，$w_3=0$，即表示所有的金额投资于证券 2 的资产组合。通过顶点的直线，相应于仅有两个证券组成的资产组合。例如通过（1，0）和（0，1）的直线相应于仅包含证券 2 和证券 3 的资产组合。三角形内的点，包括边界上的点对应于不卖空的资产组合。例如，$(\frac{2}{5}, \frac{1}{2})$ 表示初始金额 10%投资于证券 1，40%投资于证券 2，50%投资于证券 3 的资产组合。三角形外部的点对应于三个证券之中有一个或两个被卖空的资产组合。最小方差线是直线，因为期望收益与权重为线性关系，用图 3.5 中的粗线表示。

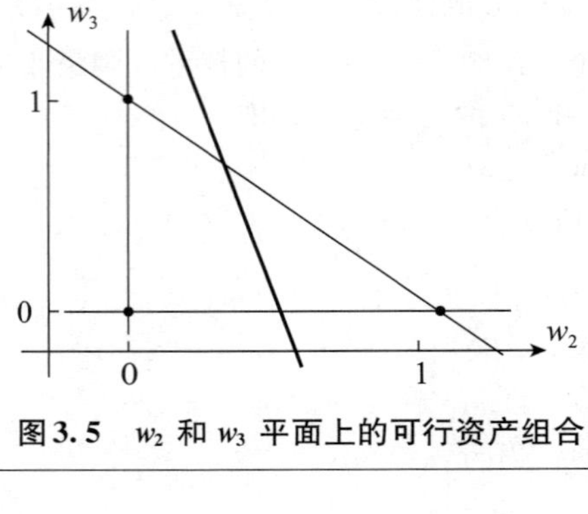

图3.5　w_2 和 w_3 平面上的可行资产组合

图 3.6 表明另一种可视化可达资产组合的方法，这种方法是利用资产组合的期望收益与标准差关系的曲线，称其为风险—期望收益图。这个图形中的三个点被认为是相应于这三个证券中仅由一个证券组成的资产组合。例如，所有的金额投资于证券 2 的资产组合用点（0.24，0.15）表示，通过这三个点中的两个点的

线对应于由两个证券组成的资产组合。这是在 3.2 节详细研究的两证券线。例如，只包含证券 2 和证券 3 的所有资产组合位于通过（0.24，0.15）和（0.25，0.20）的线上。三个点和通过它们的线对应于图 3.5 三角形的顶点和通过顶点的直线。阴影区域（深色和浅色两部分）包括边界表示由三个证券构成的资产组合，即所有可达资产组合。由粗线所示的边界为最小方差线。它的外形被称为**马科维茨子弹**（Markowitz bullet）。阴影区较深色的部分对应于图 3.5 中三角形的内部，即表示不卖空的资产组合。

想象图 3.5 中整个 w_2, w_3 平面如何映射到在图 3.6 中阴影区域表示的可行资产组合是有意义的。即 w_2, w_3 平面沿最小方差线折叠，立刻弯曲并呈现马科维茨子弹的样子。特别地，这意味着 w_2, w_3 平面上的最小方差线相对的点对被映成 σ, μ 平面上一个点。换句话说，图 3.6 中阴影区域的每一个点对应于两个不同的资产组合。而最小方差线上的每一个点对应于单个资产组合。

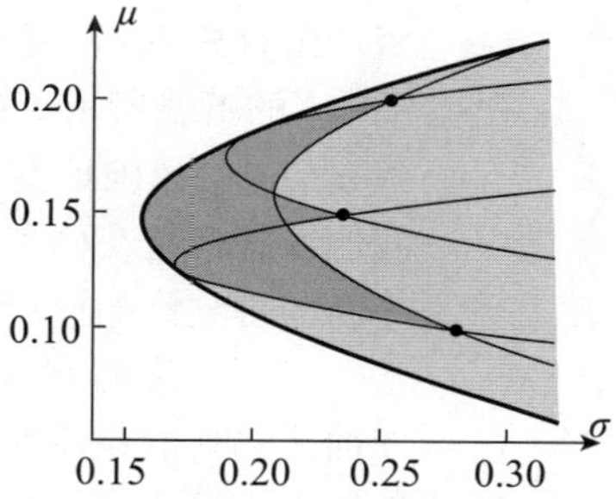

图 3.6　σ, μ 平面上的可行资产组合

例 3.32

对于例 3.29 和例 3.31 中相同的三个证券，图 3.7 表明如果不允许卖空将会怎样。所有不卖空的资产组合由 w_1, w_2 平面的三角形的内部、边界和由 σ, μ 平面上的阴影区域及边界表示。不卖空的最小方差线如这两个区域的粗线所示。用于比较，卖空的最小方差线用折线表示。

练习 3.13

对于练习 3.11 中的三个证券构成的卖空和不卖空的资产组合，利用期望收益作为参数，计算最小方差线，并画图 a）在 w_2, w_3 平面上，b）在 σ, μ 平面上，画出所有卖空和不卖空的所有可行资产组合集。

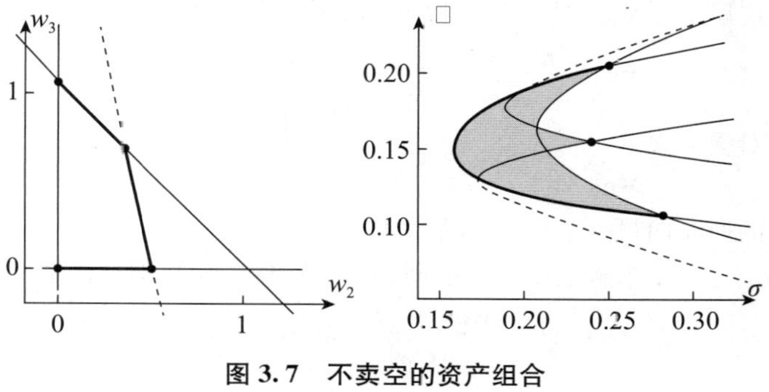

图 3.7　不卖空的资产组合

3.3.4 市场资产组合

从现在开始，除了 n 个风险证券外，假设有一个无风险证券是可利用的。无风险证券的收益率记为 R。无风险证券的收益率的标准差为零。

考虑由无风险证券和一个指定的风险证券（或者风险证券的资产组合）构成的资产组合 V，其期望收益为 μ_V，标准差为 $\sigma_V > 0$。根据命题 3.22，所有这样的资产组合构成 σ,μ 平面上相交于垂直轴上的点 $(0,R)$ 的两条射线中的一条，如图 3.8 中的折线所示。通过构建包含无风险证券和一个风险证券 V 的资产组合，其中 σ_V,μ_V 的风险证券总是在 σ,μ 平面上的可行集中，可行集为图 3.8 的阴影区域。我们能够构造在两条实射线之间的任意资产组合。这两条射线之间的区域可以作为新的可允许的资产组合的集合，该资产组合目前包含无风险证券。

新可行集的有效边界是通过 $(0,R)$ 点与表示由风险证券构成的最小方差线的双曲线相切的粗体射线。每个理性的投资者按照证券组合之间的占优关系在这条射线上选择资产组合，这条射线称为**资本市场线**（capital market line，CML）。只要无风险收益 R 不是太高，即 R 小于最小方差的资产组合的期望收益，就能完成这个论证（这是因为双曲线的渐近线通过 μ 轴，见命题 3.18）。

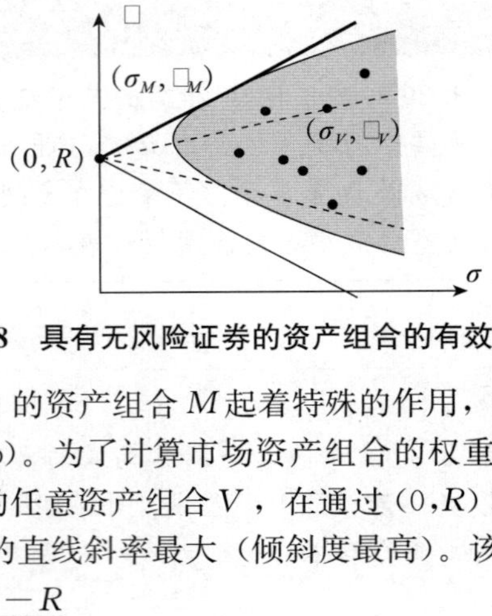

图 3.8 具有无风险证券的资产组合的有效边界

对应于切点 (σ_M,μ_M) 的资产组合 M 起着特殊的作用，称资产组合 M 为**市场资产组合**（market portfolio）。为了计算市场资产组合的权重，我们观察到对于由风险资产构成的可行集中的任意资产组合 V，在通过 $(0,R)$ 和 (σ_V,μ_V) 的所有线中，通过 $(0,R)$ 和 (σ_M,μ_M) 的直线斜率最大（倾斜度最高）。该直线的斜率为

$$\frac{\mu_V - R}{\sigma_V} = \frac{\mathbf{wm}^{\mathrm{T}} - R}{\sqrt{\mathbf{wCw}^{\mathrm{T}}}}$$

这里 $\mathbf{w}$ 是资产组合 V 的权重。因此，我们求

$$\max \frac{\mathbf{wm}^{\mathrm{T}} - R}{\sqrt{\mathbf{wCw}^{\mathrm{T}}}}$$

对受约束于

$$\mathbf{wu}^{\mathrm{T}} = 1$$

的所有向量 $\mathbf{w} \in \mathbb{R}^n$，求最大值。

为了求解这个最大值问题，我们构造拉格朗日函数

$$F(\mathbf{w},\lambda) = \frac{\mathbf{wm}^{\mathrm{T}} - R}{\sqrt{\mathbf{wCw}^{\mathrm{T}}}} - \lambda(\mathbf{wu}^{\mathrm{T}} - 1)$$

并令梯度为零：

$$\nabla_{\mathbf{w}} F(\mathbf{w},\lambda) = \frac{\sqrt{\mathbf{wCw}^{\mathrm{T}}}\,\mathbf{m} - \dfrac{\mathbf{wm}^{\mathrm{T}} - R}{\sqrt{\mathbf{wCw}^{\mathrm{T}}}}\mathbf{wC}}{\mathbf{wCw}^{\mathrm{T}}} - \lambda\mathbf{u} = 0$$

这可以写成

$$\frac{\mu_V - R}{\sigma_V^2}\mathbf{wC} = \mathbf{m} - \lambda\sigma_V\mathbf{u}$$

方程两边右乘 $\mathbf{w}^{\mathrm{T}}$，我们得到

$$\frac{\mu_V - R}{\sigma_V^2}\mathbf{wCw}^{\mathrm{T}} = \mu_V - \lambda\sigma_V$$

解得

$$\lambda = \frac{R}{\sigma_V}$$

因此，我们有方程

$$\gamma\mathbf{wC} = \mathbf{m} - R\mathbf{u} \tag{3.23}$$

这里 $\gamma = \dfrac{\mu_V - R}{\sigma_V^2}$，于是

$$\gamma\mathbf{w} = (\mathbf{m} - R\mathbf{u})\mathbf{C}^{-1}$$

对 $\mathbf{w}$ 求解的困难在于 γ 依赖于 $\mathbf{w}$。为了计算 γ，方程两边右乘 $\mathbf{u}^{\mathrm{T}}$ 并且再一次利用约束条件，得到

$$\gamma = (\mathbf{m} - R\mathbf{u})\mathbf{C}^{-1}\mathbf{u}^{\mathrm{T}}$$

这推出如下定理。

定理 3.33

如果 $\det\mathbf{C} \neq 0$ 且无风险利率 R 低于最小方差资产组合的期望收益率 μ_{MVP}，则市场资产组合 M 存在且其权重为

$$\mathbf{w}_M = \frac{(\mathbf{m} - R\mathbf{u})\mathbf{C}^{-1}}{(\mathbf{m} - R\mathbf{u})\mathbf{C}^{-1}\mathbf{u}^{\mathrm{T}}}$$

证明

为了完成定理的证明，只须证明 $\gamma \neq 0$。由式（3.19），最小方差资产组合的期望收益可以写为

$$\mu_{\mathrm{MVP}} = \mathbf{w}_{\mathrm{MVP}}\mathbf{m}^{\mathrm{T}} = \frac{\mathbf{uC}^{-1}\mathbf{m}^{\mathrm{T}}}{\mathbf{uC}^{-1}\mathbf{u}^{\mathrm{T}}}$$

因为，由假设 $R < \mu_{\mathrm{MVP}}$ 以及 $\mathbf{uC}^{-1}\mathbf{u}^{\mathrm{T}} > 0$，因此得出

$$\gamma = \mathbf{uC}^{-1}\mathbf{m}^{\mathrm{T}} - R\mathbf{uC}^{-1}\mathbf{u}^{\mathrm{T}} > 0$$ □

练习 3.14

假设无风险收益率 $R=5\%$。计算在练习 3.10 中的由三个证券构成的市场资产组合的权重。并计算市场资产组合的期望收益和标准差。

练习 3.15

在练习 3.11 中的由三个证券组成的市场中，考虑一个期望收益为 $\mu_V=21\%$的有效边界上的资产组合 V。计算 γ 和 R 的值，使得该资产组合的权重满足 $\gamma\mathbf{wC}=\mathbf{m}-R\mathbf{u}$。

资本市场线（CML）连接了表示无风险资产的点 $(0,R)$ 和坐标为 (σ_M,μ_M) 的市场组合，满足方程

$$\mu=R+\frac{\mu_M-R}{\sigma_M}\sigma \tag{3.24}$$

对于资本市场线上的风险为 σ 的资产组合，$\frac{\mu_M-R}{\sigma_M}\sigma$ 项称为**风险溢价**（risk premium）。可将其视为超过无风险收益率 R 的额外收益，风险溢价是对承受风险的补偿。

如果每个投资者使用同样的模型参数值（基本资产的期望收益和协方差矩阵的元素）并且选择不被其他资产组合占优的资产组合，那么每个投资者将在资本市场线上构建资产组合。实际上，每个投资者在一个无风险证券与一个风险资产组合（即市场资产组合 M）上组合投资。因此，持有风险资产的相对比例对所有投资者来说是相同的，如果市场资产组合的权重与每一个在市场中可利用的风险证券的总价值（称为**市场市值**（market capitalisation））成比例，这种情况才能发生。

实际上，市场资产组合可用市场指数代表。因此，如果市场指数位于有效边界上并且当与无风险资产相结合确定切线时，可见到对该理论的实证检验。

3.4 资本资产定价模型

难以想象，在一个用标准差表示风险的决策模型中，如果我们关注资产组合的风险评估，这些单个资产的标准差与这些资产之间的协方差不相关。这可以利用下面的例子加以说明。

例 3.34

假设资产组合的权重 $w_j=\frac{1}{n}$，其中 n 是风险资产的数量。我们研究取决于 n 的该资产组合的风险。假设市场中交易的所有资产的方差都是一致有界的，即对每个 j，都有 $\sigma_j^2\leqslant L$ 成立，则

$$\begin{aligned}\sigma_V^2&=\sum_{j,k}w_jw_kc_{jk}\\&=\sum_j w_j^2\sigma_j^2+\sum_{j\neq k}w_jw_kc_{jk}\leqslant\frac{1}{n}L+\frac{1}{n^2}\sum_{j\neq k}c_{jk}\end{aligned}$$

进一步地，假设协方差矩阵的所有的非对角线元素都相等，即对每一个 $j \neq k$，都有 $c_{jk} = c > 0$ 成立，则

$$\sigma_V^2 \leqslant \frac{L}{n} + \frac{1}{n^2} n(n-1)c$$

当 $n \to \infty$ 时，这个上界收敛于 c。含有多个此类资产的资产组合的风险可由协方差确定。而单个资产的方差与 n 的大小不相关。

这个例子的目的就是区分如下的两种风险：**可分散化的风险**（diversifiable risk）或**特定的风险**（specific risk），可分散化的风险可利用扩展资产组合的方法缩减为零，而**不可分散的风险**（undiversifiable risk）、**系统风险**（systematic risk）或者**市场风险**（market risk）是不可避免的，因为证券和市场有某种程度的联系。

众所周知，CML 与有效边界相切于点 (σ_M, μ_M)，点 (σ_M, μ_M) 代表权重为 $\mathbf{w}_M$ 的市场资产组合 M。考虑由 σ, μ 平面上由点 (σ_V, μ_V) 表示的任意的其他的资产组合（或者是单个资产）V。现在我们考虑所有的由 M 和 V 构成的资产组合，这些资产组合构成的双曲线与 CML 相切于点 (σ_M, μ_M)。如果这条双曲线与 CML 相交，这与 CML 的斜率是最大的事实矛盾，见图 3.9。

我们将计算与双曲线在 M 点相切的切线的斜率，然后利用这条切线的斜率与 CML 的斜率是相同的事实。在双曲线上的资产组合 P 中的 V 和 M 的权重用 $(x, 1-x)$ 表示。资产组合 P 的风险和期望收益分别为

$$\sigma_P = (x^2\sigma_V^2 + (1-x)^2\sigma_M^2 + 2x(1-x)\mathrm{Cov}(K_V, K_M))^{\frac{1}{2}}$$

$$\mu_P = x\mu_V + (1-x)\mu_M$$

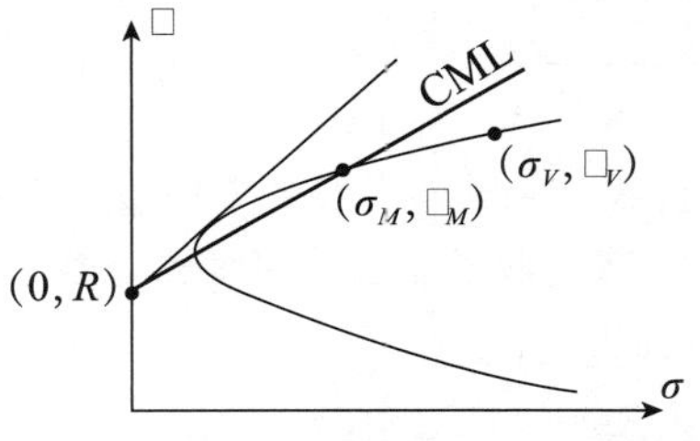

图 3.9　CML 不可能同时有最大的斜率且 M 和 V 的两资产线相交

在 $x = 0$ 点，计算对 x 的偏导数，得到

$$\left.\frac{\partial \sigma_P}{\partial x}\right|_{x=0} = \frac{\mathrm{Cov}(K_V, K_M) - \sigma_M^2}{\sigma_M}$$

$$\left.\frac{\partial \mu_P}{\partial x}\right|_{x=0} = \mu_V - \mu_M$$

切线的斜率是这两个导数的比，它等于 CML 的斜率：

$$\frac{\mu_V - \mu_M}{\dfrac{\mathrm{Cov}(K_V, K_M) - \sigma_M^2}{\sigma_M}} = \frac{\mu_M - R}{\sigma_M}$$

求解 μ_V，得到

$$\mu_V = R + \frac{\mathrm{Cov}(K_V, K_M)}{\sigma_M^2}(\mu_M - R)$$

定义 3.35

我们称

$$\beta_V = \frac{\mathrm{Cov}(K_V, K_M)}{\sigma_M^2}$$

为资产组合 V 的**贝塔因子**（beta factor）。

我们已经证明了如下定理。

定理 3.36（CAPM）

假设无风险收益率 R 低于最小方差资产组合的期望收益率 μ_{MVP}（于是市场组合存在），则任意可行资产组合 V 的期望收益为

$$\mu_V = R + \beta_V(\mu_M - R) \tag{3.25}$$

$\beta_V(\mu_M - R)$ 项称为**风险溢价**（risk premium）。风险溢价代表了对投资者面对源于资产组合与市场相联系的风险的补偿。这类似于式（3.24）中的风险溢价。可是，式（3.24）仅用于资本市场线上的资产组合，而这里的式（3.25）是更一般的公式，可将其应用于所有可行的资产组合和单个证券。当然，对于资本市场线上的资产组合，式（3.25）中的风险溢价和式（3.24）中的风险溢价相同，即

$$\beta_V(\mu_M - R) = \frac{\mu_M - R}{\sigma_M}\sigma_V$$

练习 3.16

证明由权重为 $w_1,\cdots,w_n$ 的 n 个证券构成的资产组合的贝塔因子为 $\beta_V = w_1\beta_1 + \cdots + w_n\beta_n$，其中 $\beta_1,\cdots,\beta_n$ 分别是 n 个证券的贝塔因子。

CAPM 公式（3.25）涉及期望收益。下一步，我们将考虑收益。假设我们想利用市场组合 M 的收益率 K_M 的线性函数 $\beta K_M + \alpha$ 去逼近可行资产组合 V 的收益率 K_V。这个逼近的误差

$$\varepsilon = K_V - (\beta K_M + \alpha)$$

称为**残差**（residual error）。在极小化方差 $\mathrm{Var}(\varepsilon)$ 意义之下的最佳逼近，即著名的**线性回归**（linear regression），当

$$\beta = \beta_V \tag{3.26}$$

$$\alpha = \mu_V - \beta_V\mu_M = R(1 - \beta_V) \tag{3.27}$$

时达到。见附录 10.5。这提供了 β_V 作为使残差的方差极小化的回归线斜率的另一种解释。

当 β,α 分别由式（3.26）和式（3.27）给出时，我们用 ε_V 表示残差。这意味着

$$\begin{aligned}\varepsilon_V &= (K_V - \mu_V) - \beta_V(K_M - \mu_M) \\ &= (K_V - R) - \beta_V(K_M - R)\end{aligned} \tag{3.28}$$

式（3.28）的第二个等式可用 CAPM 公式（3.25）得出。

> **练习 3.17**
>
> 验证
>
> $$E(\varepsilon_V)=0$$
>
> $$\mathrm{Cov}(K_M,\varepsilon_V)=0$$

可将公式（3.28）写成 $(K_V-\mu_V)=\varepsilon_V+\beta_V(K_M-\mu_M)$。等式两边取方差并利用练习 3.17 的结果，我们得到

$$\sigma_V^2=\mathrm{Var}(\varepsilon_V)+\beta_V^2\sigma_M^2$$

这更进一步阐明了不可分散的风险和系统风险之间的差别。等式左边与资产组合的风险直接相关，等式右边的第二项表示系统风险，即来自资产组合和市场之间联系的用 β_V 测量的风险。第一项相应于风险中的可分散部分。特别地，如果 $V=M$，则 $\mathrm{Var}(\varepsilon_M)=0$。如果我们投资于市场资产组合（或者投资在 CML 上的组合，它是市场资产组合和无风险资产的组合），则不存在可分散风险。

评注 3.37

引用 3.3.4 节的结论，我们能给出 CAPM 公式的另一个证明。考虑权重为 $\mathbf{w}$ 的任意资产组合 V，对某个数 $\gamma>0$，市场资产组合的权重 $\mathbf{w}_M$ 满足

$$\gamma\mathbf{w}_M\mathbf{C}=\mathbf{m}-R\mathbf{u}$$

见式（3.23）。因此，权重为 $\mathbf{w}$ 的资产组合 V 的贝塔因子能够写成

$$\beta_V=\frac{\mathrm{Cov}(K_V,K_M)}{\sigma_M^2}=\frac{\gamma\mathbf{w}\mathbf{C}\mathbf{w}_M^{\mathrm{T}}}{\gamma\mathbf{w}_M\mathbf{C}\mathbf{w}_M^{\mathrm{T}}}=\frac{\mathbf{w}\dfrac{1}{\gamma}(\mathbf{m}-R\mathbf{u})^{\mathrm{T}}}{\mathbf{w}_M\dfrac{1}{\gamma}(\mathbf{m}-R\mathbf{u})^{\mathrm{T}}}=\frac{\mu_V-R}{\mu_M-R}$$

解出 μ_V，我们再一次得到 CAPM 公式（3.25）。

根据式（3.25），资产组合的期望收益是贝塔因子的仿射函数。此函数在 β,μ 平面上的图形称为**证券市场线**（security market line，SML）。这条直线如图 3.10 所示，为便于比较，在图 3.10 中也描绘了资本市场线。

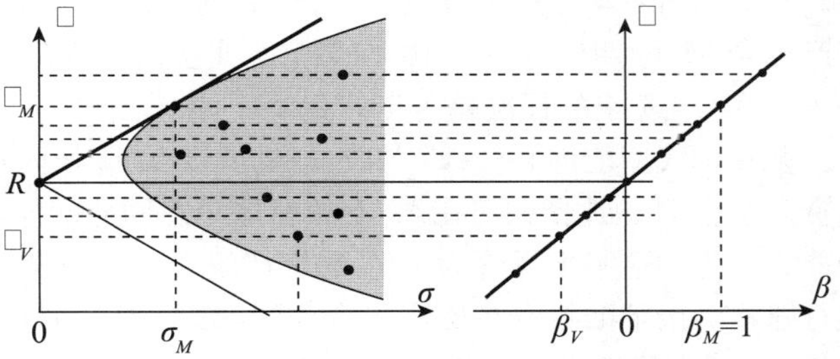

图 3.10　资本市场线和证券市场线

CAPM 描绘了市场的一种均衡状态。每一个投资者持有的风险证券组合的权重与市场资产组合的权重一样。投资者可能实施的任何交易将只影响无风险证券和市场资产组合之间资金份额的拆分，因此，所有证券的供给和需求是平衡的。

只要期望收益和贝塔因子的估计满足式（3.25），市场将保持平衡。任何关于特殊证券 V 的新信息可能会影响期望收益 μ_V 和贝塔因子 β_V，于是 CAPM 的公式（3.25）可能不再成立。例如，假设

$$\mu_V > R + \beta_V(\mu_M - R)$$

在这种情况下，投资者将希望增加这个证券的相关头寸，这样与需要补偿的系统风险相比，将有更高的期望收益。需求将超过供给，证券的价格将会上涨，期望收益将会下降。另一方面，如果相反的不等式

$$\mu_V < R + \beta_V(\mu_M - R)$$

成立，那么投资者打算卖出或者卖空证券，因为过分的供给引起价格下跌，于是期望收益增加。在这两种情况下，我们注意到价格调整重新使得 CAPM 成立和保持均衡状态。

事例 3：讨论

让我们设定与事例 2 同样的养老金计划目标并且作与事例 2 同样的假设。当 40 年以后退休时，你想得到 20 年养老金。你的工资预期每年增长 2%，你希望初始养老金是退休前工资的 50%，并按相同的 2%的增长率增长。无风险银行账户提供的利率为 5%。

而且，你考虑风险相当于 10%（用标准差测量）是合适的，选择三个股票包含在你的资产组合中，还有一个银行账户。你估计股票每年的期望收益分别为 8%、10%和 14%，年收益率的标准差分别为 15%、22%和 26%。估计股票 A 和股票 B 的相关系数为 0.5，股票 A 和股票 C 的相关系数为−0.3，股票 B 和股票 C 的相关系数为 0.3。

这三个选定的股票构成一个微小的市场，对这个市场，我们应用本章研究出的理论。需要在资本市场线上选择合适的资产组合。为此目的，利用定理 3.33 中的公式，能够计算出市场资产组合 M 的权重为（0.677 3，−0.151 8，0.474 5）。

可是，作为一个小投资者，你没有能力卖空，需要限制你的资产组合只能选择具有非负权重的资产组合。我们没有权重的解析公式，需要借助数值解。利用 Excel 软件的求解功能最大化通过无风险证券和不卖空的可行资产组合的直线的斜率，我们求得不卖空的市场资产组合 M' 的权重为（0.564 6，0.000 0，0.435 4）。资产组合 M' 的期望收益为 10.61%（与卖空的期望收益 10.54%相比较），标准差为 11.93%（卖空的标准差为 11.52%）。

现在，我们能够联合 M' 与收益率为 5% 的无风险银行账户在资本市场线上构造资产组合 P。选择如何在 M' 和银行账户之间分配你的投资取决于你对风险的承受能力。为构造一个风险为 10%的资产组合 P，你需要把资金的 16.19%投资在银行账户，余下的投资在资产组合 M'。资产组合 P 的期望收益为 9.70%。回到事例 2，我们能够看到，在这个收益水平之下，与只投资于银行账户的工资的 10.05%相比，你需要支付到养老金计划中的费用恰好是你工资的 2.20%。

如果考虑到 10%的风险对于养老金计划太高，通过增加投资在银行账户的资金比例可以降低风险。这一点将在表 3.1 中表明。

表 3.1　　　　　　　　　　基于不同风险态度的养老金计划

风险	0.00%	2.50%	5.00%	7.50%	10.00%
期望收益	5.00%	6.18%	7.35%	8.53%	9.70%
支付的工资比例	10.05%	6.94%	4.76%	3.24%	2.20%
投资在无风险资产的比例	100.00%	79.05%	58.09%	37.14%	16.19%

第 4 章

远期合约和期货合约

事例 4

在事例 2 和事例 3 中，我们考虑个人养老金计划，从长远来看，资产组合中包含的风险资产提高了资产组合的期望收益，帮助减少养老金缴款。一个不可避免的缺陷是所涉及的风险。你希望在保持养老金计划优势的同时，在金融市场中寻求可利用的工具来降低风险。

4.1 远期合约

在 1.5 节，我们引入了远期合约的概念。回想远期合约是指在指定的时间以在签订合约时确定的价格买入和卖出标的资产的协议。

4.1.1 标的资产

标的资产在时间 $t \in [0,T]$ 的价格用 $S(t)$ 表示。假设 $S(t)$ 对所有的时间 t 都是严格正的。我们取 $t=0$ 为现在时间，$S(0)$ 为标的资产的现货价格，它对所有的投资者来说是已知的。一般说来，当 $t>0$ 时，未来的价格 $S(t)$ 是未知的。

在数学上，$S(t)$ 是概率空间 Ω 上的正随机变量，即

$$S(t):\Omega \rightarrow (0,\infty)$$

概率空间 Ω 由所有的可行价格的运动“状况”$\omega \in \Omega$ 构成。如果市场随状况 $\omega \in \Omega$ 变化，那么在时间 t 的价格记为 $S^{\omega}(t)$ 。现货价格 $S(0)$ 仅仅是一个正数，可将其视为常数随机变量。对 $t>0$ ，未知的将来的价格 $S(t)$ 是非常数随机变量，这意

味着对每个 $t>0$，至少存在两个状况 $\omega,\omega'\in\Omega$，使得 $S^{\omega}(t)\neq S^{\omega'}(t)$。

所有 $S(t)$ 的概率空间和概率分布都是市场模型的主要成分。在本章中，讨论不要求设定特殊模型，都是足够稳健、有效的。有关远期合约和期货合约的结论没有模型依赖，这是一个重要的特征。

持有的标的资产可以包含某些中间现金流。例如，价格为 $S(t)$ 的股票，可能对股东支付股利。还有一种情况是持有货币，如果以相应的利率存入银行会产生利息。另一方面，商品会有储存成本。一般地，我们对包含持有标的资产多头头寸或者空头头寸的现金流使用术语**持有成本**（cost of carry）。

考虑一个在时间 0 交易，交割时间为 T，远期价格为 $F(0,T)$ 的远期合约。在时间 0 任何一方都没有支付。在交割时，具有多头远期头寸的一方可以以 $F(0,T)$ 的价格买入标的资产并且以市场价格 $S(T)$ 卖出，收到（或者支付，如果是负的）的金额为 $S(0)-F(0,T)$。空头远期头寸的回报为 $F(0,T)-S(T)$，见图 4.1。

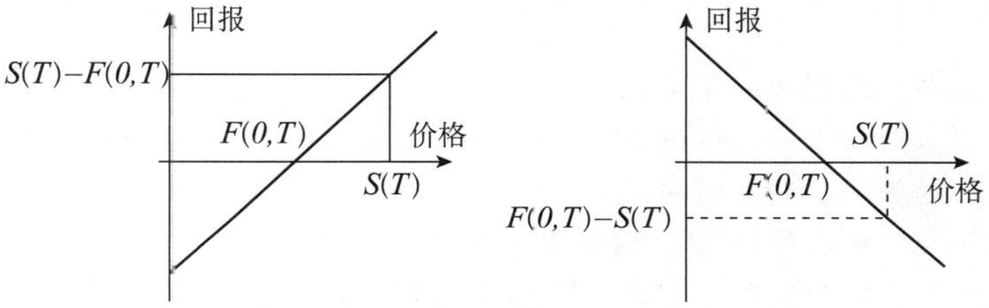

图 4.1　在交割时多头和空头远期头寸的回报

如果合约在时间 $t<T$ 交易而不是在时间 0 交易，那么远期的价格记为 $F(t,T)$，在交割日多头远期头寸的回报为 $S(T)-F(t,T)$，空头远期头寸的回报为 $F(t,T)-S(T)$。

4.1.2　远期价格

各种资产的远期价格公式可以利用无套利原则（假设 1.9）得到，回想命题 1.10，在没有持有成本的假设之下，得到公式

$$F(0,T)=S(0)\,\frac{A(T)}{A(0)}$$

我们还假设在时间 0 货币市场账户的未来价值是已知的，这等于假设在整个研究期间利率是常数。例如，利用连续复合我们可以写成 $A(t)=A(0)\mathrm{e}^{rt}$，所以上面的公式有更直观的清晰形式：

$$F(0,T)=S(0)\mathrm{e}^{rT}$$

注意 $\mathrm{e}^{rT}=\dfrac{1}{B(0,T)}$，这里 $B(0,T)$ 表示到期时间为 T 的单位零息债券的价格。命题 1.10 的表述形式也随之改变，这里不必再假设利率是常数。另外，我们取交割时间 T 之前的任意时间作为开始的时间，其相应的远期价格为 $F(t,T)$。

定理 4.1

对于没有持有成本的标的资产，如果远期合约在时间 $t\leqslant T$ 开始，那么远期价

格必为

$$F(t,T)=\frac{S(t)}{B(t,T)} \tag{4.1}$$

证明

假设 $F(t,T)>S(t)/B(t,T)$ 。在这种情况下，在时间 t :

- 卖出 $S(t)/B(t,T)$ 份零息债券，收到金额 $S(t)$;
- 以 $S(t)$ 价格买入 1 股股票;
- 取得空头远期头寸，即同意在时间 T 以价格 $F(t,T)$ 卖出 1 股股票。

然后，在时间 T :

- 利用远期合约，以价格 $F(t,T)$ 卖出股票;
- 对卖出的每单位债券支付面值 1 美元。

这将带来无风险利润

$$F(t,T)-\frac{S(t)}{B(t,T)}>0$$

与无套利原则矛盾。

接下来，假设 $F(t,T)<S(t)/B(t,T)$ 。在这种情况下，我们构造与前面相反的策略。即在时间 t :

- 以价格 $S(t)$ 卖空 1 股股票;
- 买入 $S(t)/B(t,T)$ 份零息债券;
- 以远期价格 $F(t,T)$ 签订一份多头远期合约。

然后，在时间 T :

- 持有的每单位债券收到面值 1 美元，共计 $S(t)/B(t,T)$ 美元;
- 利用远期合约以价格 $F(t,T)$ 买入股票;
- 结清股票的空头头寸归还给所有者。

你将最终得到正的金额

$$\frac{S(t)}{B(t,T)}-F(t,T)>0$$

这仍与无套利原则矛盾。 □

评注 4.2

考虑将一个到期日为 S 的债券 $B(t,S)$ 作为标的资产。在时间 T 交割的远期合约的价格为 $F(t,T)=B(t,S)/B(t,T)$ ，这里 $t\leqslant T\leqslant S$ 。特别地，$F(0,S)=1$ ，这是因为在时间 S ，债券的价值应该为 1 元。

在有卖空限制的市场，不等式 $F(t,T)<S(t)/B(t,T)$ 成立不一定产生套利机会。

练习 4.1

设 $S(0)=17$ 美元，$F(0,1)=18$ 美元，$r=8\%$，卖空需要 30%证券抵押，抵押金按利率 4%产生利息。问存在套利机会吗？求不存在套利机会的最高利率 d 。

练习 4.2

设 2000 年 4 月 1 日的股票价格比 2000 年 1 月 1 日价格低 10%，设无风险利率为常数 6%，在 2000 年 10 月 1 日交割的 2000 年 1 月 1 日的远期合约的价格比 2000 年 4 月 1 日的远期合约价格下降的百分比是多少？

评注 4.3

因为 $B(t,T)<1$，我们总考虑 $F(t,T)=S(t)/B(t,T)>S(t)$ 的情况。差额 $F(t,T)-S(t)$ 称为**基差**（basis），当 $t\to T$ 时，因为 $B(t,T)\to B(T,T)=1$，所以基差收敛于 0。

包括红利。对于远期合约有效期内资产产生收入的情况，我们一般化远期价格公式。收入可能是红利或者是利息。我们还将考虑资产含有某些成本（称为持有成本），例如储藏成本、保险成本的情况，成本按负收入处理。

假设在远期合约开始和交割之间的一个时间 t 股票支付红利 div。在时间 t，股票的价格下降所支付红利的金额。包含现在股票价格的远期价格公式可以通过减去红利的现值的方法进行修改。

定理 4.4

在时间 t 支付红利 div 的股票的远期价格为

$$F(0,T)=[S(0)-B(0,t)\text{div}]\frac{1}{B(0,T)} \tag{4.2}$$

这里 $0<t<T$。

证明

假设

$$F(0,T)>[S(0)-B(0,t)\text{div}]\frac{1}{B(0,T)}$$

我们构造一个套利策略。在时间 0：

- 签订远期价格为 $F(0,T)$ 的空头远期合约，在时间 T 交割；
- 利用发行 $S(0)/B(0,T)$ 份零息债券，借入 $S(0)$ 美元；
- 买入 1 股股票；
- 签订 div $\frac{B(0,t)}{B(0,T)}$ 份到期日为 T 的债券的多头远期合约，在时间 t 交割，远期价格为 $\frac{B(0,T)}{B(0,t)}$。

在时间 t：

- 兑现现金红利 div，并投资于债券 $B(t,T)$，以远期价格 $\frac{B(0,T)}{B(0,t)}$ 买入 div $\frac{B(0,t)}{B(0,T)}$ 份债券。

在时间 T：

- 以 $F(0,T)$ 的价格卖出股票；

- 支付 $S(0)/B(0,T)$ 给债券的持有者；
- 在时间 t 购买债券，获得金额 $\mathrm{div}\,\dfrac{B(0,t)}{B(0,T)}$。

最终的余额为正，即

$$F(0,T)-\frac{S(0)}{B(0,T)}+\mathrm{div}\,\frac{B(0,t)}{B(0,T)}>0$$

与无套利原则矛盾。当 $F(0,T)<[S(0)-B(0,t)\mathrm{div}]\dfrac{1}{B(0,T)}$ 时，可以通过类似的方法，构建相反的头寸处理。 □

这个公式容易推广到多次支付红利的情况：

$$F(0,T)=[S(0)-\mathrm{div}_0]B(0,T) \tag{4.3}$$

这里 div_0 是在远期合约有效期内支付的所有红利的现值。

练习 4.3

考虑一只股票，它在 2000 年 1 月 1 日的价格为 120 美元，在 2000 年 7 月 1 日支付红利 1 美元，在 2000 年 10 月 1 日支付红利 2 美元。利率为 12%。如果 2000 年 11 月 1 日交割的远期合约在 2000 年 1 月 1 日的价格是 131 美元，是否存在套利机会？如果存在套利机会，计算套利利润。

练习 4.4

设无风险收益率为 8%，而一个小投资者仅能以 7%的利率投资货币和以 10%的利率借款。如果 $F(0,1)=89$ 美元，$S(0)=83$ 美元，半年（即在时间 1/2）支付红利 2 美元，定理 4.4 中的两个策略之中是否给出套利机会？

红利收益。红利经常被假设为按指定利率连续支付的，而不是离散支付的。例如，在股票资产组合高度分散的情况下，自然假设是连续支付而不是在 1 年内频繁地分散支付。另一个例子是外币，按相应利率产生利息。

回想在 1.7 节中，我们给出了外币远期价格公式：

$$F(0,T)=S(0)\frac{1+K_{\mathrm{h}}}{1+K_{\mathrm{f}}}=S(0)\frac{A_{\mathrm{h}}(T)/A_{\mathrm{h}}(0)}{A_{\mathrm{f}}(T)/A_{\mathrm{f}}(0)}$$

这里 $A_{\mathrm{h}}(t)$, $A_{\mathrm{f}}(t)$ 表示本国货币和外国货币的市场账户，K_{h}, K_{f} 分别表示相应的收益率。利用上面的方法并使用以本国货币和外国货币表示的债券，可将公式写成

$$F(0,T)=S(0)\frac{B_{\mathrm{f}}(0,T)}{B_{\mathrm{h}}(0,T)}$$

下面假设股票以利率 $r_{\mathrm{div}}>0$ 连续支付红利，称为（连续的）**红利收益**（dividend yield）。如果红利再投资于股票，那么在时间 0 投资的 1 股股票在时间 T 变成 $\mathrm{e}^{r_{\mathrm{div}}T}$ 股股票（这种情况类似于连续复合）。因此，为了在时间 T 拥有 1 股股票，那么在时间 0 应有 $\mathrm{e}^{-r_{\mathrm{div}}T}$ 股股票。这个观察结果用于如下的套利证明。

定理 4.5

以支付率 r_{div} 连续支付红利的股票远期价格为

$$F(0,T) = S(0)e^{-r_{div}T}\frac{1}{B(0,T)} \tag{4.4}$$

证明

设

$$F(0,T) > S(0)e^{-r_{div}T}\frac{1}{B(0,T)}$$

在这种情况下，在时间 0：

- 签订一份远期空头合约；
- 借入现金 $S(0)e^{-r_{div}T}$，买入 $e^{-r_{div}T}$ 股股票。

在时间 0 和 T 之间，收到连续支付的红利，再投资于股票。在时间 T，将拥有 1 股股票。此时：

- 以价格 $F(0,T)$ 卖出股票，结清空头远期头寸；
- 支付 $S(0)e^{-r_{div}T}/B(0,T)$，结清贷款和利息。

最终的余额 $F(0,T)-S(0)e^{-r_{div}T}/B(0,T)>0$ 为套利利润。当

$$F(0,T) < S(0)e^{-r_{div}T}\frac{1}{B(0,T)}$$

成立时，论证是类似的，可构建相反的头寸。 □

一般地，如果合约始于时间 $t<T$，则

$$F(t,T) = S(t)e^{-r_{div}(T-t)}\frac{1}{B(t,T)} \tag{4.5}$$

练习 4.5

德国汽车的美国进口商想签订半年的远期合约买入欧元，投资美元和欧元的利率分别为 $r_{\$}=4\%$ 和 $r_{€}=3\%$，现在的汇率为 0.983 4 欧元兑换 1 美元。用美元表示的欧元的远期价格是多少（即远期的汇率是多少）？

4.1.3 远期合约的价值

每一个远期合约开始生效时的价值都为零。随着时间的推移，标的资产的价格可能变化。因此，一般说来，远期合约的价值也随着改变，不再为零。特别地，在交割日，多头远期合约的价值为 $S(T)-F(0,T)$，它可能取值为正、为零或者为负。我们将推导体现远期价值变化的公式。

假设在时间 t $(0<t<T)$ 开始生效的远期合约的远期价格 $F(t,T)$ 高于 $F(0,T)$。这对于在时间 0 开始的持有多头远期合约的投资者是个好消息。与具有相同交割日 T，在时间 t 签订一份新的远期合约的投资者相比较，在时间 T 这样的投资者将得到收益 $F(t,T)-F(0,T)$。为了求出初始的远期头寸在时间 t 的价值，我

们将这个收益折现到时间 t，这个折现金额被在时间 0 购买多头远期合约的投资者收到（如果是负的，是支付）并在时间 t，即交割日 T 之前结算。我们将用严格的套利证明进行论证。

定理 4.6

对于每个满足 $0 \leqslant t \leqslant T$ 的时间 t，远期价格为 $F(0,T)$ 的多头远期合约在时间 t 的价值为

$$V(t) = [F(t,T) - F(0,T)]B(t,T) \tag{4.6}$$

证明

在时间 t，多头远期头寸的持有者可以同时无成本签订一份空头远期头寸，远期价格等于当期价格，即 $F(t,T)$，这两个合并的头寸的最终回报为

$$S(T) - F(0,T) - [S(T) - F(t,T)] = F(t,T) - F(0,T)$$

它是非随机的，即无风险的回报。因此，它在时间 t 的价值为它在时间 T 的价值的折现值，其折现因子为 $B(t,T)$。 □

对于不支付红利的股票，公式（4.6）给出

$$V(t) = \left[\frac{S(t)}{B(t,T)} - \frac{S(0)}{B(0,T)}\right]B(t,T) = S(t) - S(0)\frac{B(t,T)}{B(0,T)} \tag{4.7}$$

这给我们的启示是，如果股票价格以与无风险投资相同的利率增长，那么远期合约的价值将为零。价格增长高于无风险利率，则多头远期头寸的持有者获得收益。

评注 4.7

考虑一个合约，其交割价格是 X 而不是 $F(0,T)$，则该合约在时间 t 的价值由用 X 替代 $F(0,T)$ 的公式（4.6）给出，即

$$V_X(t) = [F(t,T) - X]B(t,T)$$

这样的合约初始价值可以不为零。在股票不支付红利的情况下

$$V_X(0) = [F(0,T) - X]B(0,T) = S(0) - XB(0,T) \tag{4.8}$$

练习 4.6

设年初股票的价格为 45 美元，无风险利率为 6%，设为常数，半年以后，支付 2 美元红利。对于 1 年交割的多头远期头寸，求它在 9 个月后的价值，如果 9 个月后股票价格为：a) 49 美元，b) 51 美元。

4.2 期货合约

远期合约两方中的一方会赔钱，总存在某些来自遭受损失一方违约的风险。期货合约可以避免这样的风险。

与远期合约一样，**期货合约**（futures contract）包含一个标的资产，将其设定为价格为 $S(t)$、具有指定的交割时间 T 的股票。除了通常的股票价格之外，对每

一个 $t \leqslant T$，市场报出所谓的**期货价格**（futures prices）$f(t,T)$。$f(0,T)$ 除外，在时间 0，价格 $f(t,T)$ 都是未知的，我们把它们视为随机变量。

与远期合约一样，开始的期货头寸没有成本。不同之处在于期货合约有效期内的现金流。在交割日，多头远期合约只有一个支付 $S(T)-F(0,T)$，期货合约包含由市场决定的随机现金流，称为**盯市**（marking to market）。即对指定的时间瞬间 $t_1 < t_2 < \cdots < t_N = T$，通常指的就是连续的交易日，多头期货头寸的持有者在时间 $t_n, n=1,\cdots,N$ 收到的金额为

$$f(t_n,T)-f(t_{n-1},T)$$

如果是正的，是收益；如果是负的，就是支付。空头期货头寸有相反的支付。我们附加了如下两个条件：

1）在交割日期货价格为 $f(T,T)=S(T)$；

2）对于每一个时间 $t_n \leqslant T, n=1,\cdots,N$，期货价格 $f(t_n,T)$ 使得在时间 t_n 签订的期货合约无成本。

4.2.1 定 价

我们将证明在某些情况下远期价格和期货合约的价格是相同的。设 r 是在连续复合之下的无风险利率。

定理 4.8

如果利率是常数，则 $f(0,T)=F(0,T)$。

证明

为简单起见，假设盯市在一个中间的时间瞬间 $0<t<T$ 执行。实际上，如下的论证可以容易地扩展到经常发生盯市的情况。

设 $f(0,T)>F(0,T)$。假如这样，则在时间 0：

- 取得多头远期头寸（没有成本）；
- 开仓 $e^{-r(T-t)}$ 份空头期货头寸（没有成本）。

在时间 t：

- 盯市的结果需支付金额 $e^{-r(T-t)}[f(t,T)-f(0,T)]$；
- 借入 $e^{-r(T-t)}[f(t,T)-f(0,T)]$ 无风险资产；
- 增加空头期货头寸到 1 份合约（没有成本）。

注意差额 $f(t,T)-f(0,T)$ 可能是负的，在这种情况下，“支付”的含义为“收到”，“借入”的含义为“投资”。则在时间 T：

- 结清无风险投资，支付 $f(t,T)-f(0,T)$；
- 结清空头期货头寸，支付 $S(T)-f(t,T)$（因为 $S(T)=f(T,T)$）；
- 结清多头远期头寸，收到 $S(T)-f(0,T)$。

最终的余额将为 $f(0,T)-F(0,T)>0$，这意味着这个策略存在套利机会，矛盾。

对于 $f(0,T)<F(0,T)$ 情况，类似地，可采用取相反的头寸处理。 □

上面的论证应用于任何时间 t，于是 $f(t,T)=F(t,T)$。如果利率变化是不可预测的，如上的套利机会的设计就不可能实现。而如果利率变化是事先已知的，

那么适当地修改论证，期货和远期价格的等式会仍然成立。

在一个具有常数利率 r 的经济中，如果股票不支付红利，我们得到期货价格的简单公式

$$f(t,T)=S(t)e^{r(T-t)} \tag{4.9}$$

期货的价格是随机的，但这是完全由标的资产价格的随机性引起的。如果期货价格偏离公式（4.9）给出的值，这反映了未来利率变化的市场观点。

例 4.9

考虑合约到期日相同的股票价格的三种状况。设 $T=2/365$ 为从现在开始的第 2 天，其盯市日为 $t_1=1/365$ 和 $t_2=T$。

1. 股票价格上涨速率为 r，则 $S(t)=S(0)e^{rt}$，

$$f(t,T)=S(0)e^{rt}e^{r(T-t)}=S(0)e^{rT}$$

对所有的 t 成立，并且盯市的支付为零。

2. 价格上涨高于状况 1，于是在第一天有 $S(t_1)>S(0)e^{rt_1}$，则

$$f(t_1,T)=S(t_1)e^{r(T-t_1)}>f(0,T)=S(0)e^{rT}$$

多头期货头寸的持有者拥有正的现金流。接下来，$S(T)=S(0)e^{rT}=f(T,T)$，这意味着第二天现金流为负

$$f(T,T)-f(t_1,T)=S(0)e^{rT}-S(t_1)e^{r(T-t_1)}=-(f(t_1,T)-f(0,0))$$

时间 t_2 的支付正好与时间 t_1 的收入相抵消。

3. 第一天的股票价格低于 $S(0)e^{rt_1}$，于是第一次我们有一个负的支付，并且大小与上面公式给出的正支付相同。

使支付保持平衡所花时间的不同是关键性的。由于货币的时间价值，状况 2 的多头头寸要好于状况 3 的多头头寸。

这个例子还表明期货头寸获利能力的重要准则。投资者想要利用预测到股票价格的增加超过无风险利率的信息获利，他应该签订多头期货头寸。空头期货头寸带来的收益应该来自股票价格下降或者股票价格上升但低于无风险利率时。

4.2.2 保证金

为了保证履行包含在期货头寸中的义务，当然要强加一些实用的规则。每一个签订期货合约的投资者必须支付保证金，称为**初始保证金**（initial margin），支付给交易所作为担保。在多头期货头寸的情况下，如果 $f(t_n,T)-f(t_{n-1},T)$ 为正，则加到保证金上。如果是负的，则从保证金中减去这个金额（对于空头期货头寸则相反）。超过初始保证金的部分，投资者可以收回。另一方面，如果保证金低于确定的水平，即低于**维持保证金**（maintenance margin）的水平，交易所会通知投资者催交保证金，要求投资者的保证金达到初始保证金的水平。期货合约头寸在任何时间都可能结清，在这种情况下，保证金归还给投资者。特别地，如果投资

者对保证金催交没有反应，交易所就会立刻平仓。因此，消除了违约风险。

例 4.10

设初始保证金设置为期货价格的 10%，维持保证金为 5%，下表表明期货价格 $f(t,T)$ 的状况，表中“保证金 1”和“保证金 2”的列表明在每天开始和结束时的保证金。“支付”列包括交纳的保证金数量（负数）或收回的保证金数量（正数）。

第 t 天	$f(t,T)$	现金流	保证金 1	支付	保证金 2
0	140	开仓：	0	−14	14
1	138	−2	12	0	12
2	130	−8	4	−9	13
3	140	+10	23	+9	14
4	150	+10	24	+9	15
		结算	15	+15	0
			累计	10	

在第 0 天，开仓期货头寸，按 10%交保证金。在第 1 天，期货价格下降 2 美元，从保证金中减去。在第 2 天，期货价格进一步降至 8 美元，启动催交保证金，因为保证金低于 5%。投资者必须交纳 9 美元，保证金恢复到 10%的水平。第 3 天，期货价格上涨，收回 9 美元，保留 10%的保证金。第 4 天，期货价格再次上涨，允许投资者再次收回 9 美元。第 4 天结束时，投资者决定结清头寸，收到保证金余额。总支付为 10 美元，从第 0 天到第 4 天期货价格上涨 10 美元。

评注 4.11

期货市场的一个重要特征是流动性。标准化和交易所的存在，为期货交易提供了流动性。在交易所交易的仅为具有特殊交割日的期货合约。而且对于商品期货合约，例如黄金或者木材，期货合约在指定标准化的交割日的同时，也指定标准化的资产的现货特征。交易所是一个中介机构，匹配各种规模的大量的多头和空头期货头寸。交易所还催交保证金以消除违约风险。这与两方直接协商的远期合约不同。

确信股票价格上涨的投资者可能直接投资股票，但是也可能取得多头期货头寸。投资于期货需要相当于股票价格一定百分比的初始保证金。如果预测正确，因为保证金较少，投资期货的结果会更令人印象深刻。最好用一个例子说明。

例 4.12

设 $S(0)=100$ 美元，$r=6\%$，$T=0.5$，设盯市限制在时间 $t_1=0.25$，等于投资期限。如果初始保证金是价格的 20%，投资者开仓 5 个期货头寸。假设 $S(t_1)=108$ 美元，则 $f(t_1,\mathrm{T})\approx106.39$ 美元，连同 $f(0,T)\approx103.05$ 美元获得大约 16.73 美元的盯市收益。这是直接投资于股票的 8 美元收益的 2 倍多。

4.2.3 利用期货套期保值

套期保值相对简单的方法是签订远期合约。但这种合约未必容易获得，因为没有涉及违约风险。另一个套期保值的可能性是利用期货市场，因为期货市场是得到很好发展的、是流动的，而且能防御违约风险。

例 4.13

设 $S(0)=100$ 美元，设无风险利率为常数 $r=8\%$。设盯市是 1 个月一次，假设我们希望 3 个月以后卖出股票。为了对股票价格变动的各种风险暴露套期保值，我们签订一份 3 个月后交割的股票空头期货合约。投资来自盯市的支付（或借入）按无风险利率产生利息。两个不同股票价格状况的结果列表如下。表中“盯市”列表示来自盯市的支付，最后一列表示累计至交割日的利息的增长。

状况 1

第 t 月	$S(t)$	$f(t,3/12)$	盯市	利息
0	100	102.02		
1	102	103.37	−1.35	−0.02
2	101	101.67	+1.69	+0.01
3	105	105.00	−3.32	0.00
		累计	−2.98	−0.01

在这个状况下，我们以 105.00 美元的价格卖出股票，但盯市带来损失，总和减少到 105.00−2.98−0.01=102.01 美元。注意如果盯市支付不按无风险利率投资，实际上总和为 105.00−2.98=102.02 美元，这精确地等于期货价格 $f(0, 3/12)$。

状况 2

第 t 月	$S(t)$	$f(t,3/12)$	盯市	利息
0	100	102.02		
1	98	99.31	+2.70	+0.04
2	97	97.65	+1.67	+0.01
3	92	92.00	+5.65	0.00
		累计	+10.02	+0.05

在这种状况下，我们以 92 美元卖出股票和来自盯市以及利息收益的总和为 $92.00+10.02+0.05=102.07$ 美元。不算利息，最终金额为 $92.00+10.02=102.02$ 美元，再一次精确地等于期货价格 $f(0,3/12)$。

在实践中，例 4.13 中的计算会稍微复杂一些，因为有初始保证金。而在上述计算中，为简单起见，已经忽略了初始保证金。一些限制来自期货合约的标准化。因此，困难可能出现在匹配我们需要的合约条款上。例如，期货的交割日通常是 1 年中指定的 4 个月中某些确定的日期，例如在 3 月、6 月、9 月和 12 月的第三个星期五。如果我们想要结清在 4 月末的投资，我们需要套期保值期货合约的交易日在 4 月末以后。

例 4.14

假设我们希望 2 个月之后卖出股票，并且利用 3 月交割的期货套期保值（状况与例 4.13 相同）。

状况 1

第 t 月	$S(t)$	$f(t,3/12)$	盯市	利息
0	100	102.02		
1	102	103.37	−1.35	−0.01
2	101	101.67	+1.69	0.00
		累计	+0.34	−0.01

我们以 101.00 美元卖出股票，连同盯市和利息得到 101.33 美元。

状况 2

第 t 月	$S(t)$	$f(t,3/12)$	盯市	利息
0	100	102.02		
1	98	99.31	+2.70	+0.02
2	97	97.65	+1.67	0.00
		累计	+4.37	+0.02

在这种情况下，我们以 97 美元卖出股票，连同盯市和利息得到 101.39 美元。

我们几乎达到目标值，这个目标值是期货价格 $f(0,2)\approx 101.34$ 美元，即 100 美元按无风险利率复合的价值。

评注 4.15

现货价格和期货价格之差称为**基差**（basis）（与远期合约相同）：

$$b(t,T)=S(t)-f(t,T)$$

（有时基差定义为 $f(t,T)-S(t)$。）当 $t\to T$ 时，基差收敛于 0，因为 $f(T,T)=S(T)$。在一个具有常数利率的市场上，很明显

$$b(t,T)=S(t)(1-e^{r(T-t)})$$

当 $t < T$ 时，基差为负。如果资产按红利支付率 $r_{\mathrm{div}} > r$ 支付红利，则

$$b(t,T) = S(t)(1 - \mathrm{e}^{(r-r_{\mathrm{div}})(T-t)})$$

回到设计套期保值问题，假设我们希望在时间 $t < T$ 卖出资产。为了保护我们免受该资产价格下跌的风险，在时间 0，我们可以做空期货价格为 $f(0,T)$ 的期货合约。在时间 t，我们卖出资产可得到 $S(t)$，加上来自盯市的现金流 $f(0,T) - f(t,T)$（为了简单起见，我们忽略中间现金流，假设 t 是盯市发生的第一瞬间），即我们得到

$$f(0,T) + S(t) - f(t,T) = f(0,T) + b(t,T)$$

价格 $f(0,T)$ 在时间 0 是已知的，于是包含在套期保值头寸中的风险与未知的基差大小有关。这种不确定性主要与未知的远期利率有关。

如果套期保值者的目标是最小化风险，最好是利用确定的最优套期保值率，即签订 N 份期货合约，其中 N 不必等于持有的标的资产的份数。为此，计算由基差 $b_N(t,T) = S(t) - Nf(t,T)$ 的方差测量的风险：

$$\mathrm{Var}(b_N(t,T)) = \sigma_{S(t)}^2 + N^2\sigma_{f(t,T)}^2 - 2N\sigma_{S(t)}\sigma_{f(t,T)}\rho_{S(t)f(t,T)}$$

这里 $\rho_{S(t)f(t,T)}$ 为现货价格和期货价格的相关系数，$\sigma_{S(t)}$，$\sigma_{f(t,T)}$ 为标准差。方差是 N 的二次函数，在

$$N = \rho_{S(t)f(t,T)} \frac{\sigma_{S(t)}}{\sigma_{f(t,T)}}$$

处有最小值，这就是最优套期保值率。

练习 4.7

如果利率是常数，求最优套期保值率。

4.2.4 指数期货

股票交易指数是所选择股票价格的加权平均值，其权重是与股票总市值成正比的。这种指数大致与市场资产组合的价值成正比例（见第 3 章），如果选取的股票集合足够大。例如标准普尔 500 指数（Standard and Poor Index，S&P500）是利用 500 个股票计算的，代表了纽约股票交易所的大约 80%的股票。对于期货市场来说，指数是可交易的证券。这是因为指数可与资产组合等同看待，即使在实践中交易成本阻碍资产组合的交易。期货价格 $f(t,T)$ 用指数点表示，假设和上面满足一样的条件，盯市由差 $f(t_n,T) - f(t_{n-1},T)$ 乘以固定的金额给出（S&P500 期货为 500 美元）。如果包含在指数中的股票数量很多，假设指数是一个连续支付红利的资产是可能的，也是方便的。

练习 4.8

设股票交易所的股票指数值为 13 500，在 9 月交割的期货价格为 14 100 点，利率为 8%，求红利收益。

本节的目标是研究基于第 3 章引入的资本资产定价模型指数期货套期保值的应用。正如我们所知（见式（3.25）），在长度为 t 的时段的资产组合的超额收益为

$$\mu_V = R + \beta_V(\mu_M - R)$$

这里 β_V 是资产组合的贝塔（beta）因子，μ_M 是市场资产组合的期望收益，R 是单期 τ 的无风险收益。用 $V(0)$ 表示资产组合的初始价值，为简单起见，我们假设指数等于市场资产组合的价值，于是期货价格为

$$f(t,T) = M(t)e^{r(T-t)}$$

$M(t)$ 是市场资产组合的价值，r 是使得 $e^{r\tau} = 1 + R$ 的连续复合利率。

我们可以用 N 份交割日为 T 的空头指数期货合约增补原来的资产组合构成新的资产组合，其价值为 $\widetilde{V}(0)$。新资产组合的初始价值与原来资产组合的初始价值 $V(0)$ 相同，因为开始一个新的期货合约没有成本，第一盯市瞬间 t，新的资产组合的价值为

$$\widetilde{V}(t) = V(t) - N(f(t,T) - f(0,T))$$

新的资产组合在时期 $[0,t]$ 的收益为

$$K_{\widetilde{V}} = \frac{\widetilde{V}(t) - \widetilde{V}(0)}{\widetilde{V}(0)} = \frac{V(t) - N(f(t,T) - f(0,T)) - V(0)}{V(0)}$$

我们将证明新资产组合的贝塔因子 $\beta_{\widetilde{V}}$ 可以利用适当地选择期货头寸 N 随意修改。

命题 4.16

对于任意给定的数 a，如果

$$N = (\beta_V - a)\frac{V(0)e^{tr}}{f(0,T)}$$

则 $\beta_{\widetilde{V}} = a$。

证明

我们由定义计算贝塔因子

$$\begin{aligned}\beta_{\widetilde{V}} &= \mathrm{Cov}(K_{\widetilde{V}}, K_M)/\sigma_M^2 \\ &= \mathrm{Cov}(K_V, K_M)/\sigma_M^2 - \frac{1}{V(0)}\mathrm{Cov}(N(f(t,T) - f(0,T)), K_M)/\sigma_M^2\end{aligned}$$

这里 K_M 是市场资产组合的收益率，K_V 是不含期货的资产组合的收益率。因为 $\mathrm{Cov}(f(0,T), K_M) = 0$，且协方差对每一个变量是线性的，所以

$$\mathrm{Cov}(N(f(t,T) - f(0,T)), K_M) = N\mathrm{Cov}(f(t,T), K_M)$$

代入期货价格 $f(t,T) = M(t)e^{r(T-t)}$，有

$$\mathrm{Cov}(f(t,T), K_M) = e^{r(T-t)}\mathrm{Cov}(M(t), K_M)$$

再一次利用协方差对每一个变量是线性的条件，得

$$\mathrm{Cov}(M(t), K_M) = M(0)\mathrm{Cov}\left(\frac{M(t) - M(0)}{M(0)}, K_M\right) = M(0)\sigma_M^2$$

接着替换得到

$$\beta_{\widetilde{V}} = \beta_V - \frac{NM(0)e^{r(T-t)}}{V(0)} = \beta_V - N\frac{f(0,T)}{V(0)e^{rt}}$$

这暗含了要证明的结论。 □

推论 4.17

如果 $a=0$，则 $\mu_{\tilde{V}}=R$。

例 4.18

假设指数从 $M(0)=890$ 下降到 $M(1)=850$，即在第一个时段下降 4.49%，进一步假设时段长度为 t 的无风险利率为 1%，即 $1+R=e^{tr}=1.1$。这意味着指数期货价格（3 个长度为 t 的时段后交割）为

$$f(0,3t)=M(0)(1+R)^3=890\times1.01^3\approx916.97$$

$$f(t,3t)=M(t)(1+R)^3=850\times1.01^2\approx867.09$$

考虑一个资产组合，它的贝塔因子 $\beta_V=1.5$，初始价值 $V(0)=100$ 美元，这个资产组合将有负的期望收益

$$\begin{aligned}\mu_V&=R+(\mu_M-R)\beta_V\\&\approx1\%+(-4.49\%-1\%)\times1.5\approx-7.24\%\end{aligned}$$

为构造一个新的资产组合，使得 $\beta_{\tilde{V}}=0$。我们可以增补原来的资产组合，用三个时段以后交割的空头指数远期合约。

$$N=\beta_V\frac{(1+R)V(0)}{f(0,3t)}\approx1.5\times\frac{1.01\times100}{916.97}\approx0.1652$$

设原来资产组合在第一个时段的实际收益等于期望收益。这给出 $V(t)\approx$ 92.76 美元。盯市给出支付

$$-N(f(t,3t)-f(0,3t))\approx-0.1652\times(867.09-916.97)\approx8.24 \text{ 美元}$$

该收益来自持有 $N\approx0.1652$ 份空头远期合约，这样作出的新资产组合在时间 t 的价值为

$$\tilde{V}(t)=V(t)-N(f(t,3t)-f(0,3t))\approx92.76+8.24=101.00 \text{ 美元}$$

精确地按无风险利率增长。

练习 4.9

在指数从 890 增加到 920 的情况下，完成同样的计算。

评注 4.19

调整资产组合贝塔因子的能力对于希望减少或者扩大系统风险的投资者都是有价值的。例如，假设投资者能够设计一个平均业绩优于市场的平均业绩的资产组合。利用签订期货头寸使得得到的资产组合的贝塔因子等于零，投资者将实现用套期保值应对市场不利的变动。在经济衰退的情况下这是很关键的，于是与市场相比资产组合的优良业绩能够转化为利润，尽管市场是衰退的。另一方面，如果市场表现出一定的增长，比较而言套期保值资产组合的期望收益将减少，因为期货头寸将产生损失。

需要强调这种利用期货的套利保值只对平均价格指数起作用。特别地，调整贝塔系数到零，将不能使投资风险降低至零。

让我们用指数期货的应用来结束本章。

例 4.20

在新兴市场卖空很少使用。在 20 世纪 90 年代末期，波兰就是这种情况。但是，当时指数期货已经可以被交易。由于指数之一（WIG20）仅由 20 只股票组成，所以在签订指数空头期货头寸，卖空这 20 只股票之中任意一只股票的同时，购买余下的 19 只股票构成的适当的资产组合是可行的。如果指数由数量较多的股票组成，由于交易成本太高，在实际中不具有可行性。

事例 4：讨论

首先，我们讨论远期合约和期货合约之间的选择问题。期货是经常使用的，但维持保证金可能会存在困难。除了初始抵押金，我们可能面对短期流动性问题，于是我们考虑远期合约。

在第一阶段，我们购买资产构建资产组合。因此，我们担心价格上涨。为对这种风险套期保值，我们应该取得多头头寸。例如，考虑某个股票，希望该股票包含在我们的资产组合中，股票的现价为 $S(0)=100$ 美元。当我们将买入更多的股票，并承诺以 $S(0)e^{rT}$ 的价格购买股票时，取得最接近到期时间 T 的相应的多头远期头寸。设 $T=0.5, r=5\%$，于是远期价格为 102.53 美元。这个价格低于平均增长假设的价格，假设增长率为 $\mu=10\%$（利用连续复合）的价格近似为 $S(0)e^{\mu T}=105.13$ 美元。因此，利用投资于股票获得的资金，我们能够以远期价格买入更多股票或者能够赚些钱。即，如果计划在股票上投资 1 000 美元，使用基于预期增长的价格，我们能够买入 9.51 股股票，按远期价格 9.51 股股票的成本为 975.31 美元。

遗憾的是，即便长期的预期增长处在假设的水平上，价格 $S(T)$ 低于 $S(0)e^{rT}$ 也可能发生。因为受远期合约约束条件的限制，我们不可能从中获利。为了有更大的灵活性，我们有必要学习更深奥微妙的工具。

在第二阶段，当我们逐渐地变现资产组合用于支付养老金时，远期和期货的空头头寸会保持我们的收益率在无风险收益率的水平上。给定 1 股价值为 $S(0)$ 的股票（我们调整时间，现在 0 是未来的某个时间），我们能以远期价格 $S(0)e^{rT}$ 将 1 股股票卖出。如果股票市场价格下跌，这是有利的，否则是不利的。但是，总的说来，没有太大的意义。如果我们想获得无风险收益率，可投资无风险资产。

第 5 章

期权：一般性质

事例 5

执行价格为 98 欧元的德国公司 G 的现在股价为 99 欧元的看涨期权和看跌期权的成本分别为 4.145 欧元和 2.738 欧元。英国公司 B 的股票成本为 66 英镑，公司 B 的执行价格为 65 英镑、施权时间为 1 个月的欧式看涨和看跌期权的成本分别为 2.55 英镑和 1.34 英镑。执行价格等于当期汇率 1.5 欧元兑换 1 英镑的 1 000 单位欧式英镑看涨期权的成本为 14.40 欧元，看跌期权的成本为 13.16 欧元。所有这些期权的施权时间为 1 个月。这里市场是完善的，没有交易成本，多头和空头头寸有相同的价格，因为我们假设读者受雇于大型金融机构，能够发现每一个错误定价的实例。

5.1 定 义

第 1 章在单期离散时间的情况下，已经介绍了看涨和看跌期权的简单例子，这里我们给出期权的定义并确定期权的某些基本性质。这些性质具有一般性，适用于任何市场模型，论证只是基于无套利原则。

欧式看涨期权（European call option）是一种合约，它给予其持有者以预先固定的价格 X（称为**执行价格**（exercise price）或者**施权价**（strike price））在未来某个指定的时间 T（称为**施权日**（exercise time）或**到期日**（expiry time））购买一种资产（称为**标的资产**（underlying））的权利。欧式看跌期权给予其持有者以执行价格 X 在施权日 T 卖出资产的权利。

美式看涨期权（American call option）或者**美式看跌期权**（American put option）分别给出以固定的执行价 X，在现在和未来指定的时间 T（称为**到期日**（expiry time)）之间任意时间买入或者卖出标的资产的权利。换言之，美式期权可以在到期日之前，包括到期日的任意时间施权。

术语“标的资产”的含义很广，除了普通的资产如股票、商品、外币以外，还包括股票指数、利率，甚至一个滑雪场地的雪的厚度。某些标的资产几乎不可能买入或者卖出，期权用现金的方式结算，这类似于赌博。例如，执行价为 800 的标准普尔指数欧式看涨期权的持有者，如果在施权日指数变为 815，期权将有收益。期权的卖者支付给持有者的金额等于两者之差 815－800＝15 再乘以固定的货币额，比如说 100 美元，如果施权日指数低于 800 将不用支付。

期权由其回报确定，欧式看涨期权的回报为

$$\begin{cases} S(T)-X & \text{如果 } S(T)>X \\ 0 & \text{其他} \end{cases}$$

回报是随机变量，因为在施权日 T 标的资产的价格 $S(T)$ 是未定的。（这就是经常把期权称为**未定权益**（contingent claims）的原因。）为方便引入记号

$$x^+=\begin{cases} x & \text{如果 } x>0 \\ 0 & \text{其他} \end{cases}$$

作为实数 x 的**正部**（positive part），那么欧式看涨期权的回报可以写为 $(S(T)-X)^+$。欧式看跌期权的回报为 $(X-S(T))^+$。

因为期权回报总是非负的，取严格正值，有正的概率，必须支付给卖出期权的人期权费。如果不支付期权费，购买期权的人无论怎样都不会遭受损失，而且回报为正时会赚取利润。这与常识矛盾，特别是与无套利原则矛盾。期权费就是期权的市场价格。

确定期权价格的边界和期权价格的某些一般性质是本章的主要目的。欧式看涨期权和欧式看跌期权的价格分别用 C_E 和 P_E 表示，美式看涨期权和美式看跌期权的价格分别用 C_A 和 P_A 表示，对于无风险借款和贷款应用同样的常数利率 r，并且使用连续复合。

例 5.1

2007 年 10 月 20 日，吉百利史威士股份有限公司（Cadbury Schweppes PLC）股票的欧式看涨期权（其执行价是 640 便士，施权日为 2007 年 12 月 21 日），在伦敦国际金融期货交易所（London International Financial Futures Exchange，LIFFE）以 22.5 便士交易。假设利用 5.23%连续复利贷款融资购买该期权，因此，在施权日应当归还 $22.5e^{0.0523\times\frac{2}{12}}\approx 22.7$ 便士。如果在施权日股票价格高于 640＋22.7＝662.7 便士，将会给投资者带来利润。

练习 5.1

对欧式看跌期权，求施权日的股票价格。已知欧式看跌期权的执行价为 36 美元，在 3 个月以后的施权日赚 3 美元，该期权是利用 12%连续复利的贷款融资，以 4.5 美元购买。

期权持有者（卖出者）的收益是由期权支付的（或收到的）期权费 C_E 或 P_E 的修改的回报。在时间 T，欧式看涨期权持有者获得的收益为 $(S(T)-X)^+-C_E e^{rT}$ ，这里考虑了期权费的时间价值。换言之，包含另一种无风险投资的机会成本。对于欧式看跌期权的持有者，获得的收益为 $(X-S(T))^+-P_E e^{rT}$ 。这些收益如图 5.1 所示。对于欧式看涨期权的卖出者的收益为 $C_E e^{rT}-(S(T)-X)^+$ ，对于看跌期权的卖出者为 $P_E e^{rT}-(X-S(T))^+$ 。注意看涨期权或看跌期权持有者的潜在损失总是限制在支付的期权费之内。而期权卖出者损失可能很高，在看涨期权的情况下，甚至没有上限。

练习 5.2

设欧式看涨期权的执行价格为 90 美元，6 个月以后施权，如果施权日的股票价格可能变为 87 美元、92 美元或者 97 美元，概率都为 $\frac{1}{3}$ 。假定以 8 美元的价格买入期权，利用 9%的连续复合利率贷款融资，求欧式看涨期权的持有者的期望收益（或损失）。

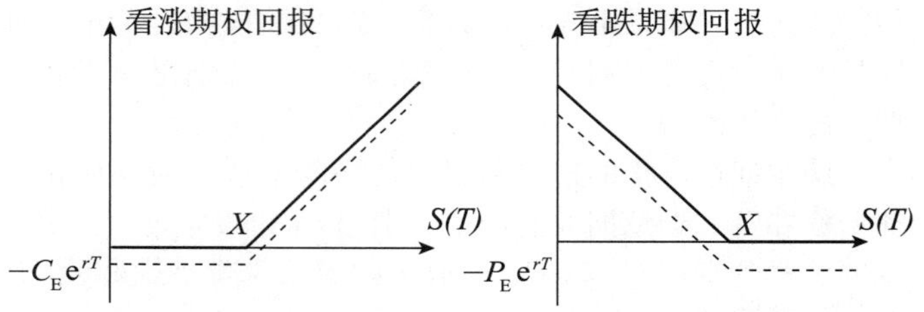

图 5.1　欧式看涨或看跌期权持有者的回报（实线）和收益（虚线）

5.2　看跌—看涨期权平价（Put-Call Parity）

在本节，我们将建立欧式看涨期权和看跌期权价格的重要关系。

考虑由具有相同执行价格 X 和相同施权日 T 的卖出 1 份看跌期权、买入 1 份看涨期权构成的资产组合。看涨期权多头头寸的回报和看跌期权空头头寸的回报相加，我们得到一个远期价格为 X ，交割日为 T 的多头远期合约的回报。实际上，如果 $S(T)\geqslant X$ ，那么看涨期权的回报为 $S(T)-X$ ，而看跌期权没有价值。如果 $S(T)<X$ ，那么看涨期权没有任何价值，而看跌期权的卖者需要支付 $X-S(T)$ 。在这两种情况下，在到期日资产组合的价值都是 $S(T)-X$ ，与多头远期头寸相同，见图 5.2。因此，如果利率 r 为常数，这个期权资产组合的当前价值应该是远期合约的价值，即 $S(0)-Xe^{-rT}$ ，见评注 4.7。

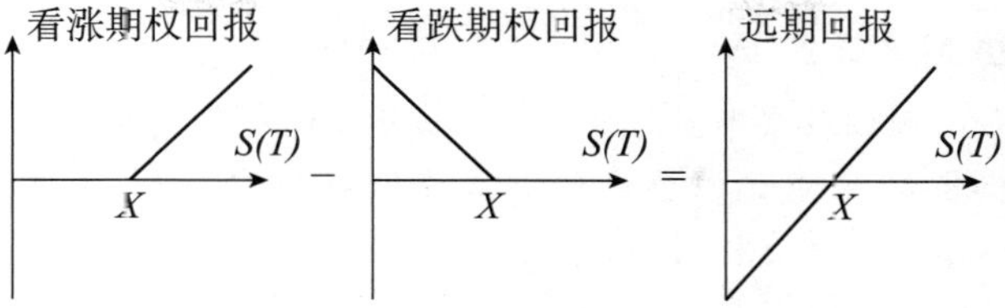

图 5.2　由看涨和看跌期权构成的多头远期的回报

这推出下面的定理。即使定理遵循以上直观的论证，我们将给出尽可能一般性的另一种证明。

定理 5.2（看跌—看涨期权平价）

对于不支付红利的股票，如下的欧式看涨和看跌期权价格之间的关系式成立：

$$C_E - P_E = S(0) - Xe^{-rT} \tag{5.1}$$

假设这两个期权的执行价格都是 X，施权日都是 T。

证明

假设

$$C_E - P_E > S(0) - Xe^{-rT} \tag{5.2}$$

在这种情况下可以构造如下的套利策略，在时间 0：

- 以价格 $S(0)$ 买入 1 股股票；
- 以价格 P_E 买入 1 份看跌期权；
- 以价格 C_E 卖出 1 份看涨期权；
- 以利率 r 在货币市场投资金额 $C_E - P_E - S(0)$（如果是负的，则为借入）。

这些交易的余额为 0。然后在时间 T：

- 结清货币市场头寸，得到金额 $(C_E - P_E - S(0))e^{rT}$（如果是负的，为支付）；
- 以价格 X 卖出股票，当 $S(T) \leqslant X$ 时，行使看跌期权，当 $S(T) > X$ 时，结清看涨期权空头头寸。

根据式（5.2），余额 $(C_E - P_E - S(0))e^{rT} + X$ 是正的，与无套利原则矛盾。

现在假设

$$C_E - P_E < S(0) - Xe^{-rT} \tag{5.3}$$

那么如下的相反策略将产生套利。在时间 0：

- 以价格 $S(0)$ 卖空 1 股股票；
- 以价格 P_E 卖出 1 份看跌期权；
- 以价格 C_E 买入 1 份看涨期权；
- 以利率 r 在货币市场投资金额 $S(0) - C_E + P_E$（如果是负的，为借入）。

这些交易的余额为 0。在时间 T：

- 结清货币市场头寸，得到金额 $(S(0) - C_E + P_E)e^{rT}$（如果是负的，为支付）；
- 以价格 X 买入 1 股股票，通过行使看涨期权（如果 $S(T) > X$），或者通过卖出看跌期权的空头头寸（如果 $S(T) \leqslant X$），并结清股票空头头寸。

根据式（5.3），余额 $(S(0) - C_E + P_E)e^{rT} - X$ 将是正的，再一次与无套利原则矛盾。□

练习 5.3

假设股票不支付红利，以每股 15.60 美元交易。在 3 个月以后施权的执行价格为 15 美元的股票的欧式看涨期权以 2.83 美元交易。连续复合利率 $r=6.72\%$。具有相同的执行价格和施权日的欧式看跌股票期权的价格是多少？

练习 5.4

执行价格为 24 美元，6 个月以后施权的欧式看涨和看跌期权分别以 5.09 美元和 7.78 美元交易。标的股票的价格为 20.37 美元，利率为 7.48%。求套利机会。

评注 5.3

根据定理 5.2，我们可以得出一个简单的但是重要的结论：欧式看涨和看跌期权的价差不依赖于不在看跌—看涨期权平价关系式（5.1）中的任意变量。例如，考虑股票的期望收益。如果看涨期权的价格随着期望收益增长，乍一看，似乎与直觉一致，因为股票价格越高意味着看涨期权的回报越高，看跌期权的价格也应该增长。而后者与通常的理解矛盾，因为股票价格越高，看跌期权的回报越低。因此，人们可以猜测看跌期权和看涨期权的价格应该与股票的期望收益无关。对看涨期权和看跌期权定价公式的进一步研究就可以看到情况确实如此。

根据本节开始时的论证，我们可以把看跌—看涨期权平价改写成如下形式：

$$C_E - P_E = V_X(0) \tag{5.4}$$

这里 $V_X(0)$ 是多头远期合约的价值，见式（4.8）。注意如果 X 等于该资产的远期的理论价格 $S(0)e^{rT}$，那么远期合约的价值为零，即 $V_X(0)=0$，于是 $C_E=P_E$。公式（5.4）允许我们借助于在评注 4.7 建立的关系式推广看跌—看涨期权平价。即，如果股票在时间 0 和 T 之间支付红利，那么 $V_X(0)=S(0)-\text{div}_0-Xe^{-rT}$，这里 div_0 是红利的现值。由此得出

$$C_E - P_E = S(0) - \text{div}_0 - Xe^{-rT} \tag{5.5}$$

如果红利是以支付率 r_{div} 连续支付，那么

$$V_X(0) = S(0)e^{-r_{\text{div}}T} - Xe^{-rT}$$

于是

$$C_E - P_E = S(0)e^{-r_{\text{div}}T} - Xe^{-rT} \tag{5.6}$$

练习 5.5

给出式（5.5）的概要的套利证明。

> **练习 5.6**
>
> 给出式（5.6）的简要的套利证明。

> **练习 5.7**
>
> 对练习 4.5 中的数据，求 6 个月施权的看涨和看跌期权的执行价格，使得 $C_E = P_E$。

对于美式期权，看跌—看涨期权平价仅给出一个估计，而不是包括看跌期权和看涨期权价格的严格的等式。

定理 5.4（美式看跌—看涨期权平价估计）

具有相同的执行价格 X 和相同的施权日 T 、不支付红利的美式股票看跌和看涨期权的价格满足

$$S(0) - Xe^{-rT} \geqslant C_A - P_A \geqslant S(0) - X$$

证明

设第一个不等式不成立，即

$$C_A - P_A - S(0) + Xe^{-rT} > 0$$

那么可以卖出 1 份看涨期权，买入 1 份看跌期权和 1 股股票，利用货币市场融资交易。如果美式看涨期权的持有者选择在时间 $t \leqslant T$ 施权，对于股票我们收到 X，我们结清货币市场头寸，结束看跌期权并且得到正的金额

$$X + (C_A - P_A - S(0))e^{rt} = (Xe^{-rt} + C_A - P_A - S(0))e^{rt}$$
$$\geqslant (Xe^{-rT} + C_A - P_A - S(0))e^{rt} > 0$$

如果看涨期权没有被执行，我们将以价格 X 卖出股票，在时间 T 施权看跌期权，结清货币市场头寸，我们仍然得到正的金额

$$X + (C_A - P_A - S(0))e^{rT} > 0$$

现在假设

$$C_A - P_A - S(0) + X < 0$$

在这种情况下，我们可以卖出 1 份看跌期权、买入 1 份看涨期权和卖空 1 股股票，将余额投资于货币市场。如果在时间 $t \leqslant T$ 行使美式看跌期权，那么我们可以从货币市场提取金额 X，买入 1 股股票结清空头。我们只剩下看涨期权，得到正的金额

$$(-C_A + P_A + S(0))e^{rt} - X > Xe^{rt} - X \geqslant 0$$

如果看跌期权没有执行，那么我们可以在时间 T 执行看涨期权，以价格 X 买入 1 股结清股票的空头头寸。结清货币市场头寸，最后我们得到正的金额

$$(-C_A + P_A + S(0))e^{rT} - X > Xe^{rT} - X > 0$$

因此，根据无套利原则，定理成立。 □

练习 5.8

修改定理 5.4 的证明，对于股票在时间 0 和到期时间 T 之间支付红利的情况，证明

$$S(0)-Xe^{-rT}\geqslant C_A-P_A\geqslant S(0)-\mathrm{div}_0-X$$

这里 div_0 是红利在时间 0 的折现值。

练习 5.9

修改定理 5.4 的证明，对于以支付率 r_{div} 连续支付红利的情况，证明

$$S(0)-Xe^{-rT}\geqslant C_A-P_A\geqslant S(0)e^{-r_{\mathrm{div}}T}-X$$

5.3 期权价格的边界

首先，我们注意对于具有相同执行价格 X 和到期时间 T 的欧式和美式期权，显然

$$C_E\leqslant C_A, P_E\leqslant P_A \tag{5.7}$$

这两个不等式成立。因为美式期权至少给出和相应的欧式期权同样的权利。

图 5.3 表明股票价格状况，在这个状况下，在时间 T 施权的欧式看涨期权的回报为零，而如果美式看涨期权在股票价格高于 X 时的时间 $t<T$ 执行，其回报为正。尽管如此，没有必要把不等式（5.7）用严格的不等式代替，见 5.3.2 节，在那里对不支付红利的资产的看涨期权，它表明 $C_E=C_A$ 。

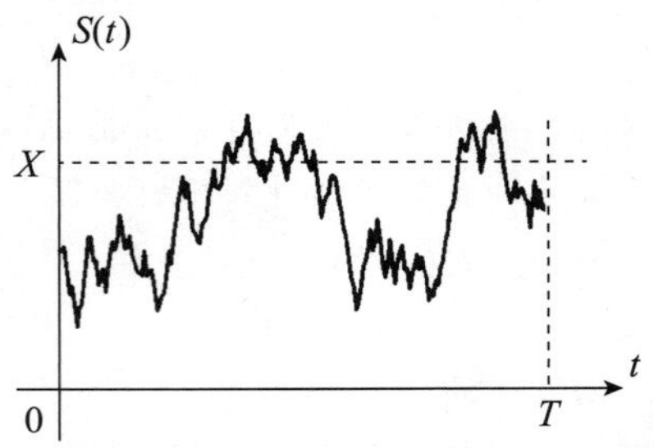

图 5.3　美式看涨期权带来正的回报，而欧式看涨期权没有回报的状况

练习 5.10

利用套利论证证明式（5.7）。

另外，显然看涨期权或看跌期权的价格一定是非负的，因为这种期权在将来有可能有正的收益但没有义务。因此

$C_E \geqslant 0, P_E \geqslant 0$

类似地，不等式对于具有更高价值的美式期权成立。接下来，我们将讨论欧式和美式期权价格的更简单的边界。

5.3.1 欧式期权

我们将建立欧式看涨和看跌期权价格的上界和下界。

一方面，显然

$$C_E < S(0)$$

如果相反的不等式成立，即如果 $C_E \geqslant S(0)$ ，那么我们将卖出期权并且购买股票，将余额投资于货币市场。然后，在施权日 T 我们将以价格 $\min(S(T), X)$ 卖出股票，结清看涨期权。套利利润为 $(C_E - S(0))e^{rT} + \min(S(T), X) > 0$ 。这证明了 $C_E < S(0)$ 。另一方面，我们有下界

$$S(0) - Xe^{-rT} \leqslant C_E$$

因为 $P_E \geqslant 0$ ，不等式可由看跌—看涨期权平价公式直接得出。而且，因为 $C_E < S(0)$ ，由看跌—看涨期权平价公式得到

$$P_E < Xe^{-rT}$$

以及因为 $C_E \geqslant 0$ ，由看跌—看涨期权平价公式得出

$$-S(0) + Xe^{-rT} \leqslant P_E$$

这些结论归纳为如下命题，如图 5.4 所示。阴影区域对应于满足边界的期权价格。

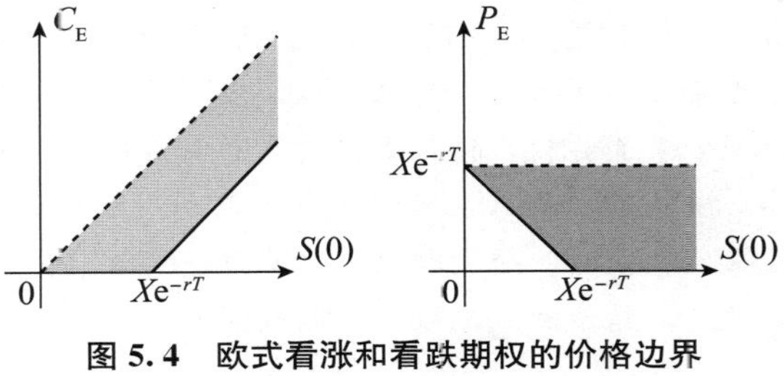

图 5.4 欧式看涨和看跌期权的价格边界

命题 5.5

不支付红利的股票的欧式看涨期权和看跌期权的价格满足不等式：

$$\max\{0, S(0) - Xe^{-rT}\} \leqslant C_E < S(0)$$

$$\max\{0, -S(0) + Xe^{-rT}\} \leqslant P_E < Xe^{-rT}$$

对于支付红利的股票，其边界是

$$\max\{0, S(0) - \text{div}_0 - Xe^{-rT}\} \leqslant C_E < S(0) - \text{div}_0$$

$$\max\{0, -S(0) + \text{div}_0 + Xe^{-rT}\} \leqslant P_E < Xe^{-rT}$$

练习 5.11

对于支付红利的股票，证明上面的期权价格的边界。

练习 5.12

对于支付红利的股票，画出由边界确定的看涨期权和看跌期权价格的区域。

5.3.2 不支付红利股票的看涨期权

考虑具有相同执行价格 X 和施权时间 T 的欧式和美式看涨期权。我们已知 $C_{\mathrm{A}} \geqslant C_{\mathrm{E}}$ ，因为美式期权给出比欧式期权更多的权利。如果标的股票不支付红利，根据命题 5.5，则 $C_{\mathrm{E}} \geqslant S(0) - X\mathrm{e}^{-rT}$ 。由此得出，如果 $r > 0$ ，则 $C_{\mathrm{A}} > S(0) - X$ 。因为美式期权的价格高于回报，所以将早于施权时间 0 卖出期权。

当然，选择 0 作为开始时间是随意的。用任意给定的 $t < T$ 代替 0，我们能够证明美式期权不可能在时间 t 施权。这意味着美式期权在到期之前决不会被施权。这样它应该等同于欧式期权。特别地，它们的价格应该是相等的，这引出了如下定理。

定理 5.6

当两个期权的执行价格 X 和到期时间 T 相同时，不支付红利的股票欧式看涨期权和美式看涨期权的价格是相等的，即 $C_{\mathrm{A}} = C_{\mathrm{E}}$ 。

证明

我们已经知道 $C_{\mathrm{A}} \geqslant C_{\mathrm{E}}$ ，见式（5.7）和练习 5.10。如果 $C_{\mathrm{A}} > C_{\mathrm{E}}$ ，那么卖出美式看涨期权，买入欧式看涨期权，以利率 r 投资余额 $C_{\mathrm{A}} - C_{\mathrm{E}}$ 。如果美式看涨期权在时间 $t \leqslant T$ 施权，借入 1 股股票并以价格 X 卖出，结清卖出看涨期权的义务，以利率 r 投资 X 。那么在时间 T 你可以利用欧式看涨期权以价格 X 买入 1 股股票，结清股票空头头寸。套利利润将为 $(C_{\mathrm{A}} - C_{\mathrm{E}})\mathrm{e}^{rT} + X\mathrm{e}^{r(T-t)} - X > 0$ 。如果美式期权没有被执行，结清欧式期权，套利利润 $(C_{\mathrm{A}} - C_{\mathrm{E}})\mathrm{e}^{rT} > 0$ 。这证明了 $C_{\mathrm{A}} = C_{\mathrm{E}}$ 。

□

定理 5.6 乍看起来似乎与直觉矛盾。如果 $S(t) > X$ ，在时间 $t < T$ 施权，美式看涨期权可以获利 $S(t) - X$ ，对欧式期权而言事实并非如此，欧式看涨期权不可能在时间 $t < T$ 施权。因此，可能会显示美式看涨期权比欧式看涨期权有更高的价值。虽然如此，但这并不矛盾。即使欧式看涨期权不可能在时间 $t < T$ 施权，但它能够以至少 $S(t) - X$ 的价格卖出。

对于支付红利的股票，情况有所不同。下一章的例 6.21 表明在这种情况下，美式看涨期权的价值高于相同条件的欧式看涨期权的价值，并且应该在到期日之前被施权，至少在某些状况下。

另一方面，经常发生美式看跌期权提前施权的情况，尽管标的股票不支付红利。如同下面的例子。

例 5.7

设股票的价格为 10 美元，1 年后到期的美式看跌期权的执行价格为 80 美元，利率为 16%。现在施权，我们可得到 70 美元，将 70 美元以 16%利率投资，1 年以后变为 81.20 美元。正如式（5.8）所表明的，看跌期权的价值不可能超过执行价格，于是我们决定提前施权。

5.3.3 美式期权

首先，我们考虑不支付红利股票的期权。在这种情况下，美式看涨期权的价格等于欧式看涨期权的价格，$C_A = C_E$，见定理 5.6，于是必满足与命题 5.5 中相同的边界条件。对于美式看跌期权，有

$$-S(0)+X \leqslant P_A$$

因为 P_A 不能小于期权在时间 0 的回报。这给出了一个比欧式看跌期权更低的下界。而上界与欧式看跌期权相比必须放宽，即

$$P_A < X \tag{5.8}$$

实际上，如果 $P_A \geqslant X$，则能够构建如下的套利策略。以价格 P_A 卖出美式看跌期权，将得到的金额以利率 r 投资。如果看跌期权在时间 $t \leqslant T$ 施权，那么以价格 X 买入 1 股标的股票，然后以价格 $S(t)$ 卖出。最后的现金余额将是正的，即 $P_A e^{rt} - X + S(t) > 0$。如果期权一直没施权，在到期日，最终的余额仍然是正的，即 $P_A e^{rT} > 0$。这些结论概括如下。

命题 5.8

不支付红利的股票的美式看涨期权和看跌期权的价格满足不等式

$$\max\{0, S(0)-Xe^{-rT}\} \leqslant C_A < S(0)$$

$$\max\{0, -S(0)+X\} \leqslant P_A < X$$

下面我们考虑支付红利的股票。欧式期权的下界暗含

$$S(0)-\mathrm{div}_0-Xe^{-rT} \leqslant C_E \leqslant C_A$$

$$-S(0)+\mathrm{div}_0+Xe^{-rT} \leqslant P_E \leqslant P_A$$

但是因为在任何时间美式期权的价格不能小于它的回报，我们还有 $S(0)-X \leqslant C_A$ 和 $X-S(0) \leqslant P_A$。而且，对于不支付红利的股票，用类似的方法能够确定上界 $C_A < S(0)$，$P_A < X$。对于支付红利的股票，所有这样的不等式概括如下：

$$\max\{0, S(0)-\mathrm{div}_0-Xe^{-rT}, S(0)-X\} \leqslant C_A < S(0)$$

$$\max\{0, -S(0)+\mathrm{div}_0+Xe^{-rT}, -S(0)+X\} \leqslant P_A < X$$

练习 5.13

对于支付红利的股票的美式看涨期权，用套利论证证明 $C_A < S(0)$。

5.4 决定期权价格的变量

期权的价格取决于一些变量，这些变量可能是描述期权的变量，例如执行价格 X 或者到期日 T；描述标的资产的变量，例如，当前价格 $S(0)$ 或者红利支付率 r_{div}；与整个市场有关的变量，例如无风险利率 r，当然还有交易时间 t。

我们将把期权的价格作为一个变量的函数进行分析，其他变量保持不变。这是有效的简化，因为，通常一个变量的变化会伴随着某些变量或者所有其他变量的变化。尽管如此，这种简化的情况会提供有意义的结论。

5.4.1 欧式期权

对执行价格的依赖性。我们将考虑标的资产相同，施权时间 T 相同，但执行价格 X 的取值不同的期权。为了强调取决于 X，看涨期权和看跌期权的价格分别用 $C_E(X)$ 和 $P_E(X)$ 表示。其余的变量，例如施权时间 T、交易时间 t 和标的资产价格 $S(0)$ 对于时间保持不变。

命题 5.9

如果 $X' < X''$，则

$$C_E(X') \geqslant C_E(X'')$$
$$P_E(X') \leqslant P_E(X'')$$

这意味着 $C_E(X)$ 是 X 的非增函数，$P_E(X)$ 是 X 的非减函数。

这些不等式是显然成立的。较低价格的买权比较高价格的买权更有价值。类似地，以较高的价格卖出资产比以较低的价格卖出资产更好。可是，在施权时间，价格等于回报并且对各种执行价格可能为零。在某些模型中，我们将看到在施权之前也能出现上述情况。

练习 5.14

给出命题 5.9 中不等式的严格的套利证明。

命题 5.10

如果 $X' < X''$，则

$$C_E(X') - C_E(X'') \leqslant e^{-rT}(X'' - X')$$
$$P_E(X'') - P_E(X') \leqslant e^{-rT}(X'' - X')$$

证明

根据看跌—看涨期权平价公式 (5.1)

$$C_E(X') - P_E(X') = S(0) - X'e^{-rT}$$
$$C_E(X'') - P_E(X'') = S(0) - X''e^{-rT}$$

相减，我们得到

$$(C_{\mathrm{E}}(X') - C_{\mathrm{E}}(X'')) + (P_{\mathrm{E}}(X'') - P_{\mathrm{E}}(X')) = (X'' - X')\mathrm{e}^{-rT}$$

因为根据命题 5.9，左边两项是非负的，其中的任何一项都不可能超过右边。 □

评注 5.11

命题 5.10 中的不等式意味着看涨期权和看跌期权的价格作为执行价格的函数，满足具有常数 $\mathrm{e}^{-rT} < 1$ 的 Lipschitz 条件：

$$|C_{\mathrm{E}}(X'') - C_{\mathrm{E}}(X')| \leqslant \mathrm{e}^{-rT}\ |X'' - X'|$$

$$|P_{\mathrm{E}}(X'') - P_{\mathrm{E}}(X')| \leqslant \mathrm{e}^{-rT}\ |X'' - X'|$$

特别地，期权价格作为执行价格的函数图形斜率小于 45°。对于看涨期权如图 5.5 所示。

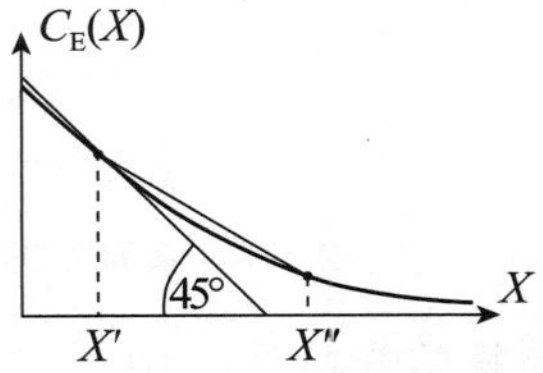

图 5.5 看涨期权价格 $C_{\mathrm{E}}(X)$ 的 Lipschitz 性质

读者可能会猜想，在命题 5.10 中不等式应该是严格的。可是在施权时，期权的价格与回报相同，如果 $S(T) \geqslant X''$，则等式成立（其中 $T = 0$）。以后我们将看到在某些模型中对于很小的 T，等式也是成立的。

命题 5.12

对任意 $\alpha \in [0,1]$ 及任意的 X', X''

$$C_{\mathrm{E}}(\alpha X' + (1-\alpha)X'') \leqslant \alpha C_{\mathrm{E}}(X') + (1-\alpha)C_{\mathrm{E}}(X'')$$

$$P_{\mathrm{E}}(\alpha X' + (1-\alpha)X'') \leqslant \alpha P_{\mathrm{E}}(X') + (1-\alpha)P_{\mathrm{E}}(X'')$$

换言之，$C_{\mathrm{E}}(X)$ 和 $P_{\mathrm{E}}(X)$ 是 X 的凸函数。

证明

为简单起见，我们令 $X = \alpha X' + (1-\alpha)X''$。设

$$C_{\mathrm{E}}(X) > \alpha C_{\mathrm{E}}(X') + (1-\alpha)C_{\mathrm{E}}(X'')$$

我们可以卖出 1 份执行价格为 X 的期权，买入 α 份执行价格为 X' 的期权和 $(1-\alpha)$ 份执行价格为 X'' 的期权，将余额 $C_{\mathrm{E}}(X) - (\alpha C_{\mathrm{E}}(X') + (1-\alpha)C_{\mathrm{E}}(X'')) > 0$ 投资于货币市场。在到期日，如果以执行价格 X 实施期权，那么，我们将必须支付 $(S(T) - X)^+$。通过实施 α 份执行价格为 X' 的看涨期权和 $(1-\alpha)$ 份执行价格为 X'' 的看涨期权，我们将得到金额 $\alpha(S(T) - X')^+ + (1-\alpha)(S(T) - X'')^+$。以这种方式，基于下面的不等式，我们将实现套利利润，不等式容易验证（详细证明留给读者，见练习 5.15）：

$$(S(T) - X)^+ \leqslant \alpha(S(T) - X')^+ + (1-\alpha)(S(T) - X'')^+ \tag{5.9}$$

看跌期权的凸性可利用看跌—看涨期权平价公式（5.1）得出。另外，按照看涨期权的类似思路可以给出套利论证。 □

练习 5.15

验证不等式 (5.9)。

评注 5.13

根据命题 5.12，$C_E(X)$ 和 $P_E(X)$ 是 X 的凸函数。在几何上，这意味着，如果函数图形上的两点连接直线，两点之间的函数图形位于直线的下方，对于看涨期权，如图 5.6 所示。

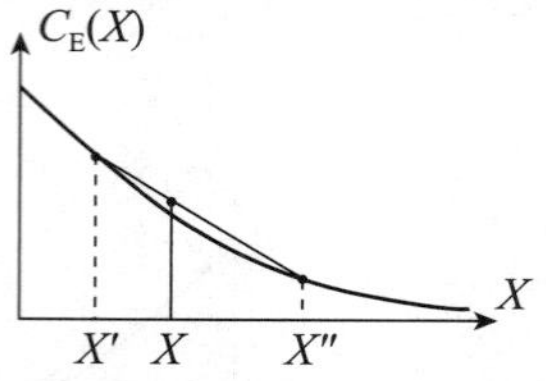

图 5.6 看涨期权价格 $C_E(X)$ 的凸性

对标的资产价格的依赖性。标的资产的当前价格 $S(0)$ 由市场决定，它不可能改变。而我们可以考虑由价值为 $S = xS(0)$ 的 x 股股票构成的资产组合的期权(一般地，以一揽子股份作为标的资产的期权进行交易)。执行价格为 X，在时间 T 被施权的该资产组合的欧式看涨期权的回报是 $(xS(T) - X)^+$，看跌期权的回报为 $(X - xS(T))^+$。我们将研究期权价格对 S 的依赖性。假设其余变量是固定的，我们将用 $C_E(S)$ 和 $P_E(S)$ 表示看涨期权和看跌期权的价格。

评注 5.14

函数 $C_E(S)$ 和 $P_E(S)$ 是重要的，因为它们也反映了其他变量几乎不变，标的资产价格突然变化时对期权价格的影响。从经济学的观点，下一个命题得出的结论显而易见。例如，如果股票价格上涨，更有可能获得正的最终回报，看涨期权变得更有价值。

命题 5.15

如果 $S' < S''$，那么

$$C_E(S') \leqslant C_E(S'')$$
$$P_E(S') \geqslant P_E(S'')$$

即，$C_E(S)$ 是 S 的非减函数，$P_E(S)$ 是 S 的非增函数。

证明

假设对某个 $S' < S''$，有 $C_E(S') > C_E(S'')$，这里 $S' = x'S(0)$，$S'' = x''S(0)$。我们可以卖出 x' 股股票的资产组合的看涨期权，买入 x'' 股股票的资产组合的看涨期权，这两个期权具有相同的执行价格 X 和施权时间 T，我们将余额 $C_E(S') - C_E(S'') > 0$ 投资于货币市场。因为 $x' < x''$，所以回报满足 $(x'S(T) - X)^+ \leqslant (x''S(T) - X)^+$。买入的期权回报足以弥补卖出的期权的回报。我们将得到不少于余额 $C_E(S') - C_E(S'') > 0$ 加上利息的套利利润。

利用类似的套利论证得出看跌期权的不等式。 □

练习 5.16

证明在命题 5.15 中看跌期权的不等式成立。

命题 5.16

假设 $S' < S''$，则

$$C_E(S'') - C_E(S') \leqslant S'' - S'$$
$$P_E(S') - P_E(S'') \leqslant S'' - S'$$

证明

我们利用看跌—看涨期权平价公式（5.1）：

$$C_E(S'') - P_E(S'') = S'' - Xe^{-rT}$$
$$C_E(S') - P_E(S') = S' - Xe^{-rT}$$

两式相减，得到

$$(C_E(S'') - C_E(S')) + (P_E(S') - P_E(S'')) = S'' - S'$$

根据命题 5.15 等式左边的两项都是非负的，于是它们之中的任意一项不超过等式右边。 □

评注 5.17

根据命题 5.16，连接作为 S 的函数的看涨期权和看跌期权价格图上两点的直线的倾斜程度小于 45°，对于看涨期权如图 5.7 所示。换言之，看涨期权和看跌期权价格 $C_E(S)$ 和 $P_E(S)$ 满足具有常数 1 的 Lipschitz 条件：

$$|C_E(S'') - C_E(S')| \leqslant |S'' - S'|$$
$$|P_E(S'') - P_E(S')| \leqslant |S'' - S'|$$

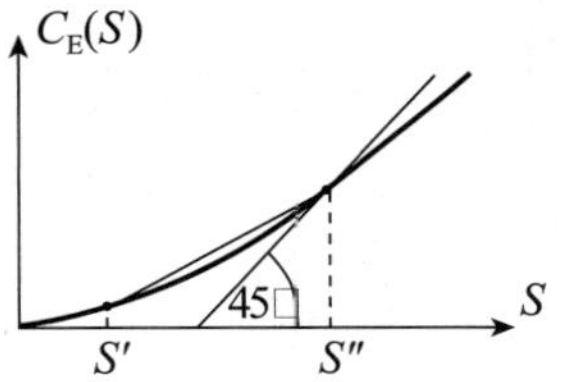

图 5.7 看涨期权价格 $C_E(S)$ 的 Lipschitz 性质

命题 5.18

设 $S' < S''$，$\alpha \in [0,1]$，则

$$C_E(\alpha S' + (1-\alpha)S'') \leqslant \alpha C_E(S') + (1-\alpha)C_E(S'')$$
$$P_E(\alpha S' + (1-\alpha)S'') \leqslant \alpha P_E(S') + (1-\alpha)P_E(S'')$$

这意味着看涨和看跌期权的价格是 S 的凸函数。

证明

为简单起见，令 $S = \alpha S' + (1-\alpha)S''$，设 $S' = x'S(0)$，$S'' = x''S(0)$，$S =$

$xS(0)$，于是 $x=\alpha x'+(1-\alpha)x''$。设

$$C_E(S)>\alpha C_E(S')+(1-\alpha)C_E(S'')$$

我们卖出 x 股股票构成的资产组合的看涨期权，买入 α 份 x' 股股票构成的资产组合的看涨期权和 $(1-\alpha)$ 份 x'' 股股票构成的资产组合的看涨期权，将余额 $C_E(S)-\alpha C_E(S')-(1-\alpha)C_E(S'')$ 投资于货币市场。如果卖出的期权在时间 T 施权，那么，我们必须支付 $(xS(T)-X)^+$。利用持有的期权履行这个期权的义务，因为

$$(xS(T)-X)^+\leqslant\alpha(x'S(T)-X)^++(1-\alpha)(x''S(T)-X)^+$$

于是，这是一个套利策略。

类似地，套利论证或者利用看跌—看涨期权平价可以证明看跌期权的不等式。

□

5.4.2 美式期权

一般说来，美式期权与其相应的欧式期权有类似的性质，困难之一是看跌—看涨期权平价不成立；我们仅有定理 5.4 较弱的估计式。另外，我们必须考虑提前执行的可能性。

对执行价格的依赖性。我们用 $C_A(X)$ 和 $P_A(X)$ 表示看涨和看跌期权的价格，是为了强调依赖于 X，其他变量固定不变。

依据与欧式期权同样的理由，如下的命题是显然成立的：较高的执行价格对买权来说价值较小，对于卖权来说价值较大。

命题 5.19

如果 $X'<X''$，则

$$C_A(X')\geqslant C_A(X'')$$
$$P_A(X')\leqslant P_A(X'')$$

练习 5.17

给出命题 5.19 严格的套利证明。

命题 5.20

设 $X'<X''$，则

$$C_A(X')-C_A(X'')\leqslant e^{-rT}(X''-X')$$
$$P_A(X'')-P_A(X')\leqslant X''-X'$$

证明

由定理 5.6 和命题 5.10 得到看涨期权的不等式。

设 $X'<X''$，但 $P_A(X'')-P_A(X')>X''-X'$，我们卖出执行价格为 X'' 的看跌期权，买入执行价格为 X' 的看跌期权，将余额 $P_A(X'')-P_A(X')$ 投资于货币市场。如果卖出的期权在时间 $t\leqslant T$ 施权，我们将必须支付 $X''-S(t)$。为此，我们可将执行价格为 X' 的期权施权，收到回报 $X'-S(t)$。投资于货币市场的金额加

上累积到时间 t 的利息，给出

$$X'-S(t)+(P_A(X'')-P_A(X'))e^{rt}>X'-S(t)+(X''-X')e^{rt}$$
$$\geqslant X''-S(t)$$

超过 $X''-S(t)$ 的正的余额是套利利润。 □

命题 5.21

对任意的 $\alpha\in(0,1)$ 和 X',X''，有

$$C_A(\alpha X'+(1-\alpha)X'')\leqslant \alpha C_A(X')+(1-\alpha)C_A(X'')$$
$$P_A(\alpha X'+(1-\alpha)X'')\leqslant \alpha P_A(X')+(1-\alpha)P_A(X'')$$

证明

由定理 5.6 和命题 5.12 可直接得到关于看涨期权的不等式。

为简单起见，我们令 $X=\alpha X'+(1-\alpha)X''$，设

$$P_A(X)>\alpha P_A(X')+(1-\alpha)P_A(X'')$$

我们卖出 1 份执行价格为 X 的看跌期权，买入 α 份执行价格为 X' 的看跌期权和 $(1-\alpha)$ 份执行价格为 X'' 的看跌期权，将这些交易的正的余额投资于货币市场。如果卖出的期权在 $t\leqslant T$ 被施权，则持有的两个期权施权的回报将产生的货币足够满足这个支付，因为

$$(X-S(t))^+\leqslant \alpha\,(X'-S(t))^++(1-\alpha)\,(X''-S(t))^+$$

在货币市场上的投资将提供套利利润。 □

对标的资产价格的依赖性。我们再一次考虑 x 股股票构成的资产组合的期权。该资产组合的美式看涨和看跌期权的价格用 $C_A(S)$ 和 $P_A(S)$ 表示，其中 $S=xS(0)$ 为资产组合的价值。其余的变量保持不变。在时间 t，看涨期权的回报为 $(xS(t)-X)^+$，看跌期权的回报为 $(X-xS(t))^+$。

命题 5.22

如果 $S'<S''$，则

$$C_A(S')\leqslant C_A(S'')$$
$$P_A(S')\geqslant P_A(S'')$$

证明

对看涨期权，这是定理 5.6 和命题 5.15 的直接推导。

设对某个 $S'<S''$ 有 $P_A(S')<P_A(S'')$，这里 $S'=x'S(0)$，$S''=x''S(0)$。我们可以卖出 x'' 股股票构成的资产组合的看跌期权，买入 x' 股股票构成的资产组合的看跌期权，这两个期权的执行价格 X 和到期日 T 相同，将这些交易的余额 $P_A(S'')-P_A(S')$ 投资于货币市场，如果卖出的期权在时间 $t\leqslant T$ 被施权，则我们可以将另一个期权立刻施权履行义务。实际上，因为 $x'\leqslant x''$，回报满足 $(X-x'S(t))^+\geqslant(X-x''S(t))^+$。货币市场上的投资提供了套利利润。 □

命题 5.23

设 $S'<S''$，则

$$C_A(S'')-C_A(S')\leqslant S''-S'$$
$$P_A(S')-P_A(S'')\leqslant S''-S'$$

证明

可由定理 5.6 和命题 5.16 得出看涨期权的不等式。

对于看跌期权，设 $P_A(S')-P_A(S'')>S''-S'$，对某个 $S'<S''$ 成立，这里 $S'=x'S(0)$，$S''=x''S(0)$。我们买入 $x''-x'>0$ 股股票，买入 x'' 股股票构成的资产组合的看跌期权和卖出 x' 股股票构成的资产组合的看跌期权，这两个期权的执行价格 X 和到期日 T 相同，这些交易的现金余额为 $-(S''-S')-P_A(S'')+P_A(S')>0$。如果 x' 股股票看跌期权的持有者选择在时间 $t\leqslant T$ 施权。我们将需要支付 $(X-x'S(t))^+$。通过卖出 $x''-x'$ 股股票和在时间 t 施权 x'' 股股票的期权，我们的所得足以履行这个义务：

$$(x''-x')S(t)+(X-x''S(t))^+\geqslant(X-x'S(t))^+$$

这是因为 $x''\geqslant x'$。如果 x' 股股票的看跌期权一直没有施权，我们不必采取任何行动。在任何情况下，原来的利润及利息归我们所有，产生一个套利机会。 □

命题 5.24

设 $S'<S''$，令 $\alpha\in[0,1]$，则

$$C_A(\alpha S'+(1-\alpha)S'')\leqslant\alpha C_A(S')+(1-\alpha)C_A(S'')$$

$$P_A(\alpha S'+(1-\alpha)S'')\leqslant\alpha P_A(S')+(1-\alpha)P_A(S'')$$

证明

由定理 5.6 和命题 5.18 可得出对于看涨期权的不等式。

令 $S=\alpha S'+(1-\alpha)S''$，$S'=x'S(0)$，$S''=x''S(0)$，$S=xS(0)$。设

$$P_A(S)>\alpha P_A(S')+(1-\alpha)P_A(S'')$$

我们可以卖出由 x 股股票构成的资产组合的看跌期权，买入 α 份 x' 股股票构成的资产组合的看跌期权和 $(1-\alpha)$ 份 x'' 股股票构成的资产组合的看跌期权，所有这些期权具有相同的执行价格 X 和到期日 T，这些交易的正的余额 $P_A(S)-\alpha P_A(S')-(1-\alpha)P_A(S'')$ 投资于货币市场，如果卖出的期权在时间 $t\leqslant T$ 施权，那么我们必须支付 $(X-xS(t))^+$，这里 $x=\alpha x'+(1-\alpha)x''$，我们可以将其他两个期权施权，履行这个义务，因为这是一个套利策略：

$$(X-xS(t))^+\leqslant\alpha(X-x'S(t))^++(1-\alpha)(X-x''S(t))^+$$ □

对到期时间的依赖性。对于美式期权，我们也可以建立期权价格对到期时间 T 的依赖性的一般公式。为强调对时间 T 的依赖性，现在我们把美式看涨和看跌期权的价格写为 $C_A(T)$ 和 $P_A(T)$。假设其他变量是固定的。

命题 5.25

如果 $T'<T''$，则

$$C_A(T')\leqslant C_A(T'')$$

$$P_A(T')\leqslant P_A(T'')$$

证明

设 $C_A(T')>C_A(T'')$。我们卖出在时间 T' 到期的期权，买入具有相同执行价格的在时间 T'' 到期的期权，将余额投资于货币市场。如果卖出的期权在时间 $t\leqslant T'$ 被施权，我们可以立即施权另外一种期权，履行义务。投资于无风险资产的正

的余额 $C_A(T') - C_A(T'') > 0$ 为套利利润。

对看跌期权的论证是相同的。 □

5.5 期权的时间价值

我们经常使用如下的方便的术语。我们称在时间 t 执行价格为 X 的看涨期权为

- **币内的**（in the money），如果 $S(t) > X$，
- **币上的**（at the money），如果 $S(t) = X$，
- **币外的**（out of the money），如果 $S(t) < X$。

类似地，对于看跌期权我们称其为

- 币内的，如果 $S(t) < X$，
- 币上的，如果 $S(t) = X$，
- 币外的，如果 $S(t) > X$。

尽管不太精确，术语**极币内**（deep in the money）和**极币外**（deep out the money）还是很方便的，意味着不等式两边的差是相当大的。

如果立即施权，美式币内期权将带来正的回报。而对于币外期权则不能带来回报。我们对欧式期权利用相同的术语，尽管它们的含义不同：尽管期权在当前是币内的，但是在施权日可能不再是币内的，在施权日回报可能会变为零。币内欧式期权只不过是盈利有一定保障的资产。

定义 5.26

在时间 $t \leqslant T$ 执行价格为 X 的期权的**内在价值**（intrinsic value）等于 $(S(t) - X)^+$，具有相同执行价格的看跌期权的内在价值为 $(X - S(t))^+$。

我们可以看出币外期权或者币上期权的内在价值为零。币内期权的内在价值是正的。在到期日 T 期权的价格与其内在价值一致。由于未来可能获利，美式期权在到期日之前的价格可能大于它的内在价值。欧式期权在施权之前的价格可能大于或者小于内在价值。

定义 5.27

期权的**时间价值**（time value）是期权价值和内在价值之差，即

$C_E(t) - (S(t) - X)^+$， 对欧式看涨期权，

$P_E(t) - (X - S(t))^+$， 对欧式看跌期权，

$C_A(t) - (S(t) - X)^+$， 对美式看涨期权，

$P_A(t) - (X - S(t))^+$， 对美式看跌期权。

例 5.28

我们研究某些有代表性的数据。设当前股票价格为每股 125.23 美元，执行价格为 110 美元的美式看涨期权是币内的，内在价值为 15.23 美元。期权的价格

必须至少等于期权的内在价值，因为期权可能立即实施。一般说来，因为有将来获利的可能性，因此期权价格将高于内在价值。另一方面，执行价格为 110 美元的看跌期权是币外的，它的内在价值为零，由于有将来获利的可能性，看跌期权的价格全部为正。类似地，对于其他执行价格的关系可在表中看出。

执行价格	内在价值		期权价格		时间价值	
	看涨期权	看跌期权	看涨期权	看跌期权	看涨期权	看跌期权
110	15.23	0.00	18.40	2.84	3.17	2.84
120	5.23	0.00	12.27	6.46	7.04	6.46
130	0.00	4.77	6.78	9.64	6.78	4.41

欧式看涨期权的时间价值作为 S 的函数如图 5.8 所示，它永远不可能是负的，并且当 S 取值较大时，它大于差 $X-Xe^{-rT}$ ，这可以由不等式 $C_E(S)\geqslant S-Xe^{-rT}$ 得出，见命题 5.5。

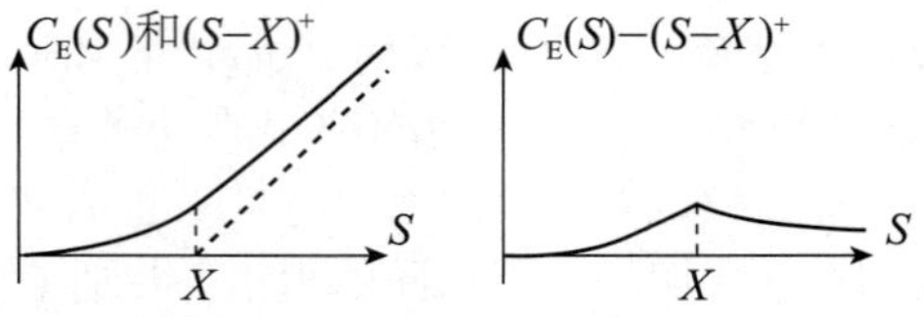

图 5.8　欧式看涨期权的时间价值 $C_E(S)-(S-X)^+$

欧式看跌期权的市场价值可能低于它的内在价值，即时间价值可能是负的，见图 5.9。仅当看跌期权是币内的，$S<X$，且是极币内的，才可能是这样。对于欧式期权，我们必须等到到期日 T 才能实现回报。在此期间，股票价格上涨超过 X 的风险是相当大的，这降低了期权的价值。

美式看涨期权的时间价值与欧式看涨期权的时间价值相同（如果不存在红利支付），可以应用图 5.8。对于美式看跌期权，其时间价值的一般图形如图 5.10 所示。

图 5.8、图 5.9 和图 5.10 还表明了如下结论。

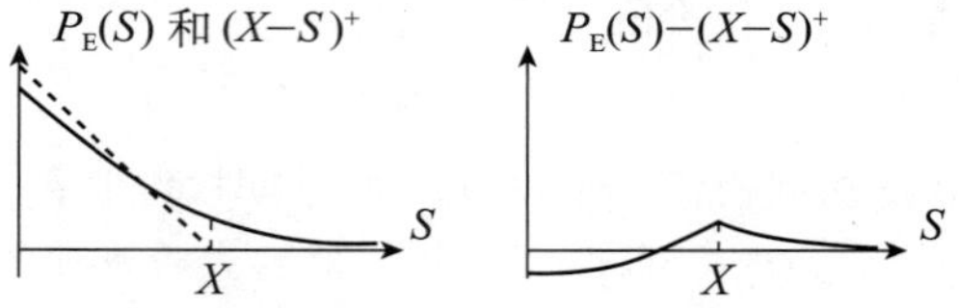

图 5.9　欧式看跌期权的时间价值 $P_E(S)-(X-S)^+$

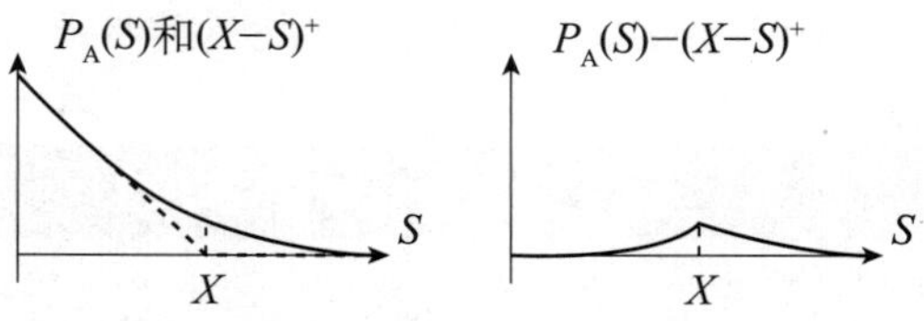

图 5.10　美式看跌期权的时间价值 $P_A(S)-(X-S)^+$

命题 5.29

对于任意的执行价格为 X 的欧式或者美式看涨或者看跌期权，在 $S=X$ 时，时间价值达到最大值。

证明

我们将给出对欧式看涨期权的论证。当 $S\leqslant X$ 时，期权的内在价值为零。因为由命题 5.15，$C_E(S)$ 是 S 的非减函数，这意味着当 $S\leqslant X$ 时，时间价值是 S 的非减函数。另一方面，由命题 5.16，对于任意的 $S'<S''$，有 $C_E(S'')-C_E(S')\leqslant S''-S'$。如果 $X\leqslant S'<S''$，由此得出 $C_E(S'')-(S''-X)^+\leqslant C_E(S')-(S'-X)^+$，这意味着当 $S\geqslant X$ 时，时间价值是 S 的非增函数。因此，时间价值在 $S=X$ 达到最大值。

对其他期权的证明是类似的。 □

> **练习 5.18**
>
> 对于看跌期权证明命题 5.29。

事例 5：讨论

如果对使用的货币期权锁定执行汇率为 1.5 欧元兑换 1 英镑，取得交割价为 65 英镑的股票 B 的多头远期头寸，取得交割价为 98 欧元的股票 G 的空头远期头寸，假设这些远期合约是可得到的，则在施权时将产生利润。然后我们能以 98 欧元卖出 1 股股票 G，支付 97.50 欧元买入 65 英镑，支付 65 英镑购买股票 B。每股我们获得 0.5 欧元利润。

然而，仅仅按远期价格签订远期合约才是无须支付的。在这里，我们必须分析取得上面的那些远期头寸的成本。正如我们所知，这些成本是相对应的期权价格的差。看涨期权的价格减看跌期权的价格为多头远期头寸的价值。于是，做多交割价为 65 英镑的股票 B 远期的成本为 $(2.55-1.34)\times1.5=1.82$ 欧元。股票 G 的空头远期合约产生 $4.145-2.738$ 欧元。为了取得上述头寸，我们必须做多英镑远期，其成本为 $65\times(0.0144-0.01316)=0.0805$ 欧元。这个余额是 0.488 5 欧元的成本。该余额低于未来利润，但这个成本需今天支付。于是我们面对求欧元利率问题。实际上，这个信息是容易获得的，但在这里从股票 G 的看跌—看涨期权平价公式求出利率，即 $r=-\frac{1}{T}\ln\left(\frac{G(0)-C+P}{X}\right)=4.994\%$。按这个利率借 0.488 4 欧元（我们生活在理想的世界中），1 个月以后的成本为 0.490 5，于是存在套利利润。

敏锐的读者可能已经利用看跌—看涨期权的平价关系着手分析三个证券的情况，由股票 B 求出的英镑利率为 3.883 2%，外币远期头寸的成本为 0.001 38，相比较外币期权价格推导出的 0.001 24。于是，违背了看跌—看涨期权平价公式，套利可用定理 5.2 证明中使用的简单方法实现。

第 6 章

二叉树模型

事例 6

我们对选择除了无风险投资以外还包含风险资产的养老金计划很感兴趣。一种可能性是有效地利用第 3 章的框架，将会是一个年收益率为 9%，标准差为 8.5%的资产组合。我们应该关注这些参数的准确性。即使这些参数是准确的，我们的投资的相关业绩也可能会不佳。远离期望值的特殊情况可能出现。我们有可能用比年更精细的时间网格去分析资产组合的变动。首先，我们可能会构建季度变动的模型；然后将其扩展到月度变动模型应该是很容易的。在构建这样的模型时，我们想要考虑控制风险的方法。

6.1 模型的定义

在前面各章，我们引入随机变量 $S(t)(0<t\leqslant T)$ 表示未来股票的价格，其中 $S(0)>0$ 给定。这里，我们限定均匀间隔的离散时间 $t=0,h,2h,\cdots,nh,\cdots$ 具有期界 $T=Nh$，这里 $h>0$ 是单个时段的长度。为方便，用记号 $S(n)$ 代替 $S(nh)$。

我们的第一个目标是建立特殊的、具体的随机变量 $S(n)$ 的模型。

6.1.1 单期模型

我们给出在第 1 章已经讨论过的模型的完整论述。为了定义 $S(1)$，我们需要概率空间。因为 $S(1)$ 只取两个值，考虑 $\Omega=\{\mathrm{u},\mathrm{d}\}$ 就足够了。并且 Ω 的所有子集构成域 $\mathscr{F}$，概率 P 可用一个数 p 确定，使得

$$P(\mathrm{u}) = p, P(\mathrm{d}) = 1 - p$$

（见附录 10.3。）当然，对 Ω 的其他选择也是可能的。

现在，我们设

$$S(1): \Omega \to (0, +\infty)$$

给出

$$S(1) = S(0)(1 + K)$$

这里，收益率是随机变量，有如下形式

$$K^w = \begin{cases} U & \text{如果 } w = \mathrm{u} \\ D & \text{如果 } w = \mathrm{d} \end{cases}$$

这里 $-1 < D < U$，则

$$S^w(1) = \begin{cases} S(0)(1+U) & \text{如果 } w = \mathrm{u} \\ S(0)(1+D) & \text{如果 } w = \mathrm{d} \end{cases}$$

6.1.2 两期模型

我们假设第二期与第一期有相同的形式，第二期的收益率与第一期的收益率无关。这需要扩展概率空间，为给两个独立的随机变量留有余地，每一个随机变量只取两个值 U, D，为方便，取 $\Omega_1 = \Omega_2 = \{\mathrm{u}, \mathrm{d}\}$，并定义 $\Omega = \Omega_1 \times \Omega_2 = \{\mathrm{uu}, \mathrm{ud}, \mathrm{du}, \mathrm{dd}\}$（这里，为了更清晰，我们使用更简单的记号，例如记为（uu）而不记为（u，u）)，Ω 的所有子集构成的域为 $\mathscr{F}$，概率定义为

$$P(\mathrm{uu}) = p^2, p(\mathrm{ud}) = P(\mathrm{du}) = p(1-p), P(\mathrm{dd}) = (1-p)^2$$

则

$$K^w(1) = \begin{cases} U & \text{如果 } w = \mathrm{ud} \text{ 或者 } w = \mathrm{uu} \\ D & \text{如果 } w = \mathrm{du} \text{ 或者 } w = \mathrm{dd} \end{cases}$$

$$K^w(2) = \begin{cases} U & \text{如果 } w = \mathrm{uu} \text{ 或者 } w = \mathrm{du} \\ D & \text{如果 } w = \mathrm{ud} \text{ 或者 } w = \mathrm{dd} \end{cases}$$

是独立的。我们定义

$$S(1) = S(0)(1 + K(1))$$

$$S(2) = S(1)(1 + K(2)) = S(0)(1 + K(1))(1 + K(2))$$

在时间 2，有 3 个可能的股票价格

$$S^\omega(2) = \begin{cases} S(0)\ (1+U)^2 & \text{如果 } \omega = \mathrm{uu} \\ S(0)(1+U)(1+D) & \text{如果 } \omega = \mathrm{ud} \text{ 或者 } w = \mathrm{du} \\ S(0)(1+D)^2 & \text{如果 } \omega = \mathrm{dd} \end{cases}$$

ud 和 du 有相同的结果。

6.1.3 一般情况

对于 N 期模型，我们取 $\Omega = \{\mathrm{u}, \mathrm{d}\}^N$，其所有子集的域为 $\mathscr{F}$，并且概率为

$$P(\omega) = p^k\ (1-p)^{N-k}$$

在序列 $\omega = \omega_1 \cdots \omega_N$（其中 $\omega_1, \cdots, \omega_N \in \{\mathrm{u}, \mathrm{d}\}$）中，总有 k 个符号 u，$N-k$ 个符号

d。按照序列 ω 的第 n 个坐标的含义定义收益率 $K(n)$

$$K^{\omega}(n)=\begin{cases}U & \text{如果 } \omega_n=\text{u}\\ D & \text{如果 } \omega_n=\text{d}\end{cases}$$

然后，利用归纳法扩展两期模型，记为

$$S(n+1)=S(n)(1+K(n+1))$$

例如

$$S^{\omega}(3)=\begin{cases}S(0)(1+U)^3 & \text{如果 } \omega=\text{uuu}\\ S(0)(1+U)^2(1+D) & \text{如果 } \omega=\text{duu 或者 } \omega=\text{udu 或者 } \omega=\text{uud}\\ S(0)(1+U)(1+D)^2 & \text{如果 } \omega=\text{udd 或者 } \omega=\text{dud 或者 } \omega=\text{ddu}\\ S(0)(1+D)^3 & \text{如果 } \omega=\text{ddd}\end{cases}$$

在时间 n 存在比状况还要少的股票价格。表示股票价格的新出现的树被称为重新组合（或复合），并且有如下形式（这里取 $N=3$）。

$S(0)$	$S(1)$	$S(2)$	$S(3)$

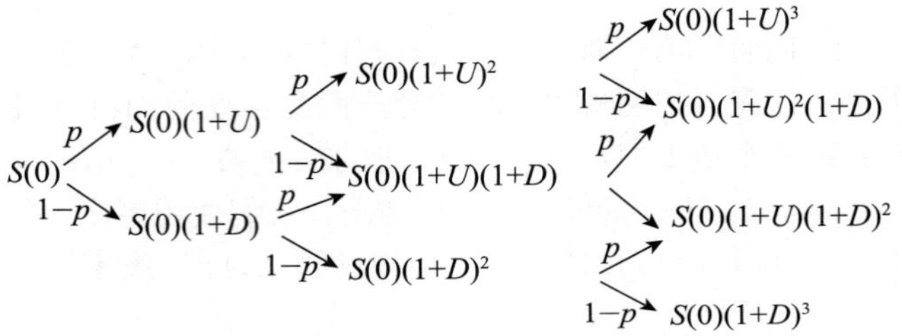

6.1.4 信息流

随着时间的推移，金融市场中的价格变动逐渐揭示出状况 ω 反映的信息。我们只关注 $N=3$ 的情况，它足以解释思路。首先

$$\Omega=\{\text{uuu},\text{uud},\text{udu},\text{udd},\text{duu},\text{dud},\text{ddu},\text{ddd}\}$$

作为未来状况的每一个元素都是可实现的。一期以后，我们获得更多的信息。如果股票的收益率变为 U，那么状况限制在

$$B_{\text{u}}=\{\text{uuu},\text{uud},\text{udu},\text{udd}\}$$

范围内。否则，如果股票的收益率为 D，那么状况一定是

$$B_{\text{d}}=\{\text{duu},\text{dud},\text{ddu},\text{ddd}\}$$

中的元素。前面两个收益的信息告诉我们状况属于以下四个集合中的一个：

$$B_{\text{uu}}=\{\text{uuu},\text{uud}\},B_{\text{ud}}=\{\text{udu},\text{udd}\}$$
$$B_{\text{du}}=\{\text{duu},\text{dud}\},B_{\text{dd}}=\{\text{ddu},\text{ddd}\}$$

每一条信息出现后，不确定性就减少了。

在数学上，我们有所谓的 Ω 的划分，意味着 $\Omega=B_{\text{u}}\cup B_{\text{d}}$ 或者 $\Omega=B_{\text{uu}}\cup B_{\text{ud}}\cup B_{\text{du}}\cup B_{\text{dd}}$，这里的元素是两两不相交的。这引出如下的一般性定义。

定义 6.1

事件族 $\mathscr{P}=\{B_i\}$ 为 Ω 的划分，如果 $B_i\neq\varnothing$，$B_i\cap B_j=\varnothing$，当 $i\neq j$ 且

$\Omega=\bigcup_i B_i$ 时。

注意，$B_u=B_{uu}\cup B_{ud}$，$B_d=B_{du}\cup B_{dd}$。我们称 $\mathscr{P}_2=\{B_{uu}, B_{ud}, B_{du}, B_{dd}\}$ 为比 $\mathscr{P}_1=\{B_u, B_d\}$ 更精细的划分。

定义 6.2

给定两个划分 $\mathscr{P}$，$\mathscr{P}'$，如果 $\mathscr{P}$ 中的每一个元素能够表示为 $\mathscr{P}'$ 中元素的并集，我们称 $\mathscr{P}'$ 比 $\mathscr{P}$ 更精细。

注意随机变量 $S(1)$ 和 $S(2)$ 分别为相应的划分 $\mathscr{P}_1$，$\mathscr{P}_2$ 分支上的常数。例如，$S(1)$ 是 B_u 中等于 $S(0)(1+U)$ 的常数。为了使这一描述更完整，同样可以说 $S(0)$ 在整个 Ω 上是常数，其中 $\mathscr{P}_0=\{\Omega\}$，$S(3)$ 是 $\mathscr{P}_3=\{B_{uuu}, \cdots, B_{ddd}\}$ 在的每一个分支（每个元素）上的常数。

这里

$$B_{uuu}=\{uuu\}, B_{uud}=\{uud\}, B_{udu}=\{udu\}, B_{udd}=\{udd\}$$
$$B_{duu}=\{duu\}, B_{dud}=\{dud\}, B_{ddu}=\{ddu\}, B_{ddd}=\{ddd\}$$

定义 6.3

一般地，对任意的整数 $n\leqslant N$ 和任意的 $v_1,\cdots,v_n\in\{u,d\}$，我们定义 $B_{v_1\cdots v_n}$ 是满足如下条件的所有 $\omega\in\Omega$ 组成的子集，子集的前 n 个元素在序列 $\omega=\omega_1\cdots\omega_n$ 中，且 $\omega_1=\nu_1,\cdots,\omega_n=\nu_n$，$\Omega$ 的所有这样的子集 $B_{v_1\cdots v_n}$ 构成的族定义为划分 $\mathscr{P}_n$。

6.1.5 σ-域流

为了分析信息流，通常的框架基于利用集合的域而不是划分。给定一个有限的划分 $\mathscr{P}$，我们考虑由空集 $\varnothing$ 和 $\mathscr{P}$ 中的所有分支的可能并集组成的集合族 $\mathscr{F}$。由此产生的集合族 $\mathscr{F}$ 为 Ω 的子集域（见附录 10.3），被称为划分 $\mathscr{P}$ 的**扩张域**（field extending partition）。

评注 6.4

如果 Ω 是无限的，域概念的进一步扩展是必要的（允许可数并集），但是这里没有必要论及。

定义 6.5

我们用 $\mathscr{F}_n$ 表示划分 $\mathscr{P}_n$ 的扩张域。

例如，当 $N=3$ 时

$$\mathscr{F}_0=\{\varnothing,\Omega\}$$
$$\mathscr{F}_1=\{\varnothing,\Omega,B_u,B_d\}$$
$$\mathscr{F}_2=\{\varnothing,\Omega,B_{uu},B_{ud},B_{du},B_{dd},B_{uu}\cup B_{ud},B_{uu}\cup B_{du},$$
$$B_{uu}\cup B_{dd},B_{ud}\cup B_{du},B_{ud}\cup B_{dd},B_{du}\cup B_{dd},$$
$$\Omega\setminus B_{uu},\Omega\setminus B_{ud},\Omega\setminus B_{du},\Omega\setminus B_{dd}\}\text{（包含 16 个子集）}$$
$$\mathscr{F}_3=2^{\Omega}\text{（}\Omega\text{ 的所有子集）}$$

我们能够看到

$$\mathscr{F}_0\subset\mathscr{F}_1\subset\mathscr{F}_2\subset\mathscr{F}_3$$

这是一个 σ-域流的例子，一般说来，σ-域流是使得 $\mathscr{F}_n \subset \mathscr{F}_{n+1}$ 的域序列。

评注 6.6

族 $\mathscr{F}_n$ 是由满足下列条件的所有集合 A 组成：对每一个状况 $\omega \in \Omega$，根据股票价格上涨告知是否 $\omega \in A$，并且只包含时间 n（即，只知道前 n 个元素在序列 $\omega = \omega_1 \cdots \omega_N$ 中）。

6.2 期权定价

6.2.1 投资策略

我们假设，除了股票交易服从二叉树模型以外，我们能够买入或卖出的所谓**货币市场账户**（money market account）单位，即一种无风险证券，其价格由利率 R 按如下方式确定

$$A(n) = A(0)\,(1+R)^n$$

假设 $U = 10\%, D = -10\%, R = 5\%$ 以及 $S(0) = A(0) = 100$ 美元。

进一步地，假设我们有可随意使用的一定数额的钱，比如说 $V(0)$300 美元，它是我们投资的初始价值。我们能够使用这笔钱构建股票头寸为 $x(1)$ 及货币市场账户头寸为 $y(1)$ 的资产组合。我们决定买入 $x(1) = 2$ 股股票，将余下的 $V(0) - x(1)S(0)$ 投资于无风险资产，于是 $y(1) = \dfrac{V(0) - x(1)S(0)}{A(0)} = 1$ 。

等式

$$V(0) = x(1)S(0) + y(1)A(0)$$

一定成立。在时间 1，资产组合的价值为

$$V^{u}(1) = x(1)S^{u}(1) + y(1)A(1) = 325, \text{在 } B_{u} \text{ 上}$$

$$V^{d}(1) = x(1)S^{d}(1) + y(1)A(1) = 285, \text{在 } B_{d} \text{ 上}$$

这是我们下一期可使用的金额。假设不提款也不增加资金，我们称这样的策略是**自融资的**（self-financing）。

在时间 1，状态 u 下，我们决定减少股票头寸到 $x^{u}(2) = 1$ ，因此

$$y^{u}(2) = \frac{V^{u}(1) - x^{u}(2) \times S^{u}(1)}{A(1)} = 2.047\,6$$

在时间 2，该资产组合将取如下的两个可能值之一

$$V^{uu}(2) = x^{u}(2)S^{uu}(2) + y^{u}(2)A(2) = 346.75, \text{在 } B_{uu} \text{ 上}$$

$$V^{ud}(2) = x^{u}(2)S^{ud}(2) + y^{u}(2)A(2) = 324.75, \text{在 } B_{ud} \text{ 上}$$

如果我们发现在时间 1，处于状态 d 下，我们可以选择 $x^{d}(2) = 3$ ，于是

$$y^{d}(2) = \frac{V^{d}(1) - x^{d}(2) \times S^{d}(1)}{A(1)} = 0.142\,9$$

在时间 2，有

$$V^{du}(2) = x^{d}(2)S^{du}(2) + y^{d}(2)A(2) = 312.75, \text{在 } B_{du} \text{ 上}$$

$$V^{dd}(2) = x^{d}(2)S^{dd}(2) + y^{d}(2)A(2) = 258.75, \text{在 } B_{dd} \text{ 上}$$

我们可以按这种方式继续下去。

一般地，我们假设制定一个**策略**（strategy），即遵循如下原则的资产组合序列 $(x(n),y(n))$：

- 这个策略是**自融资的**（self-financing），即

$$x(n)S(n)+y(n)A(n)=x(n+1)S(n)+y(n+1)A(n)$$

其含义是在时间 n 再平衡资产组合，涉及选择 $x(n+1)$，然后确定 $y(n+1)$。

- 决定在 $n+1$ 期持有的头寸 $x(n+1)$，$y(n+1)$ 是基于在时间 n 可利用的信息。数学上，这意味着 $x(n+1)$ 和 $y(n+1)$ 在划分 $\mathscr{P}_n$ 的每一个元素上是常数，我们称这样的序列 $x(n),y(n)$ 是**可预测的**（predictable）。

策略的价值为

$$V(0)=x(1)S(0)+y(1)A(0)$$

$$V(n)=x(n)S(n)+Y(n)A(n)\quad 对于\ n>0$$

6.2.2 单期期权定价

我们从 $N=1$ 的情况开始。我们将 1.6 节引入的欧式看涨和看跌期权的过程扩展到欧式未定权益，其回报是某个函数 f 的一般形式 $f(S(1))$。在时间 $t=0$，1，这样的期权的价值用 $H(t)$ 表示。在施权时间

$$H(1)=f(S(1))$$

正如在 1.6 节中一样，可以通过复制 $H(1)$ 的两个可能取值 $H^{u}(1),H^{d}(1)$ 并计算复制的资产组合在时间 0 的价值给期权定价。这需要求解如下的方程组：

$$\begin{cases}x(1)S^{u}(1)+y(1)A(1)=H^{u}(1)\\x(1)S^{d}(1)+y(1)A(1)=H^{d}(1)\end{cases}$$

于是

$$x(1)=\frac{H^{u}(1)-H^{d}(1)}{S^{u}(1)-S^{d}(1)}=\frac{H^{u}(1)-H^{d}(1)}{S(0)(U-D)}$$

它是用于复制的股票头寸，称为期权的德尔塔（delta），并且

$$\begin{aligned}y(1)&=\frac{1}{A(1)}[H^{u}(1)-x(1)S^{u}(1)]\\&=\frac{1}{A(1)}\frac{H^{d}(1)S^{u}(1)-H^{u}(1)S^{d}(1)}{S^{u}(1)-S^{d}(1)}\\&=\frac{1}{A(0)(1+R)}\frac{H^{d}(1)(1+U)-H^{u}(1)(1+D)}{U-D}\end{aligned}$$

根据无套利原则，未定权益的价格必为

$$H(0)=x(1)S(0)+y(1)A(0)$$

把 $x(1),y(1)$ 代入并整理后，得

$$H(0)=\frac{1}{1+R}\left(H^{u}(1)\frac{R-D}{U-D}+H^{d}(1)\frac{U-R}{U-D}\right)\tag{6.1}$$

系数 $\frac{R-D}{U-D}$ 和 $\frac{U-R}{U-D}$ 之和为1。而且，如果 $D<R<U$，那么这两个系数都大于0小于1，这个条件是在二叉树模型中的无套利条件（见命题1.7）。这两个系数可以认为是概率，通常使用记号

$$p_*=\frac{R-D}{U-D}$$

则

$$\begin{aligned}H(0)&=\frac{1}{1+R}(H^{u}(1)p_*+H^{d}(1)(1-p_*))\\&=\frac{1}{1+R}E_*[H(1)]=\frac{1}{1+R}E_*[f(S(1))]\end{aligned}$$

这里用星号表示的概率 $p_*,1-p_*\in(0,1)$ 用于计算期望值。

命题 6.7

$$E_*[K(1)]=R$$

证明

$$E_*[K(1)]=Up_*+D(1-p_*)=U\frac{R-D}{U-D}+D\frac{U-R}{U-D}=R \qquad \square$$

定义 6.8

满足 $p_*,1-p_*\in(0,1)$，使得期望收益 $E_*[K(1)]$ 等于无风险收益率 R 的概率 $(p_*,1-p_*)$ 称为**风险中性**（risk-neutral）概率。

为方便，引入记号

$$\widetilde{S}(1)=\frac{S(1)}{1+R},\widetilde{V}(1)=\frac{V(1)}{1+R},\widetilde{H}(1)=\frac{H(1)}{1+R}$$

称 $\widetilde{S}(1),\widetilde{V}(1),\widetilde{H}(1)$ 为 $S(1),V(1),H(1)$ 的**折现值**（discounted values）。

命题 6.9

在风险中性概率之下

$$E_*[\widetilde{S}(1)]=S(0),E_*[\widetilde{V}(1)]=V(0),E_*[\widetilde{H}(1)]=H(0)$$

证明

由命题6.7，有 $E_*[K(1)]=R$。由此得出

$$\begin{aligned}E_*[\widetilde{S}(1)]&=\frac{1}{1+R}E_*[S(1)]=\frac{S(0)}{1+R}E_*[1+K(1)]\\&=\frac{S(0)}{1+R}(1+E_*[K(1)])=S(0)\end{aligned}$$

因为 $x(1)$ 和 $y(1)$ 是确定的（其值在时间0确定），所以

$$\begin{aligned}E_*[\widetilde{V}(1)]&=E_*[x(1)\widetilde{S}(1)+y(1)A(0)]\\&=x(1)E_*[\widetilde{S}(1)]+y(1)A(0)\\&=x(1)S(0)+y(1)A(0)=V(0)\end{aligned}$$

权益 H 的价格恰好是复制资产组合的价值。 $\square$

练习 6.1

其他变量保持不变，证明看涨期权的价格随 U 增加。分析 D 的变化对该期权价格的影响。

练习 6.2

如果 $R=0, S(0)=X=1$，求欧式看涨期权价格 $C_E(0)$ 的公式。计算当 $U=0.05, D=-0.05$ 以及 $U=0.01, D=-0.19$ 时的期权价格。给出股票收益率的方差与期权收益率的方差之间关系的结论。

练习 6.3

如果卖出标的股票有一定比例的交易成本（买入股票没有交易成本），求复制看涨期权的资产组合的初始价值。比较该初始价值与没有交易成本的资产组合的初始价值。假设 $S(0)=X=100$，$U=0.1, D=-0.1, R=0.05$，交易成本为 $c=2\%$（卖出股票的人得到股票价值的 98%）。

练习 6.4

设 $S(0)=75, U=0.2, D=-0.1$。假设你能够以 12%的利率借钱，但存款利率低于 8%。对于看跌期权和看涨期权，求复制的资产组合的价值。答案与命题 6.9 中的看跌期权和看涨期权价格一致吗?

6.2.3 一般模式

例 6.10（奇异期权）

考虑期权的一个有趣的例子，其施权时间 $N=2$，期权回报

$$C(2)=\max\left(0,\frac{S(1)+S(2)}{2}-X\right)$$

它是以平均股票价格作为标的证券的欧式看涨期权。它是一个**路径依赖**（path-dependent）期权或**奇异**（exotic）期权的例子。当 $U=10\%, D=-10\%, S(0)=100, X=90$ 时

$$C(2)=\begin{cases} C^{uu}(2)=25.5 \\ C^{ud}(2)=14.5 \\ C^{du}(2)=4.5 \\ C^{dd}(2)=0.0 \end{cases}$$

取 $R=5\%$，求出 $p_*=0.75$，因此

$$C^{u}(1)=\frac{1}{1+R}(p_* C^{uu}(2)+(1-p_*)C^{ud}(2))=21.67$$

$$C^{d}(1)=\frac{1}{1+R}(p_* C^{du}(2)+(1-p_*)C^{dd}(2))=3.21$$

这样就得出

$$C(0)=\frac{1}{1+R}(p_* C^{u}(1)+(1-p_*)C^{d}(1))=6.24$$

在这里，是用三次单期方法，从终值开始，往前逆推。

受这个例子启发，我们给出一般性定义。

定义 6.11

路径依赖的（path-dependence）欧式期权，其施权时间为 N，其标的资产 S 为仅在时间 N 有效的，回报形如 $H(N)=f(S(1),\cdots,S(N))$ 的未定权益，这里的 f 是 N 变量的函数。路径依赖的欧式未定权益的回报形如 $H(N)=f(S(N))$，其函数 f 是单变量函数。

特殊的情况是执行价格为 X 的普通的看涨期权和看跌期权，给定 $H(N)=f(S(N))$，这里，对于看涨期权 $f(x)=(x-X)^+$，对于看跌期权 $f(x)=(X-x)^+$。

欧式期权定价可以利用二叉树模型连续地向后复制，或者等价地计算每一个单期子树的折现的期望回报。在每个单期阶段获得的价值一定是当前的期权价格，否则将有套利机会。为了把这段论述公式化，我们首先讨论多期模式下的无套利原则。

正如 1.6 节所示，通过允许引入表示将要定价的未定权益的头寸的第三个分量 $z(n)$，我们来扩展策略 $x(n),y(n)$ 的概念。该策略的价值为

$$V(0)=x(1)S(0)+y(1)A(0)+z(1)H(0)$$

$$V(n)=x(n)S(n)+y(n)A(n)+z(n)H(n) \quad 对于 n>0$$

如果对所有的 n，$V(n)\geqslant 0$，则称这个策略为**可允许的**（admissible）。

定义 6.12

策略是一个**套利机会**（arbitrage opportunity），如果该策略是可允许的、自融资的、可预测的、$V(0)=0$，并且对某个 n，至少对一个状况 $\omega\in\Omega$，使得 $V^{\omega}(n)>0$ 成立。

我们重复基本假设：

假设 6.13（无套利原则）

不存在套利机会。

定理 6.14

复制未定权益 $H(N)$ 的 (x,y)-策略的初始价值 V_0 一定等于该权益的市场价格 $H(0)$。

证明

假设 $V(0) > H(0)$。则我们构造一个 (x,y,z)-策略 $\left(-x(n), -y(n)+\dfrac{V(0)-H(0)}{A(0)}, 1\right)$，其初始价值为零，且因为 $x(N)S(N)+y(N)A(N)=H(N)$，所以在时间 N，价值 $A(N)\dfrac{V(0)-H(0)}{A(0)}>0$。这与无套利原则矛盾。$V(0)<H(0)$ 的情况可以用类似的方法处理。 □

6.2.4 两期期权定价

我们只关注具有路径依赖回报的欧式权益。当 $N=2$ 时，我们从

$$H(2)=f(S(2))$$

开始，$H(2)$ 有三个可能值。对图 6.1 中的每一个子树，我们可利用上面描述的单期复制过程。

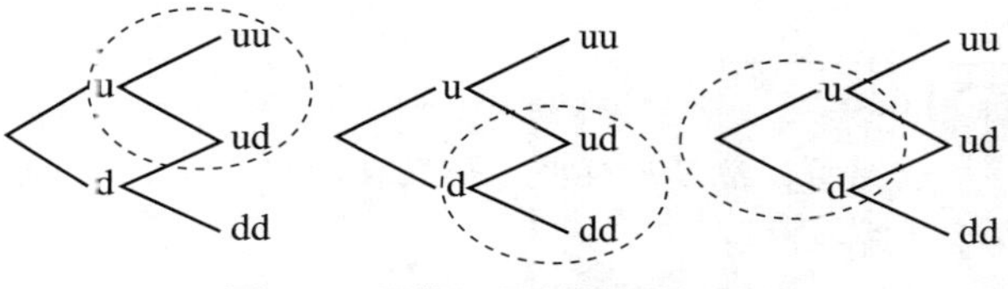

图 6.1 两期二叉树模型的子树

权益价格 $H(1)$ 取两个值

$$H(1)=\begin{cases}\dfrac{1}{1+R}\left[p_* f(S^{uu}(2))+(1-p_*)f(S^{ud}(2))\right] & \text{在 } B_u \text{ 上}\\ \dfrac{1}{1+R}\left[p_* f(S^{du}(2))+(1-p_*)f(S^{dd}(2))\right] & \text{在 } B_d \text{ 上}\end{cases}$$

把单期的方法应用于节点为 u 和 d 的两个子树得出：

$$\begin{aligned}H(1)&=\frac{1}{1+R}\left[p_* f(S(1)(1+U))+(1-p_*)f(S(1)(1+D))\right]\\&=g(S(1))\end{aligned}$$

这里

$$g(x)=\frac{1}{1+R}\left[p_* f(x(1+U))+(1-p_*)f(x(1+D))\right]$$

因此，$H(1)$ 可以看成回报由函数 g 定义、在时间 1 施权的衍生证券（尽管它在时间 1 不能施权，衍生证券能够以 $H(1)=g(S(1))$ 的价格卖出）。这意味着单期定价方法能够再一次应用于树根部的单个子树上。因此，有

$$H(0)=\frac{1}{1+R}\left[p_* g(S(0)(1+U))+(1-p_*)g(S(0)(1+D))\right]$$

由此得出

$$\begin{aligned}H(0)&=\frac{1}{1+R}\left[p_* g(S^u(1))+(1-p_*)g(S^d(1))\right]\\&=\frac{1}{(1+R)^2}\left[p_*^2 f(S^{uu}(2))+2p_*(1-p_*)f(S^d(2))\right.\end{aligned}$$

$$+(1-p_*)^2 f(S^{dd}(2))]$$

在最后一个方括号中的表达式是风险中性概率 P_* 下的 $f(S(2))$ 的期望，风险中性概率定义为

$$P_*(uu)=p_*^2, P_*(ud)=P_*(du)=p_*(1-p_*), P_*(dd)=(1-p_*)^2$$

这样就证明了如下结论。

定理 6.15

利用风险中性概率计算的折现回报的期望值等于欧式权益的现值，即

$$H(0)=E((1+R)^{-2}f(S(2)))$$

练习 6.5

设 $S(0)=120$ 美元，$U=0.2$，$D=-0.1$，$R=0.1$，考虑执行价格为 $X=120$ 美元，施权时间 $T=2$ 的看涨期权，求期权价格和复制策略。

练习 6.6

利用前面练习的数据，如果在时间 1 支付 15 美元红利，求看涨期权的价格和复制策略。

6.2.5 多期定价模型

上面的结论可直接扩展到多期模型，从末期回报开始，我们往前重复地求解单期问题。这里是 3 期模型的求解过程：

$$H(3)=f(S(3))$$

$$H(2)=\frac{1}{1+R}[p_* f(S(2)(1+U))+(1-p_*)f(S(2)(1+D))]$$

$$=g(S(2))$$

$$H(1)=\frac{1}{1+R}[p_* g(S(1)(1+U))+(1-p_*)g(S(1)(1+D))]$$

$$=h(S(1))$$

$$H(0)=\frac{1}{1+R}[p_* h(S(0)(1+U))+(1-p_*)h(S(0)(1+D))]$$

这里

$$g(x)=\frac{1}{1+R}[p_* f(x(1+U))+(1-p_*)f(x(1+D))]$$

$$h(x)=\frac{1}{1+R}[p_* g(x(1+U))+(1-p_*)g(x(1+D))]$$

由此得出：

$$H(0)=\frac{1}{1+R}[p_* h(S^u(1))+(1-p_*)h(S^d(1))]$$

$$= \frac{1}{(1+R)^2}[p_*^2 g(S^{uu}(2)) + 2p_*(1-p_*)g(S^{ud}(2))$$
$$+ (1-p_*)^2 g(S^{dd}(2))]$$
$$= \frac{1}{(1+R)^3}[p_*^3 f(S^{uuu}(3)) + 3p_*^2(1-p_*)f(S^{uud}(3))$$
$$+ 3p_*(1-p_*)^2 f(S^{udd}(3)) + (1-p_*)^3 S^{ddd}(3))]$$

这个公式的模式是这样的：方括号中的每一项由股票上涨的次数 k 刻画。k 确定了 p_* 的幂和回报价值的选择。在最后的表达式中，$(1-p_*)$ 的幂是股票价格下跌的次数，等于 $3-k$，通常等于 $N-k$，这里的 N 是期数。每一项前面的系数给出相应的回报的状况数（通过树的路径数），等于 $\binom{N}{k} = \frac{N!}{k!(N-k)!}$，即 N 个元素选出 k 个元素的组合数。例如，3 期树获得价格 $S^{udd}(3)$ 有三条路径，即 udd,dud,ddu 。

因此，在 N 期模型中，

$$H(0) = \frac{1}{(1+R)^N}\sum_{k=0}^{N}\binom{N}{k}p_*^k(1-p_*)^{N-k}f(S(0)(1+U)^k(1+D)^{N-k}) \tag{6.2}$$

为在风险中性概率

$$P_*(\omega) = p_*^k(1-p_*)^{N-k}$$

之下 $f(S(N))$ 的期望值。这里的 k 是状态 $\omega \in \Omega$ 之下股票价格上涨的次数，这可在这个公式中清楚地看出，该结果能够概括为如下定理。

定理 6.16

在 N 期二叉树模型中具有回报 $f(S(N))$ 的欧式路径依赖的未定权益的价值等于风险中性概率之下折现回报的期望值：

$$H(0) = E_*((1+R)^{-N}f(S(N)))$$

评注 6.17

计算 $H(0)$ 不需要已知实际的概率 p。在实践中，期权价格的这个引人注目的性质是重要的，因为利用市场数据估计 p 值是困难的。相反地，在 $H(0)$ 的公式中，风险中性概率 p_* 有重要作用，风险中性概率 p_* 不同于 p，它可以容易地从下面的公式算出

$$p_* = \frac{R-D}{U-D}$$

6.2.6 考克斯-罗斯-鲁宾斯坦公式（Cox-Ross-Rubinstein Formula）

对于执行价格为 X 的看涨期权的回报满足当 $x \leqslant X$ 时 $f(x)=0$，这样公式（6.2）中的项数将减少，公式求和可以从使得

$$S(0)(1+U)^m(1+D)^{N-m} > X$$

的最小的 m 项开始。因此

$$C_E(0) = (1+R)^{-N}\sum_{k=m}^{N}\binom{N}{k}p_*^k(1-p_*)^{N-k}S(0)(1+U)^k$$
$$((1+D)^{N-k}-X)q^k$$
$$= S(0)\sum_{k=m}^{N}\binom{N}{k}q^k(1-q)^{N-k} - (1+R)^{-N}X\sum_{k=m}^{N}\binom{N}{k}p_*^k(1-p_*)^{N-k}$$

这里

$$q = p_*\frac{1+U}{1+R}, 1-q = (1-p_*)\frac{1+D}{1+R}$$

直接推导或利用看跌—看涨期权平价可以得到看跌期权的类似公式。

这些重要的结果总结为如下定理，其中 $\Phi(m,N,p)$ 表示 N 次试验且每次试验成功的概率为 p 的累积二项分布：

$$\Phi(m,N,p) = \sum_{k=0}^{m}\binom{N}{k}p^k(1-p)^{N-k}$$

定理 6.18（考克斯-罗斯-鲁宾斯坦公式）

在二叉树模型中，执行价格为 X，到期日为 T，在 N 时段以后施权的欧式看涨和看跌期权的价格为：

$$C_E(0) = S(0)[1-\Phi(m-1,N,q)] - (1+R)^{-N}X[1-\Phi(m-1,N,p_*)]$$
$$P_E(0) = -S(0)\Phi(m-1,N,q) + (1+R)^{-N}X\Phi(m-1,N,p_*)$$

练习 6.7

设 $S(0)=50$，$R=5\%$，$U=30\%$，$D=-10\%$。求执行价格 $X=60$，3 个时段（$N=3$）以后施权的欧式看涨和看跌期权的价格。

练习 6.8

设 $S(0)=50$，$R=0.5\%$，$U=1\%$，$D=-1\%$。求 m 和执行价格 $X=60$，$N=50$ 时段以后施权的欧式看涨期权的价格 $C_E(0)$。

6.3 美式权益

美式期权可以在满足条件 $0 \leqslant n \leqslant N$ 的任何时段 n 施权，其回报为 $f(S(n))$。函数 f 对于每个 n 都是相同的。当然，美式期权只能施权一次。美式期权在时间 n 的价格用 $H_A(n)$ 表示。

首先，我们分析在 2 个时段以后施权的美式期权，除非该期权已经被施权，在到期日它的价值为

$$H_A(2) = f(S(2))$$

这里我们有取决于 $S(2)$ 价值的三个可能值。在时间 1，期权的持有者可以选择立

刻施权，其回报为 $f(S(1))$，或者等到时间 2，此时权益的价值将变成 $f(S(2))$。在时间 1 不施权的期权的价值可以通过将 $f(S(2))$ 当作单期欧式未定权益按在时间 1 定价来计算，其价值为

$$\frac{1}{1+R}[p_* f(S(1)(1+U))+(1-p_*)f(S(1)(1+D))]$$

实际上，期权的持有者可以在该价值和立刻得到的回报 $f(S(1))$ 之间作出选择。因此，在时间 1，美式权益的价值是两个价值中的较高者，即

$$\begin{aligned} H_{\mathrm{A}}(1) &= \max\Big\{f(S(1)),\frac{1}{1+R}[p_* f(S(1)(1+U))+(1-p_*)\\ &\qquad f(S(1)(1+D))]\Big\}\\ &= f_1(S(1)) \end{aligned}$$

（取两个值的随机变量），这里

$$f_1(x)=\max\left\{f(x),\frac{1}{1+R}[p_* f(x(1+U))+(1-p_*)f(x(1+D))]\right\}$$

类似的论证可得到美式权益在时间 0 的价值，

$$\begin{aligned} H_{\mathrm{A}}(0) = \max\Big\{f(S(0)),\frac{1}{1+R}[p_* f_1(S(0)(1+U))\\ +(1-p_*)f_1(S(0)(1+D))]\Big\} \end{aligned}$$

例 6.19

为了说明上面的过程，我们考虑一个美式看跌期权，其执行价格 $X=80$，在时间 2 到期。股票的初始价格 $S(0)=80$，在二叉树模型中的 $U=0.1, D=-0.05, R=0.05$（我们考虑看跌期权，众所周知，美式看涨期权和欧式看涨期权没有区别，见定理 5.6）。股票的价值为：

n	0	1	2
$S(n)$	80.00	88.00 / 76.00	96.80 / 83.60 / 72.20

美式看跌期权的价格用 $P_{\mathrm{A}}(n)$ $(n=0,1,2)$ 表示。在到期日，回报只在两次股票价格下跌状况下为正，

n	0	1	2
$P_{\mathrm{A}}(n)$	?	? / ?	0.00 / 0.00 / 7.80

在时间 1，期权的卖出者可以选择立刻施权或者等到时间 2。在时间 1，价

格上涨的状态下，立刻施权的回报和选择等待的期权价值都为零。在下跌的状态下，立刻施权的回报为 4，而不施权的价值为 $1.05^{-1}\times\frac{1}{3}\times 7.8\approx 2.48$ 美元。期权的持有者将选择较高的价值（在时间 1 价格下降的状态下施权）。这样得出美式看跌期权在时间 1 的价值：

n	0	1	2
			0.00
		0.00	
$P_A(n)$	?		0.00
		4.00	
			7.80

在时间 0，也是在如下的二者之间进行选择：回报为零或者在当时不施权的价值为 $1.05^{-1}\times\frac{1}{3}\times 4\approx 1.27$ 美元。我们取其中较高者，这样就完成了期权价格树。

n	0	1	2
			0.00
		0.00	
$P_A(n)$	1.27		0.00
		4.00	
			7.80

比较可见，欧式看跌期权的价格为 $P_E(0)=1.05^{-1}\times\frac{1}{3}\times 2.48\approx 0.79$，显然小于美式看跌期权的价格 $P_A(0)\approx 1.27$。

这种方法可以一般化，引出如下定义。

定义 6.20

回报函数为 f 的**美式衍生证券**（American derivative security）或者**未定权益**（contingent claim）归纳为

$$H_A(N)=f(S(N))$$

$$H_A(N-1)=\max\left\{f(S(N-1)),\frac{1}{1+R}[p_* f(S(N-1)(1+U))+(1-p_*)f(S(N-1)(1+D))]\right\}=:f_{N-1}(S(N-1))$$

$$H_A(N-2)=\max\{f(S(N-2)),\frac{1}{1+R}[p_* f_{N-1}(S(N-2)(1+U))+(1-p_*)f_{N-1}(S(N-2)(1+D))]\}=:f_{N-2}(S(N-2))$$

$$\vdots$$

$$H_A(1)=\max\{f(S(2)),\frac{1}{1+R}[p_* f_2(S(1)(1+U))+(1-p_*)f_2(S(1)(1+D))]\}=:f_1(S(1))$$

$$H_A(0)=\max\{f(S(0)),\frac{1}{1+R}[p_* f_1(S(0)(1+U))$$
$$+(1-p_*)f_1(S(0)(1+D))]\}$$

练习 6.9

计算在时间 3 到期的执行价格 $X=62$，股票的初始价值为 $S(0)=60$，在二叉树模型中，$U=0.1$，$D=-0.05$，$R=0.03$ 的美式看跌期权的价值。

练习 6.10

比较执行价格 $X=120$，在时间 2 到期，股票的初始价格 $S(0)=120$，在二叉树模型中，$U=0.2$，$D=-0.1$，$R=0.1$ 的美式看涨期权和欧式看涨期权的价格。

例 6.21

修改练习 6.10 可以证明，如果支付红利，美式看涨期权和欧式看涨期权价格相等的结论可能不成立。假设在时间 2 支付红利 14 美元。否则，我们使用与练习 6.10 相同的数据。除净红利的股票价格为：

n	0	1	2
			158.80
$S(n)$		144.00	
除净红利	120.00		115.60
		108.00	
			83.20

相应的欧式和美式看涨期权的价值为

n	0	1	2
			38.80
		23.52	38.80
$C_E(n)$	14.25	**24.00**	0.00
$C_A(n)$	14.55	0.00	0.00
		0.00	0.00
			0.00

美式期权在时间 1 价格上涨状态之前被施权，这时的回报为 24 美元（粗体数字），它高于持有期权至到期日的价值。因此，美式看涨期权的价值高于欧式看涨期权的价值。

练习 6.11

假设欧式看跌期权和美式看跌期权的执行价格 $X=14$ 美元，在时间 2 到期，$S(0)=12$ 美元，在二叉树模型中，$U=0.1$，$D=-0.05$，$R=0.02$，设在时间 1 支付红利 2 美元，求美式看跌期权和欧式看跌期权的价格。

6.4 鞅性质

展望未来，我们会见到大量的不确定性并且希望对我们的投资决策提供指导。一种可能性是估计风险证券未来价格的期望。为此目的，我们需要一个模型：这里有可供我们使用的二叉树模型，于是我们继续使用该模型有关价格的假设。

例 6.22

当我们获得信息以及视角改变时，我们的观点也会随时间而改变。我们关注二叉树模型，其中 $S(0)=100, U=10\%, D=-10\%, R=5\%, p=0.8$。

时段 0。我们只往前观察一步，计算在时间 1 折现到时间 0 的股票价格的期望值：

$$E(\widetilde{S}(1))=\frac{pS^{u}(1)+(1-p)S^{d}(1)}{1+R}=100.95$$

我们能够看出股票价格的平均增长高于无风险收益率。

时段 1。我们仍然沿用时间 0 的做法，计算折现值并且考虑未来发展的所有可能的“如果”问题。需要分析两种情况：

● 股票价格上涨到 $S^{u}(1)=110$，于是，所有的状况仍然都在 B_{u} 中，在这个集合上，我们估算在时间 2 折现价格的期望值为

$$\frac{pS^{uu}(2)+(1-p)S^{ud}(2)}{(1+R)^{2}}=105.76$$

● 股票价格下跌到 $S^{d}(1)=90$，未来的状况落在集合 B_{d} 中，折现价格的期望值为

$$\frac{pS^{du}(2)+(1-p)S^{dd}(2)}{(1+R)^{2}}=86.53$$

我们得到了在 Ω 上，划分 $\mathscr{P}_1$ 中的每个元素都为常数的随机变量，记为

$$E(\widetilde{S}(2)\mid\mathscr{P}_1)=\begin{cases}105.75 & 在 B_{u} 上\\ 85.53 & 在 B_{d} 上\end{cases}$$

我们称之为给定的 $\mathscr{P}_1$ 的 $\widetilde{S}(2)$ 的**条件期望**（conditional expectation）。

时段 2。向前再增加一个时段，出现四种可能：

$$\frac{pS^{uuu}(3)+(1-p)S^{uud}(3)}{(1+R)^{3}}=110.80 \quad 在 B_{uu} 上$$

$$\frac{pS^{udu}(3)+(1-p)S^{udd}(3)}{(1+R)^{3}}=90.65 \quad 在 B_{ud} 上$$

$$\frac{pS^{duu}(3)+(1-p)S^{dud}(3)}{(1+R)^3}=90.65 \quad 在 B_{du} 上$$

$$\frac{pS^{ddu}(3)+(1-p)S^{ddd}(3)}{(1+R)^3}=74.17 \quad 在 B_{dd} 上$$

假定 $S^{udu}(3)=S^{duu}(3)$，$S^{udd}(3)=S^{dud}(3)$，实际上只需考虑三个不同的值，于是在 B_{ud} 和 B_{du} 上的期望值相等。我们有在划分 $\mathscr{P}_2$ 的每个元素上取常数的随机变量，称为给定 $\mathscr{P}_2$ 的情况下 $\widetilde{S}(3)$ 的条件期望：

$$E(\widetilde{S}(3)\,|\,\mathscr{P}_2)=\begin{cases}110.80 & 在 B_{uu} 上\\ 90.65 & 在 B_{ud}\cup B_{du} 上\\ 74.17 & 在 B_{dd} 上\end{cases}$$

定义 6.23

如果 X 是 Ω 上的随机变量，$\mathscr{P}$ 是一个划分，则条件期望 $E(X\mid\mathscr{P})$ 定义为在 $\mathscr{P}$ 中的每一个集合 $A\in\mathscr{P}$ 上取值为 $E(X\mid A)$ 的常数随机变量，$E(X\mid A)$ 为已知事件 A 的条件下 X 的条件期望（见附录 10.3）。

评注 6.24

条件期望通常是用术语“域”而不是用“划分”表示。即，如果 $\mathscr{F}$ 为划分扩展域，那么给定 $\mathscr{F}$ 的 X 的条件期望定义为

$$E(X\mid\mathscr{F})=E(X\mid\mathscr{P})$$

练习 6.12

证明 $E_*(\widetilde{S}(2)\,|\,\mathscr{P}_1)=\widetilde{S}(1)$，$E_*(\widetilde{S}(3)\,|\,\mathscr{P}_2)=\widetilde{S}(2)$，这里利用风险中性概率 P_* 计算期望。

正如我们下面将要证明的定理一样，这不是巧合。

定理 6.25

对每一个 $n=0,\cdots,N-1$

$$E_*(\widetilde{S}(n+1)\,|\,\mathscr{P}_n)=\widetilde{S}(n)$$

证明

因为 $S(n)$ 在任意 $A\in\mathscr{P}_n$ 上都是常数，并且 $K(n+1)$ 与 A 无关，所以

$$\begin{aligned}E_*(\widetilde{S}(n+1)\mid A)&=\frac{1}{(1+R)^{n+1}}E_*(S(n+1)\mid A)\\&=\frac{1}{(1+R)^{n+1}}S(n)E_*(1+K(n+1))\\&=\frac{1}{(1+R)^{n+1}}S(n)(1+p_*U+(1-p_*)D)\end{aligned}$$

$$= \frac{1}{(1+R)^{n+1}} S(n)(1+R)$$
$$= \tilde{S}(n)$$

由此得出

$$E_*(\tilde{S}(n+1) \mid \mathscr{P}_n) = \tilde{S}(n) \qquad \square$$

评注 6.26

对每一个 n，满足 $E(X(n+1) \mid \mathscr{P}_n) = X(n)$ 的过程 $X(n)$ 称为**鞅**（martingale）。根据定理 6.25，折现的价格过程 $\tilde{S}(n)$ 在概率 P_* 之下是鞅。因此，P_* 常常被看做是**鞅概率**（martingale probability）。

定理 6.27

自融资策略 $x(n), y(n)$ 的折现值 $\tilde{V}(n)$ 在 P_* 之下是鞅。

证明

随机变量 $x(n+1), y(n+1)$ 在任意 $B \in \mathscr{P}_n$ 上是常数，于是

$$\begin{aligned} E_*(\tilde{V}(n+1) \mid B) &= \frac{1}{(1+R)^{n+1}} E_*(x(n+1)S(n+1) + y(n+1)A(n+1) \mid B) \\ &= x(n+1)E_*(\tilde{S}(n+1) \mid B) + y(n+1) \\ &= x(n+1)\tilde{S}(n) + y(n+1) \\ &= \frac{1}{(1+R)^n}(x(n+1)S(n) + y(n+1)A(n)) \\ &= \tilde{V}(n) \end{aligned}$$

这意味着

$$E_*(\tilde{V}(n+1) \mid \mathscr{P}_n) = \tilde{V}(n)$$

成立。 $\square$

推论 6.28

因为欧式未定权益的过程 $H(n)$ 的价值等于复制策略的过程 $V(n)$ 的价值，由此得出折现的权益价格 $\widetilde{H}(n)$ 在 P_* 之下也是鞅。

评注 6.29

应用对任意随机变量 Y 和划分 $\mathscr{P}$ 成立的一般性质

$$E(E(Y \mid \mathscr{P})) = E(Y)$$

我们能推导出如下公式

$$H(0) = E_*((1+R)^{-N}H(N))$$

于是我们给出定理 6.16 的另一证明。

6.5 套期保值

6.5.1 欧式期权

让我们设身处地考虑期权的卖出者，他卖出一份基于二叉树模型的无套利价格的欧式看涨期权，其执行价格 $X=105$ 美元，施权时间 $N=3$，$S(0)=100$ 美元，$U=20\%$，$D=-10\%$，$R=10\%$。假定 $C_E(0)=23.3075$ 美元，期权的价格可以利用 CRR 公式计算。

期权的卖出者面临风险。如果在三个时段中的每一个时段股票价格都上涨，在时间 3，股票价格涨到 172.80 美元，那么他必须支付 67.80 美元给期权的持有者。当然，如果股票价格下跌，期权的卖出者可以得到期权费。为了使自己的头寸安全，期权的卖出者可以借助于复制策略进行套期保值。

可以但不必构造由支付逆向推导的复制资产组合的整个树。就目前的情况这样做并不难，但是对于有许多时点的大型树，进行这样的计算是一种浪费。相反地，我们能够以时间 0 为起点时段开始，跟随实际股票价格的变化，而不必对所有的状况进行分析。

在时间 0 构造第一个资产组合，需要求出时间 1 的看涨期权的价格，为此，我们再一次使用 CRR 公式

$$C_{\mathrm{E}}(1)=\begin{cases}33.9394 & \text{在 } B_{\mathrm{u}} \text{ 上}\\ 9.0358 & \text{在 } B_{\mathrm{d}} \text{ 上}\end{cases}$$

然后计算股票头寸

$$x(1)=\frac{C_{\mathrm{E}}^{\mathrm{u}}(1)-C_{\mathrm{E}}^{\mathrm{d}}(1)}{S^{\mathrm{u}}(1)-S^{\mathrm{d}}(1)}=0.8301$$

和货币市场头寸

$$y(1)=C_{\mathrm{E}}(0)-x(1)S(0)=-59.7045$$

实际上，为了对其服务进行补偿，期权的卖出者对期权收取的费用略微多于 $C_{\mathrm{E}}(0)=23.31$ 美元。

接下来，我们等到时间 1，检查股票价格。假设股票价格上涨到 $S^{\mathrm{u}}(1)$，股票头寸需要重新调整为

$$x^{\mathrm{u}}(2)=\frac{C_{\mathrm{E}}^{\mathrm{uu}}(2)-C_{\mathrm{E}}^{\mathrm{ud}}(2)}{S^{\mathrm{uu}}(2)-S^{\mathrm{ud}}(2)}=0.9343$$

于是，我们必须购买更多的股票，货币市场头寸变为

$$y^{\mathrm{u}}(2)=y(1)+\frac{1}{1+R}(x(1)-x^{\mathrm{u}}(2))S^{\mathrm{u}}(1)=-71.0744$$

然后，我们等到时间 2，再一次检查股票价格。假设股票价格下降到 $S^{\mathrm{ud}}(2)$，于是我们重新调整资产组合为

$$x^{\mathrm{ud}}(3)=\frac{C_{\mathrm{E}}^{\mathrm{udu}}(2)-C_{\mathrm{E}}^{\mathrm{udd}}(3)}{S^{\mathrm{udu}}(3)-S^{\mathrm{udd}}(3)}=0.7593$$

$$y^{\mathrm{ud}}(3)=y^{\mathrm{u}}(2)+\frac{1}{(1+R)^2}(x^{\mathrm{u}}(2)-x^{\mathrm{ud}}(3))S^{\mathrm{ud}}(2)=-55.4470$$

在时间 3 期权施权，假设股票价格再一次上涨，达到 $S^{udu}(3)=129.60$，我们准备结清所有头寸：

- 支付给期权的持有者 $-(S^{udu}(3)-X)=24.60$ 美元；
- 支付 $-y^{ud}(3)(1+R)^3=73.80$ 美元，结清货币市场头寸（连同利息）；
- 卖出 $y^{ud}(3)=0.7593$ 股股票，每股价值为 $S^{udu}(3)=129.60$ 美元，收到 $0.7593\times129.60=98.40$ 美元。

这三个交易的余额为零。

我们已经详细地分析了 udu 状况，不难确信无论出现哪一种状况都能够遵循类似的模式。作为期权的卖出者，我们能够对所有的风险套期保值。

练习 6.13

对于与前面相同的欧式看涨期权的 duu 状况，计算套期保值策略。

6.5.2 美式期权

我们利用与 6.5.1 节相同的数据，考虑执行价格 $X=100$，到期时间 $N=2$ 的美式看跌期权。对美式期权构造套期保值头寸比欧式期权的情况更困难，因为我们不能使用 CRR 模型并且我们必须计算整个期权价格树（在左边，我们给出股票价格，于是我们能够看到在这些情况行使期权时期权的价值）：

股票 $S(0)$	$S(1)$	$S(2)$	$S(3)$	期权 $P_A(0)$	$P_A(1)$	$P_A(2)$	$P_A(3)$
			172.8				0.000 0
		144				0.000 0	
	120		129.6		0.257 1		0.000 0
100		108		3.186 1		0.848 5	
	90		97.2		10.000 0		2.800 0
		81				19.000 0	
			72.9				27.100 0

对以 3.186 1 美元卖出一份期权，我们计算在套期保值资产组合中股票的头寸

$$x(1)=\frac{P_A^u(1)-P_A^d(1)}{S^u(1)-S^d(1)}=-0.3248$$

这表示卖空的股票股数。货币市场头寸包括卖出期权得到的期权费和卖空所得款项

$$y(1)=P_A(0)-x(1)S(0)=35.6624$$

我们等到时间 1 持有这个资产组合。假设股票价格下跌到 $S^d(1)$，期权的持有者可以选择施权或者不施权。如果施权，期权的卖出者必须支付 $X-S^d(1)=10$ 美元。在套期保值资产组合中结清的头寸将提供 $x(1)S^d(1)+y(1)(1+R)=10$ 美元，于是期权的卖出者将收支相抵。如果期权的持有者决定在时间 1 不施权，则

期权的卖出者需要重新调整资产组合为

$$x^{d}(2)=\frac{P_{A}^{du}(2)-P_{A}^{dd}(2)}{S^{du}(2)-S^{dd}(2)}=-0.6723$$

$$y^{d}(2)=y(1)+\frac{1}{1+R}(x(1)-x^{d}(2))S^{d}(1)=64.0955$$

将其持有到时间 2。假设股票在时间 2 继续下跌，价格变为 $S^{dd}(2)$。如果期权的持有者施权，期权的卖出者可以变现资产组合，得到 $x^{d}(2)S^{dd}(2)+y^{d}(2)(1+R)^{2}=23.1010$ 美元，远远超过 19 美元的期权回报。如果期权不施权，期权的卖出者再一次调整资产组合如下：

$$x^{dd}(3)=\frac{P_{A}^{ddu}(2)-P_{A}^{ddd}(3)}{S^{ddu}(3)-S^{ddd}(3)}=-1.0000$$

$$y^{dd}(3)=y^{d}(2)+\frac{1}{(1+R)^{2}}(x^{d}(2)-x^{dd}(3))S^{dd}(2)=86.0339$$

在时间 3，假设股票价格变为 $S^{ddd}(3)$。这时，期权的持有者将施权，期权的卖出者将得到变现套期保值资产组合的收入 $x^{dd}(3)S^{ddd}(3)+y^{dd}(3)(1+R)^{3}=41.6111$ 美元，再一次远远超过 27.10 美元的期权回报。

注意，在时间 1，当股票价格变为 $S^{d}(1)$ 时，如果期权持有者不施权，那么该套期保值策略提供的现金比在稍后时间卖出者施权的回报还要多。在时间 1，当股票价格为 $S^{d}(1)$ 时，期权的持有者更喜欢施权，收到 10 美元回报。如果期权的持有者还想拥有在时间 2 或者时间 3 能够施权的看跌期权，他可以只购买一份看跌期权，价格为

$$\frac{1}{1+R}(p_{*}P_{A}^{du}(2)+(1-p_{*})P_{A}^{dd}(2))=6.2718$$

保留 3.728 2 美元的差价。

虽然我们仅分析了 ddd 状况，对于其他的状况，我们可以遵循类似的模式构造套期保值的资产组合。

练习 6.14

对上面的美式看跌期权，针对状况 udd，计算套期保值策略。针对该状况，期权的持有者应该早点施权还是持有到到期日？

事例 6：讨论

首先，我们构建季度的资产组合变动的二叉树模型，其年度期望收益为 9%，标准差为 8.5%。取 3 个月（1 个季度）作为时段。我们需要求出使得 $S(4)=S(0)(1+K(1))(1+K(2))(1+K(3))(1+K(4))$ 成立的 U 和 D，这里 $K(n)$ 是与 $\{U,D\}$ 无关的随机变量。为此，我们把这些条件用公式表示为

$$E(S(4))=S(0)(1+9\%)$$

$$\mathrm{Var}\left(\frac{S(4)-S(0)}{S(0)}\right)=(8.5\%)^{2}$$

这是三个变量 p,U,D 的方程组。有很多解，最简单的解是假定 $p=0.5$，则得到

$U = 6.16\%, D = -1.80\%$（这里所有的值都是近似的）。季度无风险收益率 $R = 1.23\%$ 可由年利率 5%算出。这样得到风险中性概率 $p_* = 0.76$，我们得到如下的 $S(0) = 100$ 美元的二叉树

时间	0	1	2	3	4
单位价格					\$127.00
				\$119.63	
			\$112.69		\$117.48
		\$106.16		\$110.66	
	\$100		\$104.24		\$108.67
		\$98.20		\$102.37	
			\$96.43		\$100.52
				\$94.69	
					\$92.99

考虑构建资产组合的第一阶段（前 40 年）。假设在第一个季度末我们投资 1 000美元（这笔钱将变动，我们只考虑一个有代表性的金额）。从季度初的视角，我们将分析各种可能性，比较以现货价格、远期价格以及利用看涨期权得到的价格购买的单位数目。

远期价格为 $F(0,1) = 101.20$ 美元，于是我们可取得 $1\,000/101.2 = 9.88$ 单位的多头远期头寸。在这种情况下，我们在季度末拥有的单位数目是已知的，其价值是随机的，它对后续时段有影响。

如果我们考虑一个看涨期权，其执行价格等于第一个季度后的平均价格，为 102.18 美元，在期初和期末购买一份期权的成本分别为 $C = 2.99$ 美元和 $C = 3.03$ 美元。我们必须在季度初购买期权，但是投资将在期末执行，因此我们必须借钱。假设我们能够以无风险利率借钱，因为我们的钱正在以无风险利率投资并且从“基金”的一部分借入，因此无论怎样这都是一个可接受的假设。

我们需要决定购买多少看涨期权（另外，能够考察其他的执行价格）。例如，考虑 5 份期权。那么在“上涨”状态，我们以执行价格购买 5 份，花费 1 000 美元的余额以现货价格购买风险资产。例如，在“上涨”状态 1 000 美元转换成如下单位数：

$$5 + (1\,000 - 15.14 - 5 \times 102.18)/106.2 = 9.46$$

总结这些结果如下：

	无套期保值		远期		5 份看涨期权	
	交易单位	价值	交易单位	价值	交易单位	价值
上涨	9.42	\$1 000	9.88	\$1 048.70	9.46	\$1 004.75
下跌	10.18	\$1 000	9.88	\$970.08	10.03	\$984.86

含有看涨期权的策略没有显示出吸引力。

接下来，我们讨论利用衍生产品降低我们计划的第二阶段（最后的 20 年）的风险。在这个阶段，我们将逐渐变现头寸。在第二阶段开始时，我们拥有 40 年累计的 1 182 000 美元的资本（见事例 2）。假设在每个季度末我们支付自己相等的金

额（为了简单，以年为单位应用增长假设），于是，在第一年每季度支付 27 500 美元，1 年总计支付 110 000 美元（近似为 40 年末的年工资的 50%）。

我们着重考察一整年，为此我们考虑 4 期二叉树。假设初始的单位价格还是 100 美元，并且树的参数同上。前提假设是所有的钱都投资在风险资产上，于是我们有 11 820 交易单位。

考虑这样的策略，在二叉树的每个节点上，我们买入一定数量的看跌期权，其施权时间在下一个季度末，其执行价格等于该季度末单位价格的期望值，即分别为 102.18 美元、104.40 美元、106.68 美元、109.00 美元。这些单期看跌期权的回报为

时间	1	2	3	4
看跌期权回报				\$0
			\$0	
		\$0		\$0
	\$0		\$0	
		\$0.158 4		\$0.330 4
	\$3.979 5		\$4.310 2	
		\$7.973 9		\$8.477 7
			\$11.984 9	
				\$16.014 2

对应的看跌期权的价格为

时间	0	1	2	3
看跌期权价格				\$0
			\$0	
		\$0.037 4		\$0.078 0
	\$0.939 1		\$1.017 1	
		\$2.001 0		\$2.249 0
			\$6.069 0	
				\$10.153 4

对每一种状况，我们计算去掉卖出用于支付养老金、购买看跌期权的交易单位数量和施权的回报带来的交易单位数量以后的交易单位数量。例如，在第一个季度末的节点 d 的单位数为

$$11\ 820-\frac{27\ 500}{98.20}-\frac{5\ 000\times 0.939\ 1}{100}+\frac{5\ 000\times 3.979\ 5}{98.20}=11\ 696$$

我们继续以这种方式计算，该设置是路径依赖的：4 期后将有 16 个值。单位数乘以最终的资产价格，我们求得最终的财富。如果要使最差状况的价值最大化，使用 8 855 份看跌期权是最优的。

没有看跌期权的价值	0	8 855
最差价值	\$992 029.50	\$1 158 097.77
最好价值	\$1 380 541.07	\$1 369 584.85
平均值	\$1 174 733.86	\$1 212 799.96

另一种方法是买入在第四个季度末施权的美式期权。这里我们应该讨论有关执行价格和期权数目的各种可能性。如果执行价格高于 100.56 美元，那么在时间 0 施权是最优的，所以不研究这种情况。如果执行价格为 100 美元，期权的成本为 0.425 15 美元，且在时间 1 的状况 d 施权。在最坏情况下，最大化价值的最优美式看跌期权的份数为 51.253，该情况下，价值为 1 059 206.41 美元。购买具有较低的执行价格的看跌期权会更好。例如，如果执行价格为 95 美元，拥有 41 016 份看跌期权，相应的价值为 1 074 404.40 美元（这里期权是在 4 期末状况 dddd 下施权），这接近于我们能够得到的最好的结果。

第 7 章

一般的离散时间模型

事例 7

再次回到个人养老基金问题，我们知道在风险证券上投资虽然要面对不愿承担的风险，但具有高收益的优点。风险至少部分地能够利用衍生证券进行管理。我们已经使用期权卖出股票。而资产组合理论告诉我们在多种风险证券上投资的优点。分散化使风险降低，但是我们必须处理许多标的资产。这里，涉及的第一个问题是构建适当的模型。作为这方面研究的第一步，我们将构建只有两种股票的模型。

7.1 三叉树模型

二叉树模型的一般形式很自然地扩展到单时段收益 K 的可能取值为三个的情况。这个想法是指在任意给定的时段价格变动不仅可以上升或者下降，还可以取中间值。因此，概率空间为 $\Omega=\{\mathrm{u},\mathrm{m},\mathrm{d}\}$ ，其结果 u,m,d 发生的概率分别为 $p,q,1-p-q$ ，概率取决于使得 $0<p,q,p+q<1$ 的两个数 p,q 。

条件 7.1

收益率 K 是随机变量，形如

$$K^{\omega}=\begin{cases}U & \text{如果 } \omega=\mathrm{u}\\ M & \text{如果 } \omega=\mathrm{m}\\ D & \text{如果 } \omega=\mathrm{d}\end{cases}$$

这里 $D<M<U$ 。

这意味着 U 和 D 是对应于向上和向下的价格变动的收益率，和以前一样，而

M 为价格变动取中间值的收益率。正如二叉树模型的情况，如果存在多于一个风险资产，那么可能需要放松条件 $D < M < U$ 。

条件 7.2

无风险投资的单期收益率 R 在每个时间段是相同的，并且

$$D < R < U$$

因为 $S(1)/S(0) = 1 + K$ ，条件 7.1 意味着 $S(1)$ 取三个不同值，

$$S^{\omega}(1) = \begin{cases} S^{u}(1) = S(0)(1+U) & \text{如果 } \omega = u \\ S^{m}(1) = S(0)(1+M) & \text{如果 } \omega = m \\ S^{d}(1) = S(0)(1+D) & \text{如果 } \omega = d \end{cases}$$

> **练习 7.1**
>
> 证明条件 $D < R < U$ 等价于无套利。

7.1.1 定价

在二叉树模型中，我们成功地使用风险中性概率对未定权益定价。在三叉树模型中，风险中性概率（$p_*, q_*, 1 - p_* - q_*$）的条件 $E_*(K) = R$（参见定义 6.8）变为

$$p_*(U - R) + q_*(M - R) + (1 - p_* - q_*)(D - R) = 0 \tag{7.1}$$

这是一个具有两个变量的方程。一般地，该方程可能无解或者有使得 $p_*, q_*, 1 - p_* - q_* \in (0,1)$ 的无穷多解。

> **练习 7.2**
>
> 证明条件 $D < R < U$ 保证方程（7.1）存在使得三个概率 $p_*, q_*, 1 - p_* - q_*$ 都属于 $(0,1)$ 的解。

三元组（$p_*, q_*, 1 - p_* - q_*$）视为 $\mathbb{R}^3$ 中的向量，垂直于坐标为 $(U - R, M - R, D - R)$ 的向量，该向量表示以利用现金贷款融资购买的投资者持有 1 股股票的收益率表示的单期可能的获利（或损失）。这意味着（$p_*, q_*, 1 - p_* - q_*$）位于三角形 $\{(a,b,c): a,b,c \geqslant 0, a+b+c=1\}$ 内，且与垂直于收益向量 $(U-R, M-R, D-R)$ 的平面正交，如图 7.1 所示。条件 7.2 保证交集是非空的，因为包含向量 $(U - R, M - R, D - R)$ 的线不通过正卦限。在这种情况下，这个交集是一个线段，存在无穷多个风险中性概率。

对于风险中性概率，条件（7.1）的另一个解释如图 7.2 所示。如果质量 p_*，q_* 和 $1 - p_* - q_*$ 在实轴上点的坐标为 U, M 和 D ，那么质量的中心在点 R 。

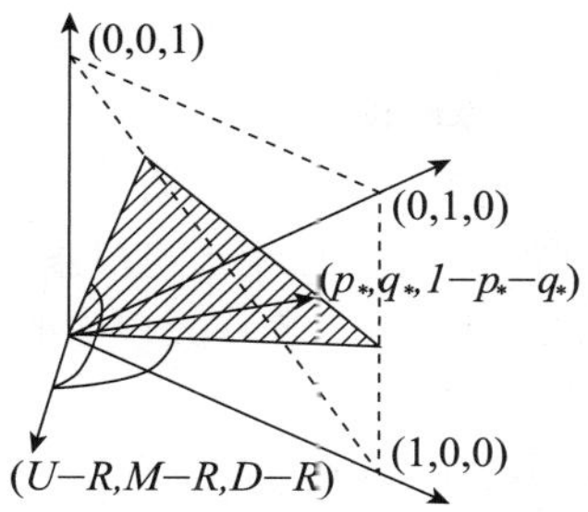

图 7.1　风险中性概率 p_*，q_* 的几何解释

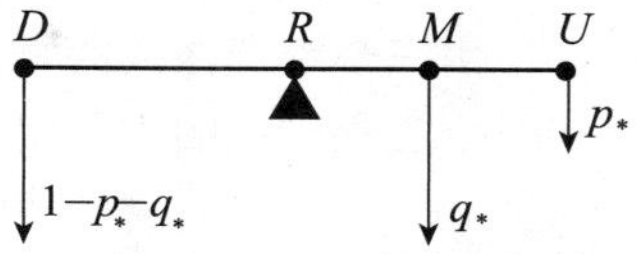

图 7.2　风险中性概率 p_*，q_* 的重心解释

练习 7.3

设 $U=0.2, M=0, D=-0.1, R=0$，求所有的风险中性概率。

在第 6 章，我们利用复制或在风险中性概率下求折现期望回报两种方法讨论了在二叉树模型中的衍生品定价问题。在三叉树模型下，存在许多不同的风险中性概率，这些风险中性概率产生与相应的折现期望回报对应的不同价值。然而，同时以两个不同价格交易的期权就会产生瞬时的套利机会。另外，复制方法也存在困难。在概率空间 $\Omega=\{\mathrm{u,m,d}\}$ 上的未定权益 $H(1)$ 取三个值 $H^{\mathrm{u}}(1), H^{\mathrm{m}}(1), H^{\mathrm{d}}(1)$。如果我们求资产组合 (x,y)，其价值 $V(1)$ 等于 $H(1)$，则同时得到关于两个变量 x, y 的三个方程

$$\begin{cases} xS^{\mathrm{u}}(1)+yA(0)(1+R)=H^{\mathrm{u}}(1) \\ xS^{\mathrm{m}}(1)+yA(0)(1+R)=H^{\mathrm{m}}(1) \\ xS^{\mathrm{d}}(1)+yA(0)(1+R)=H^{\mathrm{d}}(1) \end{cases}$$

一般地，该方程组可能无解。在这种情况下，利用复制方法定价失败。

7.1.2　两资产

正如我们在第 6 章见到的，二叉树模型非常适合于单个资产的价格变动的建模。然而，如果包含其他的风险资产，二叉树模型是不充分的，但对单期模型有效。两只股票的价格用 $S_1(n), S_2(n), n=0,1$ 表示。如果我们仍然用 $S_j(1)=S_j(0)(1+K_j), j=1,2$ 描述价格变动，其中每个 K_j 是定义在同一概率空间 $\Omega=\{\mathrm{u,d}\}$ 上的非常数随机变量，则随机变量 K_j 是完全相关的，相关系数为 1 或 −1。

练习 7.4

证明这个事实。

在实际的模型中，完全相关的收益率肯定是不可接受的。在三叉树模型中所有结论都不同。假设

$$\begin{cases} K_j^{\mathrm{u}} = U_j \\ K_j^{\mathrm{m}} = M_j \\ K_j^{\mathrm{d}} = D_j \end{cases}$$

那么，假设某些技术性的条件得到满足。现在，复制未定权益 $H(1)$ 是可行的。对由三个资产构成的资产组合 (x_1, x_2, y) ，其中 x_j 表示股票 j 的头寸，我们得到三个方程构成的方程组

$$\begin{cases} x_1 S_1^{\mathrm{u}}(1) + x_2 S_2^{\mathrm{u}}(1) + yA(0)(1+R) = H^{\mathrm{u}}(1) \\ x_1 S_1^{\mathrm{m}}(1) + x_2 S_2^{\mathrm{m}}(1) + yA(0)(1+R) = H^{\mathrm{m}}(1) \\ x_1 S_1^{\mathrm{d}}(1) + x_2 S_2^{\mathrm{d}}(1) + yA(0)(1+R) = H^{\mathrm{d}}(1) \end{cases} \tag{7.2}$$

方程组有三个未知数 x_1, x_2, y ，所以方程组可能有唯一解。风险中性概率方法也是可行的。如果我们要求两个收益率满足条件 $E_*(K_j) = R$ ，最后，我们得到关于 p_*, q_* 的两个方程构成的方程组：

$$\begin{cases} p_*(U_1 - R) + q_*(M_1 - R) + (1 - p_* - q_*)(D_1 - R) = 0 \\ p_*(U_2 - R) + q_*(M_2 - R) + (1 - p_* - q_*)(D_2 - R) = 0 \end{cases} \tag{7.3}$$

命题 7.3

当且仅当对每个权益复制方程组（7.2）有唯一解，风险中性概率的方程组（7.3）有唯一解。

练习 7.5

证明命题 7.3。

例 7.4

假设 $S_1(0) = S_2(0) = 30$, $U_1 = 20\%, M_1 = 10\%, D_1 = -10\%, U_2 = -5\%, M_2 = 15\%, D_2 = 10\%$ 。假设 $R = 5\%$ 。考虑执行价格为 32 的 S_1 的看涨期权，于是 $C^{\mathrm{u}}(1) = 4$, $C^{\mathrm{m}}(1) = 1$, $C^{\mathrm{d}}(1) = 0$ 。

用于复制的资产组合为 $x_1 = 0.259\,26, x_2 = -0.370\,37, y = 4.973\,54$ 。风险中性概率为 $p_* = 0.166\,67, q_* = 0.388\,89, 1 - p_* - q_* = 0.444\,44$ 。

通过对复制的资产组合取初始值或者利用风险中性概率求折现的期望回报，我们能够计算期权的价格。每一种方法都得出 $C(0) = 1.640\,2$ 。

但是，如下的例子表明，对于上面的方程组来说，不一定存在唯一解。

例 7.5

取与上面的例子相同的数据，但股票 S_2 的取值不同，即假设 $U_2 = 10\%$, $M_2 = 5\%, D_2 = -20\%$ 。两个方程组都有唯一解，但是数 $p_* = 2, q_* = -0.833\,33$,

$1-p_*-q_*=-0.16667$ 不表示概率。此时，复制的资产组合为 $x_1=1.55556$，$x_2=-1.11111, y=-14.5032$，利用每一种方法得到的期权价格是相同的，但是取值为负：$C(0)=-1.2698$。当然，这违背了无套利原则。

在本章的最后，我们证明与无套利原则一致、可作为定价问题依据的两个定理。

练习 7.6

假设收益率为 $U_1=15\%, M_1=5\%, D_1=-10\%, U_2=20\%, M_2=12\%, D_2=-20\%, R=5\%$。求风险中性概率。

7.2 一般模型

本节专门描述所谓的一级市场，它包含基础证券（也称标的证券）诸如股票，还有货币市场账户。然后，我们将其扩展为包含未定权益（衍生证券）的市场。股票价格是外生给定的，衍生证券价格作为内生变量，利用标的资产模型得到。

与第 6 章一样，我们假设时间按照长度为 h 的固定时段运行。对于各种时间依赖的变量，我们将简化记号，用 n 代替第 n 个时段的时间 $t=nh$。例如，我们用 $A(n)$ 代替 $A(nh)$。

设有 m 种可交易的风险资产，这些资产被称为股票。在时间 $n=0,1,2,\cdots$，它们的价格记为 $S_1(n),\cdots,S_m(n)$。另外，投资者可投资于无风险资产。除非另作说明，我们取在无风险资产上的初始投资为一个本国货币单位，$A(0)=1$。因为货币市场账户可利用债券产生（见第 2 章），我们经常把无风险投资看做债券头寸，为简便，把 $A(n)$ 看做债券在时间 n 的价格。

风险资产 $1,\cdots,m$ 的头寸分别用 $x_1,\cdots,x_m$ 表示，无风险头寸用 y 表示。投资者在时间 n 持有的这些头寸的价值为

$$V(n)=\sum_{j=1}^{m} x_j S_j(n)+yA(n)$$

自然地，我们引入一些假设。

假设 7.6（随机性）

对任意 $n=1,2,\cdots$，股票的未来价格 $S_1(n),\cdots,S_m(n)$ 是随机变量。债券的未来价格 $A(n)$ 是已知数。

假设 7.7（价格的正性）

所有股票和债券的价格都是严格正的，即

$$S(n) > 0 \text{ 和 } A(n) > 0 \quad \text{当 } n = 0,1,2,\cdots \text{ 时}$$

假设 7.8（可分性、流动性和卖空）

投资者买入、卖出和持有的每种股票的数量 $x_k, k = 1,2,\cdots,m$ 和持有无风险证券的头寸 y 都是任意数（可以是整数、分数、负数、正数或者零）。其含义是

$$x_1,\cdots,x_m,y \in \mathbb{R}$$

假设 7.9（离散单元价格）

对每一个 $n=0,1,2,\cdots$，股票价格 $S_1(n),\cdots,S_m(n)$ 是仅取有限多个数值的随机变量。在数学上，需要利用有限的概率空间 Ω 获得。

7.2.1 投资策略

在任意时段，通过卖出资产并将所得款项投资于其他资产，能够改变投资者持有风险资产和无风险资产的头寸。在现实生活中，现金可以从资产组合中取出用于消费，也可以从其他来源注入。因此，为了使模型尽可能简单，我们假设在模型中没有发生资金消费和资金注入。

投资者在考虑什么时候调整资产组合以及买入或者卖出多少资产时，都要根据当前可利用的信息作出决策。我们将要排除投资者能够预测未来的可能性，以及投资者凭借内部信息进行投资的可能性。所有关于市场的历史信息，截至及包含特殊的交易决策执行的瞬间的信息都可以自由地利用。

例 7.10

令 $m=2$，假设在某个市场状况：

$$S_1(0)=60, S_1(1)=65, S_1(2)=75$$
$$S_2(0)=20, S_2(1)=15, S_2(2)=25$$
$$A(0)=100, A(1)=110, A(2)=121$$

在时间 0，初始财富 $V(0)=3\,000$ 美元投资于 $x_1(1)=20$ 股的股票 1，$x_2(1)=65$ 股的股票 2 和 $y(1)=5$ 份的债券构成的资产组合。为了符号上的方便，我们使用 1 而不是 0 作为参数来表示在时间 0 产生的头寸 $x_1(1), x_2(1)$ 和 $y(1)$，以

便反映在第一时段将持有该资产组合。在时间 1，该资产组合的价值为 $V(1)=20\times65+65\times15+5\times110=2\,825$ 美元。当初，只要总价值仍为 2 825 美元，就可以通过买入或者卖出资产组合中的一些资产改变资产的数量。例如，我们能够构建一个新的资产组合，该资产组合是由在第二时段内持有的 $x_1(2)=15$ 股股票 1，$x_2(2)=94$ 股股票 2 和 $y(2)=4$ 份债券构成的。在时间 2，这个资产组合的价值为 $V(2)=15\times75+94\times25+4\times121=3\,959$ 美元，股票和债券的头寸可以再次调整，只要总价值保持 3 959 美元，如此继续下去。但是，如果原来的资产组合不调整，则在时间 1 资产组合的价值为 2 825 美元，在时间 2 资产组合的价值为 3 730 美元。

定义 7.11

资产组合（portfolio）是一个向量 $(x_1(n),\cdots,x_m(n),y(n))$，它表示投资者在时间 $n-1$ 和时间 n 之间持有的股票和债券的数量。用 $n=1,2,\cdots$ 标识的资产组合序列称为**投资策略**（investment strategy）。在时间 $n\geqslant1$，投资者的**财富**（wealth）或者**策略的价值**（value of the strategy）为

$$V(n)=\sum_{j=1}^{m}x_j(n)S_j(n)+y(n)A(n)$$

在时间 $n=0$，**初始财富**（initial wealth）为

$$V(0)=\sum_{j=1}^{m}x_j(1)S_j(0)+y(1)A(0)$$

仅使用标的资产的策略有时称为 (x,y) 策略。

在任意时期，只要保持当前的资产组合的价值不变，就都可以通过买入或者卖出某些资产来调整资产组合的头寸。

定义 7.12

投资策略被称为**自融资的**（self-financing），如果在时间 $n\geqslant1$ 构成的在下一个时段 $n+1$ 持有的资产组合完全是由当前财富 $V(n)$ 融资所得，即

$$\sum_{j=1}^{m}x_j(n+1)S_j(n)+y(n+1)A(n)=V(n) \tag{7.4}$$

例 7.13

设股票和债券的价格与例 7.10 相同，设初始财富 $V(0)=3\,000$ 美元，投资购买第一种股票 $x_1(1)=18.22$ 股，卖空第二种股票 $x_2(1)=-16.81$ 股，购买债券 $y(1)=22.43$ 份。在时间 1，这个资产组合的价值为 $V(1)=18.22\times65-16.81\times15+22.43\times110=3\,399.45$ 美元，投资者将从卖空的股票价格下跌中获利。这个例子表明允许资产组合中资产的数量为分数或者负数。

正如已有的假设，我们对于数 $x_1(n),\cdots,x_m(n),y(n)$ 不附加任何限制。它们可以取非整数值的事实被认为具有**可分性**（divisibility）。负数 $x_j(n)$ 意味着卖空股

票 j 的数量（换言之，取得股票 j 的空头头寸），$y(n)$ 为负数对应于借入现金（在货币市场上取得空头头寸，例如，利用发行或者卖出债券）。这些数量的大小没有限制意味着市场是**流动的**（liquid），即在任何时间每一种类型的资产买入和卖出的数量都是任意的。

在实践中，为控制卖空，证券交易所可以对卖空采取一些措施加以控制。通常，投资者必须存入卖空数量的一定百分比作为保证金来弥补可能的损失。如果损失超过保证金，头寸一定被平仓。特别地，当保证金没有利息收入时，它对资产组合带来了负担。但是，这种限制不涉及为主要的金融机构而工作的交易商，他们持有较小投资者寄存的大量股份。这些股份可以在内部借入而非卖空。

例 7.14

我们继续假设股票价格的状况如同例 7.10。假设卖空第一种股票 20 股，$x_1(1)=-20$，投资者将获得 20×60＝1 200 美元现金，但必须支付证券保证金，比如说 50%，即 600 美元。一个时段以后，她将蒙受损失 20×65－1 200＝100 美元。这将从保证金中扣除，通过收回余额 600－100＝500 美元，结清头寸。另一方面，如果卖空第二种股票 60 股，即 $x_2(1)=-60$，那么一个时期以后，投资者将获得 1 200－60×15＝300 美元利润。结算头寸，最终财富为 600＋300＝900 美元。在这两种情况下，最终的余额应该减去 600×0.1＝60 美元，这是如果将保证金投资于货币市场所能获得的利息。

在时间 n，投资者构造资产组合时并不知道股票的未来价格。投资决策依据市场提供的数据以及对未来的预测。正如第 6 章二叉树模型的情况一样，这可以利用术语“划分”的定义。不用做任何改变，划分的定义 6.1 可以扩展到任意有限概率空间 Ω。

通过捕捉在时间 n 内（包含时间 n）由一些股票的价格提供的信息，可以构造如下的划分。取任意的 $\omega\in\Omega$ 并且考虑在所有时间 $0,1,\cdots,n$ 状况 ω_1 下所有股票的价格。然后，考虑所有状况 $\omega\in\Omega$ 的集合 B_1，满足在所有时间 $0,1,\cdots,n$ 状况 ω 下所有股票的价格与状况 ω_1 下所有股票的价格相同。接下来，取任意 $\omega_2\in\Omega\setminus B_1$，重复这个过程得到 Ω 的另一个子集 B_2。再次重复这一过程直到取尽 Ω 的所有元素。结果集 $B_1,B_2,\cdots$ 构成 Ω 的划分，将其表示为 $\mathscr{P}_n$。

现在，我们即将给出不涉及股票未来价格的任何信息的策略的正式定义。

定义 7.15

投资策略称为**可预测的**（predictable），如果对每一个 $n=0,1,2,\cdots$，在时间 n 构造的资产组合 $(x_1(n+1),\cdots,x_m(n+1),y(n+1))$ 在划分 $\mathscr{P}_n$ 的每一个分支上都是常数。

下面的命题证明在可预测的、自融资策略的资产组合中的无风险资产头寸总可由初始财富和风险资产头寸确定。

命题 7.16

给定初始财富 $V(0)$ 和可预测的风险资产头寸序列 $(x_1(n),\cdots,x_m(n))$，$n=1$，

2,⋯，总可以求出无风险资产头寸序列 $y(n)$，使得$(x_1(n), \cdots, x_m(n), y(n))$是可预测的、自融资投资策略。

证明

令

$$y(1)=\frac{V(0)-x_1(1)S_1(0)-\cdots-x_m(1)S_m(0)}{A(0)}$$

然后计算

$$V(1)=x_1(1)S_1(1)+\cdots+x_m(1)S_m(1)+y(1)A(1)$$

接下来，令

$$y(2)=\frac{V(1)-x_1(2)S_1(1)-\cdots-x_m(2)S_m(1)}{A(1)}$$

求得

$$V(2)=x_1(2)S_1(2)+\cdots+x_m(2)S_m(2)+y(2)A(2)$$

如此继续下去。显然，定义了一个自融资策略。该策略是可预测的，因为 $y(n+1)$ 可以表示为直到时间 n 的股票和债券的价格：

$$y(n+1)=\frac{V(n)-x_1(n+1)S_1(n)-\cdots-x_m(n+1)S_m(n)}{A(n)}$$

□

练习 7.7

在可预测的、自融资的投资策略的第一和第二时段期间，求投资者持有的债券数 $y(1)$ 和 $y(2)$。其初始价值 $V(0)=200$ 美元，风险资产头寸如下：

$x_1(1)=35.24$，$x_1(2)=-40.50$

$x_2(1)=24.18$，$x_2(2)=10.13$

如果各状况的资产价格与例 7.10 中的资产价格相同，求该策略在时间 1 的价值 $V(1)$ 和时间 2 的价值 $V(2)$。

例 7.17

再一次，假设各状况的债券和股票价格与例 7.10 相同。如果金额 $V(0)=100$ 美元投资于 $x_1(1)=-12, x_2(1)=31, y(1)=2$ 的资产组合，则将导致无力偿还，因为该资产组合在时间 1 的价值为负，$V(1)=-12\times65+31\times15+2\times110=-95$ 美元。

在现实中，不可能构建这样的资产组合。不允许有空头头寸，除非在任意时间、任何状况（如果有必要，通过卖出资产组合中的其他资产获得现金）都能够结算。

定义 7.18

策略被称为**可允许的**（admissible），如果它是自融资的、可预测的，而且对

每一个 $n=0,1,2,\cdots$

$$V(n)\geqslant 0$$

的概率为 1。

练习 7.8

考虑由一种无风险资产和一种风险资产构成的市场，并且无风险资产的价格为 $A(0)=10$ 美元，$A(1)=11$ 美元，风险资产的价格为 $S(0)=10$ 美元，$S(1)=13$ 美元或 9 美元。在 x,y 平面上画出所有资产组合 (x,y) 的集合，使得包含风险头寸 x，无风险头寸 y 的单期策略是可允许的。

7.2.2 无套利原则

我们准备确切地阐述有关金融中的所有数学模型的基本原则。把第 1 章的单期无套利原则推广到具有多个时段和多个风险资产的模型。而资产组合的概念完全可以阐述单期的情况，在一般情况下，我们需要使用构成可允许的投资策略的资产组合序列。这是因为投资者可以在每一个时段调整头寸。

假设 7.19（无套利原则）

对某一个 $n=1,2,\cdots$，不存在可允许的策略，使得 $V(0)=0,V(n)>0$ 具有正概率。

练习 7.9

如果存在自融资的、可预测的策略，其初始价值 $V(0)=0$，终值 $V(2)\geqslant 0$，使得 $V(1)<0$ 具有正的概率，证明违背无套利原则。

练习 7.9 中的策略不是可允许的，因为 $V(1)$ 可能是负的。事实上，这个假设对于无套利原则的表述并不是必不可少的。每当存在可预测的、自融资策略，使得对某个 $n>0$，有 $V(0)=0$ 且 $0\neq V(n)\geqslant 0$ 时，都能够求出一个产生套利机会的可允许的策略。

练习 7.10

考虑含有一种无风险资产和一种服从二叉树模型的风险资产的市场。假设每当股票价格上涨时，你都能知道下一个时期股票价格将下跌，求自融资的（但不必是可预测的）策略，使得 $V(0)=0,V(1)\geqslant 0$ 且 $0\neq V(2)\geqslant 0$。

这个练习表明可预测性是无套利原则的一个基本假设。能够预测将来股票价格行为的投资者（这里，如果在一个时期股票价格下跌，你能够预测下一个时期股票价格将会怎样）总可以找到合适的投资策略以确保获得无风险利润。

练习 7.11

考虑一个具有一种无风险资产和一种风险资产的市场，无风险资产的价格为 $A(0)=100$ 美元，$A(1)=110$ 美元，$A(2)=121$ 美元，风险资产的价格有以下三个可能的状况：

状况	$S(0)$	$S(1)$	$S(2)$
ω_1	100	120	144
ω_2	100	120	96
ω_3	100	90	96

如果 a）不存在卖空限制，b）风险资产不允许卖空。是否存在套利机会？

练习 7.12

假设债券和股票价格与练习 7.11 相同，如果股票允许卖空，但资产组合中每一种资产的数量必须是整数，是否存在套利策略？

练习 7.13

假设债券和股票价格与练习 7.11 相同，如果股票允许卖空，但在股票交易时交易成本是交易量的 5%，是否存在套利策略？

7.3 资产定价基本定理

我们只关注简单的单期模型。下面给出的证明包含了一般情况下的基本思想。这些证明是基本的但并不容易。在某种程度上，它们超出了本书的平均难度水平。

7.3.1 第一基本定理

我们现在将要用公式表示并证明的数理金融的第一基本定理提供了无套利的等价条件。这个定理概括了在第 6 章中对二叉树模型证明的结果，在第 6 章，无套利被证明等价于 $D<R<U$，又等价于风险中性概率 $p_*=\dfrac{R-D}{U-D}$，满足 $0<p_*<1$。

这里，我们假设 Ω 有 n 个元素 $\omega_1,\cdots,\omega_n$，并且 Ω 上的概率可以利用满足

$\sum_{j=1}^{n} p_j = 1$ 的正数向量 $(p_1,\cdots,p_n)$ 描述，p_i 是状况 ω_i 的概率，$i=1,\cdots,n$ 。

定义 7.20

我们说概率 $(p_1^*,\cdots,p_n^*)$ 是风险中性的，如果 $0<p_i^*<1$ ，$i=1,\cdots,n$ 并且对所有的 i 有

$$E_*(S_i(1)) = S_i(0)(1+R)$$

成立，其中 E_* 表示在概率 $(p_1^*,\cdots,p_n^*)$ 下计算的期望值。

定理 7.21

当且仅当存在风险中性概率 $(p_1^*,\cdots,p_n^*)$ 时无套利。

证明

首先，假设存在风险中性概率 $(p_1^*,\cdots,p_n^*)$ ，考虑 $V(0)=0$ 且 $V(1)\geqslant 0$ 的资产组合。计算

$$\begin{aligned}E_*(V(1)) &= \sum_{j=1}^{n}\Big(\sum_{i=1}^{m} x_i S_i^{\omega_j}(1)\Big)p_j^* = \sum_{i=1}^{m} x_i \Big(\sum_{j=1}^{n} S_i^{\omega_j}(1)p_j^*\Big)\\ &= \sum_{i=1}^{m} x_i E_*(S_i(1)) = (1+R)\sum_{i=1}^{m} x_i S_i(0)\\ &= (1+R)V(0) = 0\end{aligned}$$

这暗含对所有的 ω ，$V(1)=0$ ，因为非负随机变量的期望值为零等同于随机变量为零（在有限概率空间范围内）。这意味着不可能找到套利机会。

为证相反的结论，假设无套利。集合 V 由所有折现的资产组合的收益

$$G = \sum_{i=1}^{n} x_i \Big(\frac{S_i(1)}{1+R} - S_i(0)\Big)，\text{其中 } x_1,\cdots,x_n \in \mathbb{R}$$

构成，集合 V 是一个向量空间，可将其等同于由 G 构成的 $\mathbb{R}^n$ 的子空间，G 等同于 $\mathbb{R}^n$ 中的向量 $(G^{\omega_1},\cdots,G^{\omega_n})$ 。

我们断言 V 中的每一个元素 G 有如下的性质：对所有的 $\omega\in\Omega$ ，如果 $G^{\omega}\geqslant 0$，则对所有的 $\omega\in\Omega$ ，有 $G^{\omega}=0$ 成立。实际上，假设

$$G^{\omega} = \sum_{i=1}^{n} x_i \Big(\frac{S_i^{\omega}(1)}{1+R} - S_i(0)\Big) \geqslant 0$$

对所有的 $\omega\in\Omega$ 成立。假设由风险资产的头寸 $x_1,\cdots,x_n$ 和合适的货币市场头寸 y 构成的资产组合的初始财富 $V(0)=0$ 。这个资产组合的最终价值的折现值为

$$\begin{aligned}\widetilde{V}(1) &= \frac{1}{1+R}\sum_{i=1}^{n} x_i S_i(1) + y\\ &= \frac{1}{1+R}\sum_{i=1}^{n} x_i S_i(1) + y - V(0)\\ &= \sum_{i=1}^{n} x_i \Big(\frac{S_i(1)}{1+R} - S_i(0)\Big) = G \geqslant 0\end{aligned}$$

因此，为避免套利，$V(1)$ 必须恒等于零，同样地，G 也恒为零，这样就证明了这个断言。

我们考虑 Ω 上的所有概率构成的集合

$$A = \Big\{(q_1,\cdots,q_n): \sum_{i=1}^{n} q_i = 1, q_i \geqslant 0\Big\}$$

我们将在 A 中找出坐标严格为正且正交于 V 的向量（$p_1^*,\cdots,p_n^*$）。这个向量的坐标给出我们所需要的概率 p_i^*，因为正交意味着（$p_1^*,\cdots,p_n^*$）与（$G^{\omega_1},\cdots,G^{\omega_n}$）的内积为零，即

$$E_*(G)=\sum_{i=1}^{n}p_i^*G^{\omega_i}=0$$

对所有 G 成立。特别地，如果 $x_i=1,x_k=0,k\neq i$，则 $G=\dfrac{S_i(1)}{1+R}-S_i(0)$，于是 $E_*(S_i(1))=S(0)(1+R)$，$i=1,\cdots,m$。这样的向量可由如下的引理 7.22 得出。实际上，A 是 $\mathbb{R}^n$ 中的凸紧集，$A\cap V=\varnothing$。根据引理，存在一个与 V 正交的 $z\in\mathbb{R}^n$，使得 $\sum_{i=1}^{n}z_ia_i>0$ 对所有 $a\in A$ 成立。对于任意的 $j=1,\cdots,n$，通过取定 $a\in A$，使得 $a_j=1$（那么 $a_k=0$，对于所有的 $k\neq j$），得到 $z_j>0$。
令

$$p_j^*=\frac{z_j}{\sum_{i=1}^{n}z_i}$$

证毕。 □

引理 7.22

如果 $A\subset\mathbb{R}^n$ 是凸紧集，V 是与 A 不相交的 $\mathbb{R}^n$ 中的向量子空间，那么存在 $z\in\mathbb{R}^n$，使得对于所有的 $a\in A$，有 $\langle z,a\rangle=\sum_{i=1}^{n}z_ia_i>0$，且对所有的 $v\in V$，有 $\langle z,v\rangle=\sum_{i=1}^{n}z_iv_i=0$。（这里 $\langle\cdot,\cdot\rangle$ 表示 $\mathbb{R}^n$ 中的内积。）

证明

考虑集合

$$A-V=\{a-v:a\in A,v\in V\}$$

因为 A 和 V 不相交，所以 $0\notin A-V$。

接下来，我们能够看到 $A-V$ 是凸闭集，因为 A 和 V 都是凸闭集。更详细地，如果 $x,y\in A-V,x=a-v,y=b-w$，那么 $\alpha x+(1-\alpha)y=\alpha a+(1-\alpha)b-[\alpha v+(1-\alpha)w]\in A-V$，至此证明了凸性。为了证明 $A-V$ 是闭集，取序列 $x_n\in A-V$ 收敛于某个 $x\in\mathbb{R}^n$，则 $x_n=a_n-v_n$，因为 A 是紧的，序列 a_n 有收敛的子序列 $a_{n_k}\to a$，于是 v_{n_k} 也收敛于某个 $v\in\mathbb{R}^n$。序列 x_n 的极限一定与 x_{n_k} 的极限相同，于是 $x=a-v\in A-V$，这样就证明了 $A-V$ 是闭的。

现在，取 z 为 $A-V$ 中离 0 最近的元素。对于 $A-V$ 中任意其他元素 c，我们有 $|c|\geqslant|z|>0$（注意 $0\notin A-V$）。这样的元素 z 的存在性可由映射 $x\mapsto|x|$ 的连续性得出，z 在 $A-V$ 中是严格正的，因为 $A-V$ 是闭的，存在最小值且最小值不为零。考虑顶点为 $0,z,c$ 的三角形。我们将证明 $\langle z,c\rangle\geqslant\langle z,z\rangle=|z|^2>0$。图 7.3 很好地解释了这一想法。我们有

$$\langle z,c\rangle=|z|\,|c|\cos\alpha=|z|\,|c|\frac{|z|}{|y|}=|z|^2\frac{|c|}{|y|}$$

这里，三角形 $0,z,y$ 在 z 点有一个直角，因此足以看出 $|c|\geqslant|y|$。假设 $|c|<|y|$。连接 c 和 z 的线段包含在凸集 $A-V$ 中。但是线段与以原点为中心、$|z|$ 为

半径的球的内部相交。于是这个线段包含一个与 0 点的距离严格小于 $|z|$ 的点，这与 z 的定义矛盾。

这给出 $\langle z,a-v\rangle=\langle z,a\rangle-\langle z,v\rangle\geqslant\langle z,z\rangle$，对每一个 $v\in V$ 成立。而 V 是一个向量空间，所以对每一个 n，有 $nv\in V$，这说明除非 $\langle z,v\rangle=0$，否则不等式不可能成立。这样又得出 $\langle z,a\rangle\geqslant\langle z,z\rangle>0$ 成立，证毕。 □

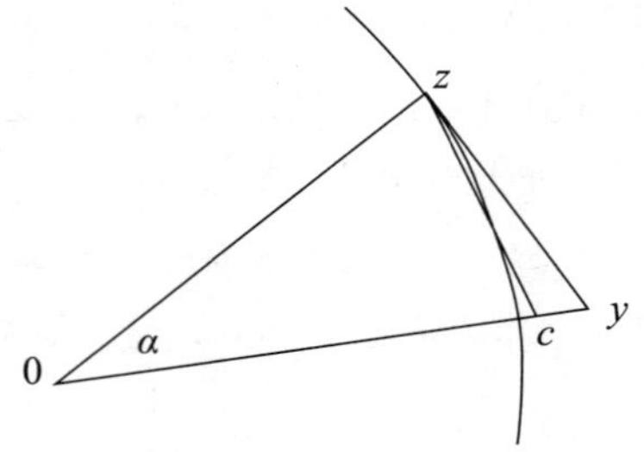

图 7.3　线段 z，c 与以原点 0 为中心、以 $|z|$ 为半径的球相交

7.3.2　第二基本定理

在 7.1 节，我们已经看到只有一个股票的单期三叉树模型不可能通过复制一个给定的未定权益求出资产组合。而二叉树模型允许复制所有权益。对于两个股票的三叉树模型也具有这个性质。

定义 7.23

如果对于每一个欧式未定权益都存在一个用于复制的资产组合，则一个市场模型被称为完全的。

为了定价，复制是所期望的属性。在简单（二叉树）情况下推导出来的定价公式表明权益的价格可以利用风险中性概率的期望表示。唯一的风险中性概率给出唯一的价格，并且可以预期这将与复制的可能性一致。下面的定理与这一想法密切相关。

定理 7.24

当且仅当存在唯一的风险中性概率 $(p_1^*,\cdots,p_n^*)$ 时，模型是无套利的且是完全的。

证明

无套利暗含存在风险中性概率 $(p_1^*,\cdots,p_n^*)$。我们将证明在一个完全的模型中，这样的向量是唯一的。我们固定任何 $\omega\in\Omega$，且考虑一个回报 $H(1)=\mathrm{I\!I}_{\{\omega\}}$ 为单元素集合 $\{\omega\}$ 的指示函数的权益。根据完全性，存在一个资产组合 (x,y)，使得 $H(1)=xS(1)+y(1+R)$。在 $(p_1^*,\cdots,p_n^*)$ 之下，等式两边取期望，得到

$$\begin{aligned}p_j^*&=E_*(\mathrm{I\!I}_{\{\omega\}})=E_*(xS(1)+y(1+R))\\&=xE_*(S(1))+y(1+R)=xS(0)(1+R)+y(1+R)\end{aligned}\tag{7.5}$$

因为 $E_*(S(1))=S(0)(1+R)$ 对于任何风险中性概率都成立。这表明风险中性概率是唯一的。

为证相反的结论，假设（$p_1^*,\cdots,p_n^*$）是唯一的风险中性概率且假设存在一个不能被复制的权益 $H(1)$。我们的目标是构造一个不同于（$p_1^*,\cdots,p_n^*$）的风险中性概率（$q_1^*,\cdots,q_n^*$）。考虑在时间 1 所有资产组合的价值构成的集合 $V=\{V(1):(x,y)\in R^{n+1}\}$，使 $H(1)\notin V$。这些价值形成了 $\mathbb{R}^n$ 的向量子空间（随机变量 $V(1)$ 等同于向量 $(V^{\omega_1}(1),\cdots,V^{\omega_n}(1))$）。这个子空间包含向量 $\mathbf{1}=(1,\cdots,1)$，因为如果 $x=0,y=\dfrac{1}{1+R}$，则对所有状况 $\omega\in\Omega$，都有 $V^{\omega}(1)=1$ 成立。我们在 $\mathbb{R}^n$ 中定义内积 $\langle z,w\rangle=\sum_{i=1}^{n} z_j w_j p_j^*=E_*(zw)$，利用引理 7.22 和 $A=\{C\}$，得到 $z\in\mathbb{R}^n$ 使得 $\langle z,C\rangle>0$ 且 $\langle z,v\rangle=0$ 对所有 $v\in V$ 都成立。特别地，后者暗含 $\langle z,\mathbf{1}\rangle=E_* z=0$，而前者的条件保证 $z\neq 0$。现在我们可以定义一个不同于（$p_1^*,\cdots,p_n^*$）的风险中性概率：

$$q_j^*=\left(1+\frac{z_j}{2a}\right)p_j^*$$

这里 $a=\max_{\omega_j\in\Omega}|z_j|$。这是一个概率，因为

$$\begin{aligned}\sum_{j=1}^{n} q_j^* &= \sum_{j=1}^{n} p_j^* + \sum_{j=1}^{n} \frac{z_j}{2a}p_j^* \\ &= 1+\frac{1}{2a}E_*(z)=1\end{aligned}$$

显然 $-a\leqslant z_j$，所以数 $1+\dfrac{z_j}{2a}$ 总是正的，而且至少有一个 j 值不等于1，因为向量 z 非零，因此，对至少一个 j 使得 $q_j^*\neq p_j^*$ 且对所有的 j 有 $0<q_j^*$。最后，我们验证（$q_1^*,\cdots,q_n^*$）的风险中性的特性：

$$\begin{aligned}\sum_{j=1}^{n} S^{\omega_j}(1)q_j^* &= E_*\left(\left(1+\frac{z}{2a}\right)S(1)\right) \\ &= E_*(S(1))+\frac{1}{2a}E_*(zS(1)) \\ &= S(0)(1+R)\end{aligned}$$

因为 $S(1)$ 属于 V（取 $x=1,y=0$），于是 $E_*(zS(1))=\langle z,S(1)\rangle=0$，证毕。

□

7.4 扩展模型

基本市场模型是基于交易 m 个股票和货币市场账户。这里，我们要引入未定权益作为可交易资产，就需要适当地扩展模型。

除了基本资产外，假设还有 k 个具有相同施权日 N 的欧式未定权益。它们由回报 $H_i(N),i=1,\cdots,k$ 确定。未定权益能够交易，所以我们需要把它们加入到资产组合中。未定权益的头寸用 $z_1,\cdots,z_k$ 表示。除此以外，我们保持如同基本市场的类似的模式。

假设 7.25（可分性、流动性和卖空）

投资者可以买入、卖出和持有任意数量的未定权益（无论是整数或者分数、负数、正数或者零）。一般地

$$z_1, \cdots, z_k \in \mathbb{R}$$

定义 7.26

资产组合（portfolio）是向量

$$(x_1(n), \cdots, x_m(n), y(n), z_1(n), \cdots, z_k(n))$$

表示在时间 $n-1$ 和 n 之间投资者持有的基本证券头寸、货币市场账户头寸和衍生证券的头寸。用 $n=1,2,\cdots$ 标识的资产组合序列称为**扩展的投资策略**（extended investment strategy）。在时间 $n \geqslant 1$，投资者的财富或者扩展策略的价值为

$$V(n) = \sum_{j=1}^{m} x_j(n)S_j(n) + y(n)A(n) + \sum_{i=1}^{k} z_i(n)H_i(n)$$

在时间 $n=0$，**初始财富**（initial wealth）由下式给出：

$$V(0) = \sum_{j=1}^{m} x_j(1)S_j(0) + y(1)A(0) + \sum_{i=1}^{k} z_i(1)H_i(0)$$

定义 7.27

扩展的投资策略称为是**自融资的**（self-financing），如果在时间 $n \geqslant 1$ 构建的持有到下一时段 $n+1$ 的资产组合完全由当前财富 $V(n)$ 融资，即

$$\sum_{j=1}^{m} x_j(n+1)S_j(n) + y(n+1)A(n) + \sum_{i=1}^{k} z_i(n+1)H_i(n) = V(n)$$

定义 7.28

扩展的投资策略称为是**可预测的**（predictable），如果对每一个 $n=0,1,2,\cdots$，在时间 n 构建的资产组合

$$(x_1(n+1), \cdots, x_m(n+1), y(n+1), z_1(n+1), \cdots, z_k(n+1))$$

在划分 $\mathscr{P}_n$ 的每一个分支上都为常数（$\mathscr{P}_n$ 的结构参见 7.2.1 节）。

定义 7.29

扩展的策略称为是**可允许的**（admissible），如果它是自融资的、可预测的并且对每一个 $n=0,1,2,\cdots$

$$V(n) \geqslant 0$$

的概率为 1。

扩展无套利原则无需作重大修改。

假设 7.30（无套利原则）

不存在可允许的扩展策略，使得 $V(0)=0, V(n)>0$ 对某个 n 有正的概率。

这个假设的含义在于：未定权益价值 $H_i(n)$ 过程必须使得扩展的市场模型是

无套利机会的。

例 7.31

考虑 1.3 节的单期二叉树模型（$S(0)=100$ 美元，$U=0.2, D=-0.2, R=0.1$），众所周知，该模型是无套利的。用一个执行价格 $X=100$ 美元的看涨期权将模型扩展，于是 $k=1, H_1(T)=(S(T)-100)^+$。$H_1(0)=E_*(H_1(T))\approx 13.6364$ 美元，扩展的模型也是无套利的。而增加 $H_2(T)=(S(T)-90)^+$，$H_2(0)=19.4545$ 产生套利机会，因为复制价格实际上为 $E_*(H_2(T))\approx 20.4545$ 美元。

在基本市场无套利且是完全的情况下，我们能够使用前面研究的理论得到唯一的期权价格。对任意的未定权益回报 $H_i(N)$，我们能够求出最基本的复制策略，且复制策略的价值给出未定权益的价值 $H_i(n)$。显然，扩展的市场便会满足无套利原则。特别地，我们有如下的定价公式：$H_i(0)=E_*(H_i(N)/A(N))$。

另一方面，对于不完全的基本市场模型，存在许多与无套利原则一致的扩展。在这种情况下，一般说来，衍生证券的价格是不唯一的。

事例 7：讨论

基于这些基本定理，我们将构建两个股票的具有唯一的风险中性概率的三叉树模型。设当前的股票价格为 $S_1(0)=30, S_2(0)=50$。在资产组合理论中涉及的数据为期望收益、期望收益的标准差以及相关系数。假设期望收益为 $\mu_1=9\%$，$\mu_2=6\%$，无风险利率 $R=5\%$，标准差为 $\sigma_1=11\%, \sigma_2=13.5\%$，相关系数为 $\rho_{12}=-0.36$。模型所需要的参数为 6 个收益率和 2 个概率，根据数据得到 5 个方程，确定参数还需要更多的条件。为了简单，我们假设在每个状况下真实概率都为 $\frac{1}{3}$，我们仍然可以灵活处理，所以下面提出的选择不是唯一的：我们假设

$$U_1=22\%, M_1=10\%, D_1=-5\%$$
$$U_2=-5\%, M_2=15\%, D_2=8\%$$

这给出风险中性概率

$$p_*=0.29948, q_*=0.12760, 1-p_*-q_*=0.57292$$

假设资产组合理论建议选择一组简单的权重，即：$w_1=w_2=0.5$（显然，在以后的分析中可以修改为任意其他值）。这个权重意味着对于每一股股票 S_2，我们必须买入大约 1.67 股股票 S_1。资产组合的期望收益为 7.5%。为了未来价值保值，以应对不利的价格变动，我们考虑看跌期权。

步骤 1。首先，我们分析买入两个看跌期权的想法（每一个股票一份）。假设我们可以灵活地确定执行价格，设

$$X_1=S_1(0)(1+7.5\%)=32.25, X_2=S_2(0)(1+7.5\%)=53.75$$

为了保证每一个股票的增长与期望的（要求的）总收益一致。容易看出，看跌期权的价格为

$$P_1 = 2.05, P_2 = 1.78$$

以及套期保值的成本，考虑到上文提到的权重以及得到的每一股股票 S_2 对应于 1.67 股股票 S_1 的结论，得到套期保值成本为 $1.67 \times 2.05 + 1.78 = 5.19$ 。套期保值成本必须在期初支付。假设我们借入无风险资金（利用我们投资基金的无风险部分），于是在期末成本将多出 5%，即接近 5.45。在模型中，附加一揽子看跌期权的资产组合的回报为

$$V_1^{u} = 1.67 \times 36.60 + 53.75 = 114.75$$

$$V_1^{m} = 1.67 \times 33.00 + 57.50 = 112.50$$

$$V_1^{d} = 1.67 \times 32.25 + 54.00 = 105.25$$

（股票 S_1 的看跌期权在"下跌"状况下执行，股票 S_2 的看跌期权在"上涨"状况下执行）。平均回报（使用真实概率 $\frac{1}{3}$ ）为 110.83，所以减去期权成本，我们得到期望收益 $\mu_{V_1} = 3.51\%$ 。因为期望收益低于无风险收益，对此我们不感兴趣。

步骤 2。考虑所谓的一揽子期权，其回报是两个股票价格的函数。这里，我们取执行价格为 107.5 的资产组合的看跌期权（初始价值为 $30 \times 1.67 + 50 = 100$ ，施权价的选择如前）。于是，我们给出期权回报形如

$$\max\{107.5 - (1.67 \times S_1(T) + S_2(T)), 0\}$$

在三个状况下的价值分别为 0，0，6。

期权的价格为 3.27。按 5%增长，这给出在期末的套期保值成本为 3.44。附加的一揽子看跌期权的资产组合的回报为

$$V_2^{u} = 1.67 \times 36.60 + 47.50 = 108.50$$

$$V_2^{m} = 1.67 \times 33.00 + 57.50 = 112.50$$

$$V_2^{d} = 1.67 \times 28.50 + 54.00 + 6 = 107.5$$

其期望值为 109.5。减去套期保值成本后，期望收益为 6.06%。

后者的结果好于前者。这是一揽子期权价格低产生的结果。（注意更复杂的模型，像我们将要提出的布莱克-斯科尔斯模型，定价一揽子期权问题就很难有闭型解。）

上面的结果应该与无套期保值头寸的结果进行比较，这里无套期保值头寸的 7.5%的预期收益比较高，但是资产组合的最终价值可能更具风险，因为在最坏的情况状况 d 发生时，我们仅仅得到与其他两种状况下相同的金额 101.5。套期保值的资产组合与无套期保值资产组合之间的选择取决于投资者的个人偏好。

第 8 章

连续时间模型

事例 8

英国一家公司生产商品销往美国。初始投资为 500 万英镑。通过以 16%的利率借入英镑来融资对冲策略的方式获得额外的资金。考虑到风险因素，投资者要求的收益率为 25%。预测在年底可产生 800 美元的销售收入。成本为每年 300 万英镑。美元的利率为 8%，英镑的利率为 11%（这里，我们假设连续复合）。当前的汇率为 1.6 美元兑换 1 英镑。据估计，汇率的对数收益率的波动为 $\sigma = 15\%$。公司支付 20%的所得税。

8.1 离散模型的缺陷

离散模型有很多优点，比如数学的简洁性。只需初等概率论和线性代数就可以表达重要的思想。然而，离散模型也有一些严重的缺陷，因为离散模型限制了资产价格变动的范围和这些变动可能发生的时点的集合。

作为一种可能的改进，我们将考虑由选择合适的二叉树模型的序列取连续时间极限得到的模型。在数学的历史中的某一时点上，这一进展与导数和微分方程的引入是并行的。除了更精准的建模并使其更完美外，这些工具威力巨大。

从数学的角度，对连续模型的精确介绍超出了本书的研究范围。虽然介绍并不十分严谨，但事实是成立的，而且我们将不进行完整的证明。

8.2 连续时间极限

我们的目标是建立作为二叉树模型序列极限的著名的连续的布莱克-斯科尔斯模型。

用 $T>0$ 表示时间期界（以年计）。在对应的 N 期二叉树模型中，每个时期的持续时间为 $h=\frac{T}{N}$ 。0 与 T 之间的时点 t 将表示为 h 的倍数，使得 $t=nh$ ，这里 $n=0,\cdots,N$ 。在 N 期二叉树模型中，这样的第 t 期的股票和无风险资产的价格分别记为 $S_N(t)$ 和 $A_N(t)$ 。

8.2.1 N 期二叉树模型的选择

在第 6 章，我们利用单期收益率表示无风险资产和股票价格的变化。显然，如果期数改变，则每一期的长度、收益率都会改变，这些改变应该反映在记号上。使用新的记法惯例，记为

$$A_N(t+h)=(1+R_N(t))A_N(t)$$
$$S_N(t+h)=(1+K_N(t))S_N(t)$$

$t=nh,n=0,1,2,\cdots$ ，这里收益率 $K_N(t)$ 是独立同分布的随机变量（见附录 10.3），使得

$$K_N(t)=\begin{cases}U_N & \text{如果股票价格在时段 } n \text{ 上涨}\\ D_N & \text{如果股票价格在时段 } n \text{ 下跌}\end{cases}$$

其中 $D_N<R_N<U_N$ 。另外，假设在每个时期股票价格上涨或下跌的概率都为 $\frac{1}{2}$ ，于是

$$P(K_N(t)=U_N)=P(K_N(t)=D_N)=\frac{1}{2}$$

因为在二叉树模型中期权价格不依赖于真实概率，因此采用简单的假设不失一般性。

评注 8.1

以实际应用为目的的人们通常会忽略定义随机变量的概率空间。在应用中，真正重要的是概率分布。然而，有时使用具体的概率空间是方便的。这能够用许多不同的方法实现。有一种简单但很有效的方法能够方便地适用于独立的随机变量的无穷序列。取 $\Omega=[0,1]$，其中定义概率 P ，对任意 $0\leqslant a\leqslant b\leqslant 1$（所谓均匀分布概率），使得 $P([a,b])=b-a$ 。则对 $\omega\in\Omega=[0,1]$，由

$$K_N^{\omega}(t)=\begin{cases}U_N & \text{如果 } \omega\in\left[\frac{k}{2^n},\frac{k+1}{2^n}\right)\text{，对偶数 } k\\ D_N & \text{其他}\end{cases}\tag{8.1}$$

定义 $K_N(t):\Omega \to \{U_N, D_N\}(t=nh, h=\frac{T}{N})$。一些简单（虽然乏味）的工作足以表明这些随机变量是独立的且 $P(K_N(t)=U_N)=P(K_N(t)=D_N)=\frac{1}{2}$。

通过取连续时间极限，利用连续复合利率可以方便地表示无风险资产，使得

$$A(t)=e^{rt}A(0)$$

对任意 $t \geqslant 0$ 成立，这里 $e^{rh}=1+R_N$。为了简单起见，我们取 $A(0)=1$。

我们定义单期**对数收益率**（logarithmic returns）为

$$k_N(t)=\ln(1+K_N(t))=\ln\frac{S_N(t+h)}{S_N(t)}$$

其中 $t=nh, n=1,2,\cdots,N-1$。它们是独立同分布随机变量，使得

$$k_N(t)=\begin{cases}\ln(1+U_N) & \text{如果股票价格在时段 } n \text{ 上涨}\\ \ln(1+D_N) & \text{如果股票价格在时段 } n \text{ 下跌}\end{cases}$$

一般地，在时点 t 和 u 之间（$t<u$）的对数收益率定义为

$$k_N(t,u)=\ln\frac{S_N(u)}{S_N(t)}$$

对与 N 无关的某个 $\mu \in \mathbb{R}, \sigma>0$，我们假设随机变量 $k_N(0,t)$ 的期望和方差有如下的特殊形式：

$$E(k_N(0,t))=\mu t$$

$$\mathrm{Var}(k_N(0,t))=\sigma^2 t$$

根据对数的性质，对每一个 $t=nh$

$$k_N(0,t)=k_N(h)+k_N(2h)+\cdots+k_N(nh)$$

因为和式中的各项是独立同分布的随机变量，所以

$$E(k_N(0,t))=nE(k_N(h))$$

$$\mathrm{Var}(k_N(0,t))=n\mathrm{Var}(k_N(h))$$

于是

$$\mu=\frac{1}{h}E(k_N(h))$$

为每单位时间的预期对数收益率且

$$\sigma^2=\frac{1}{h}\mathrm{Var}(k_N(h))$$

为每单位时间的对数收益率的方差。我们称 σ 为股票的**波动率**（volatility）。

现在，我们可以利用参数 μ 和 σ 表示单期收益率：

$$1+U_N=e^{\mu h+\sigma\sqrt{h}},\quad 1+D_N=e^{\mu h-\sigma\sqrt{h}} \tag{8.2}$$

练习 8.1

推导等式（8.2）。

回到股票价格，从等式（8.2）我们得到

$$S_N(h)=S(0)e^{\mu h+Y_1\sigma\sqrt{h}}$$

这里

$$Y_1=\begin{cases}+1 & \text{概率为}\dfrac{1}{2}\\ -1 & \text{概率为}\dfrac{1}{2}\end{cases}$$

一步一步地扩展，对每一个 $t=nh, n=0,1,\cdots,N$，我们得到

$$S_N(t)=S(0)e^{\mu t+\sigma W_N(t)} \tag{8.3}$$

这里 $h=\dfrac{T}{N}$ 且

$$W_N(t)=\sqrt{h}(Y_1+\cdots+Y_n) \tag{8.4}$$

对于独立、同分布的随机变量的无穷序列 $Y_1,Y_2,\cdots$，使得

$$Y_n=\begin{cases}+1 & \text{概率为}\dfrac{1}{2}\\ -1 & \text{概率为}\dfrac{1}{2}\end{cases}$$

特别地，$W_N(0)=0$。我们称 $W_N(t)$ 为标度随机游走（scaled random walk）（时段为 h，跳跃为 $\pm\sqrt{h}$）。

评注 8.2

对于每一个 N，使用定义在相同概率空间 Ω 上的相同随机变量序列 $Y_1,Y_2,\cdots$ 可以构建标度随机游走 W_N。例如，W 可以是评注 8.1 中的概率空间。为此，令

$$Y_n=\frac{\ln(1+K_N(nh-h))-\mu h}{\sigma\sqrt{h}}$$

对 $n=1,2,\cdots$，其中 $K_N(nh-h)$ 由式（8.1）定义。

8.2.2 维纳过程

我们考虑当 $N\to\infty$（即，当 $h=\dfrac{T}{N}\to 0$）时随机游走 $W_N(t)$ 的极限。由式（8.4）可知，$W_N(T)$ 可以写为

$$W_N(T)=\sqrt{h}(Y_1+\cdots+Y_N)$$

每一个独立同分布随机变量 $Y_1,Y_2,\cdots$ 的期望为 0，方差为 1。因此，$Y_1+\cdots+Y_N$ 的期望为 0，方差为 N。根据中心极限定理（见附录 10.3），当 $N\to\infty$ 时

$$\frac{W_N(T)}{\sqrt{T}}=\frac{Y_1+\cdots+Y_N}{\sqrt{N}}$$

的分布趋向于均值为 0，方差为 1 的**正态分布**（normal distribution），在这个意义上，对所有的 $a\leqslant b$

$$P\left(a\leqslant\frac{W_N(T)}{\sqrt{T}}\leqslant b\right)\to\int_a^b\frac{1}{\sqrt{2\pi}}e^{-\frac{x^2}{2}}dx \quad \text{当 } N\to\infty \text{ 时}$$

因此，$W_N(T)$ 的极限分布是均值为 0，方差为 T 的正态分布。

类似的论证表明

$$W_N(t)-W_N(s)=\sqrt{h}\sum_{s\leqslant nh<t}Y_n$$

的极限分布为均值为 0，方差为 $t-s$ 的正态分布。

这引出下一个定义，这里我们介绍具有以下性质的过程：该过程可以看做是标度随机游走的极限（在适当的意义下）。

定义 8.3

维纳过程（Wiener process）（也被称为**布朗运动**（Brownian motion））是一族随机变量 $W(t)$，定义为对 $t\in[0,\infty)$ 满足 $W(0)=0$，对所有 $0\leqslant s<t$ 增量 $W(t)-W(s)$ 为均值为 0，方差为 $t-s$ 的正态分布，且对所有的序列 $0\leqslant t_1<t_2<\cdots<t_n$，$W(t_n)-W(t_{n-1}),\cdots,W(t_2)-W(t_1)$ 是独立的。

维纳过程的存在性，包括适当的概率空间的选择，都是需要进一步研究的问题，超出了本书的研究范围。

8.2.3 布莱克-斯科尔斯模型

在 N 期二叉树模型中，我们已经看到股票价格可表示为

$$S_N(t)=S(0)e^{\mu t+\sigma W_N(t)} \tag{8.5}$$

这里 $W_N(t)$ 是标度随机游走。用维纳过程 $W(t)$（相对应于当 $N\rightarrow\infty$ 时的极限）代替 $W_N(t)$，我们得到一个股票价格的新模型，记为 $S(t)$，对所有实数 $t\geqslant 0$，定义为

$$S(t)=S(0)e^{\mu t+\sigma W(t)} \tag{8.6}$$

表达式（8.6）是股票价格的著名的布莱克-斯科尔斯模型的精髓。由此得出

$$\ln S(t)=\ln S(0)+\mu t+\sigma W(t)$$

因为 $W(t)$ 服从正态分布 $N(0,t)$，我们能够看出 $\ln S(t)$ 服从正态分布 $N(\ln S(0)+\mu t,\sigma^2 t)$。为此，在布莱克-斯科尔斯模型中的股票价格 $S(t)$ 称为服从**对数正态分布**（log normal distribution）。

当 $t=10,S(0)=1,\mu=0,\sigma=0.1$ 时，$S(t)$ 的分布密度如图 8.1 所示。这可与图 8.2 中的离散分布相比较。

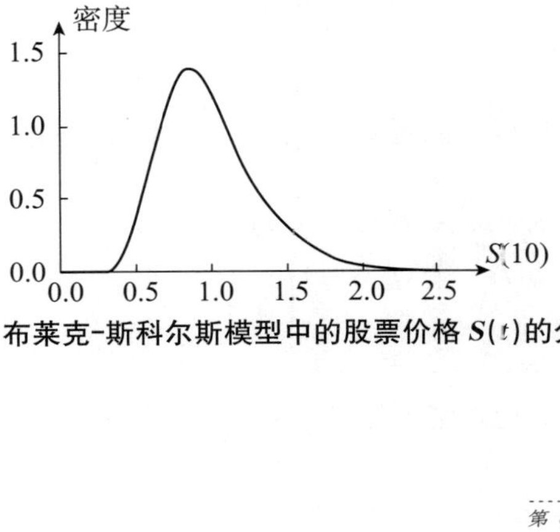

图 8.1　布莱克-斯科尔斯模型中的股票价格 $S(t)$ 的分布密度

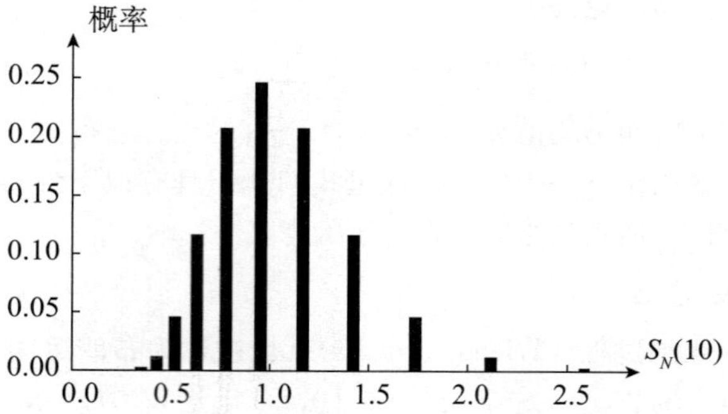

图 8.2　在 $N=10$ 的二叉树模型中股票价格 $S_N(t)$ 的分布

练习 8.2

证明

$$E(S(t)) = S(0)\mathrm{e}^{(\mu+\frac{1}{2}\sigma^2)t}$$

评注 8.4

根据练习 8.2，

$$\nu = \mu + \frac{1}{2}\sigma^2 \tag{8.7}$$

是预期股票价格的增长率。当建立布莱克-斯科尔斯模型时，ν 经常作为参数替代预期对数收益率 μ，在这种情况下，式（8.6）有如下形式

$$S(t) = S(0)\mathrm{e}^{(\nu-\frac{1}{2}\sigma^2)t+\sigma W(t)}$$

8.3　随机分析概述

本节介绍在连续时间金融中使用的一些数学工具。我们的目的是为了直观理解基于离散模式下确定的性质以及并非正规地处理当时期数趋于无穷大时的极限，而不是为了精确的解释和证明。

8.3.1　伊藤引理

二叉树模型的近似公式（8.5）和布莱克-斯科尔斯模型的公式（8.6）可以写为

$$S_N(t) = f(t, W_N(t)) \tag{8.8}$$

$$S(t) = f(t, W(t)) \tag{8.9}$$

这里

$$f(t,x) = S(0)\mathrm{e}^{\mu t+\sigma x}$$

对于充分正则函数 f，使用泰勒公式，我们可以写为

$$\Delta f(t,W_N(t)) = f_t(t,W_N(t))h + f_x(t,W_N(t))\Delta W_N(t) + \frac{1}{2}f_{xx}(t,W_N(t))h + O(h^{3/2}) \tag{8.10}$$

其中 $t = nh, n = 0,1,\cdots,N-1$ ，这里记号

$$f_t = \frac{\partial f}{\partial t}, f_x = \frac{\partial f}{\partial x}, f_{xx} = \frac{\partial^2 f}{\partial x^2}$$

用于表示偏导数，且

$$\Delta f(t,W_N(t)) = f(t+h,W_N(t+h)) - f(t,W_N(t))$$
$$\Delta W_N(t) = W_N(t+h) - W_N(t)$$

用于表示增量，这里 $O(h^{3/2})$ 用来表示 $h^{3/2}$ 阶或比 $h^{3/2}$ 更高阶的无穷小。我们利用 $\Delta W_N(t)$ 取值为 $\pm\sqrt{h}$ 的结论，得到 $(\Delta W_N(t))^2 = h$ ，$(\Delta W_N(t))^k = O(h^{3/2})$ ，对每一个 $k \geqslant 3$ 成立。

式（8.10）对满足 $0 \leqslant nh < T$ 的时期 n 求和，我们得到

$$f(T,W_N(T)) = f(0,W_N(0)) + \sum_{0\leqslant nh<T} f_t(nh,W_N(nh))h + \sum_{0\leqslant nh<T} f_x(nh,W_N(nh))\Delta W_N(nh) + \frac{1}{2}\sum_{0\leqslant nh<T} f_{xx}(nh,W_N(nh))h + O(h^{1/2}) \tag{8.11}$$

注意，$N = \frac{T}{h}$ 项的 $O(h^{3/2})$ 阶的和为 $O(h^{1/2})$ 。

公式

$$f(T,W(T)) = f(0,W(0)) + \int_0^T f_t(t,W(t))\mathrm{d}t + \int_0^T f_x(t,W(t))\mathrm{d}W(t) + \frac{1}{2}\int_0^T f_{xx}(t,W(t))\mathrm{d}t \tag{8.12}$$

对应于当 $N \to \infty$ 时，等式（8.11）两边表达式的极限。式（8.12）中第一个积分和第三个积分是常见的黎曼积分，而第二个积分是特殊种类的积分称为**随机积分**（stochastic integral）或**伊藤积分**（Itô integral）。等式（8.12）称为**伊藤公式**（Itô formula），它是随机分析的基础。有关随机积分的精确定义和伊藤公式的证明请参见更高级的教材。

评注 8.5

项 $\frac{1}{2}\int_0^T f_{xx}(t,W(t))\mathrm{d}t$ 称为**伊藤修正项**（Itô correction），它是特定的随机积分。假设我们用可微函数 $z(t)$ 代替维纳过程 $W(t)$ ，则

$$f(T,z(T)) = f(0,z(0)) + \int_0^T f_t(t,z(t))\mathrm{d}t + \int_0^T f_x(t,z(t))z'(t)\mathrm{d}t$$

在这种情况下，没有出现相应的伊藤修正项。

为了方便，伊藤公式（8.12）简记为

$$\mathrm{d}f(t,W(t)) = f_t(t,W(t))\mathrm{d}t + f_x(t,W(t))\mathrm{d}W(t) + \frac{1}{2}f_{xx}(t,W(t))\mathrm{d}t \tag{8.13}$$

为简洁起见，省略了积分。特别地，对复合函数 $h(t,W(t)) = g(t,f(t,W(t)))$ ，

伊藤公式可以写为

$$dh(t,W(t))=g_t(t,W(t))dt+g_x(t,W(t))df(t,W(t))$$
$$+\frac{1}{2}g_{xx}(t,W(t))[f_x(t,W(t))]^2dt \tag{8.14}$$

最后一个公式在以下各节中将被反复使用。

返回到式（8.8），其中的 $f(t,x)=S(0)e^{\mu t+\sigma x}$，我们可以把式（8.10）写为

$$\Delta S_N(t)=\left(\mu+\frac{1}{2}\sigma^2\right)S_N(t)h+\sigma S_N(t)\Delta W_N(t)+O(h^{3/2}) \tag{8.15}$$

这可以看做二叉树模型中股票价格 $S_N(t)$ 的差分方程。此外，应用伊藤公式（8.13）于式（8.9）（其中 $f(t,x)=S(0)e^{\mu t+\sigma x}$），我们得到

$$dS(t)=(\mu+\frac{1}{2}\sigma^2)S(t)dt+\sigma S(t)dW(t) \tag{8.16}$$

这是布莱克-斯科尔斯方程中的股票价格 $S(t)$ 满足的随机微分方程。

评注 8.6

以来自式（8.7）的 $\nu=\mu+\frac{1}{2}\sigma^2$ 为参数的随机微分方程（8.16）变为

$$dS(t)=\nu S(t)dt+\sigma S(t)dW(t)$$

写成这种优美的形式，该方程经常作为构建布莱克-斯科尔斯模型的基点。

8.3.2 伊藤积分的期望值

伊藤积分 $\int_0^t f(u,W(u))dW(u)$ 对应于当 $N\to\infty$ 时

$$\sum_{0\leqslant nh<t}f(nh,W_N(nh))\Delta W_N(nh)$$

的极限。这样的随机变量序列的极限的精确含义需要谨慎对待，不在这里论及。

因为随机游走增量的独立性，所以 $W_N(nh)$ 和 $\Delta W_N(nh)$ 是独立的，并且对每个 n，$f(nh,W_N(nh))$ 和 $\Delta W_N(nh)$ 也是独立的。因此

$$E\left[\sum_{0\leqslant nh<t}f(nh,W_N(nh))\Delta W_N(nh)\right]$$
$$=\sum_{0\leqslant nh<t}E[f(nh,W_N(nh))]E[\Delta W_N(nh)]=0$$

当 $N\to\infty$ 时，取极限得到

$$E\int_0^t f(u,W(u))dW(u)=0 \tag{8.17}$$

这是一个非正式的论证，但在对 f 作适当的假设下，可以严格地证明该结论。

8.3.3 哥沙诺夫定理

本节的目标是构建在布莱克-斯科尔斯模型中的概率，使其起到与在离散情形下的鞅（风险中性）概率类似的作用。

在二叉树模型中，折现的股票价格为

$$\widetilde{S}_N(t)=\frac{S_N(t)}{A_N(t)}=S(0)\mathrm{e}^{(\mu-r)t+\sigma W_N(t)}$$

其中 $t=nh, n=0,1,\cdots,N$ 。折现的股票价格 $\widetilde{S}_N(t)$ 在二叉树模型的风险中性概率下是鞅，风险中性概率为

$$p_*=\frac{R-D}{U-D}=\frac{\mathrm{e}^{rh}-\mathrm{e}^{\mu h-\sigma\sqrt{h}}}{\mathrm{e}^{\mu h+\sigma\sqrt{h}}-\mathrm{e}^{\mu h-\sigma\sqrt{h}}}$$

利用泰勒公式进行稍微烦琐的计算，最好借助于符号代数的计算机系统，得到如下 $\sqrt{h}$ 的幂的表达式：

$$\begin{aligned}p_* &= \frac{\mathrm{e}^{rh}-\mathrm{e}^{\mu h-\sigma\sqrt{h}}}{\mathrm{e}^{\mu h+\sigma\sqrt{h}}-\mathrm{e}^{\mu h-\sigma\sqrt{h}}}\\ &= \frac{1}{2}-\frac{1}{2}b\sqrt{h}+O(h^{3/2})=\frac{1}{2}\mathrm{e}^{-b\sqrt{h}-\frac{1}{2}b^2h+O(h^{3/2})}\end{aligned} \tag{8.18}$$

$$\begin{aligned}1-p_* &= \frac{\mathrm{e}^{\mu h+\sigma\sqrt{h}}-\mathrm{e}^{rh}}{\mathrm{e}^{\mu h+\sigma\sqrt{h}}-\mathrm{e}^{\mu h-\sigma\sqrt{h}}}\\ &= \frac{1}{2}+\frac{1}{2}b\sqrt{h}+O(h^{3/2})=\frac{1}{2}\mathrm{e}^{+b\sqrt{h}-\frac{1}{2}b^2h+O(h^{3/2})}\end{aligned} \tag{8.19}$$

这里

$$b=\frac{\mu-r+\frac{1}{2}\sigma^2}{\sigma} \tag{8.20}$$

为了简洁起见，用 b 代替 $\dfrac{\mu-r+\frac{1}{2}\sigma^2}{\sigma}$ 。

用 P_{W_N} 和 $P^*_{W_N}$ 分别表示真实概率和随机游走服从 W_N 的特殊路径的鞅概率。则 P_{W_N} 为因子 p 和 $1-p$ 的乘积，而 $P^*_{W_N}$ 是对应于依赖 $\Delta W_N(t)=+\sqrt{h}$ 或者 $\Delta W_N(t)=-\sqrt{h}$ 的“上涨”和“下跌”变动的因子 p_* 和 $1-p_*$ 的乘积，$t=nh$，$n=0,1,\cdots,N-1$ 。因为 $p=1-p=\dfrac{1}{2}$ ，对 p_* 和 $1-p_*$ 使用式（8.18）和式（8.19），我们得到 $P_{W_N}=2^{-N}$ 以及

$$P^*_{W_N}=2^{-N}\mathrm{e}^{-bW_N(T)-\frac{1}{2}b^2T+O(h^{1/2})}$$

这里应用了 $N=\dfrac{T}{h}$ 项 $O(h^{3/2})$ 阶相加，得到一项或阶 $O(h^{1/2})$ ，这是非正规的论证，就像是伊藤公式求导。因此

$$P^*_{W_N}=P_{W_N}\mathrm{e}^{-bW_N(T)-\frac{1}{2}b^2T+O(h^{1/2})} \tag{8.21}$$

从这里，当 $N\to\infty$ 时，使得 $h=\dfrac{T}{N}\to 0$ ，取极限，我们能够获得一个新概率 P_* ，使得对任意的事件 A

$$P_*(A)=E\left(\mathrm{e}^{-bW(T)-\frac{1}{2}b^2T}\,\mathrm{II}_A\right) \tag{8.22}$$

这里，II_A 是 A 的示性函数，在 A 上取值为 1，否则为 0，E 是概率 P 下的期望。虽然公式（8.22）是通过非正式的方式得到，但它可以作为概率 P_* 的精确定义。

应用伊藤公式（8.13），其中 $f(t,x)=S(0)\mathrm{e}^{(\mu-r)t+\sigma x}$ ，我们能够证实布莱克-斯科尔斯模型中的折现的股票价格过程

$$\widetilde{S}(t) = \frac{S(t)}{A(t)} = S(0)e^{(\mu-r)t+\sigma W(t)}$$

满足

$$d\widetilde{S}(t) = \left(\mu - r + \frac{1}{2}\sigma^2\right)\widetilde{S}(t)dt + \sigma\widetilde{S}(t)dW(t) = \sigma\widetilde{S}(t)dW_*(t)$$

这里

$$W_*(t) = bt + W(t) \tag{8.23}$$

其中的 b 由式（8.20）给出。我们知道 $W(t)$ 是在概率 P 下的维纳过程。如下的重要且有趣的命题创建了在新的概率 P_* 下 $W_*(t)$ 的类似的性质。

命题 8.7（哥沙诺夫定理的特殊情形）

由式（8.23）定义的 $W_*(t)$ 是由式（8.22）定义的概率 P_* 下的维纳过程。

评注 8.8

命题 8.7 是著名的哥沙诺夫定理的重要结果的特殊情形，当 b 是随机过程且为非常数时，命题 8.7 适用于一般情形。依我们的目的，我们不需要一般性的结论。

证明

注意，如果 X 为服从正态分布 $N(0,t)$ 的随机变量，则

$$\begin{aligned} E(e^{-bX-\frac{1}{2}b^2t}\,\mathrm{I\!I}_{\{X+bt\leqslant a\}}) &= \int_{\{X+bt\leqslant a\}} e^{-bX-\frac{1}{2}b^2t}\frac{1}{\sqrt{2\pi t}}e^{-\frac{x^2}{2t}}dx \\ &= \int_{\{X+bt\leqslant a\}} \frac{1}{\sqrt{2\pi t}}e^{-\frac{(x+bt)^2}{2t}}dx \\ &= \int_{\{y\leqslant a\}} \frac{1}{\sqrt{2\pi t}}e^{-\frac{y^2}{2t}}dy = P(X\leqslant a) \end{aligned} \tag{8.24}$$

令 $0 = t_0 < t_1 < \cdots < t_n = T$ 以及 $a_1,\cdots,a_n \in \mathbb{R}$ 。因为增量 $W(t_i) - W(t_{i-1})$ 服从正态分布 $N(0,t_i - t_{i-1})$，$i = 1,\cdots,n$ 且在 P 下是独立的，

$$\begin{aligned} & P_*\left(\bigcap_{i=1}^{n}\{W_*(t_i) - W_*(t_{i-1}) \leqslant a_i\}\right) \\ &= E\left(e^{-bW(T)-\frac{1}{2}b^2T}\,\mathrm{I\!I}_{\bigcap_{i=1}^{n}\{W_*(t_i)-W_*(t_{i-1})\leqslant a_i\}}\right) \\ &= E\left(\prod_{i=1}^{n} e^{-b(W(t_i)-W(t_{i-1}))-\frac{1}{2}b^2(t_i-t_{i-1})}\,\mathrm{I\!I}_{\{W(t_i)-W(t_{i-1})+b(t_i-t_{i-1})\leqslant a_i\}}\right) \\ &= \prod_{i=1}^{n} E\left(e^{-b(W(t_i)-W(t_{i-1}))-\frac{1}{2}b^2(t_i-t_{i-1})}\,\mathrm{I\!I}_{\{W(t_i)-W(t_{i-1})+b(t_i-t_{i-1})\leqslant a_i\}}\right) \\ &= \prod_{i=1}^{n} P(W(t_i) - W(t_{i-1}) \leqslant a_i) \end{aligned}$$

由式（8.24），这里的最后的等式成立。因此，特别地，对每个 i，

$$P_*(W(t_i) - W(t_{i-1}) \leqslant a_i) = P(W(t_i) - W(t_{i-1}) \leqslant a_i)$$

于是增量 $W_*(t_i) - W_*(t_{i-1})$ 服从正态分布 $N(0,t_i - t_{i-1})$ 。

此外，它遵循

$$\begin{aligned} P_*\left(\bigcap_{i=1}^{n}\{W_*(t_i) - W_*(t_{i-1}) \leqslant a_i\}\right) &= \prod_{i=1}^{n} P(W(t_i) - W(t_{i-1}) \leqslant a_i) \\ &= \prod_{i=1}^{n} P_*(W_*(t_i) - W_*(t_{i-1}) \leqslant a_i) \end{aligned}$$

这意味着对于 $i=1,\cdots,n$，增量 $W_*(t_i)-W_*(t_{i-1})$ 在 P_* 下是独立的。因此，根据定义 8.3，$W_*(t)$ 在概率 P_* 下是维纳过程。

练习 8.3

证明布莱克-斯科尔斯股票价格式（8.6）可以写成

$$S(t)=S(0)\mathrm{e}^{(r-\frac{1}{2}\sigma^2)t+\sigma W_*(t)} \tag{8.25}$$

练习 8.4

证明

$$\mathrm{d}S(t)=rS(t)\mathrm{d}t+\sigma S(t)\mathrm{d}W_*(t)$$

8.4 在布莱克-斯科尔斯模型中的期权

我们考虑在布莱克-斯科尔斯模型中股票的欧式卖权，寻找定价和该期权的复制之间的联系，并求解偏微分方程（著名的布莱克-斯科尔斯方程）的终值问题。期权的价格表示为在 P_* 下的折现回报的期望。我们将推导在布莱克-斯科尔斯模型中的看涨和看跌期权的显式定价公式。

8.4.1 复制策略

在 N 期二叉树模型中，我们考虑施权时间为 T，回报为 $g(S_N(T))$ 的欧式期权。复制策略是一对过程 $x_N(t),y_N(t)$，它表示股票和无风险资产的头寸，在时间 $t=nh,n=0,\cdots,N$，策略的价值为

$$V_N(t)=x_N(t)S_N(t)+y_N(t)A_N(t)$$

使得：

- 该策略满足自融资条件

$$x_N(t)S_N(t)+y_N(t)A_N(t)=x_N(t-h)S_N(t)+y_N(t-h)A_N(t)$$

对 $t=nh,n=1,\cdots,N$，或者等价地

$$\Delta V_N(t)=x_N(t)\Delta S_N(t)+y_N(t)\Delta A_N(t)$$

对 $t=nh,n=0,\cdots,N-1$；

- 在时间 T 该策略的价值等于期权回报

$$V_N(T)=g(S_N(T))$$

在第 6 章已经讨论过二叉树模型中这样的复制策略。

在布莱克-斯科尔斯模型中，我们考虑施权时间为 T，回报为 $g(S(T))$ 的欧式期权。与二叉树模型类似，**复制策略**（replicating strategy）将是一对过程 $x(t)$，$y(t)$，代表股票和无风险资产的头寸，在时间 $t\in[0,T]$，策略的价值为

$$V(t)=x(t)S(t)+y(t)A(t)$$

使得：

- 该策略满足自融资条件

$$\mathrm{d}V(t)=x(t)\mathrm{d}S(t)+y(t)\mathrm{d}A(t) \tag{8.26}$$

对 $t\in[0,T]$；

- 在时间 T 该策略的价值等于期权回报

$$V(T)=g(S(T)) \tag{8.27}$$

8.4.2 布莱克-斯科尔斯方程

在布莱克-斯科尔斯模型中，折现的股票价格记为 $\widetilde{S}(t)=\mathrm{e}^{-rt}S(t)$ 。如果对于施权时间为 T，回报为 $g(S(T))$ 的期权存在复制策略 $x(t),y(t)$，则称这个期权是**可达的**（attainable）。复制策略的折现值将记为 $\widetilde{V}(t)=\mathrm{e}^{-rt}V(t)$ 。

如果 $x(t)$ 和 $y(t)$ 可以表示为 t 和 $W(t)$ 的充分正则函数，则 $V(t)$ 和 $\widetilde{V}(t)$ 也可以用这样的正则函数表示，并且伊藤公式适用于任何这样的函数。因此

$$\begin{aligned}\mathrm{d}\widetilde{V}(t)&=-r\mathrm{e}^{-rt}V(t)\mathrm{d}t+\mathrm{e}^{-rt}V(t)\mathrm{d}V(t)\\&=-r\mathrm{e}^{-rt}[x(t)S(t)+y(t)A(t)]\mathrm{d}t+\mathrm{e}^{-rt}[x(t)\mathrm{d}S(t)+\mathrm{e}^{-rt}y(t)\mathrm{d}A(t)]\\&=x(t)\mathrm{d}\widetilde{S}(t)\\&=\sigma x(t)\widetilde{S}(t)\mathrm{d}W_*(t)\end{aligned}$$

我们知道 $W_*(t)$ 在 P_* 下是维纳过程。因此，利用式（8.17），我们得到

$$\begin{aligned}V(0)=\widetilde{V}(0)&=E_*\left[\widetilde{V}(0)+\int_0^T\sigma x(t)\widetilde{S}(t)\mathrm{d}W_*(t)\right]\\&=E_*\widetilde{V}(T)=\mathrm{e}^{-rT}E_*V(T)=\mathrm{e}^{-rT}E_*g(S(T))\end{aligned}$$

这里 E_* 是在 P_* 下的期望。标准的无套利论证表明期权的价格必须等于 $V(0)$，因此期权的价格一定等于 $\mathrm{e}^{-rT}E_*g(S(T))$ 。

这个表达式是有益的、必要的，以确保期权是可达的且复制策略中的头寸 $x(t),y(t)$ 能够表示为 t 和 $W(t)$ 的充分正则函数。对于任意的回报 $g(S(T))$，通过以偏微分方程（布莱克-斯科尔斯方程）的终值问题的解表示复制策略可以做到这一点。

让我们取充分正则函数 $u(t,x)$，令

$$f(t,x)=\mathrm{e}^{-rt}u(t,S(0)\mathrm{e}^{(r-\frac{1}{2}\sigma^2)t+\sigma x})$$

于是，根据式（8.25），

$$f(t,W_*(t))=\mathrm{e}^{-rt}u(t,S(t))$$

将伊藤公式（8.13）应用于 $f(t,W_*(t))$，得到

$$\mathrm{d}f(t,W_*(t))=\left(f_t(t,W_*(t))+\frac{1}{2}f_{xx}(t,W_*(t))\right)\mathrm{d}t+f_x(t,W_*(t))\mathrm{d}W_*(t)$$

如果 f 满足偏微分方程

$$f_t+\frac{1}{2}f_{xx}=0 \tag{8.28}$$

则 $\mathrm{d}f(t,W_*(t))=f_x(t,W_*(t))\mathrm{d}W_*(t)$ 。因为 $W_*(t)$ 是 P_* 之下的维纳过程，由式（8.17）得到

$$f(0,W_*(0)) = E_*\left[f(0,W_*(0)) + \int_0^T f_x(t,W_*(t))\mathrm{d}W_*(t)\right]$$
$$= E_* f(T,W_*(T))$$

以 $u(t,x)$ 表示，偏微分方程（8.28）变为

$$u_t + rxu_x + \frac{1}{2}\sigma^2 x^2 u_{xx} = ru \tag{8.29}$$

这是著名的**布莱克-斯科尔斯方程**（Black-Scholes equation）。对这个方程的任意解 $u(t,x)$，我们可以得出结论

$$u(0,S(0)) = f(0,W_*(0)) = E_* f(T,W_*(T)) = \mathrm{e}^{-rT}E_* u(T,S(T))$$

特别地，满足最后一个条件

$$u(T,x) = g(x) \tag{8.30}$$

的布莱克-斯科尔斯方程的解 $u(t,x)$ 在定价和复制回报为 $g(S(T))$ 的期权中起着重要的作用。复制策略 $x(t),y(t)$ 能够用这个解表示。为此，我们应用伊藤公式（8.14）于 $u(t,S(t))$，牢记 $u(t,x)$ 满足布莱克-斯科尔斯方程（8.29），$\mathrm{d}S(t) = rS(t)\mathrm{d}t + \sigma S(t)\mathrm{d}W_*(t)$ 以及 $\mathrm{d}A(t) = rA(t)\mathrm{d}t$：

$$\mathrm{d}u(t,S(t)) = \left[u_t(t,S(t)) + \frac{1}{2}\sigma^2 S(t)^2 u_{xx}(t,S(t))\right]\mathrm{d}t + u_x(t,S(t))\mathrm{d}S(t)$$
$$= r[u(t,S(t)) - S(t)u_x(t,S(t))]\mathrm{d}t + u_x(t,S(t))\mathrm{d}S(t)$$
$$= \frac{u(t,S(t)) - S(t)u_x(t,S(t))}{A(t)}\mathrm{d}A(t) + u_x(t,S(t))\mathrm{d}S(t)$$

由此得出策略

$$x(t) = u_x(t,S(t)), y(t) = \frac{u(t,S(t)) - S(t)u_x(t,S(t))}{A(t)}$$

其价值为

$$V(t) = x(t)S(t) + y(t)A(t) = u(t,S(t))$$

对每一个 $t \in [0,T]$，满足自融资条件（8.26）和复制条件（8.27）。这是对于施权时间为 T、回报为 $g(S(T))$ 的欧式期权的复制策略。

为了完成期权是可达的论证，我们需要知道满足最后条件（8.30）的布莱克-斯科尔斯方程（8.29）存在一个解 $u(t,x)$。这可由对抛物型偏微分方程的一般的存在性结论得到。另外，也可以通过直接计算验证

$$u(t,x) = \mathrm{e}^{r(T-t)}\int_{-\infty}^{+\infty}\frac{1}{\sqrt{2\pi(T-t)}}\mathrm{e}^{-\frac{y^2}{2(T-t)}}g\left(x\mathrm{e}^{(r-\frac{1}{2}\sigma^2)(T-t)+\sigma y}\right)\mathrm{d}y$$

是这样的解。

这些结论可概括为如下的重要定理。

定理 8.9（布莱克-斯科尔斯方程）

设 $g(x)$ 是充分正则函数，$u(t,x)$ 是布莱克-斯科尔斯方程

$$u_t(t,x) + rxu_x(t,x) + \frac{1}{2}\sigma^2 x^2 u_{xx}(t,x) = ru(t,x)$$

$$u(T,x) = g(x)$$

的终值问题的一个解。则施权时间为 T、回报为 $g(S(T))$ 的欧式期权是可达的，其复制策略为

$$x(t)=u_x(t,S(t)),y(t)=\frac{u(t,S(t))-S(t)u_x(t,S(t))}{A(t)}$$

与复制策略的价值相等的期权的无套利价格为

$$V(0)=u(0,S(0))=\mathrm{e}^{-rT}E_*g(S(T))$$

这里 E_* 是在 P_* 之下的期望。

评注 8.10

预期对数收益 μ 没有出现在布莱克-斯科尔斯方程（8.29）中。这意味着期权的价格不取决于 μ，这是一个看似矛盾的结果，类似于这样的事实：在二叉树模型中，真实概率不影响期权价格。这是一个重要的结果，因为实际上很难得到 μ 的可靠的估计。另一方面，利率 r 是确知的，并且能够获得波动 σ 的很好的估计。

8.4.3 布莱克-斯科尔斯公式

由定理 8.9 可知，在布莱克-斯科尔斯模型中，执行价格为 X 的欧式看涨期权在时间 0 的价格为

$$C_{\mathrm{E}}(0)=\mathrm{e}^{-rT}E_*(\max\{S(T)-X,0\})$$

让我们计算这个期望值。由练习 8.3 我们知道，布莱克-斯科尔斯股票价格可以写为

$$S(T)=S(0)\mathrm{e}^{(r-\frac{1}{2}\sigma^2)T+\sigma W_*(T)}$$

因为，根据哥沙诺夫定理，$W_*(T)$ 在 P_* 之下服从均值为 0、方差为 T 的正态分布，所以

$$\begin{aligned}C_{\mathrm{E}}(0)&=E_*(\mathrm{e}^{-rT}\max\{S(T)-X,0\})\\&=E_*(\mathrm{e}^{-rT}\max\{S(0)\mathrm{e}^{(r-\frac{1}{2}\sigma^2)T+\sigma W_*(T)}-X,0\})\\&=\int_{-d_-}^{\infty}(S(0)\mathrm{e}^{\sigma x-\frac{1}{2}\sigma^2T}-X\mathrm{e}^{-rT})\frac{1}{\sqrt{2\pi}}\mathrm{e}^{-\frac{x^2}{2}}\mathrm{d}x\\&=S(0)\int_{-d_+}^{\infty}\frac{1}{\sqrt{2\pi}}\mathrm{e}^{-\frac{x^2}{2}}\mathrm{d}x-X\mathrm{e}^{-rT}\int_{-d_-}^{\infty}\frac{1}{\sqrt{2\pi}}\mathrm{e}^{-\frac{x^2}{2}}\mathrm{d}x\\&=S(0)N(d_+)-X\mathrm{e}^{-rT}N(d_-)\end{aligned}$$

这里

$$d_\pm=\frac{\ln\frac{S(0)}{X}+(r\pm\frac{1}{2}\sigma^2)T}{\sigma\sqrt{T}}\tag{8.31}$$

且

$$N(x)=\int_{-\infty}^{x}\frac{1}{\sqrt{2\pi}}\mathrm{e}^{-\frac{y^2}{2}}\mathrm{d}y=\int_{-x}^{\infty}\frac{1}{\sqrt{2\pi}}\mathrm{e}^{-\frac{y^2}{2}}\mathrm{d}y\tag{8.32}$$

是正态累积分布函数。

练习 8.5

证明

$$N(d_-)=P_*(S(T)\geqslant X)$$

为了计算期权的价格，时间 0 的选择是任意的。一般说来，在任何时间 $t < T$，都可以计算期权的价格，在这种情况下，期权被施权之前剩余的时间为 $T-t$。在上述公式中，用 t 代替 0，用 $T-t$ 代替 T，我们得到如下结果。

定理 8.11（布莱克-斯科尔斯公式）

执行价格为 X，施权时间为 T 的欧式看涨期权在时间 $t, t < T$ 的价格为

$$C_E(t) = S(t)N(d_+(t)) - Xe^{-r(T-t)}N(d_-(t)) \tag{8.33}$$

其中

$$d_\pm(t) = \frac{\ln\frac{S(t)}{X} + (r \pm \frac{1}{2}\sigma^2)(T-t)}{\sigma\sqrt{T-t}} \tag{8.34}$$

练习 8.6

对于执行价格为 X，施权时间为 T 的欧式看跌期权，推导布莱克-斯科尔斯公式

$$P_E(t) = Xe^{-r(T-t)}N(-d_-(t)) - S(t)N(-d_+(t))$$

其中 $d_+(t)$ 和 $d_-(t)$ 由式（8.34）给出。

评注 8.12

注意，布莱克-斯科尔斯公式不包含 μ。这是类似于评注 6.17 和评注 8.10 的性质，且具有相同的现实意义：在布莱克-斯科尔斯模型中，无需知道 μ，就可以求出欧式看涨期权或者欧式看跌期权的价格。

在数值上将欧式看涨期权价格的布莱克-斯科尔斯公式与考克斯-罗斯-鲁宾斯坦公式进行比较是有趣的。图 8.3 表明执行价格 $X = 100$ 的股票的欧式看涨期权的价格，其中 $S(0) = 100, \sigma = 0.3, \mu = 20\%$。（虽然 μ 与布莱克-斯科尔斯公式无关，但是它仍然在离散时间逼近式（8.3）中起重要作用。）在连续复合下利率取为 $r = 8\%$。期权的价格作为期权被施权之前剩余的时间 T 的函数，按两种方法计算：

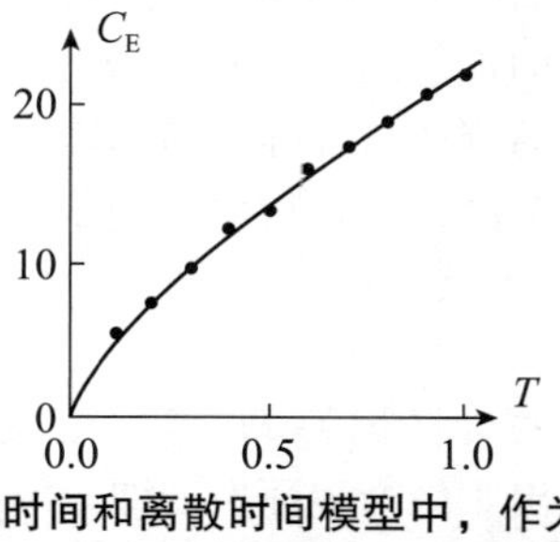

图 8.3 在连续时间和离散时间模型中，作为期权施权之前剩余时间 T 的函数的看涨期权的价格

a)（实线）对 0 到 1 之间的 T，使用布莱克-斯科尔斯公式计算；

b)（圆点）利用考克斯-罗斯-鲁宾斯坦公式，T 从 0 增加到 1，$N = 10$ 期，每期持续 $h = 0.1$，每期的离散增长率利用式（8.2）计算。

即使用尽可能少的 10 期，在离散时间和连续时间的公式之间也存在非常好的一致性。

练习 8.7

证明对欧式看涨期权的复制策略为

$$x(t)=N(d_+(t)),y(t)=-Xe^{-r(T-t)}N(d_-(t))$$

其中 $d_+(t)$ 和 $d_-(t)$ 由式（8.34）给出。

8.5 风险管理

期权的卖出者面临着风险。在时间 0 归属于卖者的期权费是折现的未来回报在风险中性概率之下的期望。在某些不利的状况下，期权持有者的支出可能是巨大的，甚至不可限量的，例如，看涨期权的情况。对期权的卖者面临的这种风险需要以适当的方式告知期权的卖出者。

8.5.1 德尔塔套期保值

由布莱克—斯科尔斯公式给出的欧式看涨期权和看跌期权的价值显然依赖于标的资产的价格，在更广的范围内，该结论依然成立。

考虑一个资产组合，它的价值取决于当前的股票价格 $S=S(0)$，用 $V(S)$ 表示资产组合的价值。资产组合的价值对于 S 的依赖性可用导数 $\frac{\mathrm{d}}{\mathrm{d}S}V(S)$ 测量，称为资产组合的**德尔塔**（delta）。对于从 S 到 $S+\Delta S$ 很小价格的变化，资产组合的价值改变量为

$$\Delta V(S)\approx\frac{\mathrm{d}}{\mathrm{d}S}V(S)\times\Delta S$$

德尔塔套期保值（delta hedging）原理是基于在资产组合中包含衍生证券，使当 S 变化时资产组合的价值的改变不是很大。这可以通过确保资产组合的德尔塔等于零来实现。这样的资产组合称为**德尔塔风险中性的**（delta neutral）。

我们构造一个由股票、货币市场账户和套期保值的衍生证券组成的资产组合，其价值为

$$V(S)=xS+y+zH(S)$$

这里，衍生证券的价格记为 $H(S)$，在无风险头寸中使用当前价值为 1 的债券。特别地，假设卖出 1 份衍生证券，即 $z=-1$，则

$$\frac{\mathrm{d}}{\mathrm{d}S}V(S)=x-\frac{\mathrm{d}}{\mathrm{d}S}H(S)$$

最后一项 $\frac{\mathrm{d}}{\mathrm{d}S}H(S)$，它是衍生证券的德尔塔，在股票价格的布莱克-斯科尔斯模型中，可以很容易地计算出这最后一项，于是 $H(S)$ 的显式公式是有用的。

命题 8.13

在布莱克-斯科尔斯模型中欧式看涨期权的价格记为 $C_E(S)$ 。该期权的德尔塔为

$$\frac{\mathrm{d}}{\mathrm{d}S}C_E(S)=N(d_+)$$

这里 $N(x)$ 是标准正态分布函数，d_+ 由式（8.31）定义。

证明

价格 $S=S(0)$ 出现在布莱克-斯科尔斯公式中的三个地方，见定理 8.11，于是求导需要少量的工作，在适当的时候，好多项可以消去，求导留给读者，见练习 8.7。记住：是在时间 $t=0$ 计算导数 $\frac{\mathrm{d}}{\mathrm{d}S}C_E(S)$ 。 □

> **练习 8.8**
>
> 在布莱克-斯科尔斯模型中，求欧式看跌期权的德尔塔 $\frac{\mathrm{d}}{\mathrm{d}S}P_E(S)$ 的类似的表达式。

在本节余下的部分，我们将考虑在布莱克-斯科尔斯模型中的欧式看涨期权。根据命题 8.13，资产组合 $(x,y,z)=(N(d_+),y,-1)$ ，这里股票头寸 $N(d_+)$ 是按照股票的初始价格 $S=S(0)$ 计算的，对于任意的 y ，德尔塔等于零。所以，资产组合的价值

$$V(S)=N(d_+)S+y-C_E(S)$$

在股票价格 S 对初始价格的一个微小变化的情况下，$V(S)$ 变化不是很大。可以很方便地选择 y 使得资产组合的价值等于零。根据布莱克-斯科尔斯公式 $C_E(S)$ ，得出

$$y=-Xe^{-Tr}N(d_-)$$

其中 d_- 由式（8.31）给出。

让我们分析如下例子，该例也将随之扩展和修改。设无风险利率是 8%，考虑 90 天的看涨期权，其执行价格 $X=60$ 美元，股票的当前价格是 60 美元，设股票的波动率 $\sigma=30\%$ 。布莱克-斯科尔斯公式给出期权价格 $C_E=4.144\ 52$ 美元，期权的德尔塔等于 0.581 957。

假设我们卖出 1 000 份看涨期权，得到期权费 4 144.52 美元，为了构建套期保值策略，我们购买 581.96 股股票花费 34 917.39 美元，借入 30 772.88 美元。我们的资产组合是 (x,y,z) ，其中 $x=581.96$ ，$y=-30\ 772.88$ ，$z=-1\ 000$ ，其总价值为零。(虽然在数学上可能更自然地考虑一个 $z=-1$ 的期权，但在实际中期权是成批交易的。)

通过考虑一些可能的状况，我们将分析一天以后资产组合的价值。到期时间将是 89 天。假设股票波动率和无风险利率不变，考虑股票价格变动的三个状况：

1. 股票价格保持不变，$S(\frac{1}{365})=60$ 美元。1 份期权现在的价值是4.118 33美

元，于是来自于期权的空头头寸的负债减小。由于支付利息，货币市场的债务增加。股票头寸的价值与开始时相同。第一天的余额为

股票	34 917.39
货币	−30 779.62
期权	−4 118.33
累计	**19.45**

不采用套期保值策略（$x=0$，$y=4\ 118.33$，$z=-1\ 000$），我们的财富为 27.10 美元，即我们获益来自于期权减少的价值和来自期权费无风险投资得到的利息。

2. 股票价格上涨到 $S(\frac{1}{365})=61$ 美元。1 份期权现在的价值是 4.721 50 美元，这比原来的价值多。未套期保值（无抵补（naked））头寸将遭受 576.07 美元的损失。另一方面，德尔塔风险中性资产组合持有者头寸的损失几乎被增加的股票价值抵消：

股票	35 499.35
货币	−30 779.62
期权	−4 721.50
累计	**−1.77**

3. 股票价格下跌到 $S(\frac{1}{365})=59$ 美元。卖出期权的价值减小，1 份期权现在的价值是 3.559 08 美元，持有股票的价值也减小。该资产组合带来小的损失：

股票	34 335.44
货币	−30 779.62
期权	−3 559.08
累计	**−3.26**

在这种状况下，不套期保值会更好，自此，我们将得到 586.35 美元。

当股票价格保持不变时，套期保值的资产组合带来利润，这可能会令人感到惊讶。稍后我们将在练习 8.12 中看到，一般性的结论在这也成立。

练习 8.9

求使得套期保值资产组合达到最大值的一天以后的股票价格。

练习 8.10

设卖出 50 000 份看跌期权，其施权日是 90 天，执行价格 $X=1.80$ 美元，股票当前的价格是 $S(0)=1.82$ 美元，波动率 $\sigma=14\%$，无风险利率 $r=5\%$。构造一个德尔塔风险中性资产组合，如果假设股票价格下跌到 $S(\frac{1}{365})=1.81$ 美元，计算一天以后该资产组合的价值。

返回上面的例子，让我们汇总一天以后各种股票价格的德尔塔风险中性套期保值资产组合的价值 V 并与不利用套期保值头寸的价值 U 进行比较：

S	V	U
58.00	−71.35	1 100.22
58.50	−31.56	849.03
59.00	−3.26	586.35
59.50	13.69	312.32
60.00	19.45	27.10
60.50	14.22	−269.11
61.00	−1.77	−576.07
61.50	−28.24	−893.53
62.00	−64.93	−1 221.19

如果股票价格发生较大的改变，我们会看到：

S	V	U
50	−2 233.19	3 594.03
55	−554.65	2 362.79
60	19.45	27.10
65	−481.60	−3 383.73
70	−1 765.15	−7 577.06

如果我们担心这样大的改变会发生，上面的套期保值不是一个令人满意的解决方法。如果我们不套期保值，至少在股票价格下跌时有结果为正的机会。同时，无论股票价格上涨或者下跌，德尔塔风险中性资产组合都可能带来损失，尽管损失远远小于无抵补头寸带来的损失。

让我们看一看除了股票价格变化外，一天以后其他变量发生变化将会怎样：

1. 假设利率增加到 9%，波动率如前。某些损失是期权价值增加的结果。对第一天的现金贷款的利息没有影响，因为新的利率仅影响第二天及第二天以后的利息支付。套期保值的资产组合的价值在下表的第 2 列给出。

2. 现在，假设 σ 增加到 32%，利率保持在原来的 8%的水平。期权的价值将大大增加，这不可能由股票头寸补偿，即使股票价格上涨。结果在下表第 3 列给出。

S	V	
	$r=9\%$，$\sigma=30\%$	$r=8\%$，$\sigma=32\%$
58.00	−133.72	−299.83
58.50	−97.22	−261.87
59.00	−72.19	−234.69
59.50	−58.50	−218.14
60.00	−55.96	−212.08
60.50	−64.38	−216.33
61.00	−83.51	−230.68
61.50	−113.07	−254.90
62.00	−152.78	−288.74

我们可以看到，在某些情况下，德尔塔套期保值不能令人满意。当标的资产价格变动很大且/或其他变量同时改变时，我们需要提高套期保值的稳定性。在下面，介绍一些理论工具后，我们将再次研究这个例子。

练习 8.11

如果无风险利率在第一天降到 3%，求在练习 8.10 中的德尔塔风险中性资产组合的价值。

8.5.2 用希腊字母表示的参数

我们将定义所谓的**用希腊字母表示的参数**（Greek parameters），用来描述资产组合对决定期权价格的各变量的敏感性。执行价格 X 和到期日 T 在出售期权时是确定的，于是我们要分析其余的 4 个自变量 S, t, r, σ 。

我们将包含股票和基于这个股票的未定权益的资产组合的价值记为这些变量的函数 $V(S, t, \sigma, r)$ ，记

$$\text{delta}_V = \frac{\partial V}{\partial S}$$

$$\text{gamma}_V = \frac{\partial^2 V}{\partial S^2}$$

$$\text{theta}_V = \frac{\partial V}{\partial t}$$

$$\text{vega}_V = \frac{\partial V}{\partial \sigma}$$

$$\text{rho}_V = \frac{\partial V}{\partial r}$$

对于这些变量的微小的变化 $\Delta S, \Delta t, \Delta\sigma, \Delta r$ ，我们有如下的近似等式（根据泰勒公式）：

$$\Delta V \approx \text{delta}_V \times \Delta S + \text{theta}_V \times \Delta t + \text{vega}_V \times \Delta\sigma + \text{rho}_V \times \Delta r + \frac{1}{2}\,\text{gamma}_V \times (\Delta S)^2$$

于是，资产组合对某一个特殊变量微小变化的免疫（immunise）方法是确保相应的 Greek 参数等于零。例如，对应于波动性变化的资产组合套期保值，我们应该构造一个 **vega 风险中性**（vega neutral）资产组合，其 vega 等于零。为了保持 delta 套期保值利润，我们将设计一个 delta 和 vega 都等于零的（**delta-vega 风险中性的**（delta-vega neutral））资产组合。**delta-gamma 风险中性的**（delta-gamma neutral）资产组合将对股票价格的较大变化免疫。我们将在下面研究这样的套期保值的资产组合的例子。

布莱克-斯科尔斯公式允许我们明确地计算一个期权的导数。对于欧式看涨期权有

$$\text{delta}_{C_E} = N(d_+)$$

$$\text{gamma}_{C_E} = \frac{1}{S\sigma\sqrt{2\pi T}}e^{-\frac{d_+^2}{2}}$$

$$\text{theta}_{C_E} = -\frac{S\sigma}{2\sqrt{2\pi T}}e^{-\frac{d_+^2}{2}} - rXe^{-rT}N(d_-)$$

$$\text{vega}_{C_E} = \frac{S\sqrt{T}}{\sqrt{2\pi}}e^{-\frac{d_+^2}{2}}$$

$$\text{rho}_{C_E} = TXe^{-rT}N(d_-)$$

（在时间 $t=0$ 计算 Greek 参数。）

评注 8.14

从上面的公式容易看出

$$\text{theta}_{C_E} + rS\,\text{delta}_{C_E} + \frac{1}{2}\sigma^2 S^2\,\text{gamma}_{C_E} = rC_E$$

这意味着看涨期权价格取决于 t 和 S 的函数 u，即 $C_E = u(t,S)$ 满足布莱克-斯科尔斯方程：

$$\frac{\partial u}{\partial t} + rS\frac{\partial u}{\partial S} + \frac{1}{2}\sigma^2 S^2\frac{\partial^2 u}{\partial S^2} = ru$$

练习 8.12

如果股票价格、波动率和无风险利率保持不变，证明初始值为零的对单一看涨期权套期保值的德尔塔风险中性资产组合的价值将随时间增加。

练习 8.13

推导看跌期权的 Greek 参数公式。

为了展示 Greek 参数的应用，我们考虑欧式看涨期权卖出者的套期保值头寸。

delta-gamma 套期保值。资产组合的构造基于使 delta 和 gamma 都为零。形如 (x,y,z) 的资产组合不足以完成这一目标。给定期权头寸，比如说 $z=-1\,000$，这里仅保留一个可以调整的参数，即标的资产的头寸 x。这允许我们构造 delta 为零的资产组合。为使得 gamma 也等于零，我们需要增加自由度。为此目的，我们考虑具有相同标的股票的另一个期权，例如 60 天以后施权 $\hat{T}=60/365$，执行价格 $\hat{X}=65$ 的看涨期权，并构造资产组合 $(x,y,z,\hat{z})$，这里 $\hat{z}$ 是另一个期权的头寸，其他变量和以前的例子相同：$r=8\%, \sigma=30\%, S(0)=60$。

让我们汇总关于价格和选择的 Greek 参数的所有信息（还包括随后将使用的 vega）：

期权	到期时间	执行价格	期权价格	delta	gamma	vega
原来的	90/365	60	4.144 52	0.581 957	0.043 688	11.634 305
另加的	60/365	65	1.378 26	0.312 373	0.048 502	8.610 681

我们选择 x 和 $\hat{z}$，使得资产组合的 delta 和 gamma 都为零，

$$\text{delta}_V = x - 1\,000\ \text{delta}_{C_E} + \hat{z}\ \text{delta}_{\hat{C}_E} = 0$$

$$\text{gamma}_V = -1\,000\ \text{gamma}_{C_E} + \hat{z}\ \text{gamma}_{\hat{C}_E} = 0$$

并且选择货币头寸 y，使得资产组合的价值为零，

$$V(S) = xS + y - 1\,000C_E(S) + \hat{z}\hat{C}_E(S) = 0$$

这样得到了如下的方程组：

$$x - 581.957 + 0.312\,373\hat{z} = 0$$

$$-43.688 + 0.048\,502\hat{z} = 0$$

其解为 $x \approx 300.58$，$\hat{z} \approx 900.76$，由此得出 $\hat{y} \approx -15\,131.77$。即我们取得股票的多头、另外一个期权的多头和现金空头。（我们已经取得原来期权的空头头寸 $z = -1\,000$。）

一天以后，如果股票价格上涨，原来的期权价格将变得更高，增加了我们的义务，这将被股票增加的价值和持有的另外一个期权增加的价值抵消。如果股票价格下跌，则情况相反。在这两种情况下，由于一天后应付利息，我们的货币债务增加。资产组合的价值由下表给出（为便于比较我们还列出 delta 风险中性资产组合的价值）：

$S\left(\frac{1}{365}\right)$	delta-gamma	delta
58.00	−2.04	−71.35
58.50	0.30	−31.56
59.00	1.07	−3.26
59.50	0.81	13.69
60.00	0.02	19.45
60.50	−0.79	14.22
61.00	−1.11	−1.77
61.50	−0.49	−28.24
62.00	1.52	−64.93

我们可以看到，在给定的股票价格范围内，我们基本上是安全的。对于股票价格较大的改变，与 delta 套期保值比较，我们的头寸也会有所改善：

$S\left(\frac{1}{365}\right)$	delta-gamma	delta
50	−614.08	−2 233.19
55	−78.22	−554.65
60	0.02	19.45
65	63.13	−481.60
70	440.81	−1 765.15

可以预见，delta-gamma 风险中性资产组合比 delta 风险中性资产组合对股票价格变动可提供更好的保护。

delta-vega 套期保值。下面我们将为防止波动率增加进行套期保值，同时保持股票的价格在相对小范围内变化。如前所述，通过构造包含另一个期权的 delta-vega 风险中性资产组合这将实现。附加条件为

$$\text{delta}_V = x - 1\,000\ \text{delta}_{C_E} + z\ \text{delta}_{C_E} = 0$$

$$\text{vega}_V = -1\,000\ \text{vega}_{C_E} + z\ \text{vega}_{C_E} = 0$$

由这些条件我们得到方程组

$$x - 581.957 + 0.312\,373z = 0$$

$$-11\,634.305 + 8.610\,681z = 0$$

其近似解为 $x \approx 159.39$，$z \approx 1\,351.15$ 。相应的货币头寸 $y \approx -7\,311.12$ 。

假设第一天后波动率增加到 $\sigma = 32\%$。让我们对 delta-vega 和 delta 套期保值结果进行比较：

S（1/365）	delta-vega	delta
58.00	−5.90	−299.83
58.50	−12.81	−261.87
59.00	−16.05	−234.69
59.50	−14.99	−218.14
60.00	−9.06	−212.08
60.50	2.27	−216.33
61.00	19.52	−230.68
61.50	43.17	−254.90
62.00	73.62	−288.74

练习 8.14

利用我们一直使用的例子中的数据（股票价格为 60 美元，波动率为 30%，利率为 8%），构造 delta-rho 风险中性资产组合，套期保值 90 天以后施权，施权价为 60 美元的 1 000 份看涨期权的空头头寸，我们取另一个 120 天后施权，施权价为 65 美元的看涨期权。如果第一天后利率上升到 9%，与前面的结果进行比较，分析资产组合价值对股票价格变化的敏感性。如果利率上升到 15%将会怎样？

上面的例子说明了各种可能的套期保值策略。对策略的选择取决于个人的目

标和偏好。我们没有涉及交易成本和长期套期保值问题。我们也没有讨论其他衍生工具的最优选择。基于三个 Greek 参数的资产组合还需要另外的衍生证券作为成员。如果这些变量保持不变，它们提供综合性空头回补，可是它们的绩效可能会降低。另外，如果交易有成本，它们可能会有很多花费。

8.5.3 风险价值

为了测量经营中的风险，一般采用损失的大小和损失的可能性作为对风险的直观理解。

我们利用一个简单的例子介绍基本思想。我们以 $S(0)=100$ 美元买入 1 股股票，1 年以后卖出，卖出价格 $S(1)$ 是随机的。如果 $S(1)<100e^r$，我们将遭受损失，这里 r 是在连续复合之下的无风险利率。（可能是贷款融资购买，或者如果初始金额是自有的，我们可以考虑放弃无风险投资的机会成本。）损失小于给定金额的概率是多少？例如

$$P(100e^r-S(1)<20)=?$$

让我们反过来考虑这个问题，比如说固定概率为 95%，我们寻求一个金额，使得损失不超过这个金额的概率是 95%。称它为在置信水平（confidence level）95%之下的**风险价值**（Value-at-Risk），记为 VaR。于是，VaR 是一个金额，它使得

$$P(100e^r-S(1)<\text{VaR})=95\%$$

应当指出，在这部分内容中，大多数的教材忽略货币的时间价值，仅对 $r=0$ 给出 VaR 的定义。

例 8.15

假设股票价格服从对数正态分布，即对数收益率 $k=\ln(S(1)/S(0))$ 服从正态分布，其均值 $\mu=12\%$，标准差 $\sigma=30\%$。（注意，我们使用实际的平均收益率，而不是无风险收益率，因为我们的论述是在真实概率下而不是在风险中性概率下进行的。）以概率为 95%的收益率满足 $k>\mu+x\sigma\approx-37.50\%$，这里 $N(x)\approx5\%$，于是 $x\approx-1.645$。（这里 $N(x)$ 为均值为 0，方差为 1 的正态分布函数。）于是，有 95%的概率，未来价格 $S(1)$ 满足

$$S(1)>S(0)e^{\mu+x\sigma}\approx68.83 \text{ 美元}$$

给定 $r=8\%$，则

$$\text{VaR}=S(0)e^r-S(0)e^{\mu+x\sigma}\approx39.50 \text{ 美元}$$

练习 8.15

如果投资于欧元的无风险利率是 $r_{\text{EUR}}=4\%$，欧元兑换美元的汇率服从均值为 $\mu=1\%$，$\sigma=15\%$ 的对数正态分布，在 95%的置信水平下，估计 1 000 美元投资于欧元 1 年的 VaR。考虑无风险投资美元的被放弃的机会，设美元的无风险利率 $r_{\text{USD}}=5\%$。

练习 8.16

设 1 000 美元投资于股票欧式看涨期权，股票当前价格 $S(0)=60$ 美元。期权 6 个月以后到期，执行价格 $X=40$ 美元。设 $\sigma=30\%$，$r=8\%$，股票预期对数收益率为 12%。计算置信水平为 95%，6 个月以后的 VaR。如果股票价格以预期收益率增长，求最终财富。求股票的价格超过 5%的概率，并计算相应的最终回报。

事例 8：讨论

我们从控制风险价值的角度讨论问题。这种方法经常被银行用于评估申请贷款的公司。

首先注意，为满足投资者的预期，公司应该 1 年获利 125 万英镑以支付红利。较低的利润意味着红利比要求的要低，从投资者的观点看，任何短缺都是损失。利润取决于年末的汇率 d，因此某些风险会出现。（我们假设其他值将像预测的那样。）

首先，假设没有进行风险管理。

1. **未套期保值头寸。**如果在年末美元兑英镑的汇率 d 为 1.6，那么净盈利将为 160 万英镑，表述如下（所有的金额按英镑计）：

销售额	5 000 000
成本	−3 000 000
税前盈利	2 000 000
税	−400 000
税后盈利	1 600 000
红利	−1 250 000
结余	350 000

收入盈余为 35 万英镑。

而如果汇率 d 变成 2 美元兑换 1 英镑，则红利将必然减少，投资者将最终损失 45 万英镑（把全部红利作为假定成本）：

销售额	4 000 000
成本	−3 000 000
税前盈利	1 000 000
税	−200 000
税后盈利	800 000
红利	−1 250 000
结余	−450 000

我们来计算 VaR。假设汇率服从如下形式的对数正态分布

$$d(t)=d(0)\exp\left((r_{USD}-r_{GBP}-\frac{1}{2}\sigma^2)t+\sigma\sqrt{t}N\right)$$

这里的 N 服从标准正态分布。[①] 以概率 95%，N 不超过 1.644 9，这对应于汇率 $d=d(1)\approx 1.965\ 0$ 美元兑换 1 英镑。对这个汇率表述如下（所有的金额按英镑计，四舍五入到整数位）：

销售额	4 071 290
成本	−3 000 000
税前盈利	1 071 290
税	−214 258
税后盈利	857 032
红利	−1 250 000
结余	−392 968

因此，VaR ≈ 392 968 美元。最后的结果作为汇率 d 的函数为

$$b(d)=80\%\times(\frac{8\ 000\ 000}{d}-3\ 000\ 000)-1\ 250\ 000$$

$$=\frac{6\ 400\ 000}{d}-3\ 650\ 000$$

求解 $b(d)=0$ 得到的盈亏平衡的汇率近似等于 1.735 4 美元兑换 1 英镑。在最优的状态下，英镑贬值，例如，下降到 1.5 美元，最终的余额将约为 616 667 英镑。

问题是如何管理这个风险暴露（敞口）。

2. **远期合约。**解决这个问题最容易的方法是通过签订多头远期合约以提前固定汇率。远期汇率为 $d(0)e^{r_{USD}-r_{GBP}}=1.6\times e^{-3\%}\approx 1.552\ 7$ 美元兑换 1 英镑。因此，公司能得到如下的有保证结余的报表，但是当汇率变得更有利时不可能获得更多的收益：

销售额	5 152 273
成本	−3 000 000
税前盈利	2 152 273
税	−430 455
税后盈利	1 721 818
红利	−1 250 000
结余	471 818

3. **利用期权完全套期保值。**利用期权能够保证汇率不超过确定的水平，虽然保留了与有利的汇率变动相联系的利润，但这是有代价的，因为要支付期权费。

公司可以买入英镑的看涨期权。欧式看涨期权以执行价格为 1.6 美元买入 1 英镑的成本是 0.066 9 美元。[②] 假设公司买入 500 万份这样的期权，支付209 069英镑，按 16%利率借入这个金额。利息税可扣除，使得贷款成本更低。尽管如此，最终结果是令人失望的：

① 见 Etheridge（2002），5.3 节。

② 取 $S(0)=d(0)\exp(-r_{GBP})$，$r=r_{USD}$，$t=1$，对期权应用布莱克-斯科尔斯公式。

销售额	5 000 000
成本	−3 000 000
息税前盈利	2 000 000
利息	−33 451
税前盈利	1 966 549
税	−393 310
净收入	1 573 239
还贷款	−209 069
红利	−1 250 000
结余	114 170

如果美元兑英镑的汇率下降到 1.5，期权不会被施权，销售额将会达到 5 333 333英镑，存在一个正的最终结果 380 837 英镑。仅当汇率下降到 1.468 7 美元兑换 1 英镑时，这个策略才能得到比远期合约套期保值更好的结果。

4. **利用期权部分套期保值。**为了减少期权的成本，通过购买看涨期权抵补销售额中一小部分美元数量，公司能够部分地套期保值。假设公司购买与完全套期保值情况相同的 250 万份看涨期权，支付完全套期保值情形的一半期权费。收入的一半面临风险。在 95%的置信水平下，为了求 VaR，就像未套期保值的情形一样，我们假设以汇率 1.965 0 美元兑换 1 英镑兑换这笔款项，另一半按执行价格兑换：

销售额	4 535 645
成本	−3 000 000
息税前盈利	1 535 645
利息	−16 726
税前盈利	1 518 919
税	−303 784
净收入	1 215 136
还贷款	−104 534
红利	−1 250 000
结余	−139 399

如果汇率降到 1.5 美元兑换 1 英镑，投资者将有 498 752 英镑盈余。

5. **期权和远期合约的结合。**最后，我们研究如果公司使用两种衍生工具套期保值将会怎样。其中的一半头寸利用期权套期保值。在最坏的情况下，他们将以汇率 1.6 美元兑换 1 英镑，花费其美元收入的一半购买英镑，剩下的一半按远期汇率 1.552 7 美元兑 1 英镑兑换，结果显示如下，这里，我们概括了研究的所有策略产生的 VaR（下面的结果等于负的 VaR）：

策略	1	2	3	4	5
结果	−392 968	471 818	114 170	−139 399	292.994

这些值是在 95%的置信水平下，按 1.988 7 美元兑 1 英镑汇率计算的。

显然，VaR 仅提供了各种策略可能结果的部分信息。图 8.4 显示了上面每一

个策略作为汇率 d 的函数的最终结果的图形。图形标明了表中的策略数。利用远期合约的策略（策略 2）看起来是最安全的策略。

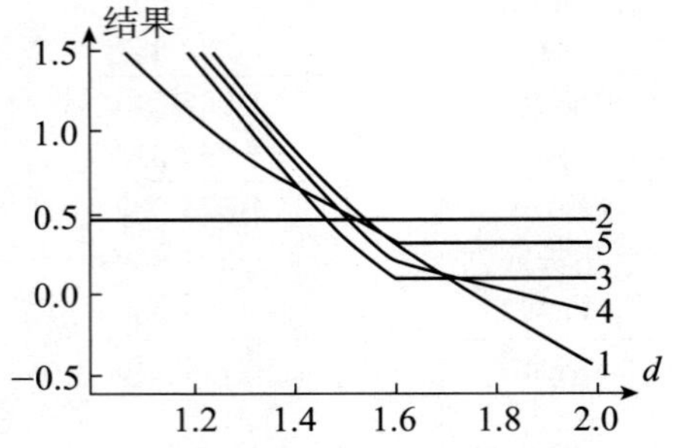

图 8.4　各种策略的比较

坚信英镑将大大削弱的喜欢冒险的投资者可能更喜欢不抵补（uncovered）（策略 1）。各种中间的策略也是可利用的。在研究这些图形时，也应该考虑汇率 d 的概率分布。

第 9 章

利　率

事例 9

这是 2050 年，你已经到了退休的年龄，你的个人养老保险基金账户拥有一笔可观的金额。现在到了接受国家退休金和每月取款使用退休金的时候了。无风险利率可能改变以及这种改变将影响你的收入成为你烦恼的根源。你的银行经理提供了一份在年初投资 1 000 美元，每月支付 85.08 美元的年金。你想了解通过投资利率产品，你是否会更加富裕。

9.1 工　具

本章从一个模型开始，在这个模型中债券的隐含利率不取决于到期日。如果利率是确定的，那么事实证明利率必定是常数，且模型变得太简单不足以描述现实生活的状况。如果扩展到允许利率随机变化，则可以引入称为债券投资的**久期**（duration）的数学工具处理风险管理问题。然后，我们将证明**到期依赖**（maturity-dependent）利率不再是确定的，这就为最后一节提供研究动机和表示方法，我们在最后一节将研究简单的随机利率模型。

如第 2 章，$B(t,T)$ 表示在时间 T（到期时间）支付一个货币单位（面值）的零息债券在时间 t（运行时间（running time））的价格。在债券价格的数学模型中，对两个时间变量的依赖会带来一些困难。这些价格是描述货币的时间价值所必需的。在第 2 章，我们看到在利率是常数的假设之下，债券价格是如何隐含利率的。在这里，我们放松这个限制，允许利率是可变的。

在本章，时间是离散的，尽管某些理论部分可以很容易地扩展到连续时间。

我们固定一个时段 h，记 $t=nh$ 为运行时间，$T=Nh$ 为到期时间。在大多数例子中，我们取 $h=\frac{1}{12}$ 或者 $h=1$。记号 $B(n,N)$ 用来代替单位零息债券价格 $B(t,T)$。我们使用连续复合，切记这个简化的记号能够始终如一地处理任何长度的时段。

9.2 与到期日无关的收益率

单位零息债券现值确定的利率称为**收益率**（yield），为了强调在时间 0 计算得到的事实，记为 $y(0)$：

$$B(0,N)=\mathrm{e}^{-Nhy(0)}$$

对于不同的运行时间瞬间 $n<N$，一般地，隐含收益率可能不同于 $y(0)$。于是，对于每一个这样的 n，我们有一个利率 $y(n)$ 满足

$$B(n,N)=\mathrm{e}^{-(N-n)hy(n)}$$

一般地（在大多数实际情况下），具有不同到期日的债券将隐含不同的收益率。然而，在本节，我们考虑一种简化的情况，即 $y(n)$ 与 N 无关，即到期日不同的债券产生同样的收益率。在随后的 9.3 节将放松到期日的独立性。

命题 9.1

对某个 $n>0$，如果收益率 $y(n)$ 在时间 0 已知，则 $y(0)=y(n)$，否则存在套利机会。

证明

设 $y(0)<y(n)$。（为了确定不等式是否成立，在时间 0，我们不仅需要知道 $y(0)$ 而且还要知道 $y(n)$。）

- 借入 1 美元，借期从 0 到 $n+1$，并将它存入银行，存期从 0 到 n，两者的利率都是 $y(0)$。（收益率可以看做是存款和贷款的利率。）
- 在时间 n 取出存款和利息，总额为 $\mathrm{e}^{nhy(0)}$，以利率 $y(n)$ 将这个金额单时段投资，初始贷款需要还款 $\mathrm{e}^{(n+1)hy(0)}$，留下一个正余额 $\mathrm{e}^{nhy(0)}(\mathrm{e}^{hy(n)}-\mathrm{e}^{hy(0)})$，这是套利利润。

相反的不等式 $y(0)>y(n)$ 可以用类似的方式处理。 □

练习 9.1

令 $h=\frac{1}{12}$，如果收益率与到期日无关，在时间 6（半年）到期的单位债券的交易价格为 $B(0,6)=0.9320$ 美元，$B(3,6)=0.9665$ 美元，这两个价格在时间 0 都是已知的，找出套利的做法。

由命题 9.1，如果收益率与到期日无关并且收益率是确定的（即对任意 $n\geqslant 0$，$y(n)$ 是预先已知的），则 $y(n)$ 必为常数，即对所有的 n，有 $y(n)=y$ 成立。这是第 2 章的情况，在第 2 章所有债券价格被单一利率确定。收益率 $y(n)=y$ 与 n 无

关，则 y 等于原先记为 r 的常数无风险利率。

历史的债券价格展示了不同的画面：过去所记录的债券价格隐含的收益率显然随时间变化。在无套利模型中，承认收益率随时间变化，但与到期日无关，我们应允许收益率是随机的，所以 $y(n)$ 将会高于 $y(0)$ 还是低于 $y(0)$ 事先是不可能预测的。

因此，我们假设在每个时间瞬间，收益率 $y(n)$ 是与基础债券到期日无关的正的随机数。

我们的目标是分析债券投资的收益率和利率随机变化带来的迫切风险。对 N 时段的固定期限，假设我们打算投资金额为 P 的钱。如果收益率 y 保持不变，那么，正如在第 2 章所看到的，最终的财富将为 Pe^{Nhy} 。这是我们应对不可预知的利率走势所设计的套期保值策略的基准。

9.2.1 在单个债券上的投资

如果我们投资于零息债券并持有至到期日，则收益率是有保障的，因为最终的支付是事先确定的，不受未来利率变化的影响。但是，如果我们选择在到期日之前卖出债券，结束投资，那么我们将面临在此期间利率变化对投资最终价值产生不利影响的风险。

例 9.2

假设我们投资期限为 6 个月的债券。令 $h=\frac{1}{12}$ 。我们买入一些 1 年后到期的单位债券，每份债券支付 $B(0,12)=0.930\,0$ 美元。这个价格意味着利率 $y(0)\approx 7.26\%$ 。因为我们准备在时间 $n=6$ 卖出债券，我们关心的是价格 $B(6,12)$ 或者，等价地，关心的是对应的利率 $y(6)$ 。让我们讨论某些可能的状况：

1. 利率是稳定的，$y(6)=7.26\%$ 。债券价格为 $B(6,12)\approx 0.964\,4$ 且投资的对数收益率是 3.63%，等于利率的一半，符合对数收益率的可加性。

2. 比如说，如果利率减少到 $y(6)=6.26\%$ 。(按惯例 0.01% 为一个基点，于是这里利率下降 100 个基点。) 那么 $B(6,12)\approx 0.969\,2$ ，高于状况 1 中的价格。因此，我们获得更多收益，对数收益率达到 4.13% 。

3. 利率增加到 $y(6)=8.26\%$ 。在这种情况下，投资的对数收益率为 3.13%，低于状况 1 的对数收益率，债券价格为 $B(6,12)=0.959\,6$ 。

这里，我们可以看到一种模式：如果利率下降则情况会更好，如果利率上升则情况会更糟。容易求出这种投资收益的一般公式。

假设初始收益率随机变化，在时间 n 变为 $y(n)$ 。因此

$$B(0,N)=e^{-y(0)hN}\ ,\ B(n,N)=e^{-y(n)h(N-n)}$$

在时间 n 结算的投资的收益为

$$k(0,n)=\ln\frac{B(n,N)}{B(0,N)}=\ln \mathrm{e}^{y(0)hN-y(n)h(N-n)}=y(0)hN-y(n)h(N-n)$$

我们可以看出，当利率 $y(n)$ 上升时，收益率下降。利率变化对收益率的影响依赖于时间选择。例如，如果 $h=\frac{1}{12}, N=12, n=6$，那么与利率保持不变的情况相比较，利率增加 120 个基点将减少 0.6% 的收益。

练习 9.2

令 $h=\frac{1}{12}$，投资 100 美元于 6 个月的零息债券，交易价格 $B(0,6)=0.9400$ 美元。6 个月后将收益再投资同种债券，现在的交易价格为 $B(6,12)=0.9368$ 美元。求隐含利率并计算每次持有债券的数量。计算投资 1 年以上的对数收益率。

练习 9.3

假设 $B(0,12)=0.8700$ 美元，如果投资 6 个月零息债券的对数收益率为 14%，那么 6 个月之后的利率是多少？

练习 9.4

在本练习中，我们选取一个更精细的时间尺度 $h=\frac{1}{360}$。（这里假设 1 年为 360 天。）假设 $B(0,360)=0.9200$ 美元，前 6 个月的利率保持不变，在第 180 天时利率上升 200 个基点并以此水平一直保持到年末。如果在年初购买债券，在哪一天出售会得到 4.88 %或者超过 4.88%的对数收益率？

在附息债券上的投资更复杂，即使债券持有至到期日，因为在此期间支付息票而且息票可以再投资。这种投资的收益率依赖于息票支付时的利率。首先考虑在第一次息票支付时投资立刻终止的相对简单的情况。

例 9.3

我们投资 1 000 美元于面值 100 美元、年息票 10 美元的 4 年期债券。这种附息债券可以看做是分别在 1 年后、2 年后、3 年后和 4 年后到期，面值分别为 10 美元、10 美元、10 美元和 110 美元的四个零息债券的组合。假设这种附息债券的交易价格为 91.78 美元，该价格可以表示为 四 个零息债券价格的和，

$$91.78=10\mathrm{e}^{-y(0)}+10\mathrm{e}^{-2y(0)}+10\mathrm{e}^{-3y(0)}+110\mathrm{e}^{-4y(0)}$$

(时段长度为 $h=1$ 。) 求解该方程可得到收益率 $y(0)\approx 12\%$ 。我们能买得起 10.896 份附息债券。1 年后，我们把该息票变现，可得 108.96 美元，并出售债券，这时债券变为 3 年期的附息债券。考虑 3 种状况：

1. 1 年后利率保持不变，即 $y(1)=12\%$ ，附息债券的价值为

$$10e^{-0.12}+10e^{-2\times 0.12}+110e^{-3\times 0.12}\approx 93.48 \text{ 美元}$$

我们共计收到 108.96 + 1 018.521 ≈ 1 127.48 美元。

2. 1 年后利率下降到 10% ，因此，附息债券价值为

$$10e^{-0.1}+10e^{-2\times 0.1}+110e^{-3\times 0.1}\approx 98.73 \text{ 美元}$$

我们最终可得到 1 184.63 美元。

3. 1 年后利率上升到 14% ，附息债券的交易价格为 88.53 美元，投资的最终价值为 1 073.51 美元。

练习 9.5

求利率 $y(1)$ ，使得在例 9.3 中投资的对数收益率分别为 a) 12% ，b) 10%，c) 14%。

如果投资期超过 1 年，我们将面临息票的再投资问题。在下例中，我们假设息票用来购买同一债券。

例 9.4

我们重新分析例 9.3 ，但是我们的目的是 3 年后终止投资。现在有一个 3 年期附息债券，1 年后，我们将息票再投资于同样的 3 年期的附息债券。考虑 1 年后的如下状况：

1. 利率在投资期保持不变，即 $y(0)=y(1)=y(2)=y(3)=12\%$ 。债券价格是 93.48 美元，于是收到来自息票的 108.96 美元可以购买 1.17 份债券，持有的债券数量增加到 12.06 份。我们可以简单地用债券现价乘以所持有的债券数监测投资价值。在下一年，我们重复这一过程。3 年后，我们变现息票并出售债券，最终投资价值为 1 433.33 美元。这个数值将被用来作为其他状况的基准。注意

$$1\,433.33\approx 1\,000e^{3\times 12\%}$$

等于用 1 000 美元投资于零息债券 3 年后的价值。我们把一系列投资总结在下表中。

年	0	1	2	3
利率	12%	12%	12%	12%
息票 1 的现值	8.87 美元	10.00 美元		
息票 2 的现值	7.87 美元	8.87 美元	10.00 美元	
息票 3 的现值	6.98 美元	7.87 美元	8.87 美元	10.00 美元
息票 4 的现值	6.19 美元	6.98 美元	7.87 美元	8.87 美元
面值的现值	61.88 美元	69.77 美元	78.66 美元	88.69 美元
债券价格	91.78 美元	93.48 美元	95.40 美元	97.56 美元
息票现金		108.96 美元	120.60 美元	133.26 美元
额外的债券		1.17	1.26	
债券总数	10.90	12.06	13.33	
投资价值	1 000.00 美元	1 127.50 美元	1 271.25 美元	1 433.33 美元

2. 假设 1 年后利率下降 2 %，然后保持在新的水平。利率的下降导致所有债券价格上升。由息票购买的额外的债券数量少于状况 1 的债券数量。无论怎样投资的最终价值是较高的，因为 3 年后我们卖出债券的价格也较高。

年	0	1	2	3
利率	12%	10%	10%	10%
息票 1 的现值	8.87 美元	10.00 美元		
息票 2 的现值	7.87 美元	9.05 美元	10.00 美元	
息票 3 的现值	6.98 美元	8.19 美元	9.05 美元	10.00 美元
息票 4 的现值	6.19 美元	7.41 美元	8.19 美元	9.05 美元
面值的现值	61.88 美元	74.08 美元	81.87 美元	90.48 美元
债券价格	91.78 美元	98.73 美元	99.11 美元	99.53 美元
息票现金		108.96 美元	119.99 美元	132.10 美元
额外的债券		1.10	1.21	
债券总数	10.90	12.00	13.21	
投资价值	1 000.00 美元	1 184.65 美元	1 309.25 美元	1 446.94 美元

3. 如果利率增加到 14% 并保持不变，债券价格将低于状况 1 的债券价格，投资的最终价值将会更少。

年	0	1	2	3
利率	12%	14%	14%	14%
息票 1 的现值	8.87 美元	10.00 美元		
息票 2 的现值	7.87 美元	8.69 美元	10.00 美元	
息票 3 的现值	6.98 美元	7.56 美元	8.69 美元	10.00 美元
息票 4 的现值	6.19 美元	6.57 美元	7.56 美元	8.69 美元
面值的现值	61.88 美元	65.70 美元	75.58 美元	86.94 美元
债券价格	91.78 美元	88.53 美元	91.83 美元	95.63 美元
息票现金		108.96 美元	121.26 美元	134.46 美元
额外的债券		1.23	1.32	
债券总数	10.90	12.13	13.45	
投资价值	1 000.00 美元	1 073.53 美元	1 234.85 美元	1 420.41 美元

由于理论概念上的动因，考虑与上面具有同样可能状况的投资，但是考虑设计一个特殊的有价证券，即每年支付 32 美元息票的附息债券，所有其他变量保持不变。结果如下：

状况	3 年后的价值
12%，12%，12%，12%	1 433.33 美元
12%，10%，10%，10%	1 433.68 美元
12%，14%，14%，14%	1 433.78 美元

值得注意的是，利率的任何变化都改善了我们投资的结果。如果利率朝不利的方向变化，我们没有损失。另一方面，在其他的情况下，我们没有收益。这可用如下事实解释：债券的久期恰好等于投资期。在某种意义上说，债券的性质近似于指定到期日的零息债券。

练习 9.6

验证上表给出的数字。

练习 9.7

1 000 美元投资于面值 100 美元、年息票 32 美元的 4 年期的债券，计算 3 年后的价值。如果各年的利率如下：

状况 1：12%，11%，12%，12%

状况 2：12%，13%，12%，12%

设计一个电子数据表，并用各种利率试验。

9.2.2 久期

我们已经看到可变利率导致债券投资的未来价值的不确定性。例如，对于养老基金经理来说，这可能是不合意的或者甚至是不能接受的。在本节中，我们介绍一个工具使得对这种投资的免疫成为可能，至少在本节考虑的利率独立于到期日的特殊状况下如此。

为了简化符号，我们记当前收益率 $y(0)$ 为 y 。考虑一个附息债券，债券在时间 $0<hn_1<hn_2<\cdots<hn_N$ 支付的息票为 $C_1,C_2,\cdots,C_N$ ，面值为 F ，到期时间为 hn_N 。债券的当前价格为

$$P(y)=C_1\mathrm{e}^{-hn_1y}+C_2\mathrm{e}^{-hn_2y}+\cdots+(C_N+F)\mathrm{e}^{-hn_Ny} \tag{9.1}$$

附息债券的**久期**（duration）定义为

$$D(y)=\frac{hn_1C_1\mathrm{e}^{-hn_1y}+hn_2C_2\mathrm{e}^{-hn_2y}+\cdots+hn_N(C_N+F)\mathrm{e}^{-hn_Ny}}{P(y)} \tag{9.2}$$

$C_1\mathrm{e}^{-hn_1y}/P(y),C_2\mathrm{e}^{-hn_2y}/P(y),\cdots,(C_N+F)\mathrm{e}^{-hn_Ny}/P(y)$ 是非负的，其和为 1，于是可以把它们视为权重或者概率。可以说久期是未来支付时间的加权平均。任何未来现金流的久期都可以用类似的方式定义。

久期测度了债券价格对收益率变化的敏感性。为了看清这一点，我们计算债券价格对 y 的导数

$$\frac{\mathrm{d}}{\mathrm{d}y}P(y)=-hn_1C_1\mathrm{e}^{-hn_1y}-hn_2C_2\mathrm{e}^{-hn_2y}-\cdots-hn_N(C_N+F)\mathrm{e}^{-hn_Ny}$$

得出，

$$\frac{\mathrm{d}}{\mathrm{d}y}P(y)=-D(y)P(y)$$

最后一个公式有时被当作久期的定义。

例 9.5

一个 6 年期的附息债券，每年息票为 10 美元，面值为 100 美元，收益率为 6%，该债券的久期是 4.898 年。一个 6 年期的具有相同的息票和收益率的债券，但其面值为 500 美元，其久期将是 5.671 年。任何一个零息债券的久期都等于投资期。

练习 9.8

一个 2 年期债券，其面值为 100 美元，每季度支付息票 6 美元，收益率为 11%。计算这个债券的久期。

练习 9.9

设 5 年期债券的收益率为 10%，年息票 10 美元，债券的久期为 4 年，问该债券的面值是多少？在息票不超过面值的情况下，求通过改变面值能够得到的久期的范围。如果面值是固定的，比如说是 100 美元，求久期为 4 年的附息债券的息票值。以这种方法计算，会产生什么样的久期？

练习 9.10

证明 P 是 y 的凸函数。

如果我们投资债券，打算在时间 t 结束投资，只要利率保持不变（等于初始收益率 $y(0)$），那么投资于单个债券的货币的终值为 $P(y(0))e^{ty(0)}$。为了看清楚这笔金额对利率变化的敏感性，计算导数

$$\frac{d}{dy}(P(y)e^{ty}) = \left(\frac{d}{dy}P(y)\right)e^{ty} + tP(y)e^{ty} = (t - D(y))P(y)e^{ty}$$

如果债券的久期恰好为 t，则

$$\frac{d}{dy}(P(y)e^{ty})\bigg|_{y=y(0)} = 0$$

如果导数在某点为零，那么函数图形在该点附近是“平坦的”（flat）。这意味着利率的微小变化对投资的终值几乎没有影响。

9.2.3 债券的资产组合

如果一个债券的久期不能令人满意，那么通过投资于具有不同久期的债券的合适的资产组合有可能构造一个复合债券。

例 9.6

如果初始利率为 14%，那么一个 4 年期债券，其年息票为 $C = 10$ 美元，面值为 $F = 100$ 美元，久期为 3.44 年。一个零息债券，其面值为 $F = 100$ 美元，期限为 $N = 1$ 年，久期为 1 年。两种债券构成一个资产组合，其中每一种都可以视为单一债券，其息票为 $C_1 = 110, C_2 = C_3 = C_4 = 10, F = 100$。它的久期可以用公式（9.2）算出，为 2.21 年。

我们将借助每一个债券的久期推导债券资产组合的久期公式。用 $P_A(y)$ 和 $P_B(y)$ 表示久期为 $D_A(y)$ 和 $D_B(y)$ 的债券 A 和 B 的价格。取由 a 份债券 A 和 b 份债券 B 构成的资产组合，其价值为 $aP_A(y) + bP_B(y)$。求该资产组合的久期可分为两步：

步骤 1。 求由 a 份债券 A 构成的资产组合的久期。此资产组合记为 aA 。其价格显然为 $aP_A(y)$ 。

因为

$$\frac{\mathrm{d}}{\mathrm{d}y}(aP_A(y)) = -D_A(y)(aP_A(y))$$

由此得出

$$D_{aA}(y) = D_A(y)$$

如果我们考察 aA 的现金流，这是很清楚的。每一个息票和面值都乘以 a ，再直接利用公式（9.2）计算久期时 a 相互抵消。

步骤 2。 计算 1 份债券 A 和 1 份债券 B 构成的资产组合的久期，该资产组合记为 $A+B$ 。该资产组合的价格为 $P_A(y)+P_B(y)$ 。对最后一个表达式求导数，我们得到

$$\begin{aligned}\frac{\mathrm{d}}{\mathrm{d}y}(P_A(y)+P_B(y)) &= \frac{\mathrm{d}}{\mathrm{d}y}P_A(y)+\frac{\mathrm{d}}{\mathrm{d}y}P_B(y)\\ &= -D_A(y)P_A(y)-D_B(y)P_B(y)\end{aligned}$$

如果我们令

$$D_{A+B}(y) = D_A(y)\frac{P_A(y)}{P_A(y)+P_B(y)}+D_B(y)\frac{P_B(y)}{P_A(y)+P_B(y)}$$

最后一项可以改写为 $-D_{A+B}(y)(P_A(y)+P_B(y))$ 。这意味着 $D_{A+B}(y)$ 是 $D_A(y)$ 和 $D_B(y)$ 的线性组合，系数为在投资组合中每只债券的价格的百分比权重。

由以上的考虑，我们得到一般的公式

$$D_{aA+bB}(y) = D_A(y)w_A+D_B(y)w_B$$

这里

$$w_A = \frac{aP_A(y)}{aP_A(y)+bP_B(y)},\quad w_B = \frac{bP_B(y)}{aP_A(y)+bP_B(y)}$$

是每一个债券价值的百分比权重。

如果我们允许 a 或 b 值为负（相当于卖出债券而不是购买债券，换句话说，是借钱而不是投资），那么，给定两个久期 $D_A \neq D_B$ ，资产组合的久期 D 可以取任何值，因为 $w_B = 1-w_A$ 且

$$D = D_Aw_A+D_B(1-w_A) = D_B+w_A(D_A-D_B)$$

D 的值甚至可以为负值，这相当于负的现金流，即支付货币而不是收到货币。

例 9.7

令 $D_A=1$ ，$D_B=3$ ，我们想要将 1 000 美元投资 6 个月。为了使久期与投资期限相匹配，我们需要 $0.5 = w_A+3w_B$ 。因为 $w_A+w_B=1$ ，所以 $w_B=-0.25$ ，$w_A=1.25$ 。其中 $P_A=0.92$ 美元，$P_B=1.01$ 美元，我们投资 1 250 美元于 $\frac{1\,250}{0.93}\approx 1\,358.70$ 份债券 A 并发行 $\frac{250}{1.01}\approx 247.52$ 份债券 B。

练习 9.11

如果 $D_A = 2$，$D_B = 3.4$，$P_A = 0.98$，$P_B = 1.02$，且你需要一个价值为 5 000 美元、久期为 6 的资产组合，求需要购买债券 A 和债券 B 的数量。

练习 9.12*

投资 1 000 美元于一个久期为 2 的债券的资产组合，该资产组合是由 1 年期面值为 100 美元的零息债券 A 和面值为 100 美元、年息票为 15 美元、交易价格为 102 美元的 4 年期债券 B 组合而成，求投资于债券 A 和债券 B 的金额。

久期与投资期相匹配的资产组合对利率的微小变化是不敏感的。但是，在实践中我们必须调整资产组合，例如，如果投资期是 3 年且其中一个债券是 1 年后到期的零息债券。此外，正如下面我们将要看到的，久期可能不符合要求。因此，我们有必要在投资期内更新资产组合。这就是下一小节要讨论的主题。

9.2.4 动态套期保值（Dynamic Hedging）

即使所选的资产组合的久期与投资期限相匹配，这也仅在最初的瞬间成立，因为久期随着时间和利率的变化而变化。

例 9.8

取一个 5 年期、年息票为 10 美元、面值为 100 美元的附息债券。如果 $y = 10\%$，那么久期约为 4.16 年。在第一次息票被支付之前，久期随着时间逐渐减小：6 个月后久期将为 3.66，9 个月后久期为 $4.16 - 0.75 = 3.41$。如果久期与投资期限匹配且收益率不变，在息票被支付前不需要调整久期。只要 1 年后第一个息票被支付，该债券将会变为期限为 4 年、久期为 3.48 的债券，不再与投资期限相一致。

练习 9.13

假设利率不变，证明在第一个息票被支付之前，在时间 t 之后债券的久期为 $D - t$，其中 D 为时间 0 计算的久期。

下面的例子说明利率变化对久期的影响。

* 练习 9.12 中的最后一句话是译者根据练习解答 9.12 所作的补充。——译者注

例 9.9

在例 9.8 中，如果 $y=6\%$，则债券的久期为 4.23；如果 $y=14\%$，则债券的久期为 4.08。

练习 9.14

证明 2 年期按年支付息票的债券的久期随收益率的增加而减少。

现在，久期将被应用到设计对利率变动的免疫投资策略中。这项工作将通过监测每一年年末的头寸来完成，如果需要可以更频繁地监测。为了清晰地论述，我们举一个例子。

设投资期限为 3 年，目标价值是 100 000 美元。假设初始利率为 12%。如果利率保持不变，我们投资 69 767.63 美元，其现值为 100 000 美元。

我们通过两个工具来控制目标，一个是年息票为 10 美元、面值 100 美元的 5 年期债券 A，另一个是具有相同面值的 1 年期零息债券 B。我们假设新型债券 B 是可获得的，在接下来几年里，我们将它和债券 A 结合。

在时间 0，债券价格分别为 90.27 美元和 88.69 美元。我们求得 $D_A \approx 4.12$ 和权重 $w_A \approx 0.640\,5$，$w_B \approx 0.359\,5$ 所构造的久期为 3 的资产组合。根据该权重分配初始金额，花费 44 687.93 美元购买 $a \approx 495.05$ 份债券 A，花费 25 079.70 美元购买 $b \approx 282.77$ 份债券 B。下面考虑未来利率变化出现的各种状况。

1. 1 年后利率增加到 14%，资产组合的价值是下面三项的总和：

- 债券 A 的第一个息票：4 950.51 美元；
- 变现债券 B 的面值：28 277.29 美元；
- 持有现在售价为 85.65 美元的 4 年期的债券 A 的市场价值：42 403.53 美元。

资产组合的总价值为 75 631.32 美元。目前，债券 A 的久期为 3.44。目标久期是 2，所以我们求得 $w_A \approx 0.409\,4$ 和 $w_B \approx 0.590\,6$，且得到资产组合中持有的债券数量：361.53 份债券 A 和 513.76 份债券 B。（这意味着我们卖出 133.52 份债券 A，买入 513.76 份新债券 B。）

a) 2 年后，利率下降到 9%，为了计算财富，我们将下面三项加总：

- 债券 A 的息票：3 615.30 美元；
- 债券 B 的面值：51 376.39 美元；
- 售价为 101.46 美元的债券 A 的市场价值：36 682.22 美元。

结果为 91 673.92 美元。我们把所有的资金投资于债券 B，因为目标久期现在是 1。（保证下一年这些债券的回报。）我们能买得起 1 003.07 份售价为 91.39 美元的债券 B，投资的最终价值将约为 **100 307** 美元。

b) 2 年后，利率上升到 16%，我们可以变现和上面数量相等的息票和零息债券，但是债券 A 目前更加便宜了，售价为 83.85 美元，所以我们的资金总额变少了，为 85 305.68 美元。然而，零息债券目前也更便宜了，售价为 85.21 美元，我们能买得起 1 001.07 份债券，最终价格达到 **100 107** 美元。

2. 1 年后，利率下降到 9%。依然用类似的方法，通过加总债券 A 的息票、债券 B 的面值和债券 A 的市场价值，我们得到投资的当前价值为 83 658.73 美元。然后我们求出投资两种债券的权重分别为 $w_A \approx 0.4013$，$w_B \approx 0.5978$；确定由 329.56 份债券 A 和 548.04 份债券 B 构成的新的资产组合。（我们必须卖出 165.50 份债券 A，买入 548.04 份新的债券 B。）

a) 2 年后，利率上升为 14%。我们变现债券 A 的息票得到 3 295.55 美元，与从债券 B 获得的 54 803.77 美元相加再加上债券 A 的市场价值 29 174.39 美元，共计87 273.72美元。我们购买 1 003.89 份新的零息债券 B，3 年后的总价值为 **100 389** 美元。

b) 2 年后，利率下降为 6%，那么财富应是 94 405.29 美元，我们能买得起 1 002.43 份债券 B，投资的最终价值为 **100 243** 美元。

正如我们所见，在每种状况最终价值都超过 100 000 美元。根据凸性，如果利率 y 保持不变，在时间 t，久期等于 t 的债券投资的未来价值有最小值。这意味着在收益率独立于到期日的模型中，利率跳跃会导致套利。

练习 9.15

设计一个投资总额为 20 000 美元的资产组合，该资产组合的久期是 2，由两种 2 年后到期的附息债券组成，其中之一是面值为 100 美元、年息票为 20 美元的债券 A，另一个是面值为 500 美元、年息票为 5 美元的债券 B。给定的初始利率为 8%，2 年后该投资的价值为多少？

9.3 一般的期限结构

在收益率与到期日无关的条件不成立的情况下，我们讨论债券价格模型。

具有可变到期日的零息单位债券的价格 $B(n,N)$ 决定的一族收益率 $y(n,N)$ 由下式给出

$$B(n,N) = e^{-(N-n)hy(n,N)}$$

注意：收益率必须是正的，因为当 $n < N$ 时，$B(n,N)$ 必须小于 1。当 $n < N$ 时，两变量的函数 $y(n,N)$ 被称为**利率的期限结构**（term structure of interest rates）。由当前价格所决定的收益率 $y(0,N)$ 称为**即期利率**（spot rates）。

由即期利率 $y(0,N)$ 形成的**初始期限结构**（initial term structure）是单变量 N 的函数。一般地，它是一个增函数，但是，在金融市场中可观测到其他类型的函数图形。特别地，初始期限结构可能是平坦的，也就是说，收益率可能与 N 无关，这是上一节考虑的情况。

练习 9.16

如果 $B(0,6)=0.96$ 美元，求 $B(0,3)$ 和 $B(0,9)$ 使得初始期限结构是平坦的。

作为未来支付现值的附息债券价格可以用即期利率写成如下形式：

$$P=C_1\mathrm{e}^{-hn_1y(0,n_1)}+C_2\mathrm{e}^{-hn_2y(0,n_2)}+\cdots+(C_N+F)\mathrm{e}^{-hn_Ny(0,n_N)} \tag{9.3}$$

这里的附息债券为息票 $C_1,C_2,\cdots,C_N$ 在时间 $0<hn_1<hn_2<\cdots<hn_N$ 支付，面值为 F，到期日为 hn_N 的债券。

虽然对于附息债券我们不能用单独一个利率对未来支付进行折现，但是可以人为引入一个数当作利率。这个利率被称为**到期收益率**（yield to maturity），其定义为下面方程的解 y：

$$P=C_1\mathrm{e}^{-hn_1y}+C_2\mathrm{e}^{-hn_2y}+\cdots+(F+C_N)\mathrm{e}^{-hn_Ny}$$

到期收益率提供一个对附息债券的既方便又简单的描述，被金融报刊引用。当然，如果利率与到期日无关，那么这个公式与式（9.1）相同。

评注 9.10

为了确定初始期限结构，我们需要零息债券的价格。然而，对于较长到期日（一般指超过 1 年）仅附息债券可以交易，有必要将附息债券分解成不同到期日的零息债券。给定债券价格和较短到期日的所有收益率，反复使用公式（9.3）求出较长到期日的收益率。这种程序被美国财政部在 1985 年介绍过，该程序称为**剥离技术**（Separate Trading of Registered Interest and Principal Securities，STRIPS）（即单独买卖注册利息和本金证券），允许投资者通过回售余下的（被剥离的债券）给财政部，保持要求的现金支付（对特定债券）。

例 9.11

假设 1 年期面值为 100 美元的零息债券交易价格为 91.80 美元，2 年期年息票为 10 美元、面值为 100 美元的债券的交易价格为 103.95 美元。给出如下收益率的方程

$$91.80=100\mathrm{e}^{-y(0,1)}$$

$$103.95=10\mathrm{e}^{-y(0,1)}+110\mathrm{e}^{-2y(0,2)}$$

从第一个方程我们得到 $y(0,1)\approx 8.56\%$，将该值代入第二个方程，求得 $y(0,2)\approx 7.45\%$。因此，被剥离的 2 年期债券的价格，即一个 2 年后到期、面值为 100 美元的零息债券价格将为 $100\mathrm{e}^{-2y(0,2)}\approx 86.16$ 美元。如果给定 3 年期附息债券价格，那么我们能够估算出 $y(0,3)$，以此类推。

返回到债券的一般性研究，我们考虑一个确定性期限结构（因而被称为提前预知的、具有确定性的）。下一个命题表明，这是不现实的。

命题 9.12

如果期限结构是确定的，那么无套利原理隐含着

$$B(0,N)=B(0,n)B(n,N) \tag{9.4}$$

证明

如果 $B(0,N)<B(0,n)B(n,N)$ ，那么

- 购买一份到期日为 N 的债券，卖出 $B(n,N)$ 份到期日为 n 的债券。（这里我们假设债券的未来价格在今天是已知的。）这样现在得到 $B(0,n)B(n,N)-B(0,N)$ 美元。
- 在时间 n ，结算卖出的债券，通过发行一份到期日为 N 的单位债券可以得到所需金额 $B(n,N)$ 。
- 在时间 N 结算头寸，获得初始的利润。

相反的不等式 $B(0,N)>B(0,n)B(n,N)$ ，可以采取相反的策略，按类似的方法证明。 □

利用收益率表示的债券价格为

$$B(n,N)=\frac{B(0,N)}{B(0,n)}=e^{hny(0,n)-hNy(0,N)}$$

这意味着所有债券的价格（于是整个期限结构）由初始期限结构确定。然而，显然我们不可能期望用此法控制现实的债券市场。特别地，历史数据不支持这个关系式。

这表明假设确定性的债券价格会使模型过分简化。我们必须允许未来的期限结构是随机的。在下文中，未来的债券价格是随机的，因为它是由未来期限结构确定的量。

9.3.1 远期利率

我们首先举一个例子说明怎样预先确保未来时间的存款利率和贷款利率。

例 9.13

1 年后，假设你公司的商业计划需要取得一笔 100 000 美元的贷款购买新设备，你希望再过 1 年后偿还贷款。你愿意今天就安排下来以固定利率偿还贷款，而不愿意冒险用未来利率偿还。假设即期利率为 $y(0,1)=8\%$ ，$y(0,2)=9\%$ （其中 $h=1$ ）。你购买 1 000 份面值为 100 美元的 1 年期债券，支付 $100\,000e^{-8\%}\approx 92\,311.63$ 美元。这笔资金是以利率 9% 借入的 2 年期贷款。1 年后，你将从债券收到 100 000 美元，2 年后你能够归还贷款和利息，其支付总额为 $92\,311.63e^{2\times 9\%}\approx 110\,517.09$ 美元。因而，你构想的贷款的利率为 $\ln(110\,517.09/100\,000)\approx 10\%$。金融中介机构可以通过提供所谓的远期利率协议来简化你的工作，同意并为你实现上面提到的贷款构想。

练习 9.17

解释怎样从 6 个月开始安排 6 个月的 50 000 美元存款，并且如果 $y(0,6)=6\%$ 和 $y(0,12)=7\%$，求利率，这里 $h=\frac{1}{12}$。

一般来说，**初始远期利率**（initial forward rate）$f(0,M,N)$ 使得

$$B(0,N)=B(0,M)\mathrm{e}^{-(N-M)hf(0,M,N)}$$

于是

$$f(0,M,N)=-\frac{1}{h(N-M)}\ln\frac{B(0,N)}{B(0,M)}=-\frac{\ln B(0,N)-\ln B(0,M)}{h(N-M)}$$

注意，这个利率是确定的，因为它是用现在的债券价格计算出来的。借助于初始期限结构很容易将它算出。把由收益确定的债券价格 $B(0,N)=\mathrm{e}^{-hNy(0,N)}$ 和 $B(0,M)=\mathrm{e}^{-hMy(0,M)}$ 代入上面的表达式，得到

$$f(0,M,N)=\frac{Ny(0,N)-My(0,M)}{N-M} \tag{9.5}$$

练习 9.18

假设下面的即期利率是由伦敦中心银行提供的（LIBOR，伦敦银行同业拆借利率（the London Interbank Offered Rate），为存款利率；LIBID，伦敦银行同业拆放利率（the London Interbank Bid Rate），为贷款利率）：

利率	LIBOR	LIBID
1 个月	3.46%	3.62%
2 个月	4.06%	4.24%
3 个月	4.19%	4.33%
6 个月	4.35%	4.54%

这些利率按单利原则使用。作为一名银行经理，当一名客户希望在 1 个月后贷款 100 000 元，5 个月后还清，你能提供怎样的利率？如何构造贷款？假设另一个机构 2 个月后提供一份利率为 6.91%（以单利计算）的 4 个月的存款，这存在套利机会吗？

随着时间的推移，债券的价格将变化，相应地，远期利率也将变化。由时间 $n<M<N$ 确定的区间 $[M,N]$ 上的远期利率由下式定义为

$$B(n,N)=B(n,M)\mathrm{e}^{-(N-M)hf(n,M,N)}$$

即

$$f(n,M,N)=-\frac{\ln B(n,N)-\ln B(n,M)}{(N-M)h}$$

瞬时远期利率（instantaneous forward rates）$f(n,N)=f(n,N,N+1)$ 为单期时间间隔的远期利率。一般说来，当 h 是一天时，瞬时远期利率对应于隔夜存贷款利率，公式为

$$f(n,N)=-\frac{\ln B(n,N+1)-\ln B(n,N)}{h} \quad (9.6)$$

给定特定时间 n 的远期利率，我们能够重新构建债券价格。

例 9.14

令 $h=\frac{1}{12}$，$n=0,N=0,1,2,3$，假设债券价格为

$$B(0,1)=0.990\ 1$$
$$B(0,2)=0.982\ 8$$
$$B(0,3)=0.972\ 6$$

则我们得到隐含收益率

$$y(0,1)\approx 11.94\%$$
$$y(0,2)\approx 10.41\%$$
$$y(0,3)\approx 11.11\%$$

和远期利率

$$f(0,0)\approx 11.94\%$$
$$f(0,1)\approx 8.88\%$$
$$f(0,2)\approx 12.52\%$$

注意，使用远期利率公式，我们得到

$$\exp(-(0.119\ 4+0.088\ 8+0.125\ 2)/12)\approx 0.972\ 6=B(0,3)$$

这个例子解释了下面的命题。

命题 9.15

债券价格由下式给出：

$$B(n,N)=\exp\{-h(f(n,n)+f(n,n+1)+\cdots+f(n,N-1))\}$$

证明

为此，注意

$$f(n,n)=-\frac{\ln B(n,n+1)}{h}$$

因为 $B(n,n)=1$，所以

$$B(n,n+1)=\exp\{-hf(n,n)\}$$

接下来，

$$f(n,n+1)=-\frac{\ln B(n,n+2)-\ln B(n,n+1)}{h}$$

把 $B(n,n+1)$ 代入上面的表达式得

$$B(n,n+2)=\exp\{-h(f(n,n)+f(n,n+1))\}$$

多次重复，我们得到要证的一般公式。 □

我们利用收益率得到远期利率的简单表达式：

$$f(n,N)=(N+1-n)y(n,N+1)-(N-n)y(n,N) \quad (9.7)$$

特别地，

$$f(n,n)=y(n,n+1)$$

作为上面命题的直接结果，我们得到直观的公式

$$y(n,N)=\frac{f(n,n)+f(n,n+1)+\cdots+f(n,N-1)}{N-n}$$

例 9.16

从上述公式我们能够看到，如果期限结构是平坦的，也就是说，$y(n,N)$ 与 N 无关，那么 $f(n,N)=y(n,N)$。对固定的 n，现在考虑 $f(n,N)$ 随 N 增加的例子，并计算相应的收益率：

$$f(0,0)=8.01\%,y(0,1)=8.01\%$$
$$f(0,1)=8.03\%,y(0,2)=8.02\%$$
$$f(0,2)=8.08\%,y(0,3)=8.04\%$$

我们可以看到收益率也在增加。(见下面的练习 9.20，该练习是这个问题的一般性结论 。)

然而，远期利率不随到期时间的延长而增加，即使收益率如此：

$$f(0,0)=9.20\%,y(0,1)=9.20\%$$
$$f(0,1)=9.80\%,y(0,2)=9.50\%$$
$$f(0,2)=9.56\%,y(0,3)\approx 9.52\%$$

练习 9.19

远期利率可以是负的吗?

练习 9.20

证明如果 $f(n,N)$ 随着 N 的增加而增加，那么 $y(n,N)$ 也会随着 N 的增加而增加。

9.3.2 货币市场账户

短期利率 (short rate) 定义为 $r(n)=f(n,n)$。另外一种表达式为 $r(n)=y(n,n+1)$，于是这是在时间 n 开始的单时段有效的利率。短期利率是事先未知的，当前利率 $r(0)$ 除外。区分 $r(n)$ 与 $f(0,n)$ 是重要的。两个利率都应用于从时间 n 到时间 $n+1$ 的单个时段，但前者是随机的，而后者在现时是已知的并且由初始期限结构所确定。

当 $n\geqslant 1$ 时，货币市场账户用 $A(n)$ 表示，定义为

$$A(n)=\exp\{h(r(0)+r(1)+\cdots-r(n-1))\}$$

其中 $A(0)=1$，$A(n)$ 表示投资 1 美元按短期利率连续复合产生利息在时间 n 的价值。例如，如果 $h=\frac{1}{365}$，那么利息是由隔夜利率给出的。

在第 2 章定义的货币市场账户是确定性序列，它与初始美元资金的特定的投资方式无关。这里 $A(n)$ 是随机的，正如下面将要看到的，一般来说不同于 $\exp\{hny(0,n)\}$，后者是确定的，且可用到期日为 n 的零息债券构造。

例 9.17

引入例 9.14 中的设定，假设价格变化如下：

$B(0,1)=0.990\,1$

$B(0,2)=0.982\,8, B(1,2)=0.994\,7$

$B(0,3)=0.972\,6, B(1,3)=0.984\,8, B(2,3)=0.990\,5$

相应的收益率为

$y(0,1)\approx 11.94\%$

$y(0,2)\approx 10.41\%, y(1,2)\approx 6.38\%$

$y(0,3)\approx 11.11\%, y(1,3)\approx 9.19\%, y(2,3)\approx 11.45\%$

远期利率为

$f(0,0)\approx 11.94\%$

$f(0,1)\approx 8.88\%, f(1,1)\approx 6.38\%$

$f(0,2)\approx 12.52\%, f(1,2)\approx 12.00\%, f(2,2)\approx 11.45\%$

我们可以计算短期利率，且计算出货币的市场账户的价值

$A(0)=1$

$r(0)=f(0,0)\approx 11.94\%, A(1)\approx 1.010\,0$

$r(1)=f(1,1)\approx 6.38\%, A(2)\approx 1.015\,4$

$r(2)=f(2,2)\approx 11.45\%, A(3)\approx 1.025\,1$

练习 9.21

在例 9.17 中哪些债券价格变化能够使得货币的市场价值不改变？

练习 9.22

使用在例 9.17 中的数据，在下面的情况下，计算从 0 到 3 时期的投资的对数收益率：

a) 在时间 3 到期的零息债券；b) 单期零息债券；c) 货币的市场价值。

9.4 随机利率的二叉树模型

本节采用与第 6 章股票价格的二叉树模型类似的方法，我们专门研究随时间演变的随机利率的建模问题。利率演变的建模方法可以简化债券价格演变的建模方法，因为后者决定前者。我们从债券价格模型应具有的某些性质开始，着重研究债券与股票的差别。

第一，我们想到利率或债券价格的演化可用两个变量（运行时间和到期时间）来描述，而股票价格仅是一个变量（运行时间）的函数。

第二，存在多种描述期限结构的方式：债券价格、隐含收益率、远期利率、短期利率。债券价格与收益率显然是等价的，可用简单的公式联系在一起。债券价格与远期利率也是等价的。短期利率与其他方式不同，它比较容易处理，但重新构造期限结构问题却会出现。这并不重要，因为短期利率通常带来的信息更少。

第三，模型需要与初始数据匹配。对股票来说，这只是当前价格。在债券的情况下，给出完整的初始期限结构，需对模型附加更多的限制，使得模型必须与当前可利用的市场信息一致。

第四，在到期日，债券会变成非随机的。这与股票价格形成了鲜明的对比。在到期日，债券给出确定的金额这个事实必须包含在模型中。

第五，收益率与到期日无关一定是非常特殊的情况。一般地，到期日相近的债券的运行模式也是类似的。在统计学术语中，这意味着它们是完全正相关的。

我们将研究债券价格的二叉树模型。树的形状与第 6 章中树的形状类似。然而，因为模型相当复杂，有必要对模型进行一定程度的修改使模型变得容易，复杂性在于概率与收益取决于在树中的位置。我们需要合适的符号来区分不同的位置。这样增加的复杂性水平是必要的。特别地，注意在每个时期相同的收益率会导致资产价格沿着某些状况无限制增长，这与债券价格不会超过 1 矛盾。

状态（state）的含义是连续向上变动和向下变动的有限序列。首先，状态依赖于时间，换言之，状态依赖于时期数。我们将使用各种长度的字母 u 和 d 的序列，长度相应于逝去的时间（从树的根部算起的时期数）。在时间 1，我们只有 2 个状态：$s_1 = \mathrm{u}$ 或 $s_1 = \mathrm{d}$，在时间 2，则有 4 个状态：$s_2 = \mathrm{ud}, s_2 = \mathrm{dd}, s_2 = \mathrm{du}$ 或 $s_2 = \mathrm{uu}$。我们记 $s_2 = s_1\mathrm{u}$ 或 $s_2 = s_1\mathrm{d}$，表示在时间 1 s_1 已经发生的情况下，在时间 2 是上涨或是下跌的状态。一般地，$s_{n+1} = s_n\mathrm{u}$ 或 $s_{n+1} = s_n\mathrm{d}$。

允许概率依赖于特定的状态。我们记 p^{s_n} 表示在时间 n 状态 s_n 已经发生的情况下，在时间 $n+1$ 上涨的概率。不带任何参数，第一时期上涨的概率记为 p。在图 9.1 中，我们有 $p = 0.3, p^{\mathrm{u}} = 0.1, p^{\mathrm{d}} = 0.4, p^{\mathrm{uu}} = 0.4, p^{\mathrm{ud}} = 0.2, p^{\mathrm{du}} = 0.5, p^{\mathrm{dd}} = 0.4$。

我们固定一个自然数 N 作为时间范围。它将是研究的所有债券到期时间的上界。在时间 N，状态 s_N 表示已完成的债券价格变动的状态。

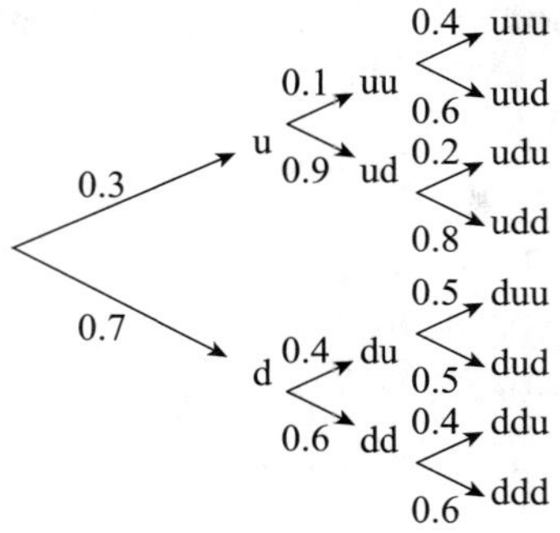

图 9.1　状态和概率

接下来，我们将描述债券价格的演化。在时间 0，我们给出直到 N 的所有到期日的债券的初始价格，即 N 个数的序列

$$B(0,1),B(0,2),B(0,3),\cdots,B(0,N-1),B(0,N)$$

在时间 1，价格变为多余的，即第一个债券已到期，只有余下的 $N-1$ 个债券还在交易。根据状态 u 和 d，区分两种可能，引入随机性，于是我们有两个序列：

$$B^{u}(1,2),B^{u}(1,3),\cdots,B^{u}(1,N-1),B^{u}(1,N)$$
$$B^{d}(1,2),B^{d}(1,3),\cdots,B^{d}(1,N-1),B^{d}(1,N)$$

在时间 2，我们有 4 个状态和长度为 $N-2$ 的 4 个序列：

$$B^{uu}(2,3),\cdots,B^{uu}(2,N-1),B^{uu}(2,N)$$
$$B^{ud}(2,3),\cdots,B^{ud}(2,N-1),B^{ud}(2,N)$$
$$B^{du}(2,3),\cdots,B^{du}(2,N-1),B^{du}(2,N)$$
$$B^{dd}(2,3),\cdots,B^{dd}(2,N-1),B^{dd}(2,N)$$

我们不要求 ud 和 du 的价格相等，价格相等是对股票价格变动的情形成立的。

这个过程以同样的方式继续。在每一时期，序列的长度减少 1 个，序列的数量就双倍增加。在时间 $N-1$，我们只有以 s_{N-1} 的所有可能状态作为指数的 2^{N-1} 个单个的数，它们是

$$B^{s_{N-1}}(N-1,N)$$

树结构只能细分到这旦，因为最后的价格变动是确定的：在时间 N 到期的债券的价格变成了确定的数，即对所有的状态，有 $B^{s_N}(N,N)=1$ 成立。

例 9.18

对 $N=3$ 的债券价格的演变（其时期为月（$h=\frac{1}{12}$））如图 9.2 所示。图中显示了到期日为 1、2、3 的三个债券的价格。

债券价格的演变也可用收益率来描述。假设我们已经到达了状态 s_{n-1}，且债券价格 $B^{s_{n-1}}(n-1,N)$ 已知，那么我们有：

$$B^{s_{n-1}u}(n,N)=B^{s_{n-1}}(n-1,N)\exp\{k^{s_{n-1}u}(n,N)\}$$

$$B^{s_{n-1}\mathrm{d}}(n,N)=B^{s_{n-1}}(n-1,N)\exp\{k^{s_{n-1}\mathrm{d}}(n,N)\}$$

$B(0,1)=0.990\,1$, $B(0,2)=0.982\,8$, $B(0,3)=0.972\,6$

$\nearrow$ $B^{\mathrm{u}}(1,2)=0.994\,8$, $B^{\mathrm{u}}(1,3)=0.984\,8$ $\nearrow$ $B^{\mathrm{uu}}(2,3)=0.990\,5$; $\searrow$ $B^{\mathrm{ud}}(2,3)=0.987\,5$

$\searrow$ $B^{\mathrm{d}}(1,2)=0.990\,7$, $B^{\mathrm{d}}(1,3)=0.980\,8$ $\nearrow$ $B^{\mathrm{du}}(2,3)=0.990\,8$; $\searrow$ $B^{\mathrm{dd}}(2,3)=0.989\,1$

图 9.2　例 9.18 中的债券价格的演变

隐含定义的对数收益率

$$k^{s_{n-1}\mathrm{u}}(n,N)=\ln\frac{B^{s_{n-1}\mathrm{u}}(n,N)}{B^{s_{n-1}}(n-1,N)}$$

$$k^{s_{n-1}\mathrm{d}}(n,N)=\ln\frac{B^{s_{n-1}\mathrm{d}}(n,N)}{B^{s_{n-1}}(n-1,N)}$$

这里，我们假设 $k^{s_{n-1}\mathrm{u}}(n,N)\geqslant k^{s_{n-1}\mathrm{d}}(n,N)$

评注 9.19

注意，假设状态 s_{n-1} 是已知的，在树的某些位置，收益是非随机的，即

$$k^{s_{n-1}\mathrm{u}}(n,n)=k^{s_{n-1}\mathrm{d}}(n,n)=\ln\frac{1}{B^{s_{n-1}}(n-1,n)}$$

因为 $B^{s_n}(n,n)=1$ 对所有的 s_n 都成立。

例 9.20

由例 9.18 的数据，我们提取出到期日为 3 的债券的价格，给出终值为 1 的图，图 9.3 所示的树描述了在时间 0 以 0.972 6 购买的单个债券的随机演变过程。收益率的计算是容易的，例如

$$k^{\mathrm{ud}}(2,3)=\ln\frac{B^{\mathrm{ud}}(2,3)}{B^{\mathrm{u}}(1,3)}\approx 0.27\%$$

这些结果如图 9.4 所示。(回想每个时段的长度为 1 个月。)

$B(0,3)=0.972\,6$

$\nearrow$ $B^{\mathrm{u}}(1,3)=0.984\,8$ $\nearrow$ $B^{\mathrm{uu}}(2,3)=0.990\,5\rightarrow B(3,3)=1$; $\searrow$ $B^{\mathrm{ud}}(2,3)=0.987\,5\rightarrow B(3,3)=1$

$\searrow$ $B^{\mathrm{d}}(1,3)=0.980\,8$ $\nearrow$ $B^{\mathrm{du}}(2,3)=0.990\,8\rightarrow B(3,3)=1$; $\searrow$ $B^{\mathrm{dd}}(2,3)=0.989\,1\rightarrow B(3,3)=1$

图 9.3　例 9.20 中在时间 3 到期的债券的价格

$k^{u}(1,3) = 1.25\%$ ↗ $k^{uu}(2,3) = 0.58\%$ → $k(3,3) = 0.95\%$

$k^{u}(1,3) = 1.25\%$ ↘ $k^{ud}(2,3) = 0.27\%$ → $k(3,3) = 1.26\%$

$k^{d}(1,3) = 0.84\%$ ↗ $k^{du}(2,3) = 1.01\%$ → $k(3,3) = 0.92\%$

$k^{d}(1,3) = 0.84\%$ ↘ $k^{dd}(2,3) = 0.84\%$ → $k(3,3) = 1.10\%$

图 9.4　在例 9.20 中于时间 3 到期的债券的收益率

练习 9.23

对于图 9.5 所示的收益树，请构造债券价格树并填满没有求出的收益率。

$k^{u}(1,3) = 0.26\%$ ↗ $k^{uu}(2,3) = 0.22\%$ → $k(3,3) = 0.16\%$

$k^{u}(1,3) = 0.26\%$ ↘ $k^{ud}(2,3) = ?$ → $k(3,3) = 0.18\%$

$k^{d}(1,3) = ?$ ↗ $k^{du}(2,3) = 0.20\%$ → $k(3,3) = 0.21\%$

$k^{d}(1,3) = ?$ ↘ $k^{dd}(2,3) = ?$ → $k(3,3) = 0.25\%$

图 9.5　练习 9.23 的收益率

债券价格的演变与到期日的隐含收益率的演变完全一致，即

$$y^{s_n}(n,m) = \frac{1}{h(m-n)}\ln\frac{1}{B^{s_n}(n,m)}$$

与债券价格有相同的树结构。特别地，假设倒数第二个时段的状态 s_{n-1} 是已知的，则最终的收益率是非随机的。注意词“上涨”和“下跌”在这里失去了意义，因为债券价格上涨时收益是下降的。我们还是使用原来的标记 u 和 d 。

例 9.21

我们继续研究例 9.18，求收益率，记住 $h=\frac{1}{12}$。其结果汇总在图 9.6 中。

$y(0,1) = 11.94\%$，$y(0,2) = 10.41\%$，$y(0,3) = 11.11\%$

↗ $y^{u}(1,2) = 6.26\%$，$y^{u}(1,3) = 9.19\%$
- ↗ $y^{uu}(2,3) = 11.45\%$
- ↘ $y^{ud}(2,3) = 15.09\%$

↘ $y^{d}(1,2) = 11.21\%$，$y^{d}(1,3) = 11.63\%$
- ↗ $y^{du}(2,3) = 11.09\%$
- ↘ $y^{dd}(2,3) = 13.15\%$

图 9.6　例 9.21 中的收益率

练习 9.24

取练习 9.23 中的收益率并且求收益率 $y(0,3)$ 。收益率和到期收益率之间的一般关系是什么？不用计算债券的价格，你能否求出没有求出的收益率？

现在考虑瞬时远期利率。在初始时间 0，存在由初始债券价格产生的 N 个远期利率

$$f(0,0),f(0,1),\cdots,f(0,N-1)$$

注意，第一个数是短期利率 $r(0)=f(0,0)$ 。

对于所有随后的时段，当前的债券价格隐含远期利率。应用于随机的债券价格的公式（9.6）使我们求出远期利率的随机演变过程：

$$f^{s_n}(n,N)=-\frac{\ln B^{s_n}(n,N+1)-\ln B^{s_n}(n,N)}{h} \tag{9.8}$$

在时间 1，我们有从两个债券价格序列得到的 $N-1$ 个远期利率构成的两个可能的序列

$$f^{u}(1,1),f^{u}(1,2),\cdots,f^{u}(1,N-1)$$
$$f^{d}(1,1),f^{d}(1,2),\cdots,f^{d}(1,N-1)$$

在时间 2，我们有由 $N-2$ 个远期利率构成的四个序列，如此等等。在时间 $N-1$ ，有 2^{N-1} 个数 $f^{s_{N-1}}(N-1,N-1)$ 。

例 9.22

利用式（9.8），我们能够利用例 9.18 中的数据求出远期利率。例如

$$f^{u}(1,2)=-\frac{\ln B^{u}(1,3)-\ln B^{u}(1,2)}{h}$$

另外，我们可以利用例 9.21 求出的收益率，由公式（9.7）得到：

$$f^{u}(1,2)=2y^{u}(1,3)-y^{u}(1,2)$$

这些结果汇总在图 9.7 中。

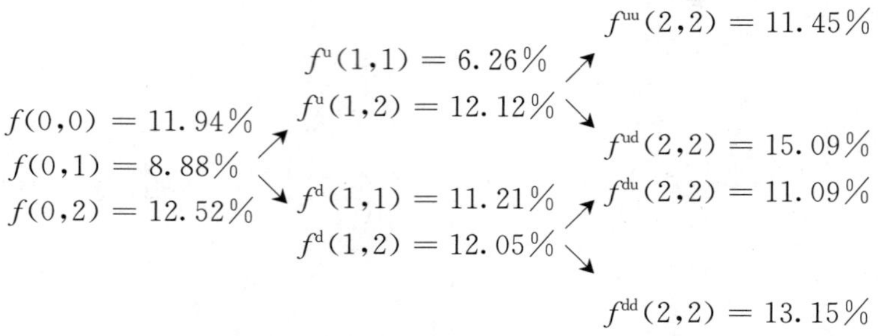

图 9.7　例 9.22 中的远期利率

正如命题 9.15 所示，包含在远期利率中的信息足以重新构造债券价格。

练习 9.25

假设远期利率树如图 9.8 所示。求相应的债券价格（这里以月为时段）。

短期利率仅仅是远期利率的特殊情况，

$$r^{s_n}(n) = f^{s_n}(n,n)$$

当 $n \geqslant 1$ 时，其中确定性的 $r(0) = f(0,0)$。短期利率还可用 $r^{s_n}(n) = y^{s_n}(n,n+1)$，$n \geqslant 1$ 和 $r(0) = y(0,1)$ 给出，即利用在下一个时段到期的债券的收益率给出。由远期利率和收益率之间的关系可以明显地看出这一点。

$f(0,0) = 9.28\%$
$f(0,1) = 9.47\%$
$f(0,2) = 8.44\%$

↗ $f^{u}(1,1) = 7.95\%$
　 $f^{u}(1,2) = 12.39\%$
　　↗ $f^{uu}(2,2) = 10.72\%$
　　↘ $f^{ud}(2,2) = 14.12\%$

↘ $f^{d}(1,1) = 11.82\%$
　 $f^{d}(1,2) = 6.93\%$
　　↗ $f^{du}(2,2) = 10.61\%$
　　↘ $f^{dd}(2,2) = 12.18\%$

图 9.8　练习 9.25 中的远期利率

我们现在准备描述货币市场账户。从 $A(0) = 1$ 开始，下一个值

$$A(1) = \exp(hr(0))$$

仍然是确定性的。但在后续时期变成随机的。在时间 2，有取决于时间 1 的状态的两个值：

$$A^{u}(2) = \exp(h(r(0) + r^{u}(1))) = A(1)\exp\{hr^{u}(1)\}$$
$$A^{d}(2) = \exp(h(r(0) + r^{d}(1))) = A(1)\exp\{hr^{d}(1)\}$$

接下来，例如

$$A^{ud}(3) = \exp(h(r(0) + r^{u}(1) + r^{ud}(2))) = A^{u}(2)\exp(hr^{ud}(2))$$

一般地

$$A^{s_{n-1}u}(n+1) = A^{s_{n-1}}(n)\exp(hr^{s_{n-1}u}(n))$$
$$A^{s_{n-1}d}(n+1) = A^{s_{n-1}}(n)\exp(hr^{s_{n-1}d}(n))$$

练习 9.26

如果远期利率与练习 9.25 中的相同，求货币市场账户的演变过程。

对于债券投资，货币市场账户起着与前几章的股票市场投资策略中无风险资产类似的作用。

9.5 债券的套利定价

假设我们对在时间期界 N 到期的债券给出了债券价格 $B^{s_n}(n,N)$ 的二叉树。另外，我们给出了货币市场过程 $A^{s_{n-1}}(n)$ 。正如在本章引言中所提到的，其他债券的价格不可能是完全任意的。我们将证明，当 $M<N$ 时，可以利用到期日为 N 的债券和货币市场账户复制价格 $B^{s_n}(n,M)$ 。根据无套利定价原理，价格 $B^{s_n}(n,M)$ 将等于相应的复制策略在时间 n 的价值。

例 9.23

考虑例 9.18 中的数据，在第一个时段，短期利率是确定的，而且可利用价格 $B(0,1)$ 推出。货币市场账户的前两个价值为 $A(0)=1$ 和 $A(1)=1.01$ 。我们取在时间 3 到期的债券作为基本的工具。这个债券在时间 0 和时间 1 的价格以及在时间 2 到期的债券的价格在图 9.9 中给出。我们能够求出一个资产组合 (x, y)，其中 x 是时间 3 到期的债券数，y 是货币市场头寸，使得这个资产组合的价值与在时间 2 到期的债券的时间 1 的价格相等。为此目的，我们求解如下方程组

$$0.984\,8x+1.01y=0.994\,8$$
$$0.980\,8x+1.01y=0.990\,7$$

得到 $x=1$ 和 $y\approx 0.009\,8$ 。这个资产组合在时间 0 的价值为 $1\times B(0,3)+0.009\,8\times A(0)\approx 0.982\,4$ ，它不等于 $B(0,2)$ 。图 9.9 中的价格提供了一个套利机会：

- 以 0.982 8 美元的价格卖出 1 份在时间 2 到期的债券，以 0.982 4 美元的价格买入上面构造的资产组合。
- 无论在时间 1 怎样，资产组合的价值都将足够买回债券，初始余额 0.000 4美元为套利利润。

例 9.18 中的模型与无套利原则不一致，需要纠正。但我们只能调整某些未来价格，因为所有债券的现在价格是由市场决定的。取 $B^{u}(1,2)=0.995\,8$ 而 $B^{d}(1,2)$ 保持不变，或者令 $B^{d}(1,2)=0.991\,3$ 而 $B^{u}(1,2)$ 保持不变，我们能够消除套利机会。当然，还有许多通过同时改变两个值 $B^{u}(1,2)$ 和 $B^{d}(1,2)$ 修正模型的其他方法。我们令 $B^{d}(1,2)=0.991\,3$ ，而 $B^{u}(1,2)$ 保持不变。修正后的价格树如图 9.10 所示，相应的收益率如图 9.11 所示。

$B^{u}(1,2)=0.994\,8$
$B^{u}(1,3)=0.984\,8$

$B(0,2)=0.982\,8$ ↗
$B(0,3)=0.972\,6$ ↘

$B^{d}(1,2)=0.990\,7$
$B^{d}(1,3)=0.980\,8$

图 9.9 例 9.18 中的债券价格

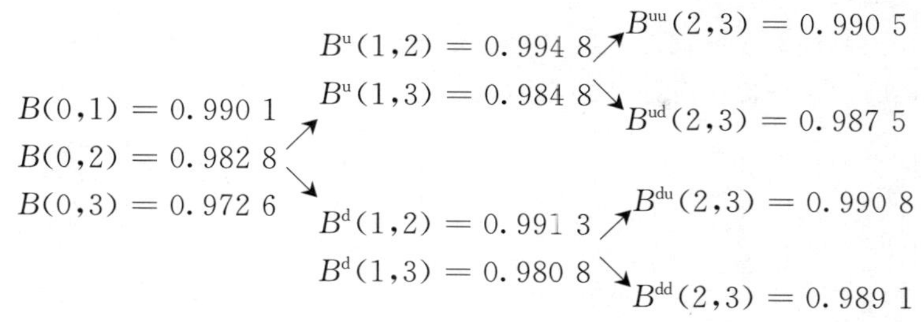

图 9.10　修正后的例 9.23 中的价格树

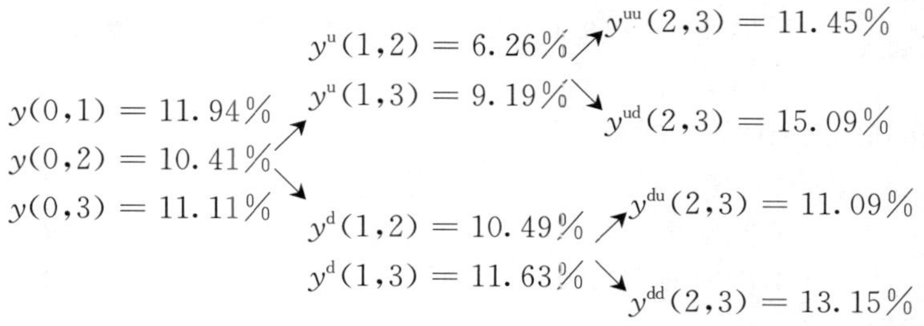

图 9.11　修正后的例 9.23 中的收益率树

评注 9.24

在例 9.23 中的债券价格修正过程与在第 6 章描述的一般衍生证券的定价类似。在时间 2 到期的债券起着衍生证券的作用。在时间 3 到期的债券充当基本债券。不同之处在于时间 2 到期的债券现价是固定的，我们只能调整模型中的未来价格以消除套利。在这个阶段，我们只关心建立一致的模型而不是定价证券。

评注 9.25

如果建立的初始模型符合某些假设，例如，参数的标准差与历史数据一致，那么修改消除套利的模型最有可能破坏这一特性。解决这一问题的一种方式将是采用三叉树或者具有更多分支的树，获得更多的状态。我们将获得一定的灵活性，该灵活性给出无套利模型更广阔的发展空间。这种模型被称为多因子模型。

我们可以很容易地将例 9.23 一般化。**标的债券**（underlying bond）在时间 N 到期，我们能够求出在时间 $M<N$ 到期的任意债券的价格。复制过程是从 M 开始向后逐步地进行，对于时间 M 的每个状态 s_M 有 $B^{s_M}(M,M)=1$。第一期是容易的：对每个状态 s_{M-1}，我们取一个资产组合，具有 $x=0$ 和 $y=1/A^{s_{M-1}}(M)$，因为债券

练习 9.27

给定在时间 3 到期的债券的价格树和如图 9.12 所示的短期利率，其中 $h=1/12$，评价在时间 2 到期的债券价格。

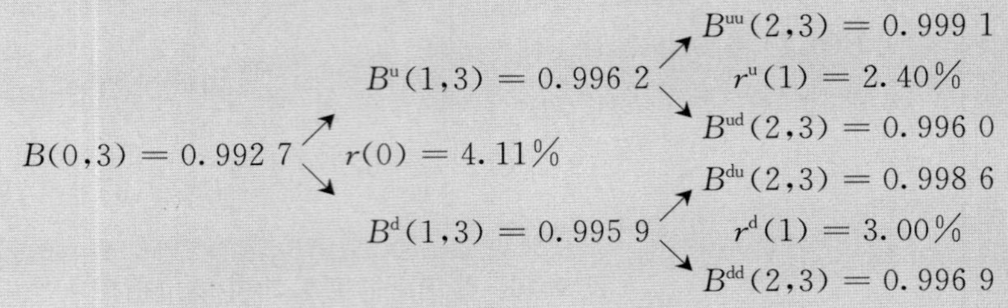

图 9.12　练习 9.27 中的债券价格和短期利率

在到期之前的一个时期变为无风险债券。

接下来，考虑时间 $M-2$ 。对任意状态 s_{M-2} ，通过求解方程组

$$xB^{s_{M-2}u}(M-1,N)+yA^{s_{M-2}}(M-1)=B^{s_{M-2}u}(M-1,M)$$
$$xB^{s_{M-2}d}(M-1,N)+yA^{s_{M-2}}(M-1)=B^{s_{M-2}d}(M-1,M)$$

我们求出在时间 N 到期的债券的数量 $x=x^{s_{M-2}}(M-1)$ 和货币市场账户的头寸 $y=y^{s_{M-2}}(M-1)$ 。以这种方式，我们能够求出在时间 M 到期的债券在时间$M-2$的价格

$$B^{s_{M-3}u}(M-2,M)=xB^{s_{M-3}u}(M-2,N)+yA^{s_{M-3}}(M-2)$$
$$B^{s_{M-3}d}(M-2,M)=xB^{s_{M-3}d}(M-2,N)+yA^{s_{M-3}}(M-2)$$

我们能够重复这个树向后移动的复制过程。

评注 9.26

对于债券价格的二叉树模型，如果类似于第 6 章的条件 $D<R<U$ 的无套利条件被满足，复制是可能的。该条件的形式为

$$k^{s_{n-1}u}(n,N)>hr^{s_{n-1}}(n-1)>k^{s_{n-1}d}(n,N) \tag{9.9}$$

任意未来现金流都可按类似的方式被复制，例如，考虑一个具有固定息票的附息债券。

例 9.27

取一个面值 $F=100$，在时间 2 到期的附息债券，在时间 1 和时间 2 支付息票$C=10$。我们利用在时间 3 到期的零息债券作为基础证券定价未来现金流。附息债券在特定时间的价格 P 将不包括息票金额（所谓的除息价格）。假设债券价格的结构如图 9.10 所示。

考虑时间 1，在状态 u 短期利率由价格 $B^{u}(1,2)=0.994\,8$ 确定，于是我们有 $r^{u}(1)\approx 6.26\%$ 。因此 $P^{u}(1)=109.43$ 。在状态 d，我们利用 $B^{d}(1,2)=0.991\,3$ 得到 $r^{d}(1)\approx 10.49\%$ 和 $P^{d}(1)=109.04$ 。

考虑时间 0，在时间 1 我们将要复制的包括息票金额的现金流，所以它是由

$P^{u}(1)+10 \approx 119.43$ 和 $P^{d}(1)+10 \approx 119.04$ 给出。短期利率 $r(0) \approx 11.94\%$ 决定如例 9.23 中的货币市场账户，$A(1)=1.01$，且我们求得 $x \approx 96.25, y \approx 24.40$。因此，$P(0) \approx 118.01$ 为附息债券现在的价格。

另一种方法是利用即期收益率（spot yield）：$y(0,1) \approx 11.94\%$ 和 $y(0,2) \approx 10.41\%$，折现的未来支付具有相同结果：$118.01 \approx 10 \times \exp\left(-\frac{1}{12} \times 11.94\%\right)+110 \times \exp\left(-\frac{2}{12} \times 10.41\%\right)$。

一般地，

$$P(0)=C_1 \exp\{-hy(0,1)\}+C_2 \exp\{-2hy(0,2)\} + \cdots+(C_N+F) \exp\{-Nhy(0,N)\} \tag{9.10}$$

（为了简单起见，公式包括所有的时段，当在每个时段 k 没有息票支付时，则 $C_k=0$。）在每个时间 k，当息票被支付时，现金流是（确定性的）息票和（随机的）余下债券的价格之和：

$$C_k+P^{s_k}(k)=C_k+C_{k+1} \exp\{-hy^{s_k}(k,k+1)\} + \cdots+(C_n+F) \exp\{-h(n-k) y^{s_k}(k,n)\}$$

息票经常取决于其他量。如此附息债券可能变成衍生证券。一个重要的案例将在下面描述，其中息票是按面值的比例计算的。这个因子定义为**付息率**（coupon rate），可以利用将短期利率转换为等价的离散复合利率得到。在实际中，当 h 是一天时，付息率将是隔夜 LIBOR。

命题 9.28

当 $0<k \leqslant N$ 时，在时间 N 到期，具有随机息票

$$C_k^{s_{k-1}}=\left(\exp\{hr^{s_{k-1}}(k-1)\}-1\right) F \tag{9.11}$$

的附息债券是按面值交易的。（即价格 $P(0)$ 等于面值 F。）

证明

固定时间 $N-1$ 和状态 s_{N-1}。在这种状态下，债券的价值 $P^{s_{N-1}}(N-1)$ 为按短期利率折现的 $F+C_N^{s_{N-1}}$，如果息票由式（9.11）给出，得到 $P^{s_{N-1}}(N-1)=F$。沿着这个树向后跟进，对每个状态应用相同的论证，我们最终得到 $P(0)=F$。 □

练习 9.28

假设收益率与例 9.23 相同，见图 9.11，求按面值交易的在时间 2 到期的债券的息票。

9.5.1 风险中性概率

在第 6 章我们已经学过在时间 n 股票的价格 $S(n)$ 等于在时间 $n+1$ 股票的价格 $S(n+1)$ 折现到时间 n 的价格在风险中性概率之下的期望值，这种情况在利率的二叉树模型中是类似的。

折现因子由货币市场账户确定，或者，换言之，折现因子由短期利率决定。一般说来，折现因子是随机的，形如 $\exp\{-hr^{s_n}(n)\}$ 。

假设状态 s_n 在时间 n 已发生，下一个时段由货币的时间价值确定的短期利率现在肯定是已知的。考虑在时间 N 到期且满足条件 $n<N-1$ 的债券。我们已知债券的价格 $B^{s_n}(n,N)$ 以及下一个时段的两个可能值 $B^{s_n\mathrm{u}}(n+1,N)$ 和 $B^{s_n\mathrm{d}}(n+1,N)$。这些值表示随机变量，记为 $B^{s_n\cdot}(n+1,N)$ 。如果 $n=N-1$ ，则债券在下一个时段 N 到期，到期时只有一个独立于状态的价格，即面值。我们寻找一个概率 p_* 使得

$$B^{s_n}(n,N)=[p_*B^{s_n\mathrm{u}}(n+1,N)+(1-p_*)B^{s_n\mathrm{d}}(n+1,N)]\times\exp\{-hr^{s_n}(n)\}\tag{9.12}$$

该方程对 p_* 求解，p_* 原则上依赖于 n,N 和 s_n 。（因为不久将要证明，见命题 9.31，实际上，p_* 与到期日 N 无关。）回想对数收益率的定义，我们有

$$B^{s_{n+1}}(n+1,N)=B^{s_n}(n,N)\exp\{k^{s_{n+1}}(n+1,N)\}$$

得到

$$p_*^{s_n}(n,N)=\frac{\exp\{hr^{s_n}(\mathrm{n})\}-\exp\{k^{s_n\mathrm{d}}(n+1,N)\}}{\exp\{k^{s_n\mathrm{u}}(n+1,N)\}-\exp\{k^{s_n\mathrm{d}}(n+1,N)\}}\tag{9.13}$$

这些数被称为**风险中性概率**（risk-neutral probabilities）或者**鞅概率**（martingale probabilities）。无套利条件（9.9）现在可以写为

$$0<p_*^{s_n}(n,N)<1$$

例 9.29

利用例 9.23 中修正的数据（债券价格如图 9.10 所示），对 $n=0,1$ ，求风险中性概率 $p_*^{s_n}(n,3)$ 树。

首先，我们计算货币市场账户的收益率。最简单的方法是使用收益率（图 9.11）。取 $h=\frac{1}{12}$ ，我们有 $hr^{s_n}(n)=y^{s_n}(n,n+1)/12, n=0,1$ ，这样得出如图 9.13 所示的值。

$$hr(0)=0.995\% \begin{array}{l}\nearrow\ hr^{\mathrm{u}}(1)=0.521\%\\ \searrow\ hr^{\mathrm{d}}(1)=0.874\%\end{array}$$

图 9.13 在例 9.29 中的收益率

接下来，我们求债券的收益率 $k^{s_1}(1,3)$ 和 $k^{s_2}(2,3)$ 。例如，如果 $s_2=\mathrm{ud}$ ，则 $k^{\mathrm{ud}}(2,3)=\ln\left(\frac{0.9875}{0.9848}\right)$ 。结果汇总在图 9.14 中。我们看到无套利条件

0.84%<0.99%<1.25%，0.27%<0.52%<0.58% 和 0.84%<0.87%<1.01%。最后，直接应用式 (9.13)，我们能够求出风险中性概率，见图 9.15。

$k^{u}(1,3) = 1.25\%$ ↗ $k^{uu}(2,3) = 0.58\%$ ↘ $k^{ud}(2,3) = 0.27\%$

$k^{d}(1,3) = 0.84\%$ ↗ $k^{du}(2,3) = 1.01\%$ ↘ $k^{dd}(2,3) = 0.84\%$

图 9.14　在例 9.29 中的收益率

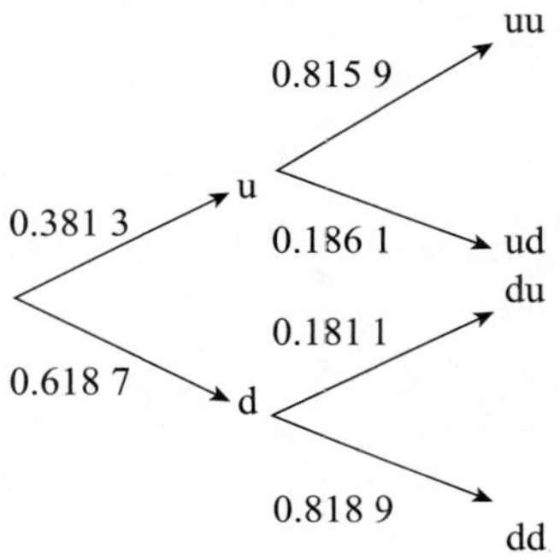

图 9.15　例 9.29 中的风险中性概率

关于该模型的最主要结论是：通过复制定价等价于利用风险中性概率定价。这个结论可由无套利原则得到并可应用于任意现金流，甚至可应用于金额取决于状态的随机现金流。通常的做法是利用概率 $p_*^{s_n}(n,N)$ 取期望对任意证券定价。期望值是从最后的状态开始通过树逐步向后推算出来的。

例 9.30

考虑一个面值为 $F=100$，在时间 $N=2$ 到期的附息债券，其息票等于在时间 1 和时间 2 支付的债券现值的 5%。特别地，在每种状态下到期时息票都是 $C_2=5$。利用例 9.29 中的风险中性概率，我们能够求出债券在时间 1 的价值。

在上涨状态，利用短期利率 $r^{u}(1)\approx 6.26\%$，我们得到到期支付 105 的折现值为 104.454 0。利用同样的方法，在下跌状态下，我们得到 104.086 5。现在，我们加上 5%的息票，于是在时间 1 应付的金额在上涨状态变为 109.676 7，在下跌状态变为 109.290 8。利用风险中性概率，我们求得债券的现值：$108.3545 \approx (0.3813\times 109.6767+0.6187\times 109.2908)/1.01$。

练习 9.29

利用例 9.29 中的风险中性概率求如下随机现金流的现值：在时间 2，在 uu 状态下我们收到 20 美元，在 du 和 ud 状态下收到 10 美元，在 dd 状态下没有收入。在其他时间没有支付。

练习 9.30

对图 9.16 中的债券价格，求套利机会。

$B(0,1) = 0.995\,4$
$B(0,2) = 0.987\,3$
$B(0,3) = 0.978\,8$

↗ $B^{u}(1,2) = 0.992\,4$, $B^{u}(1,3) = 0.983\,8$
  ↗ $B^{uu}(2,3) = 0.995\,2$
  ↘ $B^{ud}(2,3) = 0.991\,5$

↘ $B^{d}(1,2) = 0.990\,2$, $B^{d}(1,3) = 0.981\,8$
  ↗ $B^{du}(2,3) = 0.992\,1$
  ↘ $B^{dd}(2,3) = 0.990\,1$

图 9.16 练习 9.30 中的债券价格

练习 9.31

设风险中性概率在每种状态下都是 $\frac{1}{2}$，且假设短期利率如图 9.17 所示，求在时间 3 到期的债券价格（时段是 1 个月，$h=\frac{1}{12}$）。

$r(0) = 9.5\%$

↗ $r^{u}(1) = 8.5\%$
  ↗ $r^{uu}(2) = 8.3\%$
  ↘ $r^{ud}(2) = 8.9\%$

↘ $r^{d}(1) = 9.8\%$
  ↗ $r^{du}(2) = 9.1\%$
  ↘ $r^{dd}(2) = 9.3\%$

图 9.17 练习 9.31 中的短期利率

下面的命题得出了重要结论，它显著地简化了模型。

命题 9.31

无套利暗含风险中性概率与到期日无关。

证明

考虑到期日为 $M \leqslant N$ 的两个债券，确定 $n \leqslant M$ 和 s_n。我们必须证明 $p_*^{s_n}(n,N)=p_*^{s_n}(n,M)$。由式（9.13）

$$p_*^{s_n}(n,N)=\frac{e^{hr^{s_n}(n)}-\dfrac{B^{s_n\mathrm{d}}(n+1,N)}{B^{s_n}(n,N)}}{\dfrac{B^{s_n\mathrm{u}}(n+1,N)}{B^{s_n}(n,N)}-\dfrac{B^{s_n\mathrm{d}}(n+1,N)}{B^{s_n}(n,N)}}$$

现在，把到期日为 N 的债券看做是衍生证券，该衍生证券把到期日为 M 的债券看做是基础证券。衍生证券的价格可在二项式模型中复制，或者，它相当于，衍生证券的价格可以利用由基础证券决定的风险中性概率表示，于是

$$B^{s_n}(n,N)=e^{-hr^{s_n}(n)}[p_*^{s_n}(n,M)B^{s_n\mathrm{u}}(n+1,N)+(1-p_*^{s_n}(n,M))B^{s_n\mathrm{d}}(n+1,N)]$$

对 $p_*^{s_n}(n,M)$ 求解，我们得到

$$p_*^{s_n}(n,M)=\frac{e^{hr^{s_n}(n)}-\dfrac{B^{s_n\mathrm{d}}(n+1,N)}{B^{s_n}(n,N)}}{\dfrac{B^{s_n\mathrm{u}}(n+1,N)}{B^{s_n}(n,N)}-\dfrac{B^{s_n\mathrm{d}}(n+1,N)}{B^{s_n}(n,N)}}=p_*^{s_n}(n,N)$$

这正是所要证明的结论。 □

练习 9.32

如果债券价格如图 9.18 所示，指出套利机会。

9.6 利率衍生证券

前面介绍的工具可以对基于利率或者等价地基于债券价格的任意衍生证券定价。在二叉树模型中，与衍生证券相联系的现金流可以利用货币市场账户和具有足够长到期日的债券复制。债券甚至不必是基础证券，因为各种债券的价格

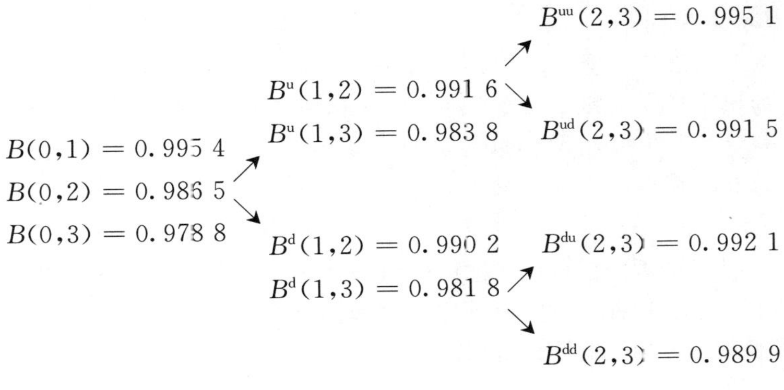

图 9.18　练习 9.32 中的数据

必须是一致的。另一个方法是利用风险中性概率。后面的方法往往是最好的复制方法，因为比较简单。按前面所说的观点，这两种方法的等价性是显而易见的。

复杂的衍生证券定价基本上可简化为寻找与之相联系的现金流。下面我们给出一些典型的利率未定权益的例子。我们从最简单的期权开始。

9.6.1 期权

利率期权的标的证券是各种债券。

例 9.32

利用例 9.23（图 9.10）中的债券价格，考虑一个在时间 3 到期的零息债券的看涨期权，其施权时间为 2，执行价格为 $X=0.99$。首先，最终的回报在图 9.19 的最后一列给出，我们逐步地往回推，利用近似的短期利率，计算折现的连续价值的风险中性期望值。因此，期权的价格为 0.000 24。

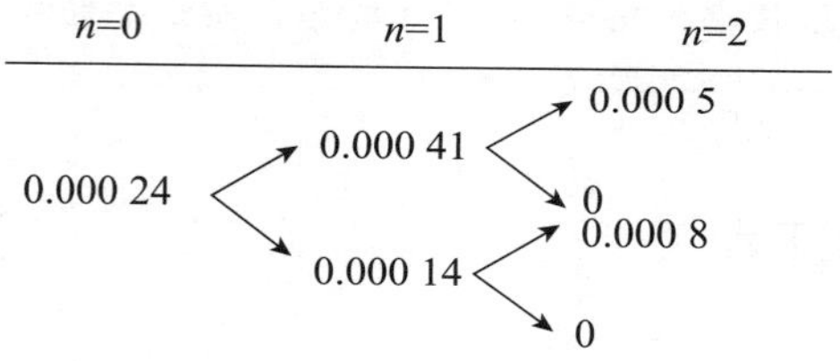

图 9.19　例 9.32 中的数值结果

练习 9.33

假设债券价格的结构如例 9.23（图 9.10）所示，考虑一个在时间 2 到期的附息债券，其面值为 $F=100$，在每个时段支付息票 $C=1$。求在时间 2 施权，执行价格为 $X=101.30$ 的美式看涨期权的价格（在每个时段债券价格中包含息票）。

债券的看涨期权可以被机构用于发行可以在到期日之前以指定的价格回购的债券，具有这种条款的债券称为**可赎回债券**（callable bond）。可赎回债券的价格可利用与之相关的期权价格算出。

9.6.2 互换（swap）

出售债券是借钱的一种方法。在附息债券按面值交易的情况下，本金表示借入的金额，息票表示利息。这个利息可以是固定的也可以是浮动的（可变的）。如果所有的息票是相同的，则利息是固定的。浮动的利息可以用多种方式实现。这里我们假设它由式（9.11）的短期利率所确定。我们的讨论是基于命题 9.28，即根据命题 9.28 浮动息票债券的市场价值一定等于它的面值——债券按面值交易。对于按面值交易的固定息票债券，息票的大小可由式（9.10）容易地求出。我们可以认为合成的（resulting）固定的付息率等价于在债券的有效期内可变的短期利率。

例 9.33

考虑一个固定息票债券和一个浮动息票债券，两个债券都是按年付息且按面值交易，2 年后到期，面值 $F = 100$ 。假设 1 年和 2 年零息债券价格树如图 9.20 所示，这里一个时段取为 1 年，$h = 1$ 。我们能估计固定的和浮动的附息债券的息票。

$$B^{u}(1,2) = 0.9101$$

$$B(0,1) = 0.9123 \nearrow$$

$$B(0,2) = 0.8256 \searrow$$

$$B^{d}(1,2) = 0.8987$$

图 9.20　在例 9.33 中的债券价格

浮动息票 C_n 的大小可以由式（9.11）求出：

$$C_1 = (B(0,1)^{-1} - 1)F \approx 9.6131$$

$$C_2^{u} = (B^{u}(1,2)^{-1} - 1)F \approx 9.8780$$

$$C_2^{d} = (B^{d}(1,2)^{-1} - 1)F \approx 11.2718$$

固定息票 C 可以通过求解方程（9.10）得到，方程形式为

$$F = CB(0,1) + (C + F)B(0,2)$$

得出

$$C = F\frac{(1 - B(0,2))}{B(0,1) + B(0,2)} \approx 10.0351$$

$\dfrac{(1 - B(0,2))}{B(0,1) + B(0,2)}$ 作为息票与面值的百分比，决定了固定息票的大小。

定义 9.34

考虑一个固定息票债券，其息票 C 在时间间隔 τ 支付，到期日为 N_{τ} ，面值为 F 。**互换率**（swap rate）R_s 是决定固定息票大小 $C = \tau R_s F$ 的单利，于是债券按面值交易。

命题 9.35

$$R_s = \frac{1 - B(0,N)}{\sum_{k=1}^{N} \tau B(0,k)} \tag{9.14}$$

证明

证明只需使用前面例子论证的直接扩展即可。对于按面值交易的具有固定息票 $C = R_s F$ 的债券，它现在的价值必须等于面值，

$$\sum_{k=1}^{N} \tau R_s F B(0,k) + F B(0,N) = F$$

这就证明了式（9.14）。 □

利用买入按面值交易的固定息票债券和卖出浮动息票债券（或者反过来，卖出按面值交易的固定息票债券和买入浮动息票债券），投资者能够产生现值为零的随机现金流，因为两种债券有相同的初始价格。

一个已经卖出固定息票债券并且支付固定利息的公司有时可能希望支付浮动利率。这可以通过以相同的现值卖出浮动息票债券和买入固定息票债券来实现。实际上，金融机构将通过发放一个所谓的**互换**（swap）合约提供这种服务。显然，签订的这种互换合约没有成本。互换产生随机现金流

$$\text{Swap}_n = C - C_n$$

这里 C_n 是在时间 n 的随机浮动息票，C 是由互换率决定的固定息票。当加上浮动支付 C_n 时，这个现金流产生固定支付 C。当减去固定支付 C 时，它产生浮动支付 C_n。

例 9.36

当债券价格树如同例 9.33 中所示时，互换现金流将为

$$\text{Swap}_1 \approx 10.035\,1 - 9.613\,1 = 0.422$$

$$\text{Swap}_2^{\text{u}} \approx 10.035\,1 - 9.878\,0 = 0.157\,1$$

$$\text{Swap}_3^{\text{d}} \approx 10.035\,1 - 11.271\,8 = -1.236\,7$$

互换的价值可能随时间和状态而改变，偏离初始价值零。如果公司想要在以后的时间签订互换协议，可以购买**互换期权**（swaption），它是互换的价值的看涨期权（具有指定的执行价格和施权时间）。

9.6.3 利率的上限和下限

利率上限（cap）是可变利率债券的一个附加条款，它指定了在债券的有效期内每个时段支付的最大的付息率。**利率上限元**（caplet）是只应用于单个时期的类似条款。换言之，利率上限元是在此期间支付或收到的利率水平的欧式期权。利率上限可以看做是一系列的利率上限元。

例 9.37

我们通过卖掉在时间 3 到期的按面值浮动的附息债券（par floating-coupon bond）得到一笔贷款。（即债券总为面值（par value），息票由式（9.11）的短期利率暗含。）我们利用例 9.23 中的债券的价格和收益，见图 9.10 和图 9.11。如图 9.21 所示的现金流包括卖出债券收到的初始金额以及息票和支付的面值。考虑在时间 1（1 个月）应用的利率上限元，其中

n=0	n=1	n=2
100	−0.999 90 →	−100.522 72
	−0.999 90 →	−100.877 64

图 9.21　按面值浮动的附息债券的现金流

施权利率是 8%（对应于 1 个月的施权利率为 0.67%）。由利率上限元利率确定的息票为 0.668 89，相应地修正现金流。通过折现债券在时间 1 的价值，我们求得债券在时间 0 的价格，其中在时间 1 的每个状态的价值都为 100.668 89，即 100 加上息票。这样得出的现金流如图 9.22 所示。债券的价格减少的数额为利率上限元的价值，即为 0.327 73。

n=0	n=1	n=2
99.672 27	−0.668 89 →	−100.522 72
	−0.668 89 →	−100.877 64

图 9.22　由在时间 1 施权的利率上限元修改的现金流

在时间 2，对于具有相同施权利率的利率上限元，和前面一样，息票的最大值是 0.668 89。在上涨状态，我们支付原来的利息，在下跌状态施权利率上限元。在时间 1，债券的价值不是 100，因为最终的息票不再与平价债券的相同。时间 1 的价格可通过折现时间 2 的价值得到。通过计算在时间 1 的债券的折现价值的风险中性期望，求出债券在时间 0 的价格。得到的现金流如图 9.23 所示。

n=0	n=1	n=2
99.873 23	−0.999 0 →	−100.522 72
	−0.999 90 →	−100.668 89

图 9.23　由在时间 2 施权的利率上限元修改的现金流

这样就把这个利率上限元的价格固定在 0.126 77。

最后，考虑在时间 1 和时间 2 具有如上相同的施权利率的利率上限。我们能够以类似的方式获得现金流，见图 9.24。

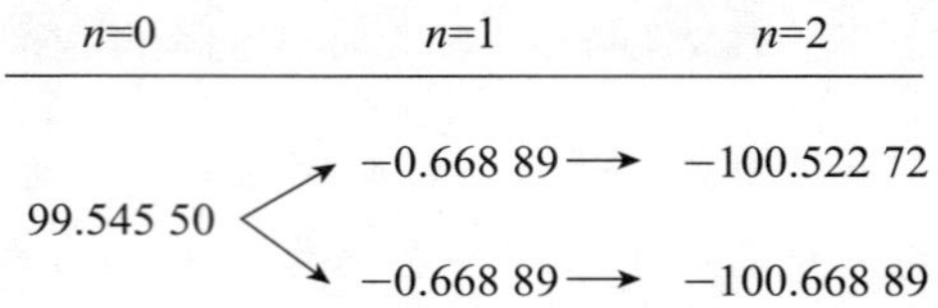

图 9.24　具有利率上限的债券的现金流

我们能够看到利率上限的价值 0.454 50 等于这些利率上限元价值之和。

类似地，**利率下限**（floor）是从下方限制息票的条款。这对债券持有者而言具有价值。它是由一系列对应于每个时期的**利率下限元**（floorlet）构成的。

练习 9.34

在上面例子的框架下，根据例 9.23 的债券价格，求在时间 2 施权，施权利率为 8%的利率下限的值。

9.7　最后的评注

我们以对可以建立债券价格模型的可能的方法的非正式评述结束本章。这是一个复杂的领域，在这里我们可以做一些一般性的评论。

正如我们所看到的，利率理论比股票价格理论更复杂。为了能够对利率衍生产品定价，我们需要每一个到期日的债券价格可能变动的模型。不同到期日的债券价格必须相互一致。正如我们上面所看到的，

a）可能的短期利率模型，

b）具有最长到期日的债券的可能价值的模型（与初始期限结构一致）

的设定决定较早到期的所有债券的可能价格的结构。另一种方法是指定

a）可能的短期利率模型，

b）每一个状态的概率

并且取这些概率作为风险中性概率，计算所有到期日的所有债券的价格。尤其是如果在每个状态取相同的概率时，后面的方法在概念上更简单些。短期利率建模的灵活性使得我们得到足够多的与初始期限结构一致的模型。

二叉树每个状态的概率为 1/2 的最简单的选择似乎与概率取任意值的选择一样好，我们可以重点构造短期利率模型使得模型的参数与历史数据一致。离散时间的一般的短期利率模型可描述如下。令 $t_n = nh$ 。那么如下的关系式给出了利率变动树

$$r(t_{n+1}) - r(t_n) = \mu(t_n, r(t_n))h + \sigma(t_n, r(t_n))\xi_n$$

这里 $\xi_n = \pm 1$ 在每个状态的概率都为 $1/2$ ，$\mu(t,r), \sigma(t,r)$ 是选择的合适的函数。利用连续时间的极限（按第 8 章的方法），这些关系式变为如下形式的随机微分方程

$$dr(t) = \mu(t, r(t))dt + \sigma(t, r(t))dW(t)$$

函数μ和σ的设定有多种方法，但没有一种方法是被普遍接受的。这里只是几个例子：$\mu(t,r) = b - ar, \sigma(t,r) = \sigma$（瓦西切克（Vasiček）模型），$\mu(t,r) = a(b-r), \sigma(t, r) = \sigma\sqrt{r}$（考克斯-英格索尔-罗斯（Cox-Ingersoll-Ross）模型），或者$\mu(t,r) = \theta(t)r, \sigma(t,r) = \sigma r$（布莱克-德曼-托伊(Black-Derman-Toy）模型）。

给定短期利率，下一个步骤是计算债券价格。它们都依赖于函数μ和σ。我们可能会遇到两个问题：

1. 模型过于粗糙，例如这些函数只是常数。那么我们不可能调整这些函数使得到的债券价格与初始的期限结构一致。

2. 模型太复杂，例如我们取最一般的函数μ和σ。然后对参数施加某些限制以满足初始期限结构，但许多参数是未加限制的，这样的结果过于笼统以致没有任何实际用途。如果采取折中的解决方法，就可以避免这些问题。

另一个选择是详细说明远期利率曲线的动态。这样就确定了初始的期限结构起着原始数据作用的期限结构的时间演变。这听起来在概念上是简单的，但希斯-贾罗-莫顿模型（Heath-Jarrow-Morton）连续时间模型在数学上非常复杂。

事例 9：讨论

银行发售的年金等价于一个以 3.837 4%的利率月连续复利的投资。该利率下的年金因子为 11.754 2，它的确对在年初投资的每 1 000 美元提供了 12 个月每月 85.08 美元的支付。

为了找出是否有可能产生更好的现金流，你检查年初的期限结构。在$n = 1, \cdots, 12$月到期的债券的价格$B(0,n)$为

$$B(0,1) = 0.9943,\quad B(0,2) = 0.9891,\quad B(0,3) = 0.9869,$$
$$B(0,4) = 0.9833,\quad B(0,5) = 0.9788,\quad B(0,6) = 0.9767,$$
$$B(0,7) = 0.9752,\quad B(0,8) = 0.9721,\quad B(0,9) = 0.9709,$$
$$B(0,10) = 0.9683,\quad B(0,11) = 0.9661,\quad B(0,12) = 0.9651$$

因为由 12 个每月支付相等金额C组成的现金流等于该年年初的财富 1 000 美元(实际上，是面值为 0 的固定息票债券)，我们有

$$1\,000 = \sum_{n=1}^{12} CB(0,n)$$

这样得到$C = 85.27$美元。相应的年金因子为 11.726 8，这相当于利率为 4.273 6%的月连续复利，即高于银行出售的年金。

产生年金的另一种方法是以浮动利率投资并签订互换协议。因为本金为F，然后按月浮动利率支付的现金流等于年初 1 000 美元的财富，我们有

$$1\,000 = F - FB(0,12)$$

于是F=28 653.30 美元。利用式（9.14）可以计算出互换率为R_s=3.571 3%。在该利率下，本金为 28 653.30 美元的固定利率的互换对应 12 个月每月支付 85.27 美元，两种方法得到的结果完全相同。在这种情况下，债券所隐含的利率期限结构的减少是造成互换率恰好低于年金利率的原因。

第 10 章

附　录

在这里，我们汇集了本书用到的大学数学课程中的一些内容，内容的编排考虑了应用的需要。

10.1 微积分

10.1.1 泰勒公式

我们以第 8 章所使用的形式给出泰勒公式。

设 $f(t,x)$ 是两个实变量的二次可微的函数，则

$$\begin{aligned} f(t+\Delta t, x+\Delta x) &= f(t,x) + \frac{\partial f(t,x)}{\partial t}\Delta t + \frac{\partial f(t,x)}{\partial x}\Delta x \\ &\quad + \frac{1}{2}\frac{\partial^2 f(t,x)}{\partial t^2}(\Delta t)^2 + \frac{\partial^2 f(t,x)}{\partial t \partial x}\Delta t \Delta x \\ &\quad + \frac{1}{2}\frac{\partial^2 f(t,x)}{\partial x^2}(\Delta x)^2 + R(t,x,\Delta t,\Delta x) \end{aligned}$$

这里，对某个 $M>0$，有

$$|R(t,x,\Delta t,\Delta x)| \leqslant M[(\Delta t)^3 + (\Delta t)^2\Delta x + \Delta t(\Delta x)^2 + (\Delta x)^3]$$

最后一项 $R(t,x\Delta t,\Delta x)$ 称为余项。当 $\Delta t \to 0$ 和 $\Delta x \to 0$ 时，它收敛于零。

记 Δt 为 h。如果我们也有 $(\Delta x)^2 = h$，则对某个 $L>0$，有 $R(t,x,h) \leqslant Lh^{\frac{3}{2}}$。在这种情况下，我们称余项是 $O(h^{\frac{3}{2}})$ 阶（无穷小量）。一般地，符号 $O(g(h))$ 表示当 $h \to 0$ 时，函数 $g(h)$ 以相同的速率收敛于零。特别地，我们假设对某个常数 C，有 $O(g(h)) \leqslant Cg(h)$ 成立。

另外，

$$\frac{\partial^2 f(t,x)}{\partial t^2}(\Delta t)^2=\frac{\partial^2 f(t,x)}{\partial t^2}h^2=O(h^2),$$

$$\frac{\partial^2 f(t,x)}{\partial t\partial x}\Delta t\Delta x=\frac{\partial^2 f(t,x)}{\partial t\partial x}h^{\frac{3}{2}}=O(h^{\frac{3}{2}})。$$

利用对任意充分小的 $h>0$，有 $h^2\leqslant h^{\frac{3}{2}}$ 成立的结论，于是 $O(h^2)$ 是 $O(h^{\frac{3}{2}})$，泰勒公式可以写为

$$f(t+\Delta t,x+\Delta x)=f(t,x)+\frac{\partial f(t,x)}{\partial t}\Delta t+\frac{\partial f(t,x)}{\partial x}\Delta x+\frac{1}{2}\frac{\partial^2 f(t,x)}{\partial x^2}(\Delta x)^2+O(h^{\frac{3}{2}})$$

其中 $h=\Delta t=(\Delta x)^2$ 。

10.1.2 拉格朗日乘子

假设 f 和 $g_1,\cdots,g_m$ 是 n 个变量的连续可微函数，$m<n$，集合 $G=\{\mathbf{x}\in\mathbb{R}^n:g_1(\mathbf{x})=c_1,\cdots,g_m(\mathbf{x})=c_m\}$ 包含在 f 的定义域内，且对每个 $\mathbf{x}\in G$，梯度向量 $\nabla g_1(\mathbf{x}),\cdots,\nabla g_m(\mathbf{x})$ 是线性无关的。如果 f 在集合 G 中的 $\mathbf{x}_0$ 点有条件极值，则存在数 $\lambda_1,\cdots,\lambda_m$（称为拉格朗日乘子）使得 $\nabla f(\mathbf{x}_0)=\lambda_1\nabla g_1(\mathbf{x}_0)+\cdots+\lambda_m\nabla g_m(\mathbf{x}_0)$ 。

为了求 $\mathbf{x}_0$ ，我们求解方程组

$$\nabla f(\mathbf{x}_0)=\lambda_1\nabla g_1(\mathbf{x}_0)+\cdots+\lambda_m\nabla g_m(\mathbf{x}_0)$$
$$g_1(\mathbf{x}_0)=c_1$$
$$\vdots$$
$$g_m(\mathbf{x}_0)=c_m$$

这等价于构造所谓的拉格朗日函数

$$L(\mathbf{x},\lambda_1,\cdots,\lambda_m)=f(\mathbf{x})+\lambda_1(g_1(\mathbf{x})-c_1)+\cdots+\lambda_m(g_m(\mathbf{x})-c_m)$$

并且要求

$$\nabla_{\mathbf{x}}L(\mathbf{x}_0,\lambda_1,\cdots,\lambda_m)=0$$
$$\frac{\partial L(\mathbf{x}_0,\lambda_1,\cdots,\lambda_m)}{\partial\lambda_1}=0$$
$$\vdots$$
$$\frac{\partial L(\mathbf{x}_0,\lambda_1,\cdots,\lambda_m)}{\partial\lambda_m}=0$$

10.2 测度与积分

对于函数 $f:[a,b]\to\mathbb{R}$ ，我们定义下近似和和上近似和为

$$m_n=\sum_{i=1}^{n-1}\inf_{x\in[t_i,t_{i+1}]}f(x)(t_{i+1}-t_i)=\sum_{i=1}^{n-1}\sup_{x\in[t_i,t_{i+1}]}f(x)(t_{i+1}-t_i)$$

这里，$a=t_1<t_2<\cdots<t_n=b$ 。当网格直径 $\max_i|t_{i+1}-t_i|$ 趋于零时，如果序列

m_n, M_n 趋于共同的极限，则我们说 f 是黎曼（Riemann）可积的，记这个极限为 $\int_a^b f(x)\mathrm{d}x$。连续函数总是黎曼可积的。

对于更一般的函数，我们需要勒贝格（Lebesgue）积分。这种积分是基于勒贝格测度，勒贝格测度是定义在 $\mathbb{R}$ 的子集族 $\mathfrak{L}$ 上的实值映射，满足两个条件：1) $m([a,b]) = b-a$，2) m 是可数、可加的，即对任意两两不相交的集合序列 $A_n \in \mathfrak{L}$（如果 $i \neq j, A_i \cap A_j = \varnothing$），有

$$m(\bigcup_{n=1}^{\infty} A_n) = \sum_{n=1}^{\infty} m(A_n)$$

对于形如 $s(x) = \sum_{i=1}^{n} c_i \mathbb{I}_{A_i}$（所谓简单函数），这里 $c_i \geqslant 0, A_i \in \mathfrak{L}, A_i$ 两两不相交，满足 $\bigcup_{i=1}^{n} A_i = [a,b]$，且这里 $\mathbb{I}_{A_i}$ 表示 A_i 的示性函数（如果 $\omega \in A_i$，$I_{A_i}(w) =$ 1，否则取值为 0），我们令 $\int_{[a,b]} s\mathrm{d}m = \sum_{i=1}^{n} c_i m(A_i)$，且对任意 $f \geqslant 0$，我们定义

$$\int_{[a,b]} f\mathrm{d}m = \sup\left\{\int_{[a,b]} s\mathrm{d}m : s \leqslant f, s\text{ 是简单函数}\right\}$$

如果这个数是有限的，我们称 f 是勒贝格可积的。对于任意的函数 f（不必是非负的），如果函数 f 的正部 $f^+ = \max\{f, 0\}$ 和其负部 $f^- = \max\{-f, 0\}$ 都是勒贝格可积的，我们称 f 是勒贝格可积的，并且我们定义

$$\int_{[a,b]} f\mathrm{d}m = \int_{[a,b]} f^+ \mathrm{d}m - \int_{[a,b]} f^- \mathrm{d}m$$

如果 f 是连续的，则它是勒贝格可积的，并且黎曼积分和勒贝格积分的积分值相同。利用任意可数可加的非负映射代替 m 可以定义积分。

利用下面的方式，可将积分扩展到无穷区间：

$$\int_{-\infty}^{\infty} f(x)\mathrm{d}x = \lim_{n\to\infty}\int_{a_n}^{b_n} f(x)\mathrm{d}x$$

这里，$a_n \to -\infty, b_n \to \infty$，前提为极限存在与 a_n, b_n 的选择无关。

10.3 概　率

基本概念概率空间是三元组 (Ω, F, P)，这里 Ω 是非空集合，F 是事件 Ω 的 σ-域，$P: F \to [0,1]$ 是指定某事件的概率测度。

σ-域是包含 $\varnothing$ 和 Ω 的 Ω 的子集族，它对取余集合可数并集是封闭的。用“有限”代替“可数”给出了域的概念。概率测度，或者简单地说概率，是需要满足 $P(\varnothing) = 0$ 和 $P(\Omega) = 1$，并且是可数可加的：对两两不相交的事件 A_n，有 $P(\bigcup_{n=1}^{\infty} A_n) = \sum_{n=1}^{\infty} P(A_n)$ 成立。如果 Ω 是有限的，有限求和就足够了，在这种情况下，我们称该性质为有限可加性。

如果 Ω 是有限的，则 F 通常取为 Ω 的所有子集族，P 由单元素集上的指定值确定，$P(\{\omega\}) = p_\omega \geqslant 0$，其中 $\sum_{\omega\in\Omega} p_\omega = 1$，定义 $P(A) = \sum_{\omega\in A} p_\omega$，对任意 $A \in F$ 成立。

随机变量是一个映射 $X: \Omega \to \mathbb{R}$ 使得 $\{\omega: X^\omega \in [a,b]\} \in F$ 对所有实数 $a \leqslant b$ 成

立。随机变量 X 在 $\mathbb{R}$ 上生成的概率 P_X 使得

$$P_X([a,b]) = P(\{\omega: X^\omega \in [a,b]\}) = P(X \in [a,b])$$

称为定义在区间上的概率分布，可扩展到包含区间 $\mathbb{R}$ 的子集的最小的 σ- 域 $\mathscr{B}$ 上定义的可数可加函数（可以证明该扩展的存在性）。$\mathscr{B}$ 的元素称为**波雷耳集**（Borel sets）。

累积分布函数定义为

$$F_X(a) = P(X \leqslant a) = P_X((-\infty,a])$$

如果对任何实数 $a \leqslant b$，随机变量 X 有密度函数 f_X，

$$P_X([a,b]) = \int_a^b f_X(x)\mathrm{d}x$$

使 $F_X(a) = \int_{-\infty}^a f_X(x)\mathrm{d}x$。一个重要的例子是

$$f_X(x) = \frac{1}{\sigma\sqrt{2\pi}}\mathrm{e}^{-\frac{(x-\mu)^2}{2\sigma^2}} \tag{10.1}$$

在这种情况下，我们称 X 服从均值为 μ，方差为 σ^2 的正态分布 $N(\mu,\sigma^2)$。如果 $\mu=0,\sigma=1$，X 服从标准正态分布，则我们记 $N(a)=F_X(a)$，由于密度函数的对称性，注意 $1-N(a)=N(-a)$。

对于有限的 Ω，我们定义 X 的期望为

$$E(X) = \sum_{\omega\in\Omega} X^\omega p_\omega$$

方差为 $\mathrm{Var}(X) = E(X-E(X))^2$。标准差定义为方差的平方根。一般地

$$E(X) = \int_{-\infty}^{\infty} x\mathrm{d}P_X(x)$$

其积分是勒贝格意义下的积分（这个积分可能不存在，对某些随机变量 X 不能定义积分）。

如果 X 有密度函数 f_X，则

$$E(X) = \int_{-\infty}^{\infty} xf_X(x)\mathrm{d}x$$

如果 X 服从正态分布 $N(\mu,\sigma^2)$，则 $E(X)=\mu$，$\mathrm{Var}(X)=\sigma^2$。

随机变量 $X_1,\cdots,X_N$ 称为独立的，如果对于所有的 $2\leqslant k\leqslant N$，所有的 $\{i_1,\cdots,i_k\}\subset\{1,\cdots,N\}$ 和所有的 $a_j\leqslant b_j, j=1,\cdots,k$，我们有

$$P(\bigcap_{j=1}^{k}\{\omega: X_{i_j}^\omega \in [a_j,b_j]\}) = P(X_{i_1}\in[a_1,b_1])\times\cdots\times P(X_{i_k}\in[a_k,b_k])$$

形成无限序列的随机变量 $X_1,X_2,\cdots$ 是独立的，如果序列中的任意有限个元素是独立的。

给定事件 B，且 $P(B)>0$，事件 A 的条件概率定义为

$$P(A\mid B) = \frac{P(A\cap B)}{P(B)}$$

对于固定的 B，对于任意的 $A\in F$，条件概率 $P(A\mid B)$ 是定义在 Ω 上的概率。因为 $P(B\mid B)=1$，事件 B 可以被视为新的概率空间（B 以外的事件并不重要，如果 $A\cap B=\varnothing$，$P(A\mid B)=0$）。

在条件概率 $P(\cdot\mid B)$ 下，随机变量 X 的期望用 $E(X\quad B)$ 表示，称为给定 B 的 X 的条件期望。

如果 X_n 是满足 $P(X_n=1)=P(X_n=-1)=\frac{1}{2}$ 的独立的随机变量序列，则有如下的收敛性，它是中心极限定理的特殊情况：对于所有的 $a\leqslant b$

$$P\left(a\leqslant\frac{X_1+\cdots+X_n}{\sqrt{n}}\leqslant b\right)\to\int_a^b\frac{1}{\sqrt{2\pi}}\mathrm{e}^{-\frac{x^2}{2}}\mathrm{d}x\quad\text{当 } n\to\infty \text{ 时}$$

10.4 协方差矩阵

这里，我们汇集一些在第 3 章用到的协方差矩阵的性质。$\mathbf{C}$ 的元素为 $c_{ij}=\mathrm{Cov}(K_i,K_j)$，其中 K_i,K_j 是证券 $i,j=1,\cdots,n$ 的收益率。

协方差矩阵是对称的，$\mathbf{C}^{\mathrm{T}}=\mathbf{C}$，因为，$c_{ij}=\mathrm{Cov}(K_i,K_j)=\mathrm{Cov}(K_j,K_i)=c_{ji}$。协方差矩阵还是非负定的，对所有 $\mathbf{x}\in\mathbb{R}^n$，$\mathbf{xCx}^{\mathrm{T}}=\mathrm{Var}(K)\geqslant 0$，因为对于 $K=x_1K_1+\cdots+x_nK_n$，$\mathbf{xCx}^{\mathrm{T}}\geqslant 0$。

另外，如果假设 $\mathbf{C}$ 是非奇异的，$\det\mathbf{C}\neq 0$，则逆矩阵 $\mathbf{C}^{-1}$ 存在，$\mathbf{C}$, $\mathbf{C}^{-1}$ 有第 3 章所需的如下性质。

命题 10.1

如果协方差矩阵 $\mathbf{C}$ 是非奇异的，$\det\mathbf{C}\neq 0$，则

1）$\mathbf{C}$ 是正定的，即 $\mathbf{xCx}^{\mathrm{T}}>0$ 对每一个 $\mathbf{x}\in\mathbb{R}^n$，使得 $\mathbf{x}\neq\mathbf{0}$；

2）$\mathbf{C}^{-1}$ 是对称的，正定的；

3）$\mathbf{uC}^{-1}\mathbf{u}^{\mathrm{T}}>0$，其中 $\mathbf{u}\in\mathbb{R}^n$ 是所有元素等于 1 的向量；

4）如果 $\mathbf{m},\mathbf{u}\in\mathbb{R}^n$ 是线性无关向量，则

$$\begin{vmatrix}\mathbf{mC}^{-1}\mathbf{m}^{\mathrm{T}} & \mathbf{uC}^{-1}\mathbf{m}^{\mathrm{T}}\\ \mathbf{mC}^{-1}\mathbf{u}^{\mathrm{T}} & \mathbf{uC}^{-1}\mathbf{u}^{\mathrm{T}}\end{vmatrix}>0$$

证明

1）因为 $\mathbf{C}$ 是对称矩阵，它可以对角化。因为 $\mathbf{C}$ 是非负定的，矩阵 $\mathbf{C}$ 的所有特征值是非负的。另外，如果 $\det\mathbf{C}\neq 0$，那么矩阵 $\mathbf{C}$ 的所有特征值严格为正。反过来，这意味着 $\mathbf{C}$ 是正定的。

2）因为 $\mathbf{CC}^{-1}=\mathbf{C}^{-1}\mathbf{C}=\mathbf{I}$，所以

$$(\mathbf{C}^{-1})^{\mathrm{T}}\mathbf{C}^{\mathrm{T}}=\mathbf{C}^{\mathrm{T}}(\mathbf{C}^{-1})^{\mathrm{T}}=\mathbf{I}^{\mathrm{T}}=\mathbf{I}$$

使得 $(\mathbf{C}^{-1})^{\mathrm{T}}=\mathbf{C}^{-1}$，即 $\mathbf{C}^{-1}$ 是对称矩阵。

其次，对任意 $\mathbf{x}\in\mathbb{R}^n$，满足 $\mathbf{x}\neq\mathbf{0}$，取 $\mathbf{y}=\mathbf{xC}^{-1}\neq\mathbf{0}$。则

$$\mathbf{xC}^{-1}\mathbf{x}^{\mathrm{T}}=\mathbf{y}(\mathbf{yC})^{\mathrm{T}}=\mathbf{yC}^{\mathrm{T}}\mathbf{y}^{\mathrm{T}}=\mathbf{yCy}^{\mathrm{T}}>0$$

这表明 $\mathbf{C}^{-1}$ 是正定的。

3）因为 $\mathbf{u}\neq 0$ 且 $\mathbf{C}^{-1}$ 是正定的，我们有 $\mathbf{uC}^{-1}\mathbf{u}^{T}>0$。

4）如果 $\mathbf{m}$, $\mathbf{u}$ 线性无关，则对每个 $x\in\mathbb{R}^n$，有 $\mathbf{u}+x\mathbf{m}\neq 0$。因为 $\mathbf{C}^{-1}$ 是正定的

$$\begin{aligned}0&<(\mathbf{u}+x\mathbf{m})\mathbf{C}^{-1}(\mathbf{u}+x\mathbf{m})^{\mathrm{T}}\\&=(\mathbf{mC}^{-1}\mathbf{m}^{\mathrm{T}})x^2+(\mathbf{uC}^{-1}\mathbf{m}^{\mathrm{T}}+\mathbf{mC}^{-1}\mathbf{u}^{\mathrm{T}})x+\mathbf{uC}^{-1}\mathbf{u}^{\mathrm{T}}\end{aligned}$$

对每个 $x\in\mathbb{R}^n$ 成立。利用 $\mathbf{C}^{-1}$ 是对称矩阵的结论，于是有

$$\mathbf{uC}^{-1}\mathbf{m}^{\mathrm{T}} = \mathbf{mC}^{-1}\mathbf{u}^{\mathrm{T}}$$

上面的不等式写为

$$0 < (\mathbf{mC}^{-1}\mathbf{m}^{\mathrm{T}})x^2 + 2(\mathbf{uC}^{-1}\mathbf{m}^{\mathrm{T}})x + \mathbf{uC}^{-1}\mathbf{u}^{\mathrm{T}}$$

对每个 $x \in \mathbb{R}^n$ 成立。因此，这个 x 的二次函数的判别式一定是负的，

$$\begin{aligned} 0 &> 4(\mathbf{uC}^{-1}\mathbf{mT})^2 - 4(\mathbf{mC}^{-1}\mathbf{m}^{\mathrm{T}})(\mathbf{uC}^{-1}\mathbf{u}^{\mathrm{T}}) \\ &= 4(\mathbf{uC}^{-1}\mathbf{m}^{\mathrm{T}})(\mathbf{mC}^{-1}\mathbf{u}^{\mathrm{T}}) - 4(\mathbf{mC}^{-1}\mathbf{m}^{\mathrm{T}})(\mathbf{uC}^{-1}\mathbf{u}^{\mathrm{T}}) \\ &= -4\begin{vmatrix} \mathbf{mC}^{-1}\mathbf{m}^{\mathrm{T}} & \mathbf{uC}^{-1}\mathbf{m}^{\mathrm{T}} \\ \mathbf{mC}^{-1}\mathbf{u}^{\mathrm{T}} & \mathbf{uC}^{-1}\mathbf{u}^{\mathrm{T}} \end{vmatrix} \end{aligned}$$

□

10.5 收益率之间的回归

考虑收益率为 K_A 和 K_B 的两个资产 A 和 B 。收益率是随机变量，每一个收益率在状况 ω_n 下，以概率 p_n 可能取的值为 $K_A(n) = K_A^{\omega_n}$ 和 $K_B(n) = K_B^{\omega_n}$ ，其中 $n = 1,\cdots,N$ 。（我们假设概率空间有 N 个元素。）

利用最小二乘法能够计算收益率 K_A 和 K_B 之间的回归线（最佳拟合线）。它是如图 10.1 所示的由方程

$$y = \beta x + \alpha$$

所描述的直线。

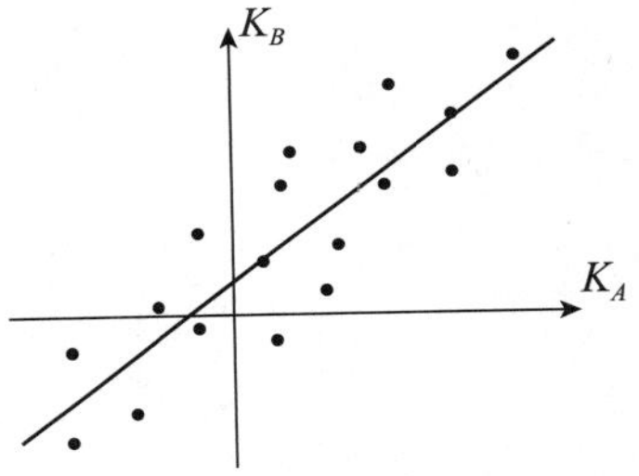

图 10.1　回归线

这里，α 和 β（直线的截距和斜率）是使得残差 $\varepsilon = K_B - (\beta K_A + \alpha)$ 的方差最小的系数，可以写为

$$\begin{aligned} f(\alpha,\beta) &= \mathrm{Var}(\varepsilon) = \sum_{n=1}^{N} (K_B(n) - (\beta K_A(n) + \alpha))^2 p_n \\ &= E(K_B^2) + \beta^2 E(K_A^2) + \alpha^2 - 2\beta E(K_A K_B) - 2\alpha E(K_B) + 2\alpha\beta E(K_A) \end{aligned}$$

$f(\alpha,\beta)$ 的最小值在某一点达到，这里

$$\frac{\partial f(\alpha,\beta)}{\partial \beta} = 2\beta E(K_A^2) - 2E(K_A K_B) + 2\alpha E(K_A) = 0$$

$$\frac{\partial f(\alpha,\beta)}{\partial \alpha} = 2\alpha - 2E(K_A) + 2\beta E(K_A) = 0$$

我们求解 α,β 的方程组，得到

$$\beta = \frac{E(K_A K_B) - E(K_A)E(K_B)}{E(K_A^2) - E(K_A)^2}$$

$$= \frac{c_{AB}}{\sigma_A^2} = \frac{\rho_{AB}\sigma_B}{\sigma_A}$$

$$\alpha = E(K_B) - \frac{E(K_A K_B) - E(K_A)E(K_B)}{E(K_A^2) - E(K_A)^2} E(K_A)$$

$$= \mu_B - \frac{c_{AB}}{\sigma_A^2}\mu_A = \mu_B - \frac{\rho_{AB}\sigma_B}{\sigma_A}\mu_A$$

这里

$$\mu_A = E(K_A), \mu_B = E(K_B)$$

是资产 A 和 B 的期望收益率，

$$\sigma_A^2 = \mathrm{Var}(K_A) = E[(K_A - \mu_A)^2], \sigma_B^2 = \mathrm{Var}(K_B) = E[(K_B - \mu_B)^2]$$

是收益率的方差，且

$$c_{AB} = \mathrm{Cov}(K_A, K_B) = E[(K_A - \mu_A)(K_B - \mu_B)], \rho_{AB} = \frac{c_{AB}}{\sigma_A \sigma_B}$$

分别是两个收益率的协方差和相关系数。

练习解答

第 1 章

1.1 资产组合在时间 0 的价值为

$$V(0)=xS(0)+yA(0)=1\ 600\text{ 美元}$$

资产组合在时间 T 的价值为

$$V(T)=xS(T)+yA(T)=\begin{cases}1\ 800\text{，如果股票上涨}\\1\ 700\text{，如果股票下跌}\end{cases}$$

因此，资产组合的收益率为

$$K_V=\frac{V(T)-V(0)}{V(0)}=\begin{cases}0.125\ 0\text{，如果股票上涨}\\0.062\ 5\text{，如果股票下跌}\end{cases}$$

即 12.5%或者 6.25%。

1.2 假设债券和股票价格与练习 1.1 相同，资产组合 (x,y) 在时间 T 的价值为

$$V(T)=\begin{cases}30x+100y\text{，如果股票上涨}\\20x+100y\text{，如果股票下跌}\end{cases}$$

因此，我们得到方程组

$$\begin{cases}30x+100y=1\ 160\\20x+100y=1\ 040\end{cases}$$

方程组的解为 $x=12,y=8$ 。由 12 股股票和 8 份债券构成的资产组合将在时间 T 产生需要的价值，该资产组合在时间 0 的价值为

$$V(0)=12\times 25+8\times 90=1\ 020\text{ 美元}$$

1.3 如下策略产生套利机会：

- 利用交易商 A 将 1 美元兑换成 $\frac{1}{1.584\ 4}\approx 0.631\ 2$ 英镑；
- 利用交易商 B 将 0.631 2 英镑兑换成 $\frac{0.631\ 2}{0.640\ 1}\approx 0.986\ 1$ 欧元；

● 利用交易商 A 将 0.986 1 欧元兑换成 $0.9861 \times 1.0202 \approx 1.0060$ 美元。这样将得到大约 0.006 0 美元的套利利润。

1.4 我们希望 $xS(0)$ 和 $yA(0)$ 都等于初始财富的一半。这样给出 $80x = 5\,000$，$100y = 5\,000$，于是 $x = 62.5$，$y = 50$，该资产组合在时间 T 的价值为

$$V(T) = 62.5S(T) + 50A(T) = \begin{cases} 11\,750, & \text{如果股票上涨} \\ 9\,250, & \text{如果股票下跌} \end{cases}$$

因此，该资产组合的收益率为

$$K_V = \begin{cases} 0.175, & \text{如果股票上涨} \\ -0.075, & \text{如果股票下跌} \end{cases}$$

现在我们计算期望收益

$$E(K_V) = 0.175 \times 0.8 - 0.075 \times 0.2 = 0.125$$

即 12.5%，及风险

$$\sigma_V = \sqrt{(0.175 - 0.125)^2 \times 0.8 + (-0.075 - 1.25)^2 \times 0.2} = 0.1$$

即 10%。

1.5 如下策略将实现套利机会，在时间 0

● 借入 34 美元；

● 以 34 美元买入一股股票；

● 签订空头远期合约，其远期价格为 38.60 美元，交割日为 1。

在时间 1

● 以 38.6 美元卖出股票，结清空头远期头寸；

● 支付 $34 \times 1.12 = 38.08$ 美元，结清贷款及利息。

余额 $38.60 - 38.02 = 0.52$ 美元为套利利润。

1.6 a) 执行价格为 90 美元的看涨期权的回报为

$$C(T) = \begin{cases} 30, & \text{如果股票上涨} \\ 0, & \text{如果股票下跌} \end{cases}$$

用于复制的 x 股股票和 y 份债券的投资满足方程组

$$\begin{cases} 120x + 110y = 30 \\ 80x + 110y = 0 \end{cases}$$

方程的解为 $x = \frac{3}{4}$，$y = -\frac{6}{11}$，因此期权价格必是

$$C(0) = \frac{3}{4} \times 100 - \frac{6}{11} \times 100 \approx 20.45 \text{ 美元}$$

b) 执行价格为 110 美元的看涨期权的回报为

$$C(T) = \begin{cases} 10, & \text{如果股票上涨} \\ 0, & \text{如果股票下跌} \end{cases}$$

用于复制 x 股股票和 y 份债券的投资满足

$$\begin{cases} 120x + 110y = 10 \\ 80x + 110y = 0 \end{cases}$$

解这个方程组，求得 $x = \frac{1}{4}$，$y = -\frac{2}{11}$，因此期权价格为

$$C(0)=\frac{1}{4}\times 100-\frac{2}{11}\times 100\approx 6.82\text{ 美元}$$

1.7 a）用于复制 x 股股票和 y 份债券的投资满足方程组

$$\begin{cases}120x+105y=20\\ 80x+105y=0\end{cases}$$

解方程组得出 $x=\frac{1}{2}, y=-\frac{8}{21}$。因此

$$C(0)=\frac{1}{2}\times 100-\frac{8}{21}\times 100\approx 11.91\text{ 美元}$$

b）在这种情况下，用于复制 x 股股票和 y 份债券的投资满足

$$\begin{cases}120x+115y=20\\ 80x+115y=0\end{cases}$$

于是 $x=\frac{1}{2}, y=-\frac{8}{23}$，由此得出

$$C(0)=\frac{1}{2}\times 100-\frac{8}{23}\times 100\approx 15.22\text{ 美元}$$

1.8 我们需要求 x 股股票和 y 份债券的投资用于复制看跌期权，即，使得无论股票价格上涨还是下跌，有 $xS(T)+yA(T)=P(T)$。这样就得到方程组

$$\begin{cases}120x+110y=0\\ 80x+110y=20\end{cases}$$

其解为 $x=-\frac{1}{2}, y=\frac{6}{11}$。为复制看跌期权，我们需要取得 $\frac{1}{2}$ 股股票空头头寸和买入 $\frac{6}{11}$ 份债券。该投资在时间 0 的价值为

$$xS(0)+yA(0)=-\frac{1}{2}\times 100+\frac{6}{11}\times 100\approx 4.55\text{ 美元}$$

根据与命题 1.14 类似的论证，得出 $xS(0)+yA(0)=P(0)$，否则将产生套利机会。因此，看跌期权的价格必是 $P(0)\approx 4.55$ 美元。

1.9 如果 $F>S(0)\frac{1+K_h}{1+K_f}$，则 $(\frac{1}{1+K_f}, -\frac{S(0)}{1+K_f}, -1)$ 是套利资产组合（为简单起见，设 $A_f(0)=A_h(0)=1$），因为没有初始成本，在时间 T 我们持有的外币增加到一个单位，以远期价格 F 卖出，其价值比应归还的本国货币贷款 $\frac{S(0)}{1+K_f}$ 及利息还要多。如果 $F<S(0)\frac{1+K_h}{1+K_f}$，则我们采用相反的头寸。

1.10 假设在时间 1 承诺支付 100 英镑的英镑债券，在时间 0 以 x 英镑卖出，为了求出 x，考虑如下的策略。在时间 0：

- 借入 $1.6x$ 美元且总计兑换 x 英镑；
- 以 x 英镑价格买入 1 份英镑债券；
- 取得 1 个空头远期头寸以便在交割时间 1 以 1.5 美元兑换 1 英镑的汇率卖出 100 英镑。

然后，在时间 1：

- 变现英镑债券，得到 100 英镑；

● 以 150 美元的价格卖出 100 英镑，结清空头远期头寸；

● 归还现金贷款及利息，即总计 $1.68x$ 美元。

所有这些交易的余额为 $150-1.68x$ 美元，余额必为零，否则存在套利机会。由此得出在时间 1 承诺支付 100 英镑的英镑债券在时间 0 必以 $x=\frac{150}{1.68}\approx 89.29$ 英镑卖出。

1.11 为了复制看跌期权的回报，我们解

$$x(1+K_{£})S^{u}(T)+y(1+K_{\$})=0$$

$$x(1+K_{£})S^{d}(T)+y(1+K_{\$})=X-S^{d}(T)$$

其中，$X=1.71, K_{£}=3\%, K_{\$}=5\%, S^{u}(T)=1.84, S^{d}(T)=1.46$，得到 $x\approx -0.638\,734, y\approx 1.152\,881\,5$，于是

$$P(0)=xS(0)+y\approx 0.118\,132 \text{ 美元}$$

1.12 投资者买入 $\frac{500}{100}=5$ 股股票和 $\frac{500}{13.636\,4}\approx 36.666\,7$ 份期权。他的最终财富为 $5\times S(T)+36.666\,7\times C(T)$，即如果股票上涨到 120 美元，最终财富为 $5\times 120+36.666\,7\times 20\approx 1\,333.33$ 美元，或者如果股票下跌到 80 美元，最终财富为 $5\times 80+36.666\,7\times 0\approx 400.00$ 美元。

1.13 a) 如果 $p=0.25$，当没有购买期权时，买入 1 股股票的成本的标准差约为 51.96 美元；当购买期权时，买入 1 股股票的成本的标准差约为 25.98 美元。

b) 如果 $p=0.5$，则标准差分别为 60 美元和 30 美元。

c) 如果 $p=0.75$，则标准差分别约为 51.96 美元和 25.98 美元。

1.14 取值为 a,b 的概率分别为 p 和 $1-p$ 的随机变量的标准差为 $|a-b|\sqrt{p(1-p)}$。如果不考虑期权，则买入 1 股股票的成本为 160 美元或 40 美元，该成本取决于股票上涨或下跌。在这种情况下，$|a-b|=|160-40|=120$ 美元。如果使用期权，则成本为 135 美元或 75 美元，且 $|a-b|=|135-75|=60$ 美元。显然，无论 p 取什么值，标准差 $|a-b|\sqrt{p(1-p)}$ 都将减少一半。

第 2 章

2.1 利率 r 满足

$$\left(1+\frac{61}{365}\times r\right)\times 9\,000=9\,020$$

解得 $r\approx 0.013\,3$，即大约 1.33%。该投资的收益率为

$$K\left(0,\frac{61}{361}\right)=\frac{9\,020-9\,000}{9\,000}\approx 0.002\,2$$

即大约 0.22%。

2.2 用 P 表示今天支付的金额，则收益率为

$$\frac{1\,000-P}{P}=0.02$$

其解为 $P\approx 980.39$ 美元。

2.3 时间 t 满足

$$(1+t\times 0.09)\times 800=830$$

解得 $t \approx 0.4167$ 年，即 $0.4167 \times 365 \approx 152.08$ 天。收益率为

$$K(0,t) = \frac{830 - 800}{800} = 0.0375$$

即 3.75%。

2.4 投资的本金 P 满足

$$\left(1 + \frac{91}{365} \times 0.08\right) \times P = 1\,000$$

解得 $P \approx 980.44$ 美元。

2.5 如果终值是本金的 2 倍，时间 t 满足等式

$$\left(1 + \frac{0.06}{365}\right)^{365t} = 2$$

解为 $t \approx 11.5534$ 年。因为最后用分数表示的天没有利息支出，这需要四舍五入为整数天，时间为 11 年零 202 天。(我们不考虑闰年，简单地假设每一年有 365 天。)

2.6 利率 r 满足方程

$$(1 + r)^{10} = 2$$

解得 $r \approx 0.0718$，即大约 7.18%。

2.7 a) 在按年复合的情况下，2 年以后的价值为

$$V(2) = \left(1 + \frac{0.1}{1}\right)^{2\times1} \times 100 = 121.00 \text{ 美元}$$

b) 在按半年复合之下的价值为

$$V(2) = \left(1 + \frac{0.1}{2}\right)^{2\times2} \times 100 = 121.55 \text{ 美元}$$

显然高于情况 a)。

2.8 以利率 15% 按天复合，1 年之后存款增长到

$$\left(1 + \frac{0.15}{365}\right)^{1\times365} \times 1\,000 = 1\,161.80 \text{ 美元}$$

如果以利率 15.5% 按半年复合，1 年以后的价值为

$$\left(1 + \frac{0.155}{2}\right)^{1\times2} \times 1\,000 = 1\,161.01 \text{ 美元}$$

比上面的情况少。

2.9 初始本金 P 满足方程

$$(1 + 0.12)^2 P = 1\,000$$

解此方程得出 $P \approx 797.19$ 美元。

2.10 a) 在按天复合条件下的现值为

$$100\,000\left(1 + \frac{0.05}{365}\right)^{-100\times365} \approx 674.03 \text{ 美元}$$

b) 如果应用按年复合，则现值为

$$100\,000\,(1 + 0.05)^{-100} \approx 760.45 \text{ 美元}$$

2.11 收益率为

$$K(0,1) = \left(1 + \frac{0.1}{12}\right)^{12} - 1 \approx 0.1047$$

即大约 10.47%。

2.12 利用二项式公式对 m 次幂展开，我们得到

$$K(0,1)=\left(1+\frac{r}{m}\right)^m-1$$

$$=1+r+\frac{(1-\frac{1}{m})}{2!}r^2+\cdots+\frac{(1-\frac{m-1}{m})}{m!}r^m-1>r$$

如果 m 是大于 1 的整数。

2.13 用 r 表示利率，用 P 表示借入金额，用 C 表示每一次分期偿还金额，则

$$C=\frac{P}{\mathrm{PA}(r,5)}=\frac{Pr}{1-(1+r)^{-5}}$$

见例 2.9。令 $n=1,2,3,4$ 或 5。$n-1$ 次分期偿还以后，未偿还的余额的现值等于借入金额减去前 $n-1$ 次分期偿还的现值：

$$P-\frac{C}{1+r}-\cdots-\frac{C}{(1+r)^{n-1}}=P\frac{(1+r)^{6-n}-1}{(1+r)^5-1}$$

$n-1$ 次分期偿还以后，实际剩下的余额等于上式除以折现因子 $(1+r)^{-(n-1)}$，得到

$$P\frac{(1+r)^5-(1+r)^{n-1}}{(1+r)^5-1} \tag{S.1}$$

因此，第 n 次偿还包含的利息为

$$P\frac{(1+r)^5-(1+r)^{n-1}}{(1+r)^5-1}r \tag{S.2}$$

第 n 次偿还本金部分是第 $n-1$ 次分期偿还以后的贷款未偿还的余额减去第 n 次分期偿还以后的余额，根据（S.1）这个差额等于

$$P\frac{(1+r)^n-(1+r)^{n-1}}{(1+r)^5-1}=P\frac{r(1+r)^{n-1}}{(1+r)^5-1} \tag{S.3}$$

在式（S.1）、式（S.2）、式（S.3）中，取 P 为 1 000 美元，r 等于 15%，计算的结果在下表中列出：

t（年）	利息支付（美元）	偿还的本金（美元）	未偿还的余额（美元）
0	—	—	1 000.00
1	150.00	148.32	851.68
2	127.75	170.56	681.12
3	102.17	196.15	484.97
4	72.75	225.57	259.40
5	38.91	259.40	0.00

2.14 你能够负担得起的借款金额为

$$\mathrm{PA}(18\%,10)\times 10\ 000=\frac{1-(1+0.18)^{-10}}{0.18}\times 10\ 000\approx 44\ 941 \text{ 美元}$$

2.15 40 年以后的余额的现值为

$$\mathrm{PA}(5\%,40)\times 1\ 200=\frac{1-(1+0.05)^{-40}}{0.05}\times 1\ 200\approx 20\ 591 \text{ 美元}$$

除以折现因子 $(1+0.05)^{-40}$，我们求得 40 年以后的实际余额为

$$\frac{20\,591}{(1+0.05)^{-40}} \approx 144\,960 \text{ 美元}$$

2.16 每年的支付等于

$$C = \frac{100\,000}{\mathrm{PA}(6\%,10)} \approx 13\,586.80 \text{ 美元}$$

8 年以后（第 8 年已经支付）抵押贷款未偿还的余额为

$$\mathrm{PA}(6\%,2) \times C \approx 24\,909.93 \text{ 美元}$$

2.17 假设 $C, C(1+g), C(1+g)^2, \cdots$ 为 1 年后、2 年后、3 年后……的支付。如果利率为常数等于 r，则这些支付的现值为 $C(1+r)^{-1}, C(1+g)(1+r)^{-2}, C(1+g)^2(1+r)^{-3}, \cdots$。因此，无穷支付流的现值为

$$\frac{C}{1+r} + \frac{C(1+g)}{(1+r)^2} + \frac{C(1+g)^2}{(1+r)^3} + \cdots = \frac{C}{r-g}$$

条件 $g < r$ 必须满足，否则序列是发散的。利用这个公式和切尾方法，我们可求得 n 个支付流的现值为

$$\frac{C}{r-g} - \frac{C(1+g)^n}{r-g}\frac{1}{(1+r)^n} = C\frac{1-\left(\frac{1+g}{1+r}\right)^n}{r-g}$$

2.18 取得 1 美元利息收入的时间 t 满足

$$e^{0.1t} \times 1\,000\,000 \approx 1\,000\,001$$

解得 $t \approx 0.000\,01$ 年，即 315.36 秒。

2.19 a) 在 1626 年购买曼哈顿的 24 美元在 2000 年的价值为

$$24\,e^{(2000-1626)\times 0.05} \approx 3\,173\,350\,575 \text{ 美元}$$

假设以 5% 的利率连续复合。

b) 以 5% 的利率按年复合，同样的金额在 2000 年的价值为

$$24\,(1+0.05)^{2000-1626} \approx 2\,018\,408\,628 \text{ 美元}$$

2.20 以 10% 的利率连续复合，100 美元存款 1 年以后变为

$$100\,e^{0.1} \approx 110.52 \text{ 美元}$$

以 10% 的利率按月复合，100 美元存款 1 年以后变为

$$100\left(1+\frac{0.1}{12}\right)^{12} \approx 110.47 \text{ 美元}$$

相差约 0.05 美元。

如果差额小于 0.01 美元，复合频率 m 应该满足

$$100\left(1+\frac{0.1}{m}\right)^m > 110.51$$

这意味着 m 应该大于 55.19。

2.21 现值为

$$1\,000\,000 e^{-20\times 0.06} \approx 301\,194 \text{ 美元}$$

2.22 利率 r 满足

$$950\,e^{0.5r} = 1\,000$$

由此得出

$$r = \frac{1}{0.5}\ln\frac{1\,000}{950} \approx 0.102\,6$$

即大约 10.26%。

2.23 利率为

$$r = \frac{0.03}{2/12} = 0.18$$

即 18%。

2.24 利率 r 满足

$$e^{r} = \left(1 + \frac{0.12}{12}\right)^{12}$$

解为 $r \approx 0.119\,4$，大约 11.94%。

2.25 频率 m 满足

$$\left(1 + \frac{0.2}{m}\right)^{m} = 1 + 0.21$$

因此 $m = 2.0$。

2.26 如果应用利率为 r 的按月复合，则 $\left(1+\frac{r}{12}\right)^{12} = 1 + r_e$，年金的现值为

$$\begin{aligned} V(0) &= \frac{C}{1+\frac{r}{12}} + \frac{C}{\left(1+\frac{r}{12}\right)^{2}} + \cdots + \frac{C}{\left(1+\frac{r}{12}\right)^{12n}} \\ &= \frac{C}{(1+r_e)^{1/12}} + \frac{C}{(1+r_e)^{2/12}} + \cdots + \frac{C}{(1+r_e)^{n}} \\ &= C\,\frac{1-(1+r_e)^{-n}}{(1+r_e)^{1/12}-1} \end{aligned}$$

2.27 如果应用利率为 r 的按 2 个月复合，则 $\left(1+\frac{r}{6}\right)^{6} = 1 + r_e$，则永续年金的现值为

$$\begin{aligned} V(0) &= \frac{C}{1+\frac{r}{6}} + \frac{C}{\left(1+\frac{r}{6}\right)^{2}} + \frac{C}{\left(1+\frac{r}{6}\right)^{3}} + \cdots \\ &= \frac{C}{(1+r_e)^{1/6}} + \frac{C}{(1+r_e)^{2/6}} + \frac{C}{(1+r_e)^{3/6}} \cdots \\ &= \frac{C}{(1+r_e)^{1/6}-1} \end{aligned}$$

2.28 我们对 r 解方程

$$100 = 95\,(1+r)^{\frac{1}{2}}$$

求得隐含的有效利率大约是 10.80%。如果这个利率保持不变，则债券价格在时间 t 达到 99 美元，使得

$$100 = 99\,(1+r)^{\left(\frac{1}{2}-t\right)}$$

的解为 $t \approx 0.402$ 年，即大约 $0.402 \times 365 \approx 146.73$ 天。在 147 天债券的价格达到 99 美元。

2.29 为了求出债券隐含的按年复合利率 r，求解关于 r 的方程

$$(1+r)^{-(1-0.5)} = 0.945\,5$$

解约为 11.86%。解方程

$$\left(1+\frac{r}{2}\right)^{-2(1-0.5)}=0.9455$$

我们求得按半年复合利率约为 11.53%，解方程

$$e^{-r(1-0.5)}=0.9455$$

求得连续复合利率约为 11.21%。

2.30 a) 如果连续复合利率为 8%，则债券的价格为

$$5e^{-0.08}+5e^{-2\times0.08}+5e^{-3\times0.08}+105e^{-4\times0.08}\approx 89.06 \text{ 美元}$$

b) 如果利率为 5%，则债券的价格为

$$5e^{-0.05}+5e^{-2\times0.05}+5e^{-3\times0.05}+105e^{-4\times0.05}\approx 99.55 \text{ 美元}$$

2.31 债券价格作为连续复合利率 r 的函数可以表示为 $5e^{-r}+5e^{-2r}+5e^{-3r}+105e^{-4r}$，这个函数的图形如图 S.1 所示，当 $r\searrow 0$ 时，价格逼近 $5+5+5+105=120$ 美元。当 $r\nearrow\infty$ 时取极限，价格趋于零。

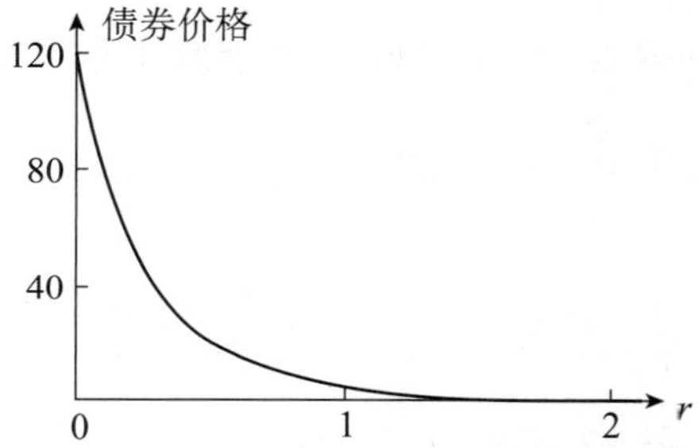

图 S.1　在练习 2.31 中的债券价格与利率

2.32 在例 2.24 和例 2.25 中，附息债券在时间 t 的价格为

$$\begin{cases}10e^{r(t-1)}+10e^{r(t-2)}+10e^{r(t-3)}+10e^{r(t-4)}+110e^{r(t-5)}, & \text{如果 } 0\leqslant t<1\\ 10e^{r(t-2)}+10e^{r(t-3)}+10e^{r(t-4)}+110e^{r(t-5)}, & \text{如果 } 1\leqslant t<2\\ 10e^{r(t-3)}+10e^{r(t-4)}+110e^{r(t-5)}, & \text{如果 } 2\leqslant t<3\\ 10e^{r(t-4)}+110e^{r(t-5)}, & \text{如果 } 3\leqslant t<4\\ 110e^{r(t-5)}, & \text{如果 } 4\leqslant t<5\end{cases}$$

图形如图 S.2 所示。

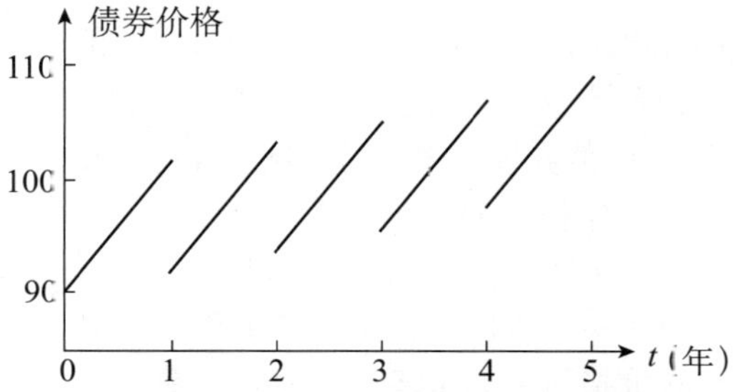

图 S.2　在练习 2.32 中附息债券的价格与时间

2.33 在图 S.2 中，我们能够看到债券价格在 1 年内达到 95 美元的第一时间，此时债券价格由 $10e^{r(t-1)}+10e^{r(t-2)}+10e^{r(t-3)}+10e^{r(t-4)}+110e^{r(t-5)}$ 给出。取 $r=0.12$，通过解方程

$$10e^{r(t-1)}+10e^{r(t-2)}+10e^{r(t-3)}+10e^{r(t-4)}+110e^{r(t-5)}=95$$

我们能够求出债券价格达到 95 美元所需的时间 t，得到 $t\approx 0.425\,7$ 年或者 155.4 天。

2.34 因为债券按面值交易，所以债券的初始价格与面值 $F=100$ 相同。隐含的连续复合利率 r 可以通过解方程

$$8e^{-r}+8e^{-2r}+108e^{-3r}=100$$

求出。解得 $r\approx 0.077\,0$ 或者 7.70%。

2.35 通过解方程

$$(1+r)^{-1}=0.89$$

我们求得 $r\approx 0.123\,6$，即债券隐含的有效利率大约为 12.36%。75 天后债券的价格为

$$B(75/365,1)=B(0,1)\,(1+r)^{\frac{75}{365}}=0.89\,(1+0.123\,6)^{\frac{75}{365}}\approx 0.911\,5$$

收益率为

$$K(0,75/365)=\frac{B(75/365,1)-B(0,1)}{B(0,1)}\approx\frac{0.911\,5-0.89}{0.89}\approx 0.024\,2$$

大约为 2.42%。

2.36 6 个月单位债券的初始价格为 $e^{-0.5r}$，这里 r 表示隐含的连续复合利率。如果债券在 6 个月产生 7% 的收益，则有

$$\frac{1-e^{-0.5r}}{e^{-0.5r}}\approx 0.07$$

解得 $r\approx 0.135\,3$ 或者 13.53%。

2.37 债券隐含的连续利率满足方程

$$e^{-r}=0.92$$

方程的解为 $r\approx 0.083\,4$。在时间 t 债券的价值为 $0.92e^{rt}$。债券在时间 t 将产生 5% 的收益，使得

$$\frac{0.92e^{rt}-0.92}{0.92}=0.05$$

解得 $t\approx 0.585\,1$ 年或者 213.6 天。

2.38 在时间 0 我们买入 $1/B(0,1)=e^{r}$ 份债券。在时间 1 持有的债券增加到 $e^{r}/B(1,2)=e^{2r}$ 份。一般地，在时间 n，我们买入 $e^{(n+1)r}$ 份 1 年期债券。

2.39 因为债券按面值交易，利率保持不变，在每年年初债券的价格为 100 美元。在第一年年初 1 000 美元买入 10 份债券，在年末债券支付的息票为 $10\times 8=80$ 美元，足以用来以 100 美元的价格买入 0.8 份债券。因此，在第二年投资者持有 $10+0.8=10.8$ 份债券。在第二年年末债券支付息票 $10.8\times 8=86.4$ 美元，以 100 美元的价格再买入 0.864 份债券。在第三年持有的债券数为 $10.8+0.864=11.664$，如此继续下去。

一般说来，在第 n 年持有的债券数量为

$$10\left(1+\frac{8}{100}\right)^{n-1}$$

这就给出了第一年到第五年持有的债券数量为 10.000 0、10.800 0、11.664 0、12.597 1、13.604 9。

第 3 章

3.1 a) 初始投资为 $wS(0)$，终值的形式为 $S(T)-(1+r_l)(1-w)S(0)$，于是收益率为

$$K_{mp}=\frac{S(T)-(1+r_l)(1-w)S(0)-wS(0)}{wS(0)}$$
$$=K_S+\frac{1-w}{w}\frac{S(T)-(1+r_l)S(0)}{S(0)}$$
$$E(K_{mp})=E(K_S)+\frac{1-w}{w}\frac{E(S(T))-(1+r_l)S(0)}{S(0)}$$

如果 $E(S(T))>(1+r_l)S(0)$，我们有额外的期望收益。系数 $\frac{1-w}{w}$ 测量了杠杆度，如果资金投入小，杠杆度就大。

b) 我们投资 $cS(0)$，收到 $S(0)(1+r)-S(T)+cS(0)(1+r_c)$，其收益率为

$$K_{ss}=\frac{S(0)(1+r)-S(T)-cS(0)(1+r_c)-cS(0)}{cS(0)}$$
$$=\frac{1}{c}(-K_S)+\frac{S(0)r+cS(0)r_c}{cS(0)}$$

特别地，如果 $r_c=0$ 且 $c=1$，则

$$E(K_{ss})=-E(K_S)+r$$

有明确的含义：如果股票下跌，我们获利。

3.2 在第一个投资项目中

$$\mu_{K_1}=0.12\times0.25+0.12\times0.75=0.12$$
$$\sigma_{K_1}=\sqrt{(0.12-0.12)^2\times0.25+(0.12-0.12)^2\times0.75}=0$$

在第二个项目中

$$\mu_{K_2}=0.11\times0.25+0.13\times0.75=0.125$$
$$\sigma_{K_2}=\sqrt{(0.11-0.125)^2\times0.25+(0.13-0.125)^2\times0.75}\approx0.008\,660$$

最后，在第三个项目中

$$\mu_{K_3}=0.02\times0.25+0.22\times0.75=0.17$$
$$\sigma_{K_3}=\sqrt{(0.02-0.17)^2\times0.25+(0.22-0.17)^2\times0.75}=0.086\,603$$

第一个项目是风险最小的项目，事实上，它是无风险的。第三个项目包含的风险最高。

3.3 首先，我们取 $K_2^{\omega_2}=x$，并计算

$$\mathrm{Var}(K_1)=0.001\,875$$
$$\mathrm{Var}(K_2)=0.187\,5x^2+0.015x+0.000\,3$$

如果 $\mathrm{Var}(K_1)=\mathrm{Var}(K_2)$，这两个证券有同样的风险。这得到下面的方程

$$0.000\,3+0.187\,5x^2+0.015x=0.001\,875$$

该方程有两个解 $x=-0.14$ 或 0.06 。这意味着 $K_2^{\omega_2}=-14\%$ 或者 6%。

3.4 设 x_1 和 x_2 是资产组合中类型 1 和类型 2 股票的数量，则

$$V(T)=x_1S_1(T)+x_2S_2(T)=V(0)\left(w_1\frac{S_1(T)}{S_1(0)}+w_2\frac{S_2(T)}{S_2(0)}\right)$$

$$=100\left(0.25\times\frac{48}{45}+0.75\times\frac{32}{33}\right)=99.394$$

3.5 资产组合的收益率为 $K_V=w_1K_1+w_2K_2$ 。这样得到

$K_V^{\omega_1}=0.30\times12\%-0.7\times4\%=0.8\%$　在状况 ω_1

$K_V^{\omega_2}=-0.30\times10\%+0.7\times7\%=1.9\%$　在状况 ω_2

3.6 首先，我们求得 $E(K_1)=8\%$ 和 $E(K_2)=11.5\%$ 。如果资产组合的期望收益为 $E(K_V)=10\%$ ，则由式（3.3）和式（3.1），权重必须满足如下的方程组

$$8w_1+11.5w_2=10$$

$$w_1+w_2=1$$

方程组的解为 $w_1\approx42.86\%, w_2\approx57.14\%$ 。

3.7 首先，我们利用例 3.13 的数据算出 $\mu_1=6\%, \mu_2=11\%$ 。其次，由式（3.5）和式（3.1）得到权重 w_1 和 w_2 满足的方程组

$$\begin{cases}6w_1+11w_2=50\\w_1+w_2=1\end{cases}$$

方程组的解为 $w_1=-7.8, w_2=8.8$ 。最后，利用式（3.6）及例 3.13 中计算出来的 $\sigma_1^2\approx0.0144, \sigma_2^2\approx0.0254$ 和 $\rho_{12}\approx-0.6065$ ，求出资产组合的风险：

$$\begin{aligned}\sigma_V^2&\approx(-7.8)^2\times0.0144+(8.8)^2\times0.0254\\&\quad+2\times(-7.8)\times8.8\times(-0.6065)\times\sqrt{0.0144}\times\sqrt{0.0254}\\&\approx4.4354\end{aligned}$$

3.8 风险证券的收益率是非常数随机变量，即 $K_1^{\omega_1}\neq K_1^{\omega_2}$ 和 $K_2^{\omega_1}\neq K_2^{\omega_2}$ 。据此，方程组

$$\begin{cases}K_1^{\omega_1}=aK_2^{\omega_1}+b\\K_1^{\omega_2}=aK_2^{\omega_2}+b\end{cases}$$

必有解 $a\neq0$ 和 b 。由此得出 $K_1=aK_2+b$ 。

现在，利用协方差和方差的性质计算出

$$\mathrm{Cov}(K_1,K_2)=\mathrm{Cov}(aK_2+b,K_2)=a\mathrm{Cov}(K_2,K_2)=a\mathrm{Var}(K_2)=a\sigma_2^2$$

$$\sigma_1^2=\mathrm{Var}(K_1)=\mathrm{Var}(aK_2+b)=a^2\mathrm{Var}(K_2)=a^2\sigma_2^2$$

由此得出 $\sigma_1=|a|\sigma_2$ 且

$$\rho_{12}=\frac{\mathrm{Cov}(K_1,K_2)}{\sigma_1\sigma_2}=\frac{a\sigma_2^2}{|a|\sigma_2^2}=\pm1$$

3.9 利用在例 3.13 中算出的 $\sigma_1^2\approx0.0144, \sigma_2^2\approx0.0254$ 和 $\rho_{12}\approx-0.6065$ ，我们从式（3.10）求出 s_0 ：

$$s_0=\frac{\sigma_2^2-\rho_{12}\sigma_1\sigma_2}{\sigma_1^2+\sigma_2^2-2\rho_{12}\sigma_1\sigma_2}\approx0.5873$$

这意味着具有最小风险的资产组合的权重为 $w_1\approx0.5873, w_2\approx0.4127$ 以及该资产组合不包含卖空。

3.10 $\mu_V = 0.06$，$\sigma_V \approx 0.1013$。

3.11 在最小方差资产组合中三个证券的权重为 $w \approx [0.228 \quad 0.235 \quad 0.537]$，资产组合的期望收益为 $\mu_V \approx 0.167$，标准差为 $\sigma_V \approx 0.152$。

3.12 期望收益 $\mu_V = 20\%$ 的所有的可达资产组合中方差最小的资产组合的权重为 $\mathbf{w} \approx [0.772 \quad -0.208 \quad 0.486]$，这个资产组合的标准差为 $\sigma_V \approx 0.211$。

3.13 用期望收益 μ_V 作为参数，沿着最小方差线资产组合的权重和标准差为

$$\mathbf{w} \approx [-2.314 + 15.180\mu_V \quad 2.515 - 13.615\mu_V \quad 0.799 - 1.566\mu_V]$$

$$\sigma_V = \sqrt{0.584 - 6.696\mu_V + 19.996\mu_V^2}$$

最小方差线如图 S.3 所示，可达资产组合集中浅色阴影部分表示卖空，深色阴影部分表示不卖空。

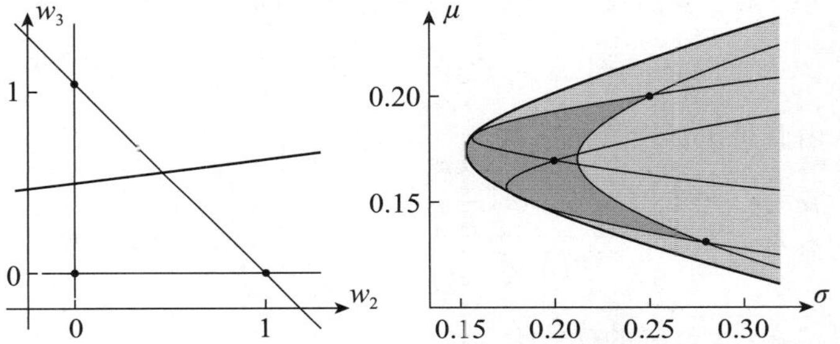

图 S.3　在 w_2，w_3 平面上和 σ，μ 平面上的最小方差线和可达资产组合

3.14 市场资产组合的权重为 $\mathbf{w} \approx [0.438 \quad 0.012 \quad 0.550]$。该资产组合的期望收益为 $\mu_M \approx 0.183$，标准差为 $\sigma_M \approx 0.156$。

3.15 设 $\mathbf{m}$ 为三个证券的期望收益构成的行矩阵。分别用 $\mathbf{C}^{-1}\mathbf{u}^T$ 和 $\mathbf{C}^{-1}\mathbf{m}^T$ 乘方程 $\gamma\mathbf{wC} = \mathbf{m} - \mu\mathbf{u}$，得到

$$\mu_V(\mathbf{m} - \mu\mathbf{u})\mathbf{C}^{-1}\mathbf{u}^T = (\mathbf{m} - \mu\mathbf{u})\mathbf{C}^{-1}\mathbf{m}^T$$

因为 $\mathbf{wu}^T = 1$ 及 $\mathbf{wm}^T = \mu_V$，对 μ 求解，得到

$$\mu = \frac{\mathbf{mC}^{-1}(\mathbf{m}^T - \mu_V^T\mathbf{u})}{\mathbf{uC}^{-1}(\mathbf{m}^T - \mu_V^T\mathbf{u})} \approx 0.142$$

则，算出 γ 如下：

$$\gamma = (\mathbf{m} - \mu\mathbf{u})\mathbf{C}^{-1}\mathbf{u}^T \approx 1.367$$

3.16 资产组合的收益率可用各证券的收益率表示为 $K_V = w_1K_1 + \cdots + w_nK_n$。因为协方差对每一个变量具有线性性质，

$$\beta_V = \frac{\mathrm{Cov}(K_V, K_M)}{\sigma_M^2} = w_1\frac{\mathrm{Cov}(K_1, K_M)}{\sigma_M^2} + \cdots + w_n\frac{\mathrm{Cov}(K_n, K_M)}{\sigma_M^2}$$
$$= w_1\beta_1 + \cdots + w_n\beta_n$$

3.17 式 (3.28) 两边取期望，得到 $E(\varepsilon_V) = 0$。对于第二个结论，利用式 (3.28)，得到

$$\mathrm{Cov}(K_M, \varepsilon_V) = \mathrm{Cov}(K_M, (K_V - \mu_V) - \beta_V(K_M - \mu_M))$$
$$= \mathrm{Cov}(K_M, K_V - \beta_V K_M)$$

$$= \mathrm{Cov}(K_M, K_V) - \beta_V \mathrm{Cov}(K_M, K_M)$$

这里我们用到了协方差对每个变量的线性性质以及随机变量与常数的协方差为零的性质。由 β_V 的定义并利用 $\mathrm{Cov}(K_M, K_M) = \sigma_M^2$，我们得到结论。

第 4 章

4.1 是，存在套利机会。我们签订多头远期合约并卖空 1 股股票，所得的 70%以 8%的利率投资于无风险资产，剩余的 30%支付证券保证金，得到 4%的利息。在交割时，现金投资加上利息的价值约为 18.20 美元，结清股票的空头头寸需支付 18 美元，这样产生了 0.20 美元的套利利润。

如果证券的保证金率 d 使得套利机会不存在，此时 d 满足

$$30\% \times 17 \times e^{d} + 70\% \times 17 \times e^{8\%} \leqslant 18$$

最高的保证金率 $d \approx 0.1740\%$。

4.2 我们取 2000 年 1 月作为时间 0，根据式（4.1）

$$F\left(0, \frac{3}{4}\right) = S(0)e^{\frac{3}{4}\times 6\%}, F\left(\frac{1}{4}, \frac{3}{4}\right) = 0.9 \times S(0)e^{\frac{2}{4}\times 6\%}$$

由此得出远期价格下跌

$$\frac{F(0, \frac{3}{4}) - F(\frac{1}{4}, \frac{3}{4})}{F(0, \frac{3}{4})} = \frac{e^{\frac{3}{4}\times 6\%} - 0.9e^{\frac{1}{2}\times 6\%}}{e^{\frac{3}{4}\times 6\%}} \approx 11.34\%$$

4.3 红利的现值为

$$\mathrm{div}_0 = 1 \times e^{-\frac{6}{12}\times 12\%} + 2e^{-\frac{6}{12}\times 12\%} \approx 2.77 \text{ 美元}$$

则

$$[S(0) - \mathrm{div}_0]e^{rT} \approx (120 - 2.77)e^{-\frac{10}{12}\times 12\%} \approx 129.56 \text{ 美元}$$

小于远期价格 131 美元。因此，存在套利机会，实现如下：

- 在 2000 年 1 月 1 日签订空头远期头寸和借 120 美元买入股票；
- 在 2000 年 7 月 1 日得到第一笔红利 1 美元并进行无风险投资；
- 在 2000 年 10 月 1 日得到第二笔红利 2 美元，并进行无风险投资；
- 在 2000 年 11 月 1 日结清所有头寸。

得到套利利润为

$$131 - 120e^{-\frac{10}{12}\times 12\%} + 1e^{\frac{4}{12}\times 12\%} + 2e^{\frac{1}{12}\times 12\%} \approx 1.44 \text{ 美元}$$

4.4 在这些情况下不可能实现套利。尽管无套利远期的理论价格大约为 87.83 美元，在定理 4.4 证明中的第一个策略造成的损失为 $89 - 83e^{10\%} + 2e^{0.5\times 7\%} \approx -0.66$美元，第二个策略的损失为$-89 + 83e^{7\%} - 2e^{0.5\times 10\%} \approx -2.08$ 美元。

4.5 欧元起着具有 3%红利收益的标的资产的作用。因此，远期的价格（汇率）为 $F(0, 1/2) = 0.9834e^{0.5(4\%-3\%)} \approx 0.9883$ 欧元兑换 1 美元。

4.6 根据式（4.2），初始的远期价格为 $F(0, 1) \approx 45.72$ 美元。这考虑到在时间 1/2 支付的红利。

a）如果 $S(9/12) = 49$ 美元，则根据式（4.1）$F(9/12, 1) \approx 49.74$ 美元。根据式（4.6）得出 $V(9/12) \approx 3.96$ 美元。

b) 如果 $S(9/12)=51$ 美元，则 $F(9/12)\approx 51.77$ 美元，$V(9/12)\approx 5.96$ 美元。

4.7 因为 $f(t,T)=S(t)e^{r(T-t)}$ ，随机变量 $S(t)$ 和 $f(t,T)$ 完全正相关，$\rho_{S(t)f(t,T)}=1$ 并且 $\sigma_{f(t,T)}=e^{r(T-t)}\sigma_{S(t)}$ 。由此得出 $N=e^{-r(T-t)}$ 。

4.8 考察关于远期价格和期货价格相等的定理 4.8 并应用于具有连续支付红利的资产的情况。因此，我们利用式（4.4）得到

$$r_{\mathrm{div}}=8\%-\frac{1}{0.75}\ln\frac{14\ 100}{13\ 500}\approx 2.20\%$$

4.9 指数的收益率为 3.37%。当 $R=1\%$ 时，得出期货价格 $f(0,3t)\approx 916.97$ 和 $f(t,3t)\approx 938.49$ 。如果资产组合的 β 因子为 $\beta_V=1.5$ ，那么该资产组合的期望收益为 $\mu_V\approx 4.56\%$。为了构造 $\beta_V=0$ 并且初始价格 $V(0)=100$ 美元的资产组合，对原来的资产组合追加 $N\approx 0.165\ 2$ 份空头期货合约（注意 N 与例 4.18 中的相同）。

如果原来的资产组合在第一个时段的实际收益恰好等于期望收益，则它在一个时段后的价值为 $V(t)\approx 104.56$ 美元。盯市需要持有 $N\approx 0.165\ 2$ 份空头期货合约，并且支付 3.56 美元。因此，一个时段后拥有期货合约的资产组合的价值为 $\widetilde{V}(t)=104.56-3.56=101.00$ 美元，再次与无风险增长相匹配。

第 5 章

5.1 投资产生的利润为

$$(36-S(T))^{+}-4.50e^{0.12\times\frac{3}{12}}=3$$

这里 $S(T)$ 是施权日的股票价格。这样就得出 $S(T)\approx 28.36$ 美元。

5.2 $E((S(T)-90)^{+}-8e^{0.09\times\frac{6}{12}})\approx -5.37$ 美元。

5.3 根据看跌—看涨期权平价，$2.83-P_E=15.60-15.00e^{-\frac{3}{12}\times 0.067\ 2}$ ，于是 $p_E\approx 1.98$ 美元。

5.4 违背看跌—看涨期权平价，$5.09-7.78>20.37-24e^{-0.074\ 8\times\frac{6}{12}}$ 。如同定理 5.2 证明的第一部分一样，能够实现套利。在时间 0：

- 支付 20.37 美元买入 1 股股票；
- 支付 7.78 美元买入 1 份看跌期权；
- 支付 5.09 美元卖出 1 份看涨期权；
- 以利率 7.48% 借入 23.06 美元。

这些交易的余额为 0。6 个月以后：

- 通过执行看跌期权或者结清看涨期权的空头头寸，以 24 美元卖出 1 股，取决于股价变成低于执行价格还是高于执行价格。
- 归还贷款及利息，总计为 $23.06e^{\frac{1}{2}\times 0.074\ 8}\approx 23.94$ 美元。

余额 $24-23.96=0.06$ 美元为套利利润。

5.5 如果 $C_E-P_E>S(0)-\mathrm{div}_0-Xe^{-rT}$ ，那么在时间 0 买入 1 股股票和 1 份看跌期权，卖出 1 份看涨期权。以利率 r 将余额投资（或者借入，如果是负的）于货币市场。只要收到红利就以利率 r 投资。在施权时间 T 终止货

币市场投资，以价格 X 卖出股票，如果 $S(T)<X$，施权看跌期权，或者如果 $S(T)\geqslant X$，结清看涨期权，最后余额 $(C_{\mathrm{E}}-P_{\mathrm{E}}-S(0)+\mathrm{div}_0)\mathrm{e}^{rT}+X>0$ 为套利利润。

另一方面，如果 $C_{\mathrm{E}}-P_{\mathrm{E}}<S(0)-\mathrm{div}_0-X\mathrm{e}^{-rT}$，则在时间 0 卖空 1 股股票，卖出 1 份看跌期权，买入 1 份看涨期权，将余额投资于货币市场。当卖空的股票支付红利时，借钱将其支付给股票的所有者。在时间 T，结清货币市场头寸，通过施权看涨期权，如果 $S(T)>X$；或者通过结清看跌期权，如果 $S(T)\leqslant X$；并以价格 X 买入 1 股股票，结清股票的空头头寸。套利利润为 $(-C_{\mathrm{E}}+P_{\mathrm{E}}+S(0)-\mathrm{div}_0)\mathrm{e}^{rT}-X>0$。

5.6 如果 $C_{\mathrm{E}}-P_{\mathrm{E}}<S(0)\mathrm{e}^{-r_{\mathrm{div}}T}-X\mathrm{e}^{-rT}$，则在时间 0 卖空 $\mathrm{e}^{-r_{\mathrm{div}}T}$ 股，卖出看跌期权，买入看涨期权，将余额以利率 r 投资。在时间 0 和 T 之间支付红利给股票的所有者，通过卖空股票，筹集现金。这将导致时间 T 持有 1 股空头股票。如果看跌期权在时间 T 被施权，必须以价格 X 买入 1 股股票。用该股票结清股票的空头头寸，将持有看涨期权和正的金额 $(-C_{\mathrm{E}}+P_{\mathrm{E}}+S(0)\mathrm{e}^{-r_{\mathrm{div}}T}-X\mathrm{e}^{-rT})\mathrm{e}^{rT}>0$。如果看跌期权没有被施权，那么你可利用看涨期权，在时间 T 以价格 X 买入 1 股股票，结清股票的空头头寸。你将持有正的最终余额 $(-C_{\mathrm{E}}+P_{\mathrm{E}}+S(0)\mathrm{e}^{-r_{\mathrm{div}}T}-X\mathrm{e}^{-rT})\mathrm{e}^{rT}>0$。

另一方面，如果 $C_{\mathrm{E}}-P_{\mathrm{E}}>S(0)\mathrm{e}^{-r_{\mathrm{div}}T}-X\mathrm{e}^{-rT}$，那么相反的策略将产生套利。

5.7 执行价等于在解答 4.5 中计算出的 0.988 3 欧元兑换 1 美元的远期价格（更精确地，为汇率）。

5.8 如果 $S(0)-X\mathrm{e}^{-rT}<C_{\mathrm{A}}-P_{\mathrm{A}}$，则卖出 1 份看涨期权，买入 1 份看跌期权，买入 1 股股票，将余额以利率 r 投资（或者借入，如果余额为负）。现在的论证与定理 5.4 应用的证明的第一部分相同，如果看涨期权在红利支付后施权，除了套利利润也可能包含红利外。（然而，红利不可能包含在该不等式中，因为期权可能被施权，在红利付给以前可能卖出股份。）

如果 $C_{\mathrm{A}}-P_{\mathrm{A}}<S(0)-\mathrm{div}_0-X$，则在时间 0 卖空 1 股股票，卖出 1 份看跌期权，买入 1 份看涨期权，余额以利率 r 投资。如果看跌期权在时间 $t<T$ 施权，你必须以价格 X 买入 1 股股票，以利率 r 借入相同的金额。当发放红利时，以利率 r 借入相同的金额，并将其支付给股票的所有者。在时间 T 将股份归还给所有者，结清空头头寸。你将持有看涨期权和正的金额 $(S(0)+P_{\mathrm{A}}-C_{\mathrm{A}}-\mathrm{div}_0)\mathrm{e}^{rT}-X\mathrm{e}^{r(T-t)}>X\mathrm{e}^{rT}-X\mathrm{e}^{r(T-t)}\geqslant 0$。（如果看跌期权在红利付给前施权，通过立即结清股票的空头头寸，就可以增加套利利润，在这种情况下，你不必支付红利。）如果看跌期权在到期日 T 之前不施权，那么可应用解答 5.5 的第二部分。

5.9 如果 $S(0)-X\mathrm{e}^{-rT}<C_{\mathrm{A}}-P_{\mathrm{A}}$，则利用与定理 5.4 证明的第一部分相同的策略。事实上，累积到看涨期权施权时的红利将增加由此产生的套利利润。

如果 $C_{\mathrm{A}}-P_{\mathrm{A}}<S(0)\mathrm{e}^{-r_{\mathrm{div}}T}-X$，那么在时间 0 卖空 $\mathrm{e}^{-r_{\mathrm{div}}T}$ 股股票，卖出 1 份看跌期权，买入 1 份看涨期权，将余额以利率 r 投资。在时间 0 和 T 之间支付红利给股票的所有者，通过卖空股票，筹集资金。这将导致在时间 T 持有 1 股空头股票。如果看跌期权在时间 $t\leqslant T$ 施权，你必须以价格 X 买入 1 股股票，以利率 r 借入这个金额。在时间 T 用该股票结清股票的空头头寸。你将持有看涨期权和正的

金额 $(-C_A+P_A+S(0)e^{-r_{div}T})e^{rt}-Xe^{r(T-t)}\geqslant(-C_A+P_A+S(0)e^{-r_{div}T}-X)e^{rT}>0$ 加上在时间 t 购买股份而累计的红利。如果看跌期权一直没施权，那么你可以在时间 T 利用看涨期权以价格 X 买入 1 股股票，结清股票空头头寸。最终你还将持有正的余额 $(-C_A+P_A+S(0)e^{-r_{div}T})e^{rT}-X>(-C_A+P_A+S(0)e^{-r_{div}T}-X)e^{rT}>0$ 。

5.10 如果 $C_E>C_A$ ，那么卖出欧式看涨期权，买入美式看涨期权。差额 C_E-C_A 将是你的套利收入。为了保持这个差额，美式期权在到期日之前不施权，这时或者两个期权毫无价值或者来自结清欧式看涨期权的损失将通过行使美式看涨期权弥补。对看跌期权论证是类似的。

5.11 设 $C_E\geqslant S(0)-div_0$ 。在这种情况下，卖出看涨期权，买入股票，将余额投资于货币市场。只要收到红利，也将红利投资于货币市场。在施权日，你能够以至少 $\min(S(T),X)$ 的价格卖出股票，结清看涨期权。你的最终财富将为正，即 $(C_E-S(0)+div_0)e^{rT}+\min(S(T),X)>0$ 。这样就证明了 $C_E<S(0)-div_0$ 。

余下的边界遵循支付红利的股票的看跌—看涨期权平价关系式（5.5）：$S(0)-div_0-Xe^{-rT}\leqslant C_E$ ，因为 $P_E\geqslant0$ ；$-S(0)+div_0+Xe^{-rT}\leqslant P_E$ ，因为 $C_E\geqslant0$ ；以及 $P_E<Xe^{-rT}$ ，因为 $C_E<S(0)-div_0$ 。

5.12 对于支付红利的股票，在命题 5.5 中由看涨和看跌期权价格的边界确定的区域如图 S.4 中的阴影区域所示。

5.13 如果 $C_A\geqslant S(0)$ ，则买入 1 股股票，卖出 1 份美式看涨期权，将余额 $C_A-S(0)$ 无风险投资。如果期权在到期日或者以前施权，则通过以价格 X 卖出股份的所得结清债务。如果期权一直没施权，在到期日你将最终获得股票价值为 $S(T)$ 。在这两种情况下，这个策略的最终的现金价值是正的。实际上，最终的余额还包含收到的红利，除非在支付红利之前施权。

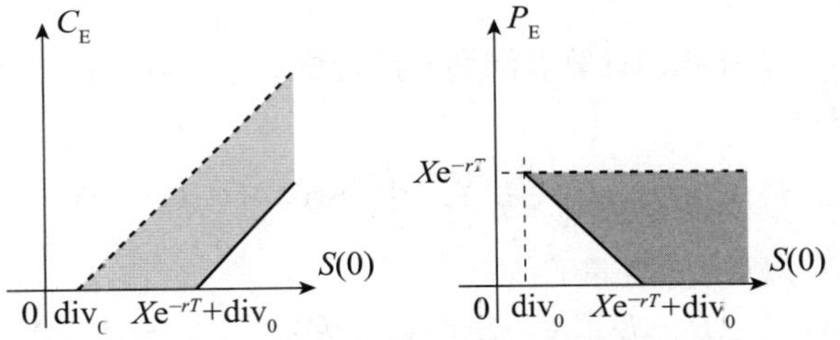

图 S.4　对支付红利的股票，欧式看涨期权和看跌期权价格的边界

5.14 设 $X'\leqslant X''$ ，但 $C_E(X')\leqslant C_E(X'')$ 。我们能够卖出执行价格为 X'' 的看涨期权，买入执行价格为 X' 的看涨期权，将差额 $C_E(X'')-C_E(X')>0$ 做无风险投资。如果执行价格为 X'' 的期权在到期日被施权，我们将需要支付 $(S(T)-X'')^+$ 。这个金额可通过行使执行价格为 X' 的期权，变现回报 $(S(T)-X')^+$ 来筹集。因为 $X'<X''$ ，因此 $(S(T)-X')^+\geqslant(S(T)-X'')^+$ ，于是赚得套利利润。

利用类似的论证可得出看跌期权的不等式。

5.15 考虑 4 种情况：

1）如果 $S(T)\leqslant X'<X<X''$ ，则式（5.9）简化为 $0\leqslant0$ 。

2）如果 $X'<S(T)\leqslant X<X''$ ，则式（5.9）变成 $0\leqslant\alpha(S(T)-X')$ ，显然满足 $X'<S(T)$ 。

3）如果 $X' < X < S(T) \leqslant X''$，则式（5.9）可以写成 $S(T) - X \leqslant \alpha(S(T) - X')$。这个式子成立因为 $X = \alpha X' + (1-\alpha)X''$ 且 $S(T) \leqslant X''$。

4）最后，如果 $X' < X < X'' < S(T)$，则式（5.9）变成等式，$S(T) - X = \alpha(S(T) - X') + (1-\alpha)(S(T) - X'')$，这是因为 $X = \alpha X' + (1-\alpha)X''$。

5.16 假设 $P_E(S') < P_E(S'')$，对某个 $S' < S''$ 成立，这里 $S' = x'S(0), S'' = x''S(0)$。卖出一份由 x'' 股构成的资产组合的看跌期权，买入由 x' 股份构成的资产组合的看跌期权，将余额 $P_E(S'') - P_E(S') > 0$ 进行无风险投资。如果卖出的期权在时间 T 施权，那么通过行使另一个期权偿还负债。因为 $x' < x''$，回报满足 $(X - x'S(T))^+ \geqslant (X - x''S(T))^+$。因此，这是一个套利策略。

5.17 设 $X' < X''$，但 $C_A(X') < C_A(X'')$。我们可以卖出执行价为 X'' 的看涨期权，购买执行价为 X' 的看涨期权，将余额 $C_A(X'') - C_A(X') > 0$ 进行无风险投资。如果卖出的期权在时间 $t \leqslant X$ 被施权，我们将必须支付 $(S(T) - X'')^+$。通过立即行使另一个期权，得到回报 $(S(T) - X')^+$ 偿还负债。因为 $(S(T) - X'')^+ \leqslant (S(T) - X')^+$，该策略产生套利。

可以用类似的方法证明看跌期权的不等式。

5.18 对美式看跌期权，我们证明命题 5.29。这与对欧式期权的论证类似。根据命题 5.22，$P_A(S)$ 是 S 的减函数。当 $S \geqslant X$ 时，看跌期权的内在价值为零，于是，等于 $P_A(S)$ 的时间价值也是 S 的减函数。另一方面，根据命题 5.23，对任意的 $S' < S''$，有 $P_A(S') - P_A(S'') \leqslant S'' - S'$。这意味着如果 $S' < S'' \leqslant X$，则 $P_A(S') - (X - S')^+ \leqslant P_A(S'') - (X - S'')^+$，于是当 $S \leqslant X$ 时，时间价值是 S 的增函数。因此，当 $S = X$ 时，时间价值有最大值。

第 6 章

6.1 让我们计算看涨期权的价格 $C_E(0)$ 对 U 的导数。假设 $S^d < X < S^u$，价格公式为

$$C_E(0) = \frac{1}{1+R}\frac{R-D}{U-D}[S(0)(1+U) - X]$$

对 U 的导数等于

$$\frac{(R-D)[X - S(0)(1+D)]}{(1+R)(U-D)^2} = \frac{(R-D)[X - S^d]}{(1+R)(U-D)^2}$$

导数为正，因为 $R > D, X > S^d$，于是 $C_E(0)$ 是 U 的增函数。

$C_E(0)$ 对 D 的导数等于

$$-\frac{(U-R)[S(0)(1+U) - X]}{(1+R)(U-D)^2} = -\frac{(U-R)[S^u - X]}{(1+R)(U-D)^2}$$

导数为负，因为 $R < D$ 和 $X < S^u$。期权价格随 D 的增加而减小。

6.2 如果 $R = 0$ 和 $S(0) = X = 1$，则 $C_E(0) = -\frac{UD}{U-D}$。当 $U = 0.05$ 和 $D = -0.05$ 时，有 $U - D = 0.1$ 和 $C_E(0) = 0.025$ 美元。而如果 $U = 0.01$ 和 $D = -0.19$，则 $U - D = 0.2$。股票收益的方差等于 $(U-D)^2 p(1-p)$，后者更高，但期权价格较低，$C_E(0) = 0.009\,5$ 美元。

6.3 为复制看涨期权，卖者在开始时需要买入股票并且在期权施权时卖出。

为了求出用于复制的资产组合需要求解如下方程组：

$$\begin{cases} 110(1-c)x+1.05y=10 \\ 90(1-c)x+1.05y=0 \end{cases}$$

当 $c=2\%$ 时，我们得到 $x\approx 0.510\,2$ 和 $y\approx -42.847\,1$，于是用于复制的资产组合的初始价值为 $100x+y\approx 8.163\,3$ 美元。如果 $c=0$，用于复制的资产组合价值为 7.142 9美元。注意，对每个 c，货币市场头寸 y 总是相同的。

6.4 借款利率应该用于复制看涨期权，因为货币市场头寸是负的。这样得到 $x(1)\approx 0.666\,7$ 和 $y(1)=-40.178\,6$，因此，用于复制的资产组合的价值为 9.821 4美元。对于看跌期权，利用贷款利率我们得到 $x(1)\approx -0.333\,3$ 和 $y(1)=27.777\,8$，于是，用于复制的资产组合的初始价值为 2.777 8 美元。

这个结果与从命题（6.9）得到的看跌和看涨期权价格结果一致，其中对于看涨期权，适宜的风险中性概率（利用相应的利率计算的）为 $p_*\approx 0.733\,3$，对于看跌期权，$p_*\approx 0.6$。

6.5 在时间 0，期权的价格为 22.92 美元。除了这个金额之外，期权的卖出者应借 74.05 美元，并且买入 0.808 1 股股票。在时间 1，如果 $S(1)=144$，则持有的股票数量应该增加到 1 股，利用追加借款 27.64 美元融资购买，欠款总额增加到 109.09 美元。另一方面，如果在时间 1，$S(1)=108$ 美元，应卖出股票使持有股票数量减少到 0.296 3，应偿还 55.27 美元，欠款金额减少到 26.18 美元。（在这两种情况下，在时间 1 的欠款包括在时间 0 借款的利息 7.40 美元。）

6.6 在时间 1，股票价格 $S^{u}=144$ 美元和 $S^{d}=108$ 美元（所谓附息价格）由于支付红利下降到 129 美元和 93 美元（所谓除息价格）。这些价格产生时间 2 的价格，因此，$S^{uu}=154.80$，$S^{ud}=116.10$，$S^{du}=111.60$，$S^{dd}=83.70$。如果股票两次上涨，期权施权得到回报为 34.80 美元。其余状况的回报为零。期权在时间 1 的价值在上涨状态为 21.09 美元，在下跌状态为零。在时间 1 构造复制的资产组合，基于除息价格，在上涨状态由 0.899 2 股股票和 94.91 美元贷款构成，在下跌状态，没有股份，也没有货币市场头寸。在时间 0，期权的价格为 12.78 美元。复制（在时间 1，基于附息价格，因为红利对在时间 0 购买股票的股票所有者是可得到的）包含买入 0.585 9 股股票和借入 57.52 美元。

6.7 由考克斯-罗斯-鲁宾斯坦公式，$C_E(0)\approx 5.93$ 美元，$P_E(0)\approx 7.76$ 美元。

6.8 使得 $S(0)(1+u)^m(1+d)^{N-m}>X$ 的最小整数 $m=35$，由考克斯-罗斯-鲁宾斯坦公式我们得到 $C_E(0)\approx 3.466\,1$ 美元。

6.9 股票的价值为

n	0	1	2	3
$S(n)$	60.00	66.00	72.60	79.86
		57.00	62.70	68.97
			54.15	59.57
				51.44

美式看跌期权的价值为

n	0	1	2	3
				0.00
			0.00	
		0.50		0.00
$P_A(n)$	2.52			
			1.10	
		5.00		2.43
			7.85	
				10.56

期权将在时间 1 的节点 d 之前施权，或者在时间 2 的节点 dd 之前施权（粗体数字）。

6.10　欧式看涨期权和美式看涨期权的价值相同，

n	0	1	2
			52.80
		34.91	
$C_E(n)=C_A(n)$	22.92		9.60
		5.82	
			0.00

当然，在时间 2 这两个期权有相同的回报。在时间 1，在上涨状态，美式看涨期权没有被施权，因为这时的价值仅为 24 美元，小于持有期权到到期日的价值。在下跌状态，美式看涨期权是币外期权，也不施权。类似地，它在时间 0 也不施权。因此，美式看涨期权等价于欧式看涨期权。

6.11 除息股票价格为

n	0	1	2
			12.32
		11.20	
			10.64
除息的 $S(n)$	12.00		
			10.34
		9.40	
			8.93

相应的欧式看跌期权和美式看跌期权的价格为

n	0	1	2
			1.68 1.68
		2.53 2.80	
			3.36 3.36
$P_E(n)$ $P_A(n)$	3.42 3.69		
			3.66 3.66
		4.33 4.60	
			5.07 5.07

在时间 1，在上涨和下跌两个状态，美式看跌期权的回报都高于持有期权到到期日的价值，于是，期权应该在这些状态下施权（用粗体数字标出）。

6.12 在每一期风险中性期望收益为

$$E_*(K(2)) = E_*(K(3)) = p_*U + (1 - p_*)D = R$$

等于无风险利率。由此得出

$$E_*(\tilde{S}(2) \mid \mathscr{P}_1) = \frac{S(1)(1 + E_*(K(2)))}{(1+R)^2} = \frac{S(1)(1+R)}{(1+R)^2} = \tilde{S}(1)$$

$$E_*(\tilde{S}(3) \mid \mathscr{P}_2) = \frac{S(2)(1 + E_*(K(3)))}{(1+R)^3} = \frac{S(2)(1+R)}{(1+R)^3} = \tilde{S}(2)$$

6.13 在时间 0，套期保值策略应从

$$x(1) = \frac{C_E^u(1) - C_E^d(1)}{S^u(1) - S^d(1)} = 0.830\ 1$$

$$y(1) = C_E(0) - x(1)S(0) = -59.704\ 5$$

开始。在时间 1，如果股票价格变为 $S^d(1)$，则资产组合需要重新平衡为

$$x^d(2) = \frac{C_E^{du}(2) - C_E^{dd}(2)}{S^{du}(2) - S^{dd}(2)} = 0.552\ 2$$

$$y^d(2) = y(1) + \frac{1}{1+R}(x(1) - x^d(2))S^d(1) = -36.964\ 7$$

最后，在时间 2，如果股票价格变为 $S^{du}(2)$，则资产组合需要重新平衡为

$$x^{du}(3) = \frac{C_E^{duu}(3) - C_E^{dud}(3)}{S^{duu}(3) - S^{dud}(3)} = 0.759\ 3$$

$$y^{du}(3) = y^d(2) + \frac{1}{(1+R)^2}(x^d(2) - x^{du}(3))S^{du}(2) = -55.447\ 0$$

6.14 在时间 0

$$x(1) = \frac{P_A^u(1) - P_A^d(1)}{S^u(1) - S^d(1)} = -0.324\ 8$$

$$y(1) = P_A(0) - x(1)S(0) = 35.662\ 4$$

在时间 1，如果股票价格变为 $S^u(1)$，资产组合需要重新平衡为

$$x^u(2) = \frac{P_A^{uu}(2) - P_A^{ud}(2)}{S^{uu}(2) - S^{ud}(2)} = -0.023\ 6$$

$$y^u(2) = y(1) + \frac{1}{1+R}(x(1) - x^u(2))S^u(1) = 2.304\ 9$$

在时间 2，如果股票价格变为 $S^{ud}(2)$，资产组合需要重新平衡为

$$x^{ud}(3) = \frac{P_A^{udu}(3) - P_A^{udd}(3)}{S^{udu}(3) - S^{udd}(3)} = -0.086\ 4$$

$$y^{ud}(3) = y^u(2) + \frac{1}{(1+R)^2}(x^u(2) - x^{ud}(3))S^{ud}(2) = 8.414\ 7$$

对于状况 udd，持有者应该等待直到施权前的到期日。

第 7 章

7.1 如果 $R \geqslant U$（或者 $R \leqslant D$），则投资无风险证券并卖空股票（或者以无风险利率借钱，投资于股票）显然产生套利，所以，无套利意味着 $D < R < U$。为

了证明相反的结论，我们假设不等式成立，考虑资产组合 (x,y) ，其初始价值为零，使得 $y=-xS(0)$（假设 $A(0)=1$）。在时间 1，有 $xS(0)(1+U)-xS(0)(1+R)>0, xS(0)(1+D)-xS(0)(1+R)<0$ ，于是，不存在套利。

7.2 方程（7.1）可转化为

$$p_*(U-D)=-q_*(M-D)+R-D$$

且下面的不等式确保 $p_*\in(0,1)$ 的存在

$$0<\frac{-q_*(M-D)+R-D}{U-D}<1$$

这样求得

$$\frac{R-U}{M-D}<q_*<\frac{R-D}{M-D}$$

我们能够求出合适的解 q_*（意味着 $q_*\in(0,1)$），因为$\frac{R-D}{M-D}>0$，$\frac{R-U}{M-D}<0$。

7.3 设 $p_*,q_*,1-p_*-q_*$ 分别是价格上涨、持平和下跌的概率。条件（7.1）意味着 $0.2p_*-0.1(1-p_*-q_*)=0$ ，即 $q_*=1-3p_*$ 及 $1-p_*-q_*=2p_*$ 。注意 $p_*,1-3p_*,2p_*\in(0,1)$ 当且仅当 $p_*\in(0,1/3)$ 。由此得出 $p_*,q_*,1-p_*-q_*$ 是风险中性概率，当且仅当 $q_*=1-3p_*, p_*\in(0,1/3)$ 。

7.4 首先，我们证明，一般地，对定义在二元概率空间 $\Omega=\{\mathrm{u},\mathrm{d}\}$ 上的两个非常数随机变量 X,Y ，比如说，存在实数 a,b ，使得 $Y=aX+b$ 。假设的等式给出两个方程

$$\begin{cases}Y^{\mathrm{u}}=aX^{\mathrm{u}}+b\\ Y^{\mathrm{d}}=aX^{\mathrm{d}}+b\end{cases}$$

能够求解得到 $a=\frac{Y^{\mathrm{u}}-Y^{\mathrm{d}}}{X^{\mathrm{u}}-X^{\mathrm{d}}}, b=Y^{\mathrm{u}}-aX^{\mathrm{u}}$ 。下面，我们计算协方差

$$\mathrm{Cov}(X,Y)=\mathrm{Cov}(X,aX+b)=a\mathrm{Var}(X)$$

因此，

$$\rho_{XY}=\frac{\mathrm{Cov}(X,Y)}{\sqrt{\mathrm{Var}(X)\mathrm{Var}(Y)}}=\frac{a\mathrm{Var}(X)}{\sqrt{\mathrm{Var}(X)\mathrm{Var}(aX+b)}}=\frac{a\mathrm{Var}(X)}{\sqrt{a^2\ \mathrm{Var}^2(X)}}$$

$$=\frac{a}{|a|}=\pm 1$$

7.5 两个方程组（7.2）和（7.3）的行列式为相同的非零常数，即

$$\det\begin{bmatrix}S_1^{\mathrm{u}}(1) & S_2^{\mathrm{u}}(1) & A(0)(1+R)\\ S_1^{\mathrm{m}}(1) & S_2^{\mathrm{m}}(1) & A(0)(1+R)\\ S_1^{\mathrm{d}}(1) & S_2^{\mathrm{d}}(1) & A(0)(1+R)\end{bmatrix}$$

$$=S_1(0)S_2(0)A(0)(1+R)[(U_1-D_1)(M_2-D_2)-(M_1-D_1)(U_2-D_2)]$$

且

$$\det\begin{bmatrix}U_1-D_1 & M_1-D_1\\ U_2-D_2 & M_2-D_2\end{bmatrix}=(U_1-D_1)(M_2-D_2)-(M_1-D_1)(U_2-D_2)$$

所以当且仅当一个方程有唯一解时，另一个方程组才有唯一解。

7.6 解方程组（7.3），我们得到 $p_*=0.125, q_*=0.525$ 。由此产生的三元组确实是风险中性概率。

7.7 我们可以利用命题 7.16 证明中的公式，求得

$$y(1)=\frac{200-35.24\times60-24.18\times20}{100}\approx-23.98$$

$$V(1)\approx35.24\times65+24.18\times15-23.98\times110\approx15.50$$

$$y(2)=\frac{15.50+40.50\times65-10.13\times15}{100}\approx22.69$$

$$V(2)\approx-40.50\times75+10.13\times25+22.69\times121\approx-38.60$$

7.8 对于单期策略，可允许性减少到两个不等式 $V(0)\geqslant0$ 和 $V(1)\geqslant0$ 。第一个不等式可以写成：

$$10x+10y\geqslant0$$

第二个不等式意味着随机变量 $V(1)$ 的两个值是非负的，这给出了 x,y 满足的两个不等式

$$13x+11y\geqslant0$$

$$9x+11y\geqslant0$$

满足所有这些不等式的资产组合 (x,y) 集如图 S.5 所示。

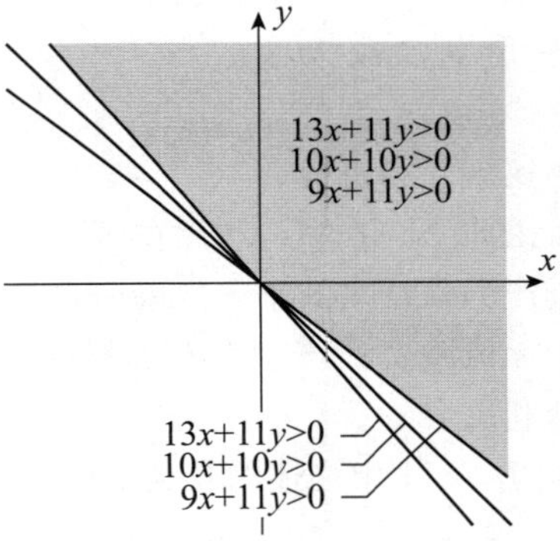

图 S.5　练习 7.8 中的可允许的资产组合

7.9 假设存在一个自融资的可预测的策略，满足如下条件：初始值 $V(0)=0$ ，最终值 $V(2)\geqslant0$ ，$V(1)<0$ 有正的概率。最后的不等式 $V(1)<0$ 意味着策略不是可允许的，但我们将构造一个可允许的违背无套利原则的策略。下面介绍了如何着手实现套利：

- 在时间 0 不投资；
- 在时间 1 检查非允许的策略 $V(1)$ 的价值是否为负。如果 $V(1)\geqslant0$ ，还是不投资。而如果 $V(1)<0$ ，则取得与非允许的策略相同的股票头寸以及取得少于非允许的投资策略 $-V(1)$ 的无风险头寸。

这样确定了一个可预测的自融资策略。它在时间 0 和时间 1 的价值为 0，在时间 2 的价值为

$$\begin{cases}0 & \text{如果 } V(1)\geqslant0\\ V(2)-V(1)>0 & \text{如果 } V(1)<0\end{cases}$$

因此，这是一个可允许的、实现了套利机会的策略。

7.10 如果你碰巧知道在股票价格的上涨的下一个时段价格将会回落，则采取

这种策略：

● 在时间 0，在两种资产上都不投资；

● 在时间 1，检查股票是上涨还是下跌。如果下跌，那么在两种资产上仍然不投资。但是如果股票上涨，则以 $S(0)U$ 美元的价格卖空 1 股股票，将所得投资于无风险资产。

显然，在时间 0 和时间 1，这个策略的价值为 $V(0)=V(1)=0$ 。如果股票在第一个时段下跌，那么在时间 2 的价值将为 $V(2)=0$ 。但是如果股票在第一个时段上涨，那么它将在第二个时段下跌，按照规定，$V(2)=S(0)U(R-D)$ 将为正，因为 $U>R>D$ 。

显然，这不是可预测的策略，这意味着已实现无套利。

7.11 a) 如果没有卖空限制，那么如下策略将实现套利机会：

● 在时间 0 不投资

● 在时间 1 检查价格 $S(1)$ 。如果 $S(1)=120$ 美元，那么仍然不投资。但是，如果 $S(1)=90$ 美元，则卖空 1 份风险资产，将收益投资于无风险资产。

在时间 0 和时间 1，该可允许的投资策略的价值为 0。在时间 2 的价值为

$$\begin{cases} 0 & \text{在状况 } \omega_1 \text{ 和 } \omega_2 \\ 3 & \text{在状况 } \omega_3 \end{cases}$$

这意味着能够实现套利机会。

b) 在上面的情况 a) 中，利用在第二个时段状态 ω_2 下股票价格的走势已实现套利：风险资产的收益率低于无风险资产的收益率。因此，卖空无风险资产并将其收益投资于无风险资产产生套利。然而，当风险资产不允许卖空时，那么投资者就不会有套利机会。

7.12 在解答 7.11 中描述的套利策略包含买入分数份债券。如果 $S(1)=90$ 美元，则在时间 1 应该卖空 1 股股票，购买 $\frac{9}{11}$ 份债券。为了得到每个资产数量都是整数的套利策略，将这些数都乘以 11，即卖空 11 股股票，买入 9 份债券。

7.13 假设无论在什么时候买入或者卖出股票的交易成本都为 5%。如果 $S(1)=90$ 美元，试图遵循解答 7.11 中的策略的投资者，在时间 1，卖空 1 股股票，必须支付 $90\times5\%=4.50$ 美元的交易成本。如果剩余的金额 $90-4.50=85.50$ 美元投资于无风险资产，在时间 2 的价值为 $85.5\times\frac{121}{110}=94.05$ 美元。但是结清股票的空头头寸的成本为 96 美元，使得最终财富是负的。因此，不存在套利策略。

第 8 章

8.1 如果随机变量 X 取两个值 $a<b$ ，其概率为 p,q ，则 $E(X)=pa+qb$ ，$\mathrm{Var}(X)=(b-a)^2pq$ ，于是，在 $p=q=\frac{1}{2},X=k_N(h)$ 的情况下，我们得到

$$\frac{a+b}{2}=\mu h,\frac{b-a}{2}=\sigma\sqrt{h}$$

这个方程组可求解，解得 $a=\mu h+\sigma\sqrt{h},b=\mu h-\sigma\sqrt{h}$ ，于是价格改变遵循

$$S_N(h)=\begin{cases}e^{\mu h+\sigma\sqrt{h}}S(0)\\ e^{\mu h-\sigma\sqrt{h}}S(0)\end{cases}$$

这就证明了式（8.2）。

8.2 首先，注意 $E(S(0)e^{\mu t+\sigma W(t)})=S(0)e^{\mu t}E(e^{\sigma W(t)})$。其次，$\sigma W(t)$ 服从期望为零、方差为 $\sigma^2 t$ 的正态分布，于是密度函数为 $\frac{1}{\sqrt{2\pi t}\sigma}e^{-\frac{1}{2\sigma^2 t}x^2}$，这可用来计算期望

$$E(e^{\sigma W(t)})=\int_{-\infty}^{+\infty}\frac{1}{\sqrt{2\pi t}\sigma}e^{x}e^{-\frac{1}{2\sigma^2 t}x^2}dx$$

$$=e^{\frac{1}{2}\sigma^2 t}\int_{-\infty}^{+\infty}\frac{1}{\sqrt{2\pi t}\sigma}e^{-\frac{1}{2\sigma^2 t}(x-\frac{\sigma}{\sqrt{2t}})^2}dx$$

指数相加并代入 $\frac{1}{2}\sigma^2 t$，配方。因为被积函数是密度函数，则积分等于 1，因此结论成立。

8.3 我们知道，$S(t)=e^{\mu t+\sigma W(t)}$，$W_*(t)=\dfrac{\mu-r+\frac{1}{2}\sigma^2}{\sigma}t+W(t)$，于是将从后面的等式得到的 $W(t)$ 的表达式代入 $S(t)$ 的公式，我们能够看到消去 μt，且 $S(t)=e^{rt-\frac{1}{2}\sigma^2 t+\sigma W_*(t)}$，这正是所要证明的。

8.4 利用 $S(t)=S(0)e^{rt-\frac{1}{2}\sigma^2 t+\sigma W_*(t)}$，我们应用 Itô 公式与 $f(t, x)=S(0)e^{rt-\frac{1}{2}\sigma^2 t+\sigma x}$，其中 $W_*(t)$ 代替 $W(t)$ 是合理的，因为 $W_*(t)$ 在 P_* 之下是维纳过程，并且 $S(t)=f(t,W_*(t))$，我们有

$$f_t(t,x)=S(0)(r-\frac{1}{2}\sigma^2)e^{rt-\frac{1}{2}\sigma^2 t+\sigma x}$$

$$f_x(t,x)=\sigma S(0)e^{rt-\frac{1}{2}\sigma^2 t+\sigma x}$$

$$f_{xx}(t,x)=\sigma^2 S(0)e^{rt-\frac{1}{2}\sigma^2 t+\sigma x}$$

于是

$$dS(t)=(r-\frac{1}{2}\sigma^2)S(t)dt+\sigma S(t)dW_*(t)+\frac{1}{2}\sigma^2 S(t)dt$$

$$=rS(t)dt+\sigma S(t)dW_*(t)$$

这个论证类似于式（8.16）的求导。

8.5 我们从右边开始：由式（8.31）

$$P_*\{S(T)\geqslant X\}=P_*\{S(0)e^{rT-\frac{1}{2}\sigma^2 T+\sigma W_*(T)}\geqslant X\}$$

$$=P_*\left\{\frac{1}{\sqrt{T}}W_*(T)\geqslant\frac{\ln\frac{X}{S(0)}-rT+\frac{1}{2}\sigma^2 T}{\sigma\sqrt{T}}=-d_-\right\}$$

其次，$\frac{1}{\sqrt{T}}W_*(T)$ 服从标准正态分布，于是由密度函数的对称性（见附录 10.3），得 $P_*\{S(T)\geqslant X\}=1-N(-d_-)=N(d_-)$。

8.6 由看跌—看涨期权平价，当 $t=0$ 时

$$P_E(0)=C_E(0)-S(0)+Xe^{-rT}$$

$$=S(0)(N(d_+)-1)-Xe^{-rT}(N(d_-)-1)$$

$$=-S(0)N(-d_+)+Xe^{-rT}N(-d_-)$$

现在，用 t 代替 0，用 $T-t$ 代替 T，我们得到 $P_E(t)$ 的布莱克-斯科尔斯公式。

8.7 为简单起见，我们对 $t=0$ 的情形验证公式。我们知道 $x(0)=u_x(0,S(0))$，$y(0)=u(0,S(0))-x(0)S(0)$（假设 $A(0)=1$），这里 $u(0,S(0))=C_E(0)$。由 $C_E(0)$ 的布莱克-斯科尔斯公式，可见

$$u(0,x)=xN\left(\frac{\ln\frac{x}{X}+(r+\frac{1}{2}\sigma^2)T}{\sigma\sqrt{T-t}}\right)-Xe^{-rT}N\left(\frac{\ln\frac{x}{X}+(r-\frac{1}{2}\sigma^2)T}{\sigma\sqrt{T-t}}\right)$$

简单却烦琐地对 x 求导，得到

$$u_x(0,x)=N\left(\frac{\ln\frac{x}{X}+(r+\frac{1}{2}\sigma^2)T}{\sigma\sqrt{T-t}}\right)$$

由此得出

$$x(0)=u_x(0,S(0))=N(d_+)$$
$$y(0)=u(0,S(0))-x(0)S(0)=-Xe^{-rT}N(d_-)$$

这里 d_+,d_- 由式（8.31）给出。最后，用 t 代替 0，用 $T-t$ 代替 T，得出对 $x(t),y(t)$ 的结论。

8.8 根据看跌—看涨期权平价（5.1）

$$\frac{d}{dS}P_E(S)=\frac{d}{dS}P_E(S)-1=N(d_+)-1=-(1-N(d_+))=-N(-d_+)$$

这里 d_+ 由式（8.31）给出。看跌期权的 delta 是负的，这与当标的资产价格增加时，看跌期权的价值减小的论据一致。

8.9 我们最大化 $581.96\times S-30\ 779.62-1\ 000\times C_E(S,\frac{1}{365})$，这里 S 表示一天以后的股票价格，$C_E(S,t)$ 为看涨期权在时间 t 的价格，我们考虑一天的情况，还有 89 天到期，这里 $\sigma=30\%,r=8\%$，如前所述，对 S 的导数等于零，我们推知一天以后期权的 delta 与 0 天的 delta 是相同的。$\frac{d}{dS}C_E(S,\frac{1}{365})=0.581\ 96$。这样就给出了股票的价格满足的如下条件（求正态分布函数的反函数后）：

$$\frac{\ln\frac{S}{60}+(r+\frac{1}{2}\sigma^2)\times\frac{89}{365}}{\sigma\sqrt{\frac{89}{365}}}=\frac{\ln\frac{60}{60}+(r+\frac{1}{2}\sigma^2)\times\frac{90}{365}}{\sigma\sqrt{\frac{90}{365}}}$$

其结果为 $S\approx 60.010\ 4$ 美元。

8.10 一份看跌期权的价格为 0.031 648 美元（根据布莱克-斯科尔斯公式），于是银行卖出 50 000 份看跌期权将得到 1 582.40 美元。一份看跌期权的 delta 为 −0.355 300，于是 delta 套期保值资产组合需要卖空 17 765.00 股股票，得到 32 332.29美元。按 5%利率投资，这样就得到总数 33 914.69 美元。由卖空股票、投资现金以及卖出期权构成的 delta 风险中性资产组合的价值为 −32 332.29 + 33 914.69 − 1 582.40 = 0.00 美元。

一天以后，卖空股票的价值为 17 765×1.81=32 154.64 美元，而现金投资将增长到 $33\ 914.69e^{0.05/365}\approx 33\ 919.34$ 美元。看跌期权的价值将增长到 0.035 182 美

元，于是，50 000 份看跌期权的价格为 1 759.11 美元。delta 风险中性资产组合的价值为$-32\ 154.64+33\ 919.34-1\ 759.11\approx 5.59$ 美元。

8.11 一天以后 1 份看跌期权的现在价格为 0.038 885 美元，因此卖出的50 000 份期权的价值为 1 944.26 美元，股票和现金存款的头寸与解答 8.10 中的相同。delta 风险中性资产组合将带来 179.56 美元的损失。

8.12 如果股票价格不变，$S(t)=S(0)=S$，那么时间 t 以后的资产组合的价值为

$$V(t)=SN(d_+)-Xe^{rt}e^{-rT}N(d_-)-C_E(S,t)$$

这里 $C_E(S,t)$ 由布莱克-斯科尔斯公式给出，d_+ 和 d_- 由 式（8.31）给出。则

$$\begin{aligned}\frac{d}{dt}V(t)\Big|_{t=0}&=-rXe^{rT}N(d_-)-\frac{d}{dt}C_E(S,t)\Big|_{t=0}\\&=-rXe^{rT}N(d_-)-\text{theta}_{C_E}\\&=\frac{\sigma S}{2\sqrt{2\pi T}}e^{-d_+^2/2}\end{aligned}$$

取值为正。

8.13 利用看跌—看涨期权平价以及看涨期权的 Greek 参数，我们可以求得看跌期权的这些参数：

$$\text{delta}_{P_E}=N(d_+)-1=\text{delta}_{C_E}-1=-N(-d_+)$$

$$\text{gamma}_{P_E}=\text{gamma}_{C_E}$$

$$\text{theta}_{P_E}=-\frac{S\sigma}{2\sqrt{2\pi T}}e^{-\frac{d_+^2}{2}}+rXe^{-rT}N(-d_-)$$

$$\text{vega}_{P_E}=\text{vega}_{C_E}$$

$$\text{rho}_{P_E}=-TXe^{-rT}N(-d_-)$$

（这些 Greek 参数是在 $t=0$ 计算的。）这些等式也可通过对看跌期权价格的布莱克-斯科尔斯公式求导直接验证。

8.14 原来的期权的 rho 为 7.587 8，附加的期权的 delta 为 0.410 4，rho 为 7.184 4。delta - rho 风险中性资产组合需要买入大约 148.43 股股票和 1 056.14 份附加的期权，同时借 7 693.22 美元。一天以后的头寸列在下表中，在表中还重新列出了 delta 套期保值结果。

$S(\frac{1}{365})$	delta-rho			delta
	$r=8\%$	$r=9\%$	$r=15\%$	$r=9\%$
58.00	−7.30	−9.65	−26.14	−133.72
58.50	−2.71	−4.63	−17.95	−97.22
59.00	0.18	−1.23	−10.93	−72.19
59.50	1.59	0.77	−4.85	−58.50
60.00	1.76	1.60	0.52	−55.96
60.50	0.92	1.50	5.45	−64.38
61.00	−0.68	0.72	10.16	−83.51
61.50	−2.78	−0.47	14.90	−113.07
62.00	−5.13	−1.84	19.91	−152.78

8.15 以 95%的概率，汇率的对数收益率满足 $k > m + x\sigma \approx -23.68\%$ ，这里 $x \approx -1.645$ ，于是 $N(x) \approx 5\%$ 。转换成欧元的 1 000 美元以利率 r_{EUR} 进行无风险投资，1 年以后再换成美元，将得到 $1\,000e^{r_{EUR}}e^{k}$ 美元。以 95%的概率，这笔钱满足

$$1\,000e^{r_{EUR}}e^{k} > 1\,000e^{r_{EUR}}e^{m+x\sigma} \approx 821.40 \text{ 美元}$$

另一方面，1 000 美元以利率 r_{USD} 投资将增长为 $1\,000e^{r_{USD}} \approx 1\,051.27$ 美元。因此

$$\text{VaR} = 1\,000e^{r_{USD}} - 1\,000e^{r_{EUR}}e^{m+x\sigma} \approx 229.88 \text{ 美元}$$

8.16 一份看涨期权的成本为 21.634 美元。我们购买大约 46.22 份期权，股票价格低于 49.47 美元的概率为 5%。在边界情况，即股票价格等于 49.47 美元时，我们仍然能够行使期权，变现 450.18 美元。以 8%的利率，1 000 美元的另一种无风险投资将增长为 1 040.81 美元。因此，VaR $\approx$ 590.63 美元。如果股票以预期的增长率增长，达到 63.71 美元，那么在期权被施权时我们得到 1 095.88 美元。股票价格超过 81.6 美元的概率为 5%，那么期权的价值至少为 1 922.75 美元。

第 9 章

9.1 收益率为 $y(0) \approx 14.08\%, y(3) \approx 13.63\%$ 。因此 $B(0,3) = e^{-3\tau y(0)} \approx 0.965\,4$ 美元。如下的策略可实现套利：

- 在时间 0，以 $B(0,6) \approx 0.932\,0$ 美元的价格买入 6 个月的债券，利用发行以 $B(0,3) \approx 0.965\,4$ 美元的价格卖出的 0.965 4 份 3 个月债券筹集资金。
- 在时间 3（3 个月以后），发行 0.998 9 份 3 个月的债券，以 $B(3,6) \approx 0.966\,5$ 美元的价格卖出，利用 0.965 4 美元的收益结算在时间 0 发行的 3 个月债券。
- 在时间 6（半年以后），在时间 0 买入的 6 个月的债券将支付 1 美元，除去结算在时间 3 发行的 3 个月债券 0.998 9 美元。

余额 0.001 1 美元是套利利润。

9.2 隐含的利率为 $y(0) \approx 12.38\%, y(6) \approx 13.06\%$ 。投资 100 美元，现在可以买入 106.38 份债券，6 个月以后可买入 113.56 份。1 年的对数收益率为 $\ln(113.56/100) \approx 12.72\%$ ，它是半年收益率的算术平均。

9.3 为达到 14%的收益，我们必须以价格 $0.870\,0e^{14\%} \approx 1.000\,7$ 美元卖出债券，这是不可能的。(零息债券永远不可能高于面值。)

一般说来，为了找到 $y(6)$ ，我们必须解方程 $B(0,12)e^{k} = e^{-\tau y(6)}$ ，这里 k 是规定的对数收益率。左边必小于 1。

9.4 当 $n = 0, 1, \cdots, 179$ 时，在第一个 6 个月期间的收益率为 $y(n) \approx 8.34\%$，当 $n = 180, \cdots, 360$ 时，在这年的余下的时间 $y(n) \approx 10.34\%$。债券应该以 $0.92e^{4.88\%} \approx 0.966\,0$ 美元或者更高的价格卖出。在第一个 6 个月期间不可能达到这个价格，因为在收益率改变之前最高的价格为 $B(179,360) \approx 0.958\,9$ 美元。收益率改变的那天 $B(180,360) \approx 0.949\,6$ 美元，我们必须一直等到 $n = 240$ 天债券的价格第一次超过 0.966 0 美元。

9.5 通过利用 Excel 电子报表软件中的单变量求解方法解下述方程能够求出利率：

$$10.896 \times (10 + 10e^{-y(1)} + 10e^{-2y(1)} + 110e^{-3y(1)}) = 1\,000e^{k}$$

得到 a) 当 $k=12\%$ 时，$y(1)\approx 12\%$，b) 当 $k=10\%$ 时，$y(1)\approx 12.81\%$，c) 当 $k=14\%$时，$y(1)\approx 11.19\%$。

9.6 利用 Excel 电子报表软件可以得到比保留两位小数更精确的数值。

9.7 状况 1：1 427.10 美元；状况 2：1 439.69 美元。

9.8 应用公式（9.2）可以直接求出 $D\approx 1.684\,6$。

9.9 如果面值为 73.79 美元，则久期等于 4。对应于面值为 $F=0$ 美元的最小的可能的久期大约为 2.80 年。对于非常高的面值 F，久期接近于 5，即当 F 趋向无穷时，久期趋向于 5。

当 $F=100$ 时，息票值 $C\approx 13.52$ 得出久期为 4 年。如果息票值为零，则久期为 5 年。当非常高的息票值 C 趋向于无穷时，久期大约为 2.80 年。

9.10 因为 $P(y)$ 的二阶导数为正，

$$\frac{d^2}{dy^2}P(y)=(\tau n_1)^2C_1e^{-\tau n_1 y}+(\tau n_2)^2C_2e^{-\tau n_2 y}+\cdots+(\tau n_N)^2(C_N+F)e^{-\tau n_N y}>0$$

P 是 y 的凸函数。

9.11 解方程组 $6=2w_A+3.4w_B, w_A+w_B=1$，我们求得 $w_A\approx -1.857\,1$，$w_B\approx 2.857\,1$。因此，我们投资 14 285.71 美元，买入 14 005.60 份债券 B，不足的 9 285.71 美元利用发行 9 475.22 份债券 A 筹集。

9.12 附息债券 A 的收益率大约为 13.37%，于是，零息债券 B 的价格为 87.48 美元。附息债券的久期为 3.29，我们求得的权重为 $w_A\approx 0.436\,6$ 和 $w_B\approx 0.563\,4$。这意味着我们投资 436.59 美元买入 4.280 2 份债券 A，投资 563.41 美元买入 6.440 3 份债券 B。

9.13 直接由久期的定义式（9.2），计算在时间 t 的久期 D_t（注意债券价格增长因子 e^{yt}），

$$\begin{aligned}D_t&=\frac{1}{e^{yt}P(y)}((\tau n_1-t)C_1e^{-y(\tau n_1-t)}+\cdots+(\tau n_N-t)(C_N+F)e^{-y(\tau n_N-t)})\\&=\frac{1}{P(y)}((\tau n_1-t)C_1e^{-\tau n_1 y}+\cdots+(\tau n_N-t)(C_N+F)e^{-\tau n_N y})\\&=D-t\end{aligned}$$

因为权重 $C_1e^{-\tau n_1 y}/P(y), C_2e^{-\tau n_2 y}/P(y),\cdots,(C_N+F)e^{-\tau n_N y}/P(y)$ 之和等于 1。

9.14 用 C_1 和 C_2 表示年支付，用 F 表示面值，于是

$$P(y)=C_1e^{-y}+(C_2+F)e^{-2y}$$

$$D(y)=\frac{C_1e^{-y}+2(C_2+F)e^{-2y}}{P(y)}$$

计算 $D(y)$ 的导数，可见它是负的：

$$\frac{d}{dy}D(y)=\frac{-C_1(C_2+F)e^{-3y}}{P(y)^2}<0$$

9.15 首先我们求出债券的价格和久期：$P_A(y)\approx 120.72, P_B(y)\approx 434.95$，$D_A(y)\approx 1.847\,1, D_B(y)\approx 1.989\,4$。权重 $w_A\approx -7.46\%, w_B\approx 107.46\%$ 时，得到久期为 2，这意味着我们必须买入 49.41 份债券 B 并发行 12.35 份债券 A。1 年以后，我们收到来自债券 B 的息票收入 247.50 美元，并将这笔钱用于支付债券 A

的息票。最终的金额为 23 470.22 美元，恰好等于以利率 8%计算的终值 20 000 美元，与利率的变化无关。

9.16 如果期限结构是“平坦”的，则收益率 $y(0,6)=8.16\%$ 应用于其他期限，得出 $B(0,3)=0.979\,8$ 美元和 $B(0,9)=0.940\,6$ 美元。

9.17 发行并卖出 500 份 6 个月到期，面值为 100 美元的债券，得到 48 522.28 美元。利用这笔钱买入 520.405 4 份 1 年期债券。6 个月以后支付 50 000 美元结算已发行的债券。1 年以后变现购买的债券的面值。由此产生的利率为 8%。

9.18 你需要存款 $100\,000\times\frac{1}{1+3.46\%/12}\approx 99\,712.50$ 美元 1 个月，它将增长为 100 000 美元的理想水平，以利率 4.54%借入同样的金额 6 个月。1 个月以后，你的客户将收到 100 000 美元，6 个月以后必须支付 $99\,304.04\times(1+4.54\%/2)\approx 101\,975.97$ 美元，这意味着远期利率为 5.45%（单利）。

从 2 个月以后开始的 4 个月贷款的单利大约为 6.81%，于是以利率 6.91%存款将给出套利机会。

9.19 为了看到远期利率 $f(n,N)$ 可能是负的，让我们分析简单的 $n=0$ 的情况。则

$$f(0,N)=(N+1)y(0,N+1)-Ny(0,N)$$

并且为使 $f(0,N)<0$，要求 $(N+1)y(0,N+1)<Ny(0,N)$。临界的情况是 $y(0,N+1)=\frac{N}{N+1}y(0,N)$，这使我们能够找出数值的例子。例如，对于 $N=8$ 和 $y(0,8)=9\%$，如果 $y(0,9)<\frac{8}{9}\times 9\%=8\%$，就得到负的 $f(0,8)$。

9.20 假设 $f(n,N)$ 随 N 增加。我们想要证明

$$y(n,N)=\frac{f(n,n)+f(n,n+1)+\cdots+f(n,N-1)}{N-n}$$

也随 N 增加。这个结论可由如果序列 a_n 是递增的，那么平均值 $S_n=\frac{a_1+a_2+\cdots+a_n}{n}$ 序列也是递增的事实得出。要证明不等式 $S_{n+1}>S_n$ 用 $n(n+1)$ 乘不等式，（消去后）得到 $na_{n+1}>a_1+\cdots+a_n$，后者是正确的，因为，对所有的 $i=1,2,\cdots,n$，$a_{n+1}>a_i$。

9.21 $B(0,2),B(0,3),B(1,3)$ 的取值对货币市场账户的价值没有影响。

9.22 a) 对于在零息债券上的 100 美元投资，初始现金除以债券价格 $B(0,3)$ 就得到持有债券的数量 102.82，这样最终财富为 102.82 美元。对数收益率为 2.78%。

b) 对于在单期零息债券上的 100 美元投资，计算出时间 1 到期的债券数量为 $100/B(0,1)\approx 100.99$。那么在时间 1，用类似的方法可求出在时间 2 到期的债券数量 $100.99/B(1,2)\approx 101.54$。最后，我们得到 $101.54/B(2,3)\approx 102.51$ 份债券，在时间 3 每个债券为 1 美元。对数收益率为 2.48%。

c) 投资 100 美元于货币市场账户，在时间 3 我们得到 $100A(3)\approx 102.51$ 美元，产生与 b）相同的 2.48%的对数收益率。

9.23 我们从右端开始，即从债券的面值开始，首先计算在所有状态的 $B(2,3)$ 的取值。这些数与已知的收益率一起就得到 $B^u(1,3)$ 和 $B^d(1,3)$。反过来，这些

数确定缺失收益率 $k^{ud}(2,3)=0.20\%$ 和 $k^{dd}(2,3)=0.16\%$ 。对第一个时期也这样做，得到 $k^{d}(1,3)=0.23\%$ 。债券价格由图 S.6 给出。

$B(0,3)=0.9936$

$B^{u}(1,3)=0.9962$

$B^{d}(1,3)=0.9959$

$B^{uu}(2,3)=0.9984$

$B^{ud}(2,3)=0.9982$

$B^{du}(2,3)=0.9979$

$B^{dd}(2,3)=0.9975$

图 S.6　解答 9.23 中的债券价格

9.24 由对数收益率的可加性，$k^{u}(1,3)+k^{uu}(2,3)+k^{uuu}(3,3)=0.64\%$ 得到三个星期的收益率。为了求收益率，我们必须乘 52/3 把它转换成整年收益率，因此 $y(0,3)=11.09\%$ 。注意，我们必有 $k^{u}(1,3)+k^{ud}(2,3)+k^{udu}(3,3)=0.64\%$ ，利用这个公式求得 $k^{ud}(2,3)=0.20\%$ 。其他的缺失收益率可用类似的方法求出，首先求出 $k^{d}(1,3)$ ，然后求出 $k^{dd}(2,3)$ 。

9.25 债券的价格在图 S.7 中给出。

9.26 货币市场账户在图 S.8 中给出。注意"上升"变动的价值低于"下跌"变动的价值。这与债券价格上升时，收益率下降以及基于债券价格变动的货币市场账户树有关。

$B(0,1)=0.9923$
$B(0,2)=0.9845$
$B(0,3)=0.9776$

$B^{u}(1,2)=0.9934$
$B^{u}(1,3)=0.9832$

$B^{d}(1,2)=0.9902$
$B^{d}(1,3)=0.9845$

$B^{uu}(2,3)=0.9911$

$B^{ud}(2,3)=0.9883$

$B^{du}(2,3)=0.9912$

$B^{dd}(2,3)=0.9899$

图 S.7　解答 9.25 中的债券价格

$A(1)=1.0078$

$A^{u}(2)=1.0145$

$A^{d}(2)=1.0177$

$A^{uu}(3)=1.0236$

$A^{ud}(3)=1.0265$

$A^{du}(3)=1.0268$

$A^{dd}(3)=1.0281$

图 S.8　解答 9.26 中的货币市场账户

9.27 价格 $B^{u}(1,2)=0.9980$ 和 $B^{d}(1,2)=0.9975$ 是通过在时间 2 收到的面值 1 利用短期利率 $r^{u}(1)$ 和 $r^{d}(1)$ 折现得到的。重复使用上述过程可求出 $B(0,2)=0.9944$ 。

9.28 在时间 2 息票为 0.522 7 或者 0.877 6，取决于在时间 1 上涨还是下跌。在时间 1 息票为 0.999 9。

9.29 在时间 1，在上涨状态，我们求得 18.064 7 = (0.815 9×20+0.184 1×10)/1.005 2，在下跌状态求得 1.795 1= (0.181 1×10+0.818 9×0) /1.008 8。接下来，再利用同样的公式得到 7.918 8= (0.381 3×18.392 8+0.618 7×1.795 1) /1.01。

9.30 在时间 1 上涨状态存在套利机会。价格 $B^{u}(1,2)=0.9924$ 意味着货币市场的增长因子为 1.007 66，而时间 3 到期的债券的价格暗含增长因子为 1.011 59 和 1.007 83。为了实现套利，应该利用在货币市场贷款融资买入在时间 3 到期的债券。

9.31 利用公式（9.12）和给定的短期利率，我们求得债券价格结构如图 S.9 所示。

$$B(0,3)=0.9773 \nearrow B^{u}(1,3)=0.9859 < \begin{matrix} B^{uu}(2,3)=0.9931 \\ B^{ud}(2,3)=0.9926 \end{matrix}$$

$$B(0,3)=0.9773 \searrow B^{d}(1,3)=0.9843 < \begin{matrix} B^{du}(2,3)=0.9924 \\ B^{dd}(2,3)=0.9923 \end{matrix}$$

图 S.9　在解答 9.31 中的债券价格

9.32 最好是计算风险中性概率。根据在时间 3 到期的债券在时间 1 价格向上变动的概率为 0.76，而根据在时间 2 到期的债券概率为 0.61。利用在时间 3 到期的债券的价格计算的在时间 2 到期债券的现价以及从这些价格计算的风险中性概率为 0.986 7。于是，在时间 0 做空在时间 3 到期的债券并且买入在时间 2 到期的债券将得到套利利润。

9.33 在时间 2，期权无价值。在时间 1，我们利用息票加上最终支付 101.00 的折现值估计债券价格，其折现利率为最接近的（按月的）货币市场利率：在上涨状态为 0.521%，在下跌状态为 0.874%。结果分别为 101.474 8 和 101.121 3。期权在上涨状态才可能施权，于是现金流分别为 0.174 8 和 0。折现的现金流对风险中性概率的期望给出期权的初始价值 0.065 98。

9.34 具有下限条款的债券的息票不同于在时间 2 上涨状态的平价债券的息票：是 0.668 89 而不是 0.522 72。得到在时间 1 的如下的债券价格：在上涨状态为 101.145 31，在下跌状态为 100.999 9。(后者与平价债券是相同的。) 风险中性概率的期望给出初始的债券价格 100.054 89，于是，利率下限的价值为 0.054 89。

符号术语表

A　固定收入证券（债券）价格；货币市场账户

B　债券价格

β　beta（贝塔）因子

c　协方差

C　看涨期权价格；息票价值

$\mathbf{C}$　协方差矩阵

C_A　美式看涨期权价格

C_E　欧式看涨期权价格

Cov　协方差

d　“下降”节点

D　“下降”节点收益；久期

delta　用希腊字母表示的参数 delta（德尔塔）

div　红利

div_0　红利的现值

E　期望（值）

E_*　风险中性（鞅）期望（值）

f　期货价格；远期利率

F　远期价格；终值；面值

gamma　用希腊字母表示的参数 gamma（伽玛）

Φ　累积二项分布

h　时期

H　衍生证券价格

H_A　美式衍生证券价格

k　对数收益率

K　收益率或者收益

i　付息率

M　市场资产组合

$\mathbf{m}$　作为一行矩阵的期望收益

μ　期望收益

N　累积正态分布

$\binom{N}{k}$　从 N 个元素中取出 k 个元素的组合

w　状况

Ω　概率空间

p　二叉树模型中的分支概率

p_*　二叉树模型中的风险中性概率

P　看跌期权价格；本金；概率

P_*　风险中性（鞅）概率

P_A　美式看跌期权价格

P_E　欧式看跌期权价格

PA　年金的现值因子

r　利率

r_{div}　红利收益率

r_e　有效利率

R　无风险收益

rho　用希腊字母表示的参数 rho

ρ　相关系数

S　风险证券(股票）价格

σ　标准差；风险；波动率

t　当前时间

T　到期时间；终止时间；施权时间；交割时间

theta　用希腊字母表示的参数 theta

u　“上升”节点

$\mathbf{u}$　所有元素为 1 的行矩阵

U　“上升”节点的收益率

V　资产组合价值

$\widetilde{V}$　折现的资产组合价值

Var　方差

VaR　风险值

vega　用希腊字母表示的参数 vega

$\mathbf{w}$　作为一行矩阵的资产组合权重

W　维纳过程；布朗运动

W_N　对称随机游走

x　风险证券头寸

X　执行价格

y　固定收入（无风险）证券头寸；债券收益率

z　衍生证券（未定权益）头寸

参考文献

延伸阅读：概率论和随机过程

Ash, R. B. (1970), *Basic Probability Theory*, John Wiley & Sons, New York.

Brzeźniak, Z. and Zastawniak, T. (1999), *Basic Stochastic Processes*, Springer Undergraduate Mathematics Series, Springer-Verlag, London.

Capiński, M. and Kopp, P. E. (2007), *Measure, Integral and Probability*, 2nd edition, Springer Undergraduate Mathematics Series, Springer-Verlag, London.

Capiński, M. and Zastawniak, T. (2001), *Probability Through Problems*, Springer-Verlag, New York.

Chung, K. L. (2000), *A Course in Probability Theory*, 2nd edition, Academic Press, New York.

Stirzaker, D. (1999), *Probability and Random Variables: A Beginner's Guide*, Cambridge University Press, Cambridge.

延伸阅读：微积分和线性代数

Blyth, T. S. and Robertson, E. F. (1998), *Basic Linear Algebra*, Springer Undergraduate Mathematics Series, Springer-Verlag, London.

Jordan, D. W. and Smith, P. (2002), *Mathematical Techniques*, Oxford University Press, Oxford.

Stewart, J. (1999), *Calculus*, Brooks Cole, Pacific Grove, California.

延伸阅读：数理金融

Back, K. (2005), *A Course in Derivative Securities: Introduction to Theory and Computation*, Springer-Verlag, Berlin, London, New York.

Baxter, M. W. and Rennie, A. J. O. (1996), *Financial Calculus: An Introduction to Derivative Pricing*, Cambridge University Press, Cambridge.

Bingham, N. H. and Kiesel, R. (1998), *Risk-Neutral Valuation: Pricing and*

Hedging of Financial Derivatives, Springer-Verlag, Berlin.

Björk, T. (1998), *Arbitrage Theory in Continuous Time*, Oxford University Press, Oxford.

Dana, R.-A. and Jeanblanc, M. (2007), *Financial Markets in Continuous Time*, Springer-Verlag, Berlin, London, New York.

Delbaen, F. and Schachermayer, W. (2009), *The Mathematics of Arbitrage*, Springer-Verlag, Berlin, London, New York.

Elliott, R. J. and Kopp, P. E. (2009), *Mathematics of Financial Markets*, 2nd edition, Springer-Verlag, New York.

Elton, E. J. and Gruber, M. J. (1995), *Modern Portfolio Theory and Investment Analysis*, John Wiley & Sons, New York.

Etheridge, A. (2002), *A Course in Financial Calculus*, Cambridge University Press, Cambridge.

Higham, D. J. (2004), *An Introduction to Financial Option Valuation: Mathematics, Stochastics and Computation*, Cambridge University Press, Cambridge.

Hoek, J. van der, and Elliott, R. J. (2009), *Binomial Models in Finance*, Springer-Verlag, Berlin, London, New York.

Hull, J. (2000), *Options, Futures and Other Derivatives*, Prentice Hall, Upper Saddle River, New Jersey.

Jarrow, R. A. (1995), *Modelling Fixed Income Securities and Interest Rate Options*, McGraw-Hill, New York.

Jarrow, R. A. and Turnbull, S. M. (1996), *Derivative Securities*, South-Western College, Cincinnati, Ohio.

Karatzas, I. and Shreve, S. (1998), *Methods of Mathematical Finance*, Springer-Verlag, Berlin.

Lamberton, D. and Lapeyre, B. (2007), *Introduction to Stochastic Calculus Applied to Finance*, 2nd edition, Chapman and Hall, London.

Musiela, M. and Rutkowski, M. (2008), *Martingale Methods in Financial Modelling*, 2nd edition, Springer-Verlag, Berlin.

Øksendal, B. (2007), *Stochastic Differential Equations: An Introduction with Applications*, 6th edition, Springer-Verlag, Berlin, London, New York.

Pliska, S. R. (1997), *Introduction to Mathematical Finance: Discrete Time Models*, Blackwell, Maldon, Massachusetts.

Roman, S. (2004), *Introduction to the Mathematics of Finance: From Risk Management to Options Pricing*, Springer-Verlag, Berlin, London, New York.

Steele, J. M. (2003), *Stochastic Calculus and Financial Applications*, Springer-Verlag, Berlin, London, New York.

译后记

马雷克·凯宾斯基、托马斯·札斯特温尼克所著的《金融数学：金融工程引论》是一本经典金融数学名著，本书以金融学的视角，采用数学的严格的推理论证方法讲述了两个获得诺贝尔经济学奖的现代金融学奠基性理论：以马科维茨现代投资组合理论为基础的资本资产定价模型（CAPM），金融衍生产品期权的布莱克-斯科尔斯（Black-Scholes）期权定价公式，并将其扩展到相关的金融领域。

本书是一本适用性很强的教材，可作为数学专业本科生的专业课教材，也可作为金融学、经济学及管理专业的本科生教材，因为学习本书的内容只需具有初等微积分和概率论相关的基础知识。

在我们翻译本书第一版的时候，就将本书的原版作为我校经济数学专业本科四年级的专业课教材，受到学生们的欢迎，从2003年开始，我们一直坚持讲述本书，已有十年之久。

翻译这本教材也是一个学习和不断深入研究的过程。我们曾深深地被这本经典著作打动。当我们翻译完成第二版时，更感到这本书是一本不可多得的经典教材。它抓住了金融学的核心，讲述深入浅出，可为学生进一步学习艰深的金融学理论打下坚实的基础，并能够开拓学生视野，使其对所学找到应用的方向。这是我们的一点体会。我们感谢梁晶工作室及中国人民大学出版社对我们的信任，把第一版的翻译工作交给我们。现在，第二版的翻译工作已经完成，在此，还要感谢中国人民大学出版社潘蔚琳等编辑的辛勤劳动为本书增色不少。

由于译者、校者的水平有限，可能还会有一些不妥之处，欢迎读者批评指正。

佟孟华

东北财经大学师道斋教师工作室

2014年5月4日

经济科学译丛						
序号	书名	作者	Author	单价	出版年份	ISBN
1	统计学:在经济中的应用	玛格丽特·刘易斯	Margaret Lewis	45.00	2014	978-7-300-19082-2
2	产业组织:现代理论与实践(第四版)	林恩·佩波尔等	Lynne Pepall	88.00	2014	978-7-300-19166-9
3	计量经济学导论(第三版)	詹姆斯·H·斯托克等	James H. Stock	69.00	2014	978-7-300-18467-8
4	发展经济学导论(第四版)	秋山裕	秋山裕	39.80	2014	978-7-300-19127-0
5	中级微观经济学(第六版)	杰弗里·M·佩罗夫	Jeffrey M. Perloff	89.00	2014	978-7-300-18441-8
6	平狄克《微观经济学》(第八版)学习指导	乔纳森·汉密尔顿等	Jonathan Hamilton	32.00	2014	978-7-300-18970-3
7	微观银行经济学(第二版)	哈维尔·弗雷克斯等	Xavier Freixas	48.00	2014	978-7-300-18940-6
8	施米托夫论出口贸易——国际贸易法律与实务(第11版)	克利夫·M·施米托夫等	Clive M. Schmitthoff	168.00	2014	978-7-300-18425-8
9	曼昆版《宏观经济学》习题集	南希·A·加纳科波罗斯等	Nancy A. Jianakoplos	32.00	2013	978-7-300-18245-2
10	微观经济学思维	玛莎·L·奥尔尼	Martha L. Olney	29.80	2013	978-7-300-17280-4
11	宏观经济学思维	玛莎·L·奥尔尼	Martha L. Olney	39.80	2013	978-7-300-17279-8
12	计量经济学原理与实践	达摩达尔·N·古扎拉蒂	Damodar N. Gujarati	49.80	2013	978-7-300-18169-1
13	现代战略分析案例集	罗伯特·M·格兰特	Robert M. Grant	48.00	2013	978-7-300-16038-2
14	高级国际贸易:理论与实证	罗伯特·C·芬斯特拉	Robert C. Feenstra	59.00	2013	978-7-300-17157-9
15	经济学简史——处理沉闷科学的巧妙方法(第二版)	E·雷·坎特伯里	E. Ray Canterbery	58.00	2013	978-7-300-17571-3
16	微观经济学(第八版)	罗伯特·S·平狄克	Robert S. Pindyck	79.00	2013	978-7-300-17133-3
17	克鲁格曼《微观经济学(第二版)》学习手册	伊丽莎白·索耶·凯利	Elizabeth Sawyer Kelly	58.00	2013	978-7-300-17002-2
18	克鲁格曼《宏观经济学(第二版)》学习手册	伊丽莎白·索耶·凯利	Elizabeth Sawyer Kelly	36.00	2013	978-7-300-17024-4
19	管理经济学(第四版)	方博亮等	Ivan Png	80.00	2013	978-7-300-17000-8
20	微观经济学原理(第五版)	巴德、帕金	Bade, Parkin	65.00	2013	978-7-300-16930-9
21	宏观经济学原理(第五版)	巴德、帕金	Bade, Parkin	63.00	2013	978-7-300-16929-3
22	环境经济学	彼得·伯克等	Peter Berck	55.00	2013	978-7-300-16538-7
23	高级微观经济理论	杰弗里·杰里	Geoffrey A. Jehle	69.00	2012	978-7-300-16613-1
24	多恩布什《宏观经济学(第十版)》学习指导	鲁迪格·多恩布什等	Rudiger Dornbusch	29.00	2012	978-7-300-16030-6
25	高级宏观经济学导论:增长与经济周期(第二版)	彼得·伯奇·索伦森等	Peter Birch Sørensen	95.00	2012	978-7-300-15871-6
26	宏观经济学:政策与实践	弗雷德里克·S·米什金	Frederic S. Mishkin	69.00	2012	978-7-300-16443-4
27	宏观经济学(第二版)	保罗·克鲁格曼	Paul Krugman	45.00	2012	978-7-300-15029-1
28	微观经济学(第二版)	保罗·克鲁格曼	Paul Krugman	69.80	2012	978-7-300-14835-9
29	微观经济学(第十一版)	埃德温·曼斯费尔德	Edwin Mansfield	88.00	2012	978-7-300-15050-5
30	《计量经济学基础》(第五版)学生习题解答手册	达摩达尔·N·古扎拉蒂等	Damodar N. Gujarati	23.00	2012	978-7-300-15091-8
31	国际宏观经济学	罗伯特·C·芬斯特拉等	Feenstra, Taylor	64.00	2011	978-7-300-14795-6
32	卫生经济学(第六版)	舍曼·富兰德等	Sherman Folland	79.00	2011	978-7-300-14645-4
33	宏观经济学(第七版)	安德鲁·B·亚伯等	Andrew B. Abel	78.00	2011	978-7-300-14223-4
34	现代劳动经济学:理论与公共政策(第十版)	罗纳德·G·伊兰伯格等	Ronald G. Ehrenberg	69.00	2011	978-7-300-14482-5
35	宏观经济学(第七版)	N·格里高利·曼昆	N. Gregory Mankiw	65.00	2011	978-7-300-14018-6
36	环境与自然资源经济学(第八版)	汤姆·蒂坦伯格等	Tom Tietenberg	69.00	2011	978-7-300-14810-0
37	宏观经济学:理论与政策(第九版)	理查德·T·弗罗恩	Richard T. Froyen	55.00	2011	978-7-300-14108-4
38	经济学原理(第四版)	威廉·博伊斯等	William Boyes	59.00	2011	978-7-300-13518-2
39	计量经济学基础(第五版)(上下册)	达摩达尔·N·古扎拉蒂	Damodar N. Gujarati	99.00	2011	978-7-300-13693-6
40	计量经济分析(第六版)(上下册)	威廉·H·格林	William H. Greene	128.00	2011	978-7-300-12779-8
41	国际经济学:理论与政策(第八版)(上册国际贸易部分)	保罗·R·克鲁格曼等	Paul R. Krugman	36.00	2011	978-7-300-13102-3

经济科学译丛

序号	书名	作者	Author	单价	出版年份	ISBN
42	国际经济学:理论与政策(第八版)(下册国际金融部分)	保罗·R·克鲁格曼等	Paul R. Krugman	49.00	2011	978-7-300-13101-6
43	国际贸易	罗伯特·C·芬斯特拉等	Robert C. Feenstra	49.00	2011	978-7-300-13704-9
44	经济增长(第二版)	戴维·N·韦尔	David N. Weil	63.00	2011	978-7-300-12778-1
45	投资科学	戴维·G·卢恩伯格	David G. Luenberger	58.00	2011	978-7-300-14747-5
46	宏观经济学(第十版)	鲁迪格·多恩布什等	Rudiger Dornbusch	60.00	2010	978-7-300-11528-3
47	宏观经济学(第三版)	斯蒂芬·D·威廉森	Stephen D. Williamson	65.00	2010	978-7-300-11133-9
48	计量经济学导论(第四版)	杰弗里·M·伍德里奇	Jeffrey M. Wooldridge	95.00	2010	978-7-300-12319-6
49	货币金融学(第九版)	弗雷德里克·S·米什金等	Frederic S. Mishkin	79.00	2010	978-7-300-12926-6
50	金融学(第二版)	兹维·博迪等	Zvi Bodie	59.00	2010	978-7-300-11134-6
51	国际经济学(第三版)	W·查尔斯·索耶等	W. Charles Sawyer	58.00	2010	978-7-300-12150-5
52	博弈论	朱·弗登博格等	Drew Fudenberg	68.00	2010	978-7-300-11785-0
53	投资学精要(第七版)(上下册)	兹维·博迪等	Zvi Bodie	99.00	2010	978-7-300-12417-9
54	财政学(第八版)	哈维·S·罗森等	Harvey S. Rosen	63.00	2009	978-7-300-11092-9
55	社会问题经济学(第十八版)	安塞尔·M·夏普等	Ansel M. Sharp	45.00	2009	978-7-300-10995-4

经济科学译库

序号	书名	作者	Author	单价	出版年份	ISBN
1	克鲁格曼经济学原理(第二版)	保罗·克鲁格曼等	Paul Krugman	65.00	2013	978-7-300-17409-9
2	国际经济学(第13版)	罗比特·J·凯伯等	Robert J. Carbaugh	68.00	2013	978-7-300-16931-6
3	货币政策:目标、机构、策略和工具	彼得·博芬格	Peter Bofinger	55.00	2013	978-7-300-17166-1
4	MBA微观经济学(第二版)	理查德·B·麦肯齐等	Richard B. McKenzie	55.00	2013	978-7-300-17003-9
5	激励理论:动机与信息经济学	唐纳德·E·坎贝尔	Donald E. Campbell	69.80	2013	978-7-300-17025-1
6	微观经济学:价格理论观点(第八版)	斯蒂文·E·兰德斯博格	Steven E. Landsburg	78.00	2013	978-7-300-15885-3
7	经济数学与金融数学	迈克尔·哈里森等	Michael Harrison	65.00	2012	978-7-300-16689-6
8	策略博弈(第三版)	阿维纳什·迪克西特等	Avinash Dixit	72.00	2012	978-7-300-16033-7
9	高级宏观经济学基础	本·J·海德拉等	Ben J. Heijdra	78.00	2012	978-7-300-14836-6
10	行为经济学	尼克·威尔金森	Nick Wilkinson	58.00	2012	978-7-300-16150-1
11	金融风险管理师考试手册(第六版)	菲利普·乔瑞	Philippe Jorion	168.00	2012	978-7-300-14837-3
12	服务经济学	简·欧文·詹森	Jan Owen Jansson	42.00	2012	978-7-300-15886-0
13	统计学:在经济和管理中的应用(第八版)	杰拉德·凯勒	Gerald Keller	98.00	2012	978-7-300-16609-4
14	面板数据分析(第二版)	萧政	Cheng Hsiao	45.00	2012	978-7-300-16708-4
15	中级微观经济学:理论与应用(第10版)	沃尔特·尼科尔森等	Walter Nicholson	85.00	2012	978-7-300-16400-7
16	经济学中的数学	卡尔·P·西蒙等	Carl P. Simon	65.00	2012	978-7-300-16449-6
17	社会网络分析:方法与应用	斯坦利·沃瑟曼等	Stanley Wasserman	78.00	2012	978-7-300-15030-7
18	用Stata学计量经济学	克里斯托弗·F·鲍姆	Christopher F. Baum	65.00	2012	978-7-300-16293-5
19	美国经济史(第10版)	加里·沃尔顿等	Gary M. Walton	78.00	2011	978-7-300-14529-7
20	增长经济学	菲利普·阿格因	Philippe Aghion	58.00	2011	978-7-300-14208-1
21	经济地理学:区域和国家一体化	皮埃尔-菲利普·库姆斯等	Pierre-Philippe Combes	42.00	2011	978-7-300-13702-5
22	社会与经济网络	马修·O·杰克逊	Matthew O. Jackson	58.00	2011	978-7-300-13707-0
23	环境经济学	查尔斯·D·科尔斯塔德	Charles D. Kolstad	53.00	2011	978-7-300-13173-3
24	空间经济学——城市、区域与国际贸易	保罗·克鲁格曼等	Paul Krugman	42.00	2011	978-7-300-13037-8

经济科学译库

序号	书名	作者	Author	单价	出版年份	ISBN
25	国际贸易理论:对偶和一般均衡方法	阿维纳什·迪克西特等	Avinash Dixit	45.00	2011	978-7-300-13098-9
26	契约经济学:理论和应用	埃里克·布鲁索等	Eric Brousseau	68.00	2011	978-7-300-13223-5
27	反垄断与管制经济学(第四版)	W·基普·维斯库斯等	W. Kip Viscusi	89.00	2010	978-7-300-12615-9
28	拍卖理论	维佳·克里斯纳等	Vijay Krishna	42.00	2010	978-7-300-12664-7
29	计量经济学指南(第五版)	皮特·肯尼迪	Peter Kennedy	65.00	2010	978-7-300-12333-2
30	管理者宏观经济学	迈克尔·K·伊万斯等	Michael K. Evans	68.00	2010	978-7-300-12262-5
31	利息与价格——货币政策理论基础	迈克尔·伍德福德	Michael Woodford	68.00	2010	978-7-300-11661-7
32	理解资本主义:竞争、统制与变革(第三版)	塞缪尔·鲍尔斯等	Samuel Bowles	66.00	2010	978-7-300-11596-2
33	递归宏观经济理论(第二版)	萨金特等	Thomas J. Sargent	79.00	2010	978-7-300-11595-5
34	剑桥美国经济史(第一卷):殖民地时期	斯坦利·L·恩格尔曼等	Stanley L. Engerman	48.00	2008	978-7-300-08254-7
35	剑桥美国经济史(第二卷):漫长的19世纪	斯坦利·L·恩格尔曼等	Stanley L. Engerman	88.00	2008	978-7-300-09394-9
36	剑桥美国经济史(第三卷):20世纪	斯坦利·L·恩格尔曼等	Stanley L. Engerman	98.00	2008	978-7-300-09395-6
37	横截面与面板数据的经济计量分析	J.M.伍德里奇	Jeffrey M. Wooldridge	68.00	2007	978-7-300-08090-1

金融学译丛

序号	书名	作者	Author	单价	出版年份	ISBN
1	金融数学:金融工程引论(第二版)	马雷克·凯宾斯基等	Marek Capiński	42.00	2014	978-7-300-17650-5
2	财务管理(第二版)	雷蒙德·布鲁克斯	Raymond Brooks	69.00	2014	978-7-300-19085-3
3	期货与期权市场导论(第七版)	约翰·C·赫尔	John C. Hull	69.00	2014	978-7-300-18994-2
4	固定收益证券手册(第七版)	弗兰克·J·法博齐	Frank J. Fabozzi	188.00	2014	978-7-300-17001-5
5	国际金融:理论与实务	皮特·塞尔居	Piet Sercu	88.00	2014	978-7-300-18413-5
6	金融市场与金融机构(第7版)	弗雷德里克·S·米什金 斯坦利·G·埃金斯	Frederic S. Mishkin Stanley G. Eakins	79.00	2013	978-7-300-18129-5
7	货币、银行和金融体系	R·格伦·哈伯德等	R. Glenn Hubbard	75.00	2013	978-7-300-17856-1
8	并购创造价值(第二版)	萨德·苏达斯纳	Sudi Sudarsanam	89.00	2013	978-7-300-17473-0
9	个人理财——理财技能培养方法(第三版)	杰克·R·卡普尔等	Jack R. Kapoor	66.00	2013	978-7-300-16687-2
10	国际财务管理	吉尔特·贝克特	Geert Bekaert	95.00	2012	978-7-300-16031-3
11	金融理论与公司政策(第四版)	托马斯·科普兰等	Thomas Copeland	69.00	2012	978-7-300-15822-8
12	应用公司财务(第三版)	阿斯沃思·达摩达兰	Aswath Damodaran	88.00	2012	978-7-300-16034-4
13	资本市场:机构与工具(第四版)	弗兰克·J·法博齐	Frank J. Fabozzi	85.00	2011	978-7-300-13828-2
14	衍生品市场(第二版)	罗伯特·L·麦克唐纳	Robert L. McDonald	98.00	2011	978-7-300-13130-6
15	债券市场:分析与策略(第七版)	弗兰克·J·法博齐	Frank J. Fabozzi	89.00	2011	978-7-300-13081-1
16	跨国金融原理(第三版)	迈克尔·H·莫菲特等	Michael H. Moffett	78.00	2011	978-7-300-12781-1
17	风险管理与保险原理(第十版)	乔治·E·瑞达	George E. Rejda	95.00	2010	978-7-300-12739-2
18	兼并、收购和公司重组(第四版)	帕特里克·A·高根	Patrick A. Gaughan	69.00	2010	978-7-300-12465-0
19	个人理财(第四版)	阿瑟·J·基翁	Athur J. Keown	79.00	2010	978-7-300-11787-4
20	统计与金融	戴维·鲁珀特	David Ruppert	48.00	2010	978-7-300-11547-4
21	国际投资(第六版)	布鲁诺·索尔尼克等	Bruno Solnik	62.00	2010	978-7-300-11289-3
22	财务报表分析(第三版)	马丁·弗里德森	Martin Fridson	35.00	2010	978-7-300-11290-9

Translation from the English language edition:
Mathematics for Finance: An Introduction to Financial Engineering, 2nd edition
by Marek Capiński and Tomasz Zastawniak

图书在版编目（CIP）数据

金融数学：金融工程引论：第2版/凯宾斯基，札斯特温尼克著；佟孟华译．—北京：中国人民大学出版社，2014.5

（金融学译丛）

ISBN 978-7-300-17650-5

Ⅰ.①金… Ⅱ.①凯…②札…③佟… Ⅲ.①金融-经济数学-高等学校-教材 Ⅳ.①F830

中国版本图书馆CIP数据核字（2013）第299828号

金融学译丛

金融数学：金融工程引论（第二版）

马雷克·凯宾斯基
托马斯·札斯特温尼克 著

佟孟华 译

郭多祚 校

Jinrong Shuxue：Jinrong Gongcheng Yinlun

出版发行	中国人民大学出版社		
社　　址	北京中关村大街31号	**邮政编码**	100080
电　　话	010—62511242（总编室）		010—62511770（质管部）
	010—82501766（邮购部）		010—62514148（门市部）
	010—62515195（发行公司）		010—62515275（盗版举报）
网　　址	http：//www.crup.com.cn		
经　　销	新华书店		
印　　刷	天津中印联印务有限公司		
规　　格	185mm×260mm　16开本	**版　　次**	2014年5月第1版
印　　张	17.25 插页1	**印　　次**	2021年7月第5次印刷
字　　数	371 000	**定　　价**	42.00元